ARMAND CARREL

OEUVRES
LITTÉRAIRES
ET ÉCONOMIQUES

RECUEILLIES ET ANNOTÉES

PAR M. CHARLES ROMEY

Précédées d'une notice biographique

PAR M. ÉMILE LITTRÉ

PARIS

VICTOR LECOU, ÉDITEUR
10, RUE DU BOULOI

GUILLAUMIN ET Cie, ÉDITEURS
RUE RICHELIEU, 14

MDCCCLIV

OEUVRES LITTÉRAIRES

ET ÉCONOMIQUES

D'ARMAND CARREL

PARIS — TYP. SIMON RAÇON ET COMP , RUE D'ERFURTH, 1.

OEUVRES LITTÉRAIRES

ET ÉCONOMIQUES

D'ARMAND CARREL

RECUEILLIES ET ANNOTÉES

PAR M. CHARLES ROMEY

Précédées d'une notice biographique

PAR M. ÉMILE LITTRÉ

PARIS

VICTOR LECOU, ÉDITEUR | GUILLAUMIN ET Cie, ÉDITEURS
RUE DU BOULOI, 10 | RUE RICHELIEU, 14

MDCCCLIV

PRÉFACE

Depuis longtemps les amis d'Armand Carrel regrettaient de ne pas voir recueillis et publiés en un volume d'un format commode les articles de littérature et de critique que ce grand esprit a donnés, à diverses époques, aux journaux et aux revues qui l'ont compté parmi leurs collaborateurs, et surtout au *National,* de 1830 à 1836, avant et après la Révolution de juillet. Carrel n'était pas seulement un homme politique à qui le temps n'a pas permis de donner sa mesure, c'était un écrivain de caractère, pour ainsi parler, un maître en l'art d'écrire, que les meilleurs juges estimaient tel, MM. de Chateaubriand et Villemain, ses admirateurs spontanés et pour ainsi dire involontaires, comme MM. Sainte-Beuve, Désiré Nisard et Littré, ses collaborateurs et ses amis. Dans cette partie de son œuvre, de son vivant si remarquée, il a donné la meilleure et la plus haute manifestation de lui-même, et, à de rares intervalles et de distance à distance, jeté, dans les débats littéraires et philosophiques de son temps, comme l'épée de Brennus dans la balance.

Il a lui-même très-bien établi, dans un article de 1834, au sujet de la fameuse querelle à armes courtoises de MM. Désiré Nisard et Jules Janin dans la *Revue de Paris,* sur ce que le premier appelait la littérature facile, qu'il faut avoir pris parti, de son temps, soit pour, soit contre les idées et les passions qui l'agitent; qu'on n'est grand écrivain qu'à ce prix : ce qui revient à dire qu'il faut avoir une conviction, du zèle et un zèle sincère, un zèle du cœur, pour ainsi parler, soit au service d'un certain progrès de civilisation, celui que poursuit le temps au milieu duquel on vit, soit contre ce progrès; qu'en un mot, si l'on se tient hors des passions et des idées qui se disputent le gouvernement de la société, on manque de ce divin souffle, de cette haute inspiration, de cette seconde vue de l'avenir qu'une conviction bien ou mal éclairée appelle ou redoute, veut réaliser ou détourner. C'est, d'après lui, ce rôle d'action ou de résistance dans les affaires du monde qui fait, suivant les temps, les grands prédicateurs, les grands peintres du cœur humain, soit sur le théâtre, soit dans les livres, les orateurs, les historiens, les poëtes de parti, toujours assurés de toucher au génie quand une grande popularité contemporaine leur a prouvé qu'ils portaient la parole pour des multitudes muettes et puissamment animées du sentiment et de la passion, qu'eux, mortels privilégiés, ont le don de savoir exprimer. Poursuivant sa thèse, que nous affaiblissons en la condensant, il se demandait quel est le grand côté des écrivains du dix-septième siècle, si ce n'est celui par lequel ils sont en opposition l'un à l'autre, les uns préludant, comme Molière, la Fontaine, Boileau, Corneille, la Bruyère, à l'attaque des préjugés aristocratiques et religieux qui devaient succomber dans le siècle suivant; les autres luttant, comme Bossuet, Fénelon, Racine, pour conserver aux croyances du christianisme leur majesté et aux grandeurs de la monarchie tout leur empire. Qui est-ce qui s'amuserait aujourd'hui à décider si la littérature de Molière et de la Fontaine était plus avancée, et celle de Bossuet, de Racine et de Pascal, plus rétrograde, parce que la première avait une tendance réformatrice et que la seconde jetait de magnifiques éclats et couvrait d'un éblouissant manteau de poésie des sentiments et une foi qui s'éteignaient? De part et d'autre on maniait un puissant instrument et l'on travaillait en commun, avec zèle, avec amour, selon sa conscience et ce qu'on croyait vrai et bon, à augmenter les ressources, à faire croître en éclat, en profondeur, en richesse et en variété, cette littérature qui restait une gloire nationale après avoir été maniée par des génies très-divers dans des buts différents et souvent opposés.

Sous la Restauration, même chose s'est produite. La vraie littérature, celle qui prend parti pour le passé contre l'avenir ou qui résiste à l'avenir au nom du passé, a eu ses grands poëtes et ses écrivains éloquents. Est-ce que le sentiment monarchique et religieux, sincèrement éprouvé par le poëte avant que le temps l'eût sincèrement fait passer de son ancien culte à un culte nouveau, n'a pas trouvé dans M. de Lamartine un chantre vraiment inspiré? Est-ce que l'indignation plébéienne de la France des grands jours n'a pas rencontré, dans les perfections de Béranger, une vengeance digne d'elle? Les journées de Juillet ont prononcé, et la gloire littéraire de M. de Lamartine est restée nationale comme celle de Béranger. Qu'on ne se préoccupe de rien de ce qui a suivi; qu'on ne voie les choses que sous le rapport littéraire. L'expression des temps est dans les poëmes de Lamartine et de Béranger, car il y avait dans ce temps-là un camp de la révolution et un camp de l'ancien régime armés l'un contre l'autre et impatients d'en venir aux mains. Ceux qui n'auront pas senti comme leur temps, qui ne se seront pas passionnés et même trompés avec lui, ne représenteront à la postérité qu'eux-mêmes, l'avenir ne s'occupera pas d'eux, ils n'auront rien à lui apprendre.

« Croyez-vous, ajoutait Armand Carrel, que dans les immortelles pages qu'il a écrites, tantôt pour ramener la révolution au sentiment religieux, tantôt pour pousser la monarchie dans les voies de la liberté, M. de Chateaubriand se soit jamais dit : « Faisons de l'art, « allons à la découverte d'une littérature neuve? » Et cependant, quel plus véritable artiste que M. de Chateaubriand? quel écrivain plus neuf, c'est-à-dire plus ingénieux à se parer des images qui répondent le mieux, dans une situation donnée, à de certaines dispositions morales éprouvées, ou par un parti en masse, ou par une majorité imposante d'esprits dans toutes les opinions? L'écrivain nouveau, dans tous les temps, c'est celui qui sait se mêler aux choses de son temps : grand poëte quand il se fait la voix des douleurs et des joies de son pays ou de son parti; grand prosateur, quand il est le champion avoué d'une idée qui se défend ou qui attaque, et que l'histoire entière de l'humanité se formule sous sa plume en considérations et en leçons qui retiennent les esprits ou les précipitent. »

Carrel fut un de ces hommes passionnés et convaincus dont il parle, qui n'écrivent pas pour écrire, mais pour rendre leurs pensées et leurs sentiments, qu'ils n'expriment que pour les communiquer, et chez qui leurs convictions mêmes et leurs généreuses passions produisent le talent. De sa polémique de tous les jours, tout n'est pas de nature à intéresser, loin des circonstances qui l'inspirèrent; mais de ce qu'il y eut de vraiment grand en lui, le meilleur se fait sentir, nous le croyons, dans les pages d'élite que nous avons choisies. Éparses dans des recueils très-différents, dont quelques-uns sont devenus presque introuvables, nous les avons réunies ici comme en un faisceau. Elles diront mieux que nous ne saurions le faire ce que fut Carrel et ce qu'il aurait été si sa vie n'eût pas été tranchée fatalement pour le pays au moment même où il atteignait à la maturité. Les destins lui ont manqué; mais il a assez fait et assez marqué dans le monde par le caractère et par l'esprit, pour laisser de lui un souvenir impérissable. C'est, pour rendre toute notre pensée, l'André Chénier de la politique.

NOTICE BIOGRAPHIQUE

Armand Carrel a été sous-lieutenant et journaliste : c'est dans ce cercle qu'a été renfermée la vie d'un homme qui, mort à la fleur de l'âge, laisse un nom connu de la France entière, et des regrets même à ses ennemis politiques. Sa renommée ne lui vint pas de la faveur des gouvernements ni de ces fonctions élevées où l'on trouve toujours l'occasion de se distinguer ou, au moins, de faire parler de soi. Impliqué dans les conspirations contre la Restauration, officier au service de la Constitution espagnole, prisonnier en Catalogne, condamné à mort, hardi dans l'opposition avant la révolution de Juillet, plus hardi encore après, il a toujours été laissé à ses propres forces, de manière à ne valoir jamais que sa vraie valeur, à ne recevoir aucun éclat emprunté, et à n'avoir d'autre rang que celui qu'il se créait lui-même. La fortune, cet inexplicable hasard qui distribue les balles dans une bataille, et qu'il faut bien admettre dans les choses humaines, ne se plut pas à le favoriser ; il n'eut pas d'étoile qu'il pût invoquer dans les mauvais jours et qui lui jetât un rayon inattendu ; et, moins que personne, Armand Carrel a été l'ouvrage des circonstances : il ne les a pas cherchées, elles ne sont pas venues. Force de caractère dans les temps difficiles, admirable talent d'écrivain dans tous les temps, noblesse d'âme envers amis et ennemis, c'est là ce qui le soutint et ce qui lui

1.

assurait, partout et à toute époque, non-seulement une place élevée dans l'estime des hommes, mais encore de l'ascendant. Sa modeste épée de sous-lieutenant fut brisée par le sort entre ses mains; mais la plume qui la remplaça devint redoutable, et il a été dit souvent, et avec raison, qu'il semblait écrire avec une pointe d'acier.

Carrel naquit à Rouen le 8 mai 1800, d'une famille où rien n'annonçait pour lui la carrière qu'il devait parcourir. Son père, négociant, songeait plus à le mettre dans le négoce qu'à en faire un militaire : dévoué à la Restauration, il comptait peu que son fils en serait un ardent ennemi. Armand Carrel fit ses études au collége de Rouen ; après les avoir terminées, son inclination le portant vers la profession des armes, il décida son père à lui en ouvrir l'entrée. A Saint-Cyr, il se distingua par son goût pour les exercices militaires et par la hardiesse de ses opinions politiques. Il fut regardé, dès son début, comme un homme mal pensant, et surveillé en conséquence, persécuté même par le commandant supérieur. Un jour, le général d'Albignac, qui commandait l'école, lui ayant dit qu'avec des opinions comme les siennes il ferait mieux de tenir l'aune dans le comptoir de son père : « Mon général, répondit Carrel avec un accent énergique, si jamais je reprends l'aune de mon père, ce ne sera pas pour mesurer de la toile. » Cette réponse audacieuse fit mettre l'élève aux arrêts, et il fut question de l'expulser.

Mais Carrel écrivit directement au ministre de la guerre, lui exposa les faits et gagna complétement sa cause.

Peu soucieux des études qui pouvaient le faire sortir avec un des premiers rangs comme officier, Carrel s'occupait médiocrement de mathématiques, beaucoup de littérature ; et, comme les compositions ne roulaient que sur des narrations de bataille et sur des harangues militaires, il laissait ses condisciples bien loin derrière lui, tant par la pureté et la concision ferme de son style que par les idées hardies dont il savait à propos se servir quand il fallait de l'énergie. Il était dès lors admirateur passionné des généraux de la République : Hoche, Marceau, Kléber, Moreau, étaient ses dieux ; ce dernier, cependant, jusqu'à sa trahison. L'Empire et Napoléon, il les admirait aussi, mais, à cette époque, avec moins de chaleur. Ce qui l'occupait, c'étaient des rêves de guerre pour la liberté. Il se sentait de force à jouer un rôle dans de grandes circonstances, comme celles qu'avait fait naître la révolution française, et il se plaisait à se placer, en esprit, au milieu d'événements qui répondaient aux penchants de son âme et à la vigueur de son caractère.

Carrel était sous-lieutenant dans le 29ᵉ de ligne en 1821, au moment où les conspirations se tramaient de toutes parts contre la Restauration. Le 29ᵉ tenait garnison dans Béfort et Neuf-Brissach. Carrel se trouvait dans la dernière de ces deux villes. Il était engagé dans le complot qu'on a appelé depuis conspiration de Béfort ; les officiers de Neuf-Brissach qui en faisaient partie avaient été découragés par les lenteurs apportées dans cette affaire, et ils ne voulaient plus marcher que le mouvement n'eût éclaté à Béfort. Il était urgent que, du moins, ils enlevassent leurs soldats dès que le coup aurait réussi dans cette dernière ville. La haute vente avait envoyé de Paris plusieurs conjurés ; l'un d'eux, M. Joubert, était à Neuf-Brissach pour juger de ce qu'il y avait à faire. Carrel offrit de l'accompagner à Béfort, d'assister au mouvement et de rapporter la nouvelle à Neuf-Brissach : il s'habilla en bourgeois. Tous deux partirent et arrivèrent à Béfort vers minuit. Le complot avait été découvert, des arrestations avaient été faites, tout le monde était en fuite. Carrel reprit à franc-étrier la route de Neuf-Brissach, où il arriva de grand matin. Il eut le temps de rentrer chez lui, de se mettre en uniforme, et put assister ainsi à l'exercice du matin sans qu'on se doutât qu'il avait passé la nuit sur la grand'route. Lorsque l'on fit une instruction pour rechercher les complices des officiers de Béfort, et surtout pour savoir quel était celui qui s'était rendu de Neuf-Brissach dans cette ville, on ne put rien découvrir, et les soupçons se portèrent sur tout autre que sur Carrel ; car ses manières légères et insouciantes l'avaient fait regarder, par ses chefs, comme tout à fait en dehors des menées.

Cependant Carrel n'en fut pas moins signalé comme un officier mal pensant. Il vint avec son régiment à Marseille. Ce fut alors, se plaisait-il quelquefois à dire, qu'il s'essaya pour la première fois dans le journalisme.

Il fit insérer, dans un journal de cette ville, quelques articles relatifs à son colonel. Carrel écrit alors une lettre aux cortès espagnoles ; cette lettre fut saisie et portée chez M. le baron de Damas, qui commandait la 10e division militaire. Elle trahissait tous les sentiments de celui qui en était l'auteur. Le général le manda auprès de lui, lui promit que sa lettre serait considérée comme non avenue, et l'engagea à renoncer à ses liaisons ou à ses opinions politiques. Auprès du sous-lieutenant, qui paraissait si léger et si insouciant, on ne put rien gagner. Il fut aussi inaccessible aux avances de M. de Damas qu'il le fut, plus tard, aux propositions que lui fit le gouvernement du 7 août ; mais il conserva toujours un sentiment de reconnaissance pour la bienveillance que M. de Damas lui avait témoignée.

La campagne contre la révolution espagnole se préparait. Carrel, porté par ses opinions vers la cause de la constitution de 1812, était aussi porté, par son caractère, vers la vie aventureuse et pleine de dangers que lui offrait le service espagnol. De plus, il se voyait fermer la carrière qu'il avait embrassée. Laissé à Aix, au dépôt de son régiment, il saisit cette occasion pour donner sa démission, et, quelques jours après (c'était dans le mois de mars 1823), un bateau pêcheur espagnol le conduisit à Barcelone. On organisait dans cette place un bataillon français sous la désignation du régiment Napoléon II. Son costume était celui de la vieille garde impériale, moins le bonnet à poil ; il portait la cocarde tricolore et avait son aigle. Parmi les réfugiés français, bon nombre s'étaient donné des grades qu'ils n'avaient jamais eus. Carrel se présenta avec son modeste grade de sous-lieutenant, et il fut attaché avec ce titre à la compagnie de voltigeurs. Tous les militaires qui ont fait avec lui la campagne de Catalogne s'accordent à dire qu'il se distingua entre tous par son intrépidité, son talent et son coup d'œil; mais il y avait peu à faire dans l'armée constitutionnelle telle qu'elle était organisée alors.

Ce fut en juin que se livra le combat de Mataro. Après une marche de nuit de huit lieues de Catalogne, la colonne du général Millans, composée des meilleures troupes de l'Espagne, se présenta au point du jour devant Mataro, occupé par les troupes françaises, au nombre de deux mille cinq cents environ. Les dispositions d'attaque furent mal prises, et Carrel prédit la défaite qu'allaient essuyer les Espagnols. La cavalerie ayant fait demi-tour sous le feu d'un peloton du 7e de ligne françois, se jeta dans les rangs de l'infanterie, ce qui mit le désordre dans la colonne. Les Français en profitèrent pour prendre les armes; et, au grand jour, ils firent une sortie qui décida les Espagnols à la retraite; cette retraite dégénéra bientôt en déroute. Carrel resta constamment à l'arrière-garde; mais, exténué de fatigue, il fut forcé de se jeter, ainsi qu'un de ses amis, M. P., sous les branches d'un arbre touffu pour échapper aux voltigeurs français qui les serraient de près. Là, l'un et l'autre étaient disposés à vendre chèrement leur vie. Dans cette position critique, le compagnon de Carrel, pour diminuer leur danger s'ils venaient à être découverts, lui proposa de retirer la cocarde tricolore de leurs schakos. Carrel s'y refusa, en disant qu'il ne la quitterait que lorsqu'il ne pourrait plus se servir de son sabre. Cette malheureuse affaire avait dégoûté du service espagnol bon nombre d'officiers étrangers. Carrel fut engagé à quitter la partie, déjà perdue; mais il déclara que ni les dangers ni les privations ne lui feraient déserter une cause qu'il avait embrassée.

Cependant le peu d'argent qu'il avait apporté en Espagne n'avait pas duré longtemps; sa position n'était rien moins qu'attrayante : une solde de un franc cinquante centimes par jour n'aurait pas suffi pour le faire vivre, car elle était souvent arriérée.

A cette époque, M. Joubert rejoignit le corps des réfugiés, où il prit du service. Carrel et lui se reconnurent, s'établirent dans le même logement et mirent leurs ressources en commun. Une pauvre cantinière espagnole leur fournissait à crédit, dans les moments où les finances baissaient, de quoi les empêcher littéralement de mourir de faim. Avant que M. Joubert se fût joint à lui, Carrel vivait seul ; il avait établi et su faire respecter son isolement en proposant nettement un coup de sabre aux mécontents. Une trentaine de volumes, qu'il avait emportés avec lui, l'aidèrent à passer le temps : il en perdit la moitié au moment où les Français commencèrent l'investissement de Barcelone.

Son corps, presque cerné, fut obligé à une brusque retraite ; Carrel ne fut jamais très-soigneux de ranger les livres et les papiers ; il n'eut pas le temps de réunir sa petite bibliothèque, que, jusque-là, il avait conservée comme une ressource précieuse.

Le bataillon français avait été fondu avec le bataillon italien sous le nom de légion libérale étrangère, et mis sous le commandement du colonel Pachiarotti.

Dans le dernier engagement qu'eut la légion, le colonel crut voir que des Français du bataillon prenaient la fuite. Il galopa du côté où il avait remarqué le désordre, et s'écria : « Français, vous fuyez ! »

Carrel s'élança au-devant de lui en disant : « Vous en avez menti ! les Français ne fuient pas ! » Pachiarotti court sur lui le sabre haut pour le punir ; Carrel arrache un fusil des mains d'un des soldats, et se met en défense.

Depuis cette époque, le brave colonel italien eut pour Carrel non-seulement de l'estime, mais beaucoup d'amitié, et, plus tard, Pachiarotti ayant été mortellement blessé, fut soutenu, mourant, sur son cheval, par Carrel pendant une longue et pénible marche, et il disait, au moment d'expirer, à ceux qui l'entouraient : « Je n'ai plus besoin de rien ; mais je vous recommande ce brave et noble jeune homme. »

La légion fut chargée, dans le mois de décembre, d'une expédition hors de Barcelone. Partie à minuit sur des bateaux, elle débarqua le matin à quatre lieues environ de la ville, sur les derrières de l'armée française. Après cinq ou six jours d'une marche continuelle et d'escarmouches sans fin avec les paysans, la légion arriva auprès de Figuières. Elle eut là, à Llado et à Llers, deux affaires sanglantes, où, après avoir perdu la moitié de son monde, elle capitula en rase campagne ; les officiers français furent formellement compris dans la capitulation, et, par une singularité, Carrel se trouva prisonnier du baron de Damas.

Les périls de la justice militaire attendaient Carrel échappé aux périls de la guerre. Les prisonniers de Llers avaient conservé, après la capitulation, leur épée et leur uniforme ; ils étaient même entrés à Perpignan avec ces insignes militaires ; mais, en dépit de la capitulation, l'ordre vint bientôt de les enfermer, officiers et soldats, dans la prison du Castillet, et de les traduire devant les conseils de guerre. Toute cette affaire, étant importante dans la vie de Carrel, mérite d'être racontée avec détail.

L'existence de la capitulation est prouvée par les pièces suivantes :

« Le lieutenant général commandant la 7ᵉ division de l'armée des Pyrénées (4ᵉ corps) certifie avoir accordé à une colonne constitutionnelle qui s'est rendue à lui le 16 du présent (septembre 1823) sous le fort de Figuières, et après de sanglants combats la veille à Llado, et le jour même auprès de Llers, les conditions suivantes :

« 1° Les troupes constitutionnelles espagnoles se rendront prisonnières de guerre et auront les honneurs de la guerre. Les officiers conserveornt ceux de leurs bagages qui ne leur ont point été enlevés au moment de la capitulation ;

« 2° Tous les étrangers qui font partie des troupes constitutionnelles seront traités, selon leurs grades, de la même manière que les autres prisonniers de l'armée constitution-nelle. Quant à ceux des étrangers qui sont Français, le lieutenant général s'engage à solliciter vivement leur grâce. Le lieutenant général espère l'obtenir.

« Llers, le 17 septembre 1823, à sept heures du soir.

« Le baron de Damas, Juan Cuadros, Carlos Brauneck.

« J'approuve l'écriture :

« Le colonel commandant de la brigade, Fernandez.

« *Nota*. — Le lieutenant général a jugé à propos d'étendre, pour MM. don Juan Cuadros et don Carlos Brauneck, capitaines, qui ont signé la capitulation, et pour M. le chef de colonne don Manuel Fernandez, les articles ci-dessus à trente-sept officiers et aux nombreux prisonniers qui avaient été faits avant la capitulation. Le lieutenant général a vu avec plaisir que les troupes sous ses ordres ont eu les mêmes égards que lui pour lesdits trente-sept officiers et nombreux prisonniers faits avant la capitulation. »

Les accusés basaient la principale partie de leur défense sur cette capitulation ; pour la fortifier, ils demandèrent au colonel Fernandez, qui commandait l'expédition sur Figuières, une attestation authentique. Celui-ci n'hésita pas, au moment où il rentrait en Espagne, à leur envoyer la pièce suivante, qui avait été rédigée par Carrel lui-même, et qu'il signa :

DÉCLARATION DU COLONEL MANUEL FERNANDEZ, DU 6 MAI 1824.

« Je, soussigné, déclare qu'il est contre les assurances particulières qui m'ont été données sur le champ de bataille de Llers, par le général baron de Damas, que les Français ayant fait partie de la légion libérale étrangère soient traduits devant les conseils de guerre de Perpignan.

« Il était de mon honneur de ne pas abandonner à la rigueur des lois de leur pays les hommes qui avaient bravement combattu sous mes ordres, et je ne l'ai point fait. Je ne me suis séparé d'eux qu'après avoir obtenu du général baron de Damas la promesse formelle que, dans le cas où ils courraient le danger d'être poursuivis, des passe-ports leur seraient délivrés pour sortir de France.

« Telles furent nos dernières conventions avec M. le baron de Damas »

Il faut remarquer, pour se faire une idée de l'indépendance des agents de l'administration, que l'intendant militaire refusa son ministère pour la légalisation de la déclaration du colonel Fernandez.

Carrel, dans une lettre écrite de Perpignan à M. Isambert, le 22 septembre 1823, explique lui-même toute l'affaire de la capitulation :

« Le baron de Damas, aujourd'hui ministre de la guerre, commandait à Marseille avant la guerre d'Espagne. J'étais là, sous ses ordres, officier au 29e régiment d'infanterie de ligne ; j'ai été connu de lui personnellement à cette époque, honoré même des marques de sa bienveillance... Par une singularité remarquable, c'est entre les mains du baron de Damas que je suis tombé. Il a bien voulu m'admettre en sa présence et me traiter avec tant d'égards et de marques d'intérêt, qu'il m'est impossible de ne pas espérer que nos malheureuses familles devront à l'emploi généreux de son crédit la fin de leurs angoisses... Quant à la capitulation de Llers, elle a été verbale sur le champ de bataille, et rédigée lorsque déjà les dispositions principales avaient reçu leur exécution... Les officiers français présents à cette affaire savent, comme nous, que ce ne fut point sur un article rédigé après coup, mais sur l'assurance verbale d'être traités comme les Espagnols, que les débris des compagnies françaises de la légion étrangère, les seules qui, dans ce désastre, conservassent une attitude militaire, mirent bas les armes. Je puis affirmer sur mon honneur que c'est à mes propres exhortations, à celles des autres officiers, que nos soldats se soumirent; et nous ne les avons exhortés que parce que nous étions loin de prévoir ce qui nous arrive aujourd'hui : certes, ceux de nos compatriotes qui honorent leur victoire par tout ce qui peut rendre attendrissante et sacrée une réconciliation de frères ne le prévoyaient pas non plus. »

Carrel et deux de ses camarades furent les premiers traduits devant la justice militaire. Voici son interrogatoire devant le 2ᵉ conseil de guerre des Pyrénées-Orientales, le 21 octobre 1823 :

« *D*. Il résulte d'un contrôle trouvé parmi les papiers espagnols, que je vous présente, que vous avez servi comme officier dans la légion dite libérale étrangère : comment se fait-il qu'un officier français ait pu s'oublier au point de trahir son roi en servant parmi les rebelles?

« *R*. Je ne me suis point oublié comme officier français, ayant cessé de l'être depuis le 7 mars 1823, et mon départ pour l'Espagne est postérieur à cette époque ; c'est comme simple citoyen français que je suis allé en Espagne. Mes opinions m'ont porté à servir un gouvernement que je ne considérais point comme rebelle. D'ailleurs, les hostilités n'étaient pas commencées.

« *D*. Il résulte encore du tableau que je mets sous vos yeux que vous avez été pris les armes à la main à Llers. En votre qualité de Français, vous n'avez pu porter les armes contre la France sans vous rendre coupable du plus grand des crimes.

« *R*. Je n'ai point été pris les armes à la main ; mais j'ai déposé les armes par suite de la capitulation du corps dont je je faisais partie. Quant à la seconde partie de la question, ma présence en armes contre les Français est une suite malheureuse des opinions que j'ai déclarées m'avoir conduit en Espagne.

« *D*. Il est impossible que vous n'ayez pas eu connaissance de l'ordonnance du roi du 10 avril dernier, qui vous enjoignait de quitter le service de troupes destinées à agir contre les régiments au service de notre roi.

« *R.* J'étais parti de France dès le 20 mars; étant en Espagne depuis les derniers jours de ce mois, j'ai été sous l'influence des autorités constitutionnelles d'Espagne jusqu'à la capitulation de Llers : je n'ai donc eu aucune connaissance des actes émanés du gouvernement du roi dans cet intervalle de temps. »

Peu de jours après, Carrel et ses deux camarades comparurent devant le conseil ; leurs avocats plaidèrent l'incompétence, attendu que les accusés n'étaient pas militaires au moment où ils avaient pris du service en Espagne. Ce système fut accueilli ; le tribunal se déclara incompétent. Le procureur général près la Cour de cassation lança un réquisitoire pour faire annuler cette décision ; M. Isambert défendit l'arrêt ; mais la Cour de cassation, contre toute évidence, assimila les prévenus à des militaires, et les renvoya devant le 1er conseil de guerre des Pyrénées-Orientales. Les prisonniers regardèrent comme une sentence de mort la cassation du premier jugement ; et Carrel, prenant à part M. Picas, son avocat, qui lui annonçait cette nouvelle, lui dit, en montrant ses camarades : « Je voudrais mourir pour eux tous. » (*Lettre* de M. Picas à M. Isambert.)

Il ne tarda pas à être traduit devant le 1er conseil de guerre, qui avait ordre de se trouver compétent.

Il subit un nouvel interrogatoire le 11 mars 1824.

Interrogé sur ce qu'il faisait en France avant de passer en Espagne, et quelle était sa profession, il a répondu qu'il avait servi en qualité de sous-lieutenant au 29e régiment de ligne jusqu'au 7 mars 1823, mais que lorsqu'il passa en Espagne il était libéré du service de France.

« *D.* Comment se fait-il que vous, Français, ayez pu oublier vos devoirs comme tel, au point de trahir votre roi et votre pays en servant volontairement parmi les rebelles?

« *R.* Ce n'est point contre le roi ni contre la France que j'ai prétendu m'armer. Les hostilités n'étaient pas commencées à l'époque de mon passage en Espagne, et j'espérais n'avoir à combattre que les soldats de la Foi.

« *D*. Mais ne remarquiez-vous pas, d'après ce qui se passait en France à ladite époque, que le gouvernement français s'était disposé à porter des secours à cette armée que vous appelez de la Foi, pour l'aider à rendre le roi d'Espagne à la liberté ? »

« *R*. Il ne m'appartenait pas de pénétrer les intentions du gouvernement français ; et, par la qualification de soldats de la Foi, je ne prétends pas, comme vous semblez le penser d'après votre question, jeter du ridicule sur l'armée royaliste espagnole. »

« *D*. Vous avez été pris les armes à la main à Llers. En votre qualité de Français, vous deviez savoir que vous ne pouviez porter les armes contre la France sans vous rendre coupable d'un crime capital.

« *R*. Je n'ai pas été pris les armes à la main ; mais j'ai déposé les armes par suite de la capitulation du corps dont je faisais partie. Ma présence en armes devant les Français est une suite malheureuse de ma première démarche, je veux dire de mon passage en Espagne. »

Le 16 mars 1824, il comparut devant le conseil de guerre, qui le condamna à mort. Dans une lettre à M. Isambert, du 17, il explique toute l'affaire :

« Une décision toute contraire à celle dont j'ai déjà été l'objet va me ramener devant la Cour de cassation. Cette fois le conseil de guerre, en contradiction avec lui-même, s'est reconnu compétent et m'a condamné à mort. J'espère que ma cause aura encore l'appui de votre talent. L'intérêt généreux que vous daignez prendre à mon malheur, excite toute ma reconnaissance ; ce serait l'avoir mal apprécié que de vous recommander mon pourvoi. Je pense que, malgré les insinuations du ministre, la défense doit lutter de tous ses moyens contre l'accusation. On nous fait souvent l'hypocrite reproche

que nous prolongeons nos souffrances et retardons l'effet de
la clémence royale en agissant ainsi. On cherche à nous présenter comme de pures formalités les condamnations qui
nous mettent à l'effrayante discrétion de ceux qui nous
ont si indignement trompés, et cependant l'accusation s'est
toujours pourvue contre les acquittements qui ont été prononcés jusqu'ici..... Pour le conseil de guerre, la compétence est dans les ordres qu'il a reçus. Ces ordres sont du ministre de la guerre; on en fait lecture à l'accusé, pour qu'il
soit convaincu d'avance de l'inutilité de ses efforts. Je n'ai
point dû m'étonner que le ministre de la guerre donnât
de pareils ordres à ses subordonnés, mais j'ai frémi de l'aspect tout à fait nouveau sous lequel il leur prescrit d'envisager l'accusation. On n'avait pas cru jusqu'ici que le ravi-
taillement de Figuières fût une conspiration contre le gouvernement; on l'avait regardé comme un incident militaire tout
naturel dans la défense de la Catalogne, et nous n'étions coupables que d'avoir combattu pour la défense de la Constitution
espagnole. Cette fois le ministre ordonne de nous appliquer
les lois en vigueur d'après la complicité de chaque individu
et le degré d'influence qu'il a pu avoir sur une *tentative aussi
criminelle*. Les expressions soulignées sont littéralement
celles de l'ordre ministériel... Mes juges seraient fort embarrassés, je crois, d'assigner sous ces deux rapports jusqu'à
quel degré je suis coupable.

« En effet, ils ne m'ont nullement questionné là-dessus; à
peine m'ont-ils permis des réponses sur les points capitaux
de l'accusation. Je ne puis pas vous dire, monsieur, combien
la méthode des condamnations est simplifiée ici : nous y
sommes au bout du monde; les juges savent qu'ils n'ont rien
à craindre de la publicité des débats, et tous les efforts de nos
défenseurs viennent mourir contre une incapacité calculée...
On a levé la séance sans m'avoir permis d'ajouter à ma défense ; cependant j'avais à répondre à l'odieux reproche de
trahison que m'a fait le président lui-même; j'avais à protes-

ter contre la violation d'une convention sacrée ; à me plaindre
du mépris de toutes les formes à mon égard. Je l'ai fait malgré
les interruptions du président, et avec des expressions dont je
n'ai pas été tout à fait le maître. Vous me pardonnerez, monsieur, d'aussi longs détails ; mais je désire que vous sachiez
comment l'on procède ici contre nous. Les juges paraissent
rassurés sur les suites de leurs condamnations, et, tous les
jours, en portent de nouvelles, comme si les intentions sup-
posées du gouvernement pouvaient les autoriser à lui ouvrir
une si immense latitude. Des fonctions sévères sont descen-
dues ainsi, ou à une ridicule dérision, si tout cela doit finir
par rien, ou à une condescendance infâme si nous devons
être victimes de quelque caprice sanguinaire. »

Je n'ai pu trouver les réponses de Carrel ; mais je lis dans
une lettre de M. Picas : « Carrel a développé le plus beau caractère à l'audience ; il a répondu plusieurs fois au président
de manière à le déconcerter. »

L'interruption à laquelle M. Picas fait allusion fut provoquée par le président du conseil de guerre, qui, dans le cours
de l'interrogatoire, avait répondu à Carrel opposant à l'accusation le témoignage de son honneur : « Dans votre position,
vous ne pouvez invoquer l'honneur. » A ces mots, Carrel saisit sa chaise et allait la lancer à la tête du président, lorsqu'il fut entraîné hors de la salle par les soldats qui le gardaient.

Carrel se pourvut à la fois en cassation et en révision.

La détention des prisonniers du Castillet se prolongeait de
plus en plus, et elle était fort rigoureuse. Ils avaient affaire à
un major de place qui, à toutes les réclamations, répondait
que la prison n'était pas malsaine, puisque les détenus la supportaient ; et qui ajoutait, pour couper court à toutes les plaintes, que le général n'était pas plus tendre que lui. Les soldats,
logés à part de leurs officiers, étaient entassés dans leurs
chambres. S'il arrivait qu'ils tombassent malades, on attendait, pour les transférer, qu'ils fussent mourants. On inter-

disait de leur donner de la tisane, sous prétexte que l'intendant ne pouvait faire cette dépense. « Il est heureux, » disait A. Carrel dans une lettre à M. Picas, « que nous ayons été munis de tempéraments assez robustes pour n'être point exposés aux moyens de guérison de ces messieurs. F..... est le seul qu'ils aient été forcés de porter à l'hôpital ; il y a été traité dans la chambre des hommes condamnés pour toutes sortes de crimes. Encore a-t-il fallu qu'il fût descendu au dernier degré de faiblesse pour obtenir la faveur d'un tel séjour et d'une telle société. Le major de place est venu s'assurer par lui-même qu'il n'était pas dans un état à pouvoir s'évader ; cependant, a-t-il dit, il n'est pas à la mort. »

Sur la demande de M. Picas, M. Isambert avait fait des démarches auprès de M. le baron de Damas, qui était devenu ministre de la guerre, et qui, au Castillet, comme à Marseille et comme à Llers, retrouvait le jeune officier dont il avait reconnu les grandes qualités. Le ministre promit, mais rien ne fut exécuté, ainsi qu'on le voit par ce fragment d'une lettre de M. Picas :

« Malgré toutes les promesses qui ont été faites, le sort des malheureux prisonniers n'a pas été adouci ; ils n'ont qu'une heure par jour de promenade, et ils passent la journée dans un cachot infect : Carrel est doué d'une organisation trop forte pour jamais élever la moindre plainte ; car, lorsque je lui dis quelquefois : « Vous êtes bien mal ici, on vous traite « avec barbarie, » il me répond en souriant : « Je ne plains « que mes camarades ; moi, je me suis plié à tout. »

Carrel rédigea une note qu'il remit au chirurgien-major, et qui donne une idée exacte des souffrances des officiers détenus au Castillet :

« Perpignan, le 23 avril 1823.

« Depuis huit mois que les officiers détenus au Castillet habitent un lieu obscur et malsain, la seule demande qu'ils aient faite, chaque fois que des officiers de santé ou les capitaines de police se sont présentés, ç'a été qu'on voulût bien leur accorder l'air nécessaire à la conservation de leur santé et assez de jour pour que leur prison ne fût pas un affreux cachot; les personnes chargées de ces réclamations n'ont rien obtenu.

« Ne pouvant obtenir qu'on rendît leur cachot plus habitable, les officiers détenus ont demandé qu'on leur accordât au moins deux sorties par jour; ils ont été refusés. Ils ont continué à n'en avoir qu'une seule d'une heure et demie sur vingt-quatre; encore est-elle subordonnée aux occupations que peut prétexter le geôlier, et au mauvais temps, dont il juge à sa fantaisie; en sorte qu'il leur est arrivé souvent d'en être privés.

« Les officiers détenus croient devoir, au moment où l'arrivée des chaleurs rend leur prison plus affreuse, demander qu'on y fasse les travaux nécessaires. Ils sont forcés, pour respirer l'air, de s'approcher, l'un après l'autre, de celui des deux orifices qui est à leur portée, et qui n'admet qu'une personne à la fois. Ces détails sont petits pour ceux qui respirent à leur aise; ils n'ont que trop d'importance pour ceux qui souffrent. Les officiers croient aussi pouvoir profiter de ce que les factionnaires sont depuis peu sur la terrasse pendant tout le jour, pour demander qu'une seconde sortie leur soit accordée et que les heures en soient prises de manière qu'ils ne soient pas forcés de sortir d'un cachot humide pour passer subitement à l'ardeur du soleil. Une heure avant leur repas du matin, et autant avant celui du soir, seraient convenables : le service du poste n'en serait nullement augmenté; l'objection des occupations du geôlier est la seule qui jusqu'à présent ait été faite à cette demande. »

M. Isambert ayant renouvelé ses sollicitations, M. le baron de Damas lui répondit que les transfuges ne pouvaient attribuer qu'à eux-mêmes ou à des conseils funestes pour eux, la prolongation de leur détention à Perpignan; que la fidélité avec laquelle on avait rempli la promesse qui leur avait été faite d'invoquer la clémence du roi en leur faveur pour obtenir la vie sauve, et la bonté avec laquelle Sa Majesté avait fait surseoir à l'exécution de ceux qui avaient été condamnés, lui faisaient regretter que, par des déclinatoires et des recours en cassation qui, jusqu'ici, avaient été repoussés par la cour suprême, ils eussent aggravé leur position. Il était évident que M. le baron de Damas sentait sa parole engagée, qu'aucun des prisonniers ne devait être exécuté, mais qu'on voulait leur accorder comme une grâce une vie qu'ils avaient rachetée par la capitulation de Llers. Si cette capitulation les avait sauvés, elle avait aussi sauvé un certain nombre de Français qui auraient succombé en exterminant les restes de la légion libérale étrangère, décidés à se faire tuer plutôt que de se rendre sans condition.

Les soins d'un généreux patriote de Perpignan adoucirent la position des prisonniers du Castillet. « M. Lavigne, négociant de cette ville, dont l'ingénieuse bienfaisance a percé nos cachots, dit A. Carrel dans une de ses lettres, a diminué nos souffrances autant qu'il était possible et écarté de nous la misère dans laquelle étaient plongés la plupart de nos soldats dépouillés par les factieux.

« On ne nous a donné, au Castillet, que nos quatre murs humides et la terre nue pour nous coucher ; grâce à ce digne négociant, nos gardiens ont été fléchis ; tous les adoucissements qui pouvaient pénétrer dans un tel lieu nous sont parvenus ; il a organisé des souscriptions dont il a fait les avances ; et depuis, près de cent-vingt détenus n'ont cessé d'être secourus avec un ordre, une régularité, qu'on trouve à peine dans les administrations protégées par le gouvernement. Il s'est mis en relation avec nos familles, a su nous faire passer de leurs nouvelles, malgré le secret que nous subissions. Il a bravé, par cette conduite, l'animadversion des autorités, et a négligé ses propres affaires. Au bout de huit mois d'une sollicitude si constante, il n'est point fatigué. »

Cette prison du Castillet où Carrel fut si longtemps confiné

devint pour lui un lieu d'étude. Il lut beaucoup, il fit des
extraits nombreux, retrouvés après sa mort parmi ses papiers ;
il augmenta ses connaissances et se prépara ainsi, sans y
songer sans doute, à la carrière littéraire qui allait bientôt
s'ouvrir devant lui. Partout où il se trouva, il sut se créer
une solitude quand il le voulut, il eut le secret d'empêcher
qu'une familiarité excessive ne vînt s'emparer de ses heures
et l'asservir. Un peu plus tard, renfermé pendant quelques
jours à Toulouse avec des criminels, il se réserva un coin de
la prison où personne ne venait le troubler ; pas un, parmi
les voleurs avec qui il se trouvait, ne se hasarda à le traiter
comme un compagnon de détention, car ils savaient qu'il
aurait puni celui qui se serait permis de faire une pareille
confusion.

Carrel, à cette époque, adressa, au nom de ses camarades,
une réclamation contre des expressions dont le *Courrier
français* s'était servi à propos de la condamnation de quelques-
uns des prisonniers du Castillet :

« Votre numéro du 4 avril, annonçant la condamnation à
mort de cinq des soldats de l'ex-légion libérale étrangère,
l'acquittement de deux autres, etc., ajoute : « Une semblable
« peine a été prononcée, le 24 du même mois, par le même
« conseil de guerre, contre les nommés Jean-Baptiste Bous-
« suge, ex-négociant, natif de Lyon, et Jérôme Maret, etc.,
« également accusés d'avoir porté les armes contre la France.
« Comme les premiers, ces deux transfuges ont été faits pri-
« sonniers aux affaires de Llado et Llers. »

« Je désire vous mettre dans le cas de ne point commettre
désormais une erreur que l'ignorance des faits relatifs à notre
procédure rend excusable. L'autorité cherche à flétrir indistinctement du nom de transfuges, et ceux des Français qui
par des motifs particuliers ont déserté leurs régiments, et
ceux qui, mus par le seul amour de la liberté, et n'appartenant
point à l'armée, sont allés soutenir en Espagne une cause
malheureuse. Les dix officiers dont M. Boussuge fait partie

sont dans ce cas. C'est par hasard que votre numéro du 4 est tombé entre ses mains. Nous sommes au secret depuis sept mois, et les journaux ne parviennent pas jusqu'à nous. Nous ignorons comment notre affaire est traitée par la publicité; mais nous devons peu compter sur elle, puisque la salle d'audience est à peine capable d'admettre une trentaine d'auditeurs, et qu'habituellement des gendarmes et des soldats composent ce nombre; d'ailleurs, aucun journal ne rend compte des séances, quoique souvent elles soient dignes d'intéresser les bons Français. Les dix officiers au nom desquels je vous écris ne désirent pas faire plus de bruit que n'en comportent les circonstances; ce n'est point pour obtenir quelques lignes dans les colonnes d'un journal constitutionnel qu'ils se sont dévoués en Espagne; des hommes condamnés à mort tiennent peu à une faveur devenue banale; mais il leur importe qu'une épithète odieuse ne soit pas accolée à leur nom, dans des feuilles qui, du moins, leur doivent quelques égards.

« M. Isambert a établi, dans son éloquent plaidoyer, une partie des faits d'où résulte la distinction que nous réclamons. Il s'est efforcé de prouver aussi que la légion libérale étrangère n'a point été prise, mais qu'elle est le seul corps qui ait déposé les armes en vertu d'une capitulation. Si les débats de nos différents procès eussent été connus, le *Courrier* du 4 n'emploierait pas des expressions qui n'appartiennent qu'à ceux qui, nous ayant ravi la garantie d'une capitulation, veulent nous en ôter jusqu'à l'honneur.

« Les Français qui ont combattu à Llers et à Llado portaient dans les rangs des constitutionnels le nom d'*émigrés français*. Si les souvenirs attachés à ce mot empêchent qu'il ne nous soit appliqué, la désignation de *réfugiés* est au moins convenable, et ne fera pas rougir nos familles.

« Dix officiers ont seuls échappé au désastre de Llado, où sont restés les deux tiers de leurs compagnons d'armes. L'épithète de *transfuge* ne peut convenir à aucun d'eux : les transfuges sont ceux qu'on a vus, sur un champ de bataille, déserter et porter à l'ennemi les plans de leur général. Les officiers condamnés à mort à Perpignan n'ont point trahi la France. Ils espèrent que vous vous abstiendrez de parler d'eux, ou que vous ne les désignerez plus ainsi. Il est permis à de prétendus libéraux de nous reprocher des efforts malheureux ; mais le *Courrier français*, tel du moins que nous l'avons connu avant de quitter la France, doit abandonner à la *Quotidienne* le soin de répéter les articles du *Journal de Perpignan*.

« CARREL,

« ex-officier au 29e régiment de ligne, passé en
Espagne, avec sa démission, était sous-lieutenant
de la compagnie de voltigeurs de la légion. »

Pendant ce temps, le pourvoi en révision était arrivé. Le conseil, par jugement du 24 avril 1824, annula la condamnation à mort pour deux vices de forme : 1° parce que la minute du jugement rendu par le premier conseil de guerre permanent de la division contre le nommé Carrel n'avait pas été signée par le greffier, ainsi qu'il est prescrit par l'article 36 de la loi du 13 brumaire an V ;

2° Parce que, dans la déclaration de culpabilité prononcée par le conseil de guerre, on avait omis de décliner les noms et la qualité de l'accusé.

En même temps, Carrel fut renvoyé devant le conseil de guerre de la 10e division militaire, siégeant à Toulouse.

Carrel raconte ainsi à M. Isambert sa translation de Perpignan et son arrivée à Toulouse :

« Lorsque j'ai dû être transféré à Toulouse, le général Rottembourg a fait les plus grandes difficultés pour m'accorder ce qu'on n'a jamais refusé aux plus grands criminels, la faveur d'être conduit à mes frais. Si les sollicitations des personnes les plus distinguées de Perpignan ne l'eussent fléchi, après trois jours de vains efforts, j'étais contraint à refuser d'obéir et à autoriser des violences préférées par moi à la honte consentie de marcher de brigade en brigade, chargé de fers. A

Toulouse, des rigueurs encore inconnues m'ont accueilli ;
mais, après huit jours d'épreuves, j'ai été l'objet d'égards
pleins de bienveillance de la part du général Barbot, qui
commande ici, et depuis lors, ma position a été supportable,
heureuse même, puisqu'une triste expérience m'a appris que
le bonheur, c'est de voir le soleil et de se sentir la poitrine
remplie d'un air respirable. »

Un habile avocat, M. Romiguières, se chargea de la défense
de Carrel. Des personnes influentes, à Toulouse, s'intéres-
sèrent à son sort et sollicitèrent en sa faveur les juges devant
lesquels il allait comparaître. Un an s'était écoulé depuis la
guerre d'Espagne : les passions politiques s'étaient refroidies,
et les chances étaient toutes en faveur d'un acquittement.
On le voit dans une lettre de Carrel :

« Le président du conseil de guerre, y disait-il, me veut
quelque bien ; j'ai lieu d'espérer qu'il me présentera ses
questions dans le sens le plus favorable à ma défense, et la
bonne éducation seule m'indique comment je lui devrai tenir
compte de ces égards. »

« Incessamment, écrivait-il quelques jours après, je serai
jugé, et j'ignore encore sous quel point de vue M. Romiguières
saisira ma défense. Il résulte seulement des observations que
m'a faites son secrétaire, il y a déjà quinze jours, que M. Romiguières veut faire jouer un grand rôle à la question de la
capitulation. Je lui ai écrit, à ce sujet, que je serais charmé
qu'il la fît valoir sans réserve devant les juges militaires,
parce qu'elle m'intéressait beaucoup plus encore que la question de compétence ; que, de deux violations qui m'oppri-
maient également, celle qui insinue que je me suis lâchement
rendu à discrétion m'était la plus odieuse, et était celle contre
laquelle je désirais m'élever avec le plus d'énergie. »

Enfin il subit un troisième interrogatoire, et ce fut le
dernier.

« A lui demandé s'il s'est rendu en Espagne par terre ou
par mer, et quel jour il a quitté la France ;

« A répondu qu'il s'est embarqué à Marseille du 20 au 25 mars 1823.

« A lui demandé quel jour il a reçu la lettre du ministre de la guerre qui lui annonce qu'il a été mis à la réforme, sans traitement;

« A répondu que c'est du 15 au 18 mars 1823, à Aix en Provence, où il était resté avec neuf autres officiers, pendant que le régiment se portait sur Toulouse.

« A lui demandé pourquoi il ne suivit pas alors son régiment;

« A répondu que, ayant écrit au général Damas pour réclamer contre la mesure d'après laquelle il était laissé au dépôt, et ayant prié le général Damas de considérer cette réclamation comme une demande de démission suffisamment motivée, dans le cas où on ne pourrait pas lui faire droit, il apprit de la bouche du général Damas lui-même que cette demande, n'étant pas de la compétence du gouverneur de la division, avait été adressée au ministre de la guerre, et que la réponse serait jointe aux ordres que lui, prévenu, attendait alors, ainsi que les neuf autres officiers mentionnés ci-dessus.

« A lui demandé si, en partant de Marseille, il s'est rendu directement à Barcelone;

« A répondu affirmativement.

« Interrogé sur les circonstances de son incorporation dans la légion libérale étrangère;

« A répondu qu'il était à Barcelone lorsque l'ordre de Mina enjoignit, sous peine d'être considérés comme agents royalistes, à tous les étrangers de concourir à l'organisation dudit corps; il se soumit à cet ordre. »

Nul ne peut mieux raconter que lui son acquittement:

« Pendant longtemps, j'ai été plus ennemi de moi-même que mes propres juges : j'ai résisté en faveur de cette question d'incompétence ; je voulais qu'elle fût emportée. J'écrivis à M. Romiguières que je concevais parfaitement qu'elle n'importait pas plus à ma défense particulière qu'à celle de cent

malheureux condamnés dont je me considérais, en quelque
sorte, là, comme le mandataire; que j'étais trop heureux d'être
le prête-nom dans une question qui, d'ailleurs, se liait d'intérêt à de si hautes considérations sociales; que je désirais
qu'il ne ménageât rien, qu'il plaidât l'incompétence du conseil d'abord comme tribunal, puisque je suis sous la sauve-
garde du droit des gens, ensuite comme tribunal militaire,
puisqu'il était de mon honneur de décliner cette juridiction
malgré les arrêts de la cour de cassation, qui ne peuvent pas
faire jurisprudence aux yeux d'un condamné. C'est à ces raisons que M. Romiguières, occupé d'ailleurs à la cour d'assises,
s'abstint de répondre. Mais, pendant plus de quinze jours, je
fus préparé par les sollicitations, les raisonnements, les assertions de mille personnes, au système de défense qui devait
séparer ma cause de celle de mes anciens compagnons d'infortune. Mes objections furent considérées comme parties
d'une obstination déraisonnable; l'intérêt que j'avais inspiré
jusque-là en souffrit presque; on ne traita ma constance que
d'absurde donquichottisme ou de prétention à faire du bruit.
Enfin, le 19, M. Romiguières, dans une conversation de plus
d'une heure, usa de son ascendant sur moi et de la supériorité de son raisonnement pour me fixer à son système de défense. Ma lettre du 19 était écrite dans la nouvelle conviction
que mon acquittement serait beaucoup plus utile à mes anciens compagnons d'infortune que l'obtention de l'incompétence du conseil. Je ne sais pas comment vous en aurez jugé.»
(Lettre à M. Isambert, du 25 juillet 1824.)

« M. Romiguières s'est servi avec le plus grand succès de
la lettre de mise en accusation qui rappelle aux juges le devoir de considérer l'influence, etc. Il a prouvé que je n'avais
point eu d'influence, puisque, étant sous-lieutenant en France,
j'avais été simplement sous-lieutenant en Espagne, tandis que
les débats de la cour d'assises avaient fait connaître tout récemment avec quelle large libéralité les réfugiés français
avaient reçu des grades en Espagne ou s'en étaient attribué.

Pour détruire l'intention lorsque le crime était prouvé, il a fait valoir la sévère cruauté des ordres de Mina, la fraude dont nous avons été victimes en nous trouvant jetés dans un pays occupé par les Français, tandis qu'on nous avait forcés de nous faire jour au milieu des Français, lorsque Fernandez nous jura sur son honneur que, aussitôt notre entrée à Figuières, Mina obtiendrait une suspension d'armes pour la Catalogne, et que l'on attendrait ainsi les événements de Cadix. Enfin, la capitulation a été son plus puissant levier ; il n'a pas craint d'intéresser à son observation l'honneur de l'armée entière, et en particulier celui du tribunal qui avait à délibérer sur la validité de cette convention. Six voix sur sept ont été pour moi. Jamais victoire ne fut plus complète. » (Lettre à M. Isambert, du 29 juillet.)

Il faut ajouter à ces détails que Carrel prit la parole après M. Romiguières. Le peu de mots qu'il prononça produisirent un grand effet sur les juges et sur l'auditoire. Les gendarmes qui assistaient à l'audience applaudirent ; cette circonstance resta vivement gravée dans sa mémoire, et, dans la suite, peu d'applaudissements lui ont fait ressentir autant de plaisir que les bravos involontaires arrachés à ces hommes qu'émut son langage noble et militaire. Il signale aussi, dans une de ses lettres à M. Isambert, cette circonstance, que le sous-officier qui siégeait dans les conseils de guerre, appelé, comme le veut la loi, à donner son vote le premier, ne craignit pas de prononcer l'acquittement du prévenu.

Après tout ce qui vient d'être dit, je n'ai pas besoin, je crois, de défendre Carrel de l'inculpation d'avoir porté les armes contre la France. Il n'y a dans la conduite de Carrel et de ceux qui servirent la cause constitutionnelle en Espagne rien qu'on puisse assimiler à la coalition des émigrés avec les armées des puissances étrangères qui avaient déclaré la guerre à la révolution française. Ces armées marchaient à l'invasion de notre territoire ; elles forçaient de toutes parts nos frontières, elles s'emparaient de nos villes, elles s'efforçaient

d'arriver jusqu'à Paris, et, tout en parlant de la maison de
Bourbon, elles tenaient en réserve des projets de démem-
brement. En Espagne, rien de tout cela : il ne s'agissait,
ni de part ni d'autre, d'une guerre de conquête, il s'agissait uniquement d'une guerre de principes ; il était parfaitement connu que le gouvernement français, victorieux,
n'enlèverait pas un village à l'Espagne, et que le gouvernement constitutionnel, s'il résistait à l'invasion, ne pouvait
ni ne voulait entamer le territoire français. En conséquence,
les réfugiés français combattaient non contre la France, mais
contre la Restauration et le drapeau blanc ; ils n'envahis-
saient pas leur pays, mais ils aidaient à défendre l'Espagne
d'une invasion souverainement injuste faite au nom du gouvernement que l'étranger avait imposé à notre pays. On savait que la campagne était concertée avec la Sainte-Alliance,
et que si la Restauration n'avait pas voulu y consentir, elle
aurait été menacée sur le Rhin. C'était une raison de plus
pour soutenir la cause de la constitution espagnole ; enfin,
aucun projet hostile n'était nourri par les Espagnols contre
l'intégrité de notre territoire, et le triomphe, s'il leur restait,
était un triomphe non sur la France, mais sur la Restauration.

Au reste, je ne puis terminer tout ce qui est relatif à la campagne de Catalogne sans transcrire ici ce qu'en a dit Carrel
dans la *Revue française*, n° 3, mai 1828, p. 167 :

« Barcelone n'était pas la seule ville d'Espagne où des
proscrits se fussent réunis. Ce n'était pas elle qui avait envoyé
sur la Bidassoa ceux qui vinrent y agiter inutilement, aux
yeux de nos soldats, des couleurs oubliées, et qui, avant d'enterrer ce drapeau qui trompait leurs espérances, crurent lui
devoir cet honneur d'être encore une fois mitraillés sous lui.
Mais Barcelone, par sa position vis-à-vis de l'Italie et sa réputation de ville libérale, avait attiré la plupart des hommes
compromis dans les révolutions de Naples et de Piémont, ceux
que la police de la Sainte-Alliance avaient obligés de quitter

la Pologne, la Lombardie, les petits États du Rhin et toutes
les contrées de l'Europe où la domination de Bonaparte avait
eu des serviteurs et des soldats. D'anciens officiers français,
qui, depuis 1815, étaient aller faire la guerre partout où
ils avaient pu la trouver, en Grèce sous les drapeaux d'Ypsilanti, en Amérique sous ceux de Bolivar, en Italie sous Pépé,
avaient aussi préféré Barcelone à Madrid, à Cadix, à la Corogne. Quelques étudiants des universités d'Allemagne, des
jeunes gens compromis en France dans d'inutiles complots,
ou qui l'avaient quittée enflammés de zèle pour une cause
qu'ils croyaient la leur, enfin des sous-officiers et des soldats
déserteurs de l'armée française, étaient venus se réunir à
eux. Après avoir rendu les plus grands services comme volontaires dans la guerre contre les factieux, ces étrangers
avaient été appelés à former un corps destiné, par le général
Mina, à jouer un rôle politique dans la guerre contre la
France ; mais, bientôt déchus de cette importance, vu la tournure prise par les affaires, ils avaient dû se disperser encore
hors de l'Espagne, ou se résigner à ce qu'il adviendrait de la
Constitution et de ses défenseurs. Cinq cents environ, dans
toute la Catalogne, restèrent sous les armes et formèrent,
sous le nom de *légion libérale étrangère*, un petit bataillon
d'infanterie et un faible escadron de lanciers. Plusieurs compagnies étaient toutes d'officiers ; deux généraux italiens
étaient dans les rangs portant la lance ; il y avait moitié de
Français ; ceux qui ne l'étaient pas avaient servi dans les armées impériales : ainsi, les habitudes de service étaient les
mêmes, l'esprit, ou plutôt le souvenir dominant, celui de la
liberté conquérante sous Bonaparte ; l'uniforme et les emblèmes rappelaient ce temps. Un brillant militaire, un compatriote et un ami de Santa-Rosa, le colonel Pachiarotti, avait
organisé la légion libérale et la commandait. Plus d'une fois,
les généraux espagnols, aventurés, comme à Mataro, dans des
entreprises qu'ils étaient incapables de diriger, en donnant
l'exemple de la fuite, ont dû leur salut au sentiment de honte

qui précipitait Pachiarotti et ses étrangers au-devant d'un ennemi qui les faisait rougir de leurs alliés.

« L'histoire de ce petit corps serait curieuse : une partie,
sous les ordres du général Milans, partagea la fortune des
troupes constitutionnelles qui défendaient Tarragone ; l'autre
partie, la plus considérable, vue de mauvais œil dans Barcelone par ceux qui craignaient, non sans raison, que la présence
de révolutionnaires étrangers dans leur ville n'attirât sur elle
l'animadversion des Français, après avoir été employée dans
la place à tous les services périlleux, fut, sous les ordres de
son chef Pachiarotti, lancée dans une expédition où elle devait périr. Les passions qui ont fait la guerre d'Espagne sont
maintenant assez effacées pour qu'on puisse se promettre
d'inspirer quelque intérêt en montrant, au milieu des montagnes de la Catalogne, sous l'ancien uniforme français, des
soldats de toutes les nations, ralliés à l'ascendant d'un grand
caractère, marchant où il les menait, souffrant et se battant
sans espoir d'être loués ni de rien changer, quoi qu'ils fissent,
à l'état désespéré de leur cause, n'ayant d'autre perspective
qu'une fin misérable au milieu d'un pays soulevé contre eux,
ou la mort des esplanades s'ils échappaient à celle des champs
de bataille. Telle fut, pendant de longs jours, la situation de
ceux qui, partis de Barcelone peu de temps avant la capitulation de cette place, allèrent succomber, avec Pachiarotti, devant Figuières, après deux jours d'un combat dont l'acharnement prouva trop que c'étaient des Français qui se battaient
de part et d'autre. Ce combat, qui devait finir par l'extermination du dernier de ceux qui, au milieu de l'Europe de
1823, avaient osé mettre la flamme tricolore au bout de leurs
lances, et rattacher à leur schako la cocarde de Fleurus et de
Zurich, le général Damas l'arrêta par une parole qu'il était
noble à lui d'offrir, et que nul autre que lui dans l'armée
n'était en position de faire respecter. Ce n'est rien que la destinée de quelques hommes dans de tels événements; mais
combien d'autres événements il avait fallu pour que ces

hommes de toutes les parties ne l'Europe se rencontrassent, anciens soldats du même capitaine, venus dans un pays qu'ils ne connaissaient pas, défendre une cause qui se trouvait la leur ! A ce titre, la légion de Pachiarotti méritait qu'on dît un mot de son existence. Les choses, dans leurs continuelles et fatales transformations, n'entraînent point avec elles toutes les intelligences ; elles ne domptent point tous les caractères avec une égale facilité ; elles ne prennent même pas soin de tous les intérêts : c'est ce qu'il faut comprendre ; et il faut pardonner quelque chose aux protestations qui s'élèvent en faveur du passé. Quand une époque est finie, le moule est brisé, et il suffit à la Providence qu'il ne se puisse refaire, mais des débris restés à terre, il en est quelquefois de beaux à contempler. »

La défaite de la légion libérale étrangère et la capitulation de Llers furent, dix ans plus tard, rappelées par un singulier événement qui témoigna à la fois de la versatilité des choses humaines et de la noblesse d'âme de Carrel. Un officier qui servait sous M. de Damas, M. de Chièvres, fut impliqué dans des accusations de chouannerie, et traduit devant la cour d'assises d'Eure-et-Loir, en décembre 1833, sous la prévention de complot et d'attentat contre l'Etat. M. de Chièvres avait jadis intercédé pour qu'une capitulation fût accordée aux débris de la légion, et il invoqua, sur ce fait qui lui était honorable, le témoignage de Carrel. Carrel, cité comme témoin à décharge, s'exprima ainsi :

« Je ne sais rien qui se rattache directement à l'affaire qui occupe la cour ; ce que j'ai à dire peut servir seulement à faire connaître M. de Chièvres comme homme de parti. La guerre de grande route, appelée chouannerie, suppose chez ceux qui s'y livrent des haines de parti violentes et du fanatisme religieux ou politique. J'ai eu personnellement l'occasion d'éprouver que M. de Chièvres n'a pas ce fanatisme, et que c'est, au contraire, un homme de parti loyal, humain, généreux. Il s'agit d'un fait déjà vieux de dix ans.

« Vous savez, messieurs les jurés, que le drapeau tricolore a eu aussi son émigration, et les émigrations ne sont pas heureuses. En 1823, l'armée royale qui allait en Espagne renverser la Constitution des cortès eut affaire, sur la Bidassoa, à une poignée de Français qui s'étaient serrés autour du drapeau tricolore, et en Catalogne à plusieurs centaines de réfugiés qui avaient pris la cocarde aux trois couleurs et l'uniforme des anciennes armées nationales. Un de ces corps, dont je faisais partie, essaya, dans le mois de septembre 1823, de pénétrer dans la forteresse de Figuières, investie par une division aux ordres du général Damas. Après deux jours de combats très-sanglants, dans lesquels les deux tiers de mes camarades furent tués ou blessés, et dans lesquels aussi les régiments qui nous étaient opposés perdirent malheureusement beaucoup de monde, nous nous trouvâmes dans une situation à être obligés de nous rendre ou à nous faire tuer jusqu'au dernier.

« M. de Chièvres, alors aide de camp du général Damas, n'écoutant que son désir de faire cesser l'effusion du sang français, pénétra jusqu'à nous. Il se souvint que son père avait échappé à la funeste journée de Quiberon, et vint nous supplier de nous rendre. Je me trouvai à portée de lui répondre au nom de mes amis. Je lui représentai que les lois qui nous attendaient nous étaient connues, et que nous ne pouvions pas nous rendre sans condition. M. de Chièvres s'entremit, avec la plus grande chaleur, pour nous faire obtenir une capitulation, quoique de semblables conventions n'aient jamais lieu en rase campagne. J'ai su depuis, de la bouche même du général Damas, que nous devions beaucoup aux intercessions de M. de Chièvres.

« Les pénibles négociations dont M. de Chièvres s'était chargé avec un empressement si généreux durèrent longtemps. M. de Chièvres alla et revint plusieurs fois du quartier général à la position que nos débris occupaient. Enfin, nous le vîmes décidément reparaître suivi d'un grand nombre d'officiers qui nous annoncèrent, avec la joie la plus vive, que nos conditions étaient acceptées, et ces conditions étaient d'avoir la vie sauve, de conserver nos épées, les insignes qui distinguaient notre uniforme, et d'obtenir des passe-ports pour nous rendre à la destination que nous désirerions.

« Le gouvernement français ne crut pas devoir ratifier la capitulation, bien que le général Damas eût eu plein pouvoir de l'accorder. Moi-même, à mon retour en France, je fus arrêté et condamné à mort par deux conseils de guerre ; mais, ces condamnations ayant été cassées pour vice de forme, je fus acquitté à Toulouse par un troisième conseil de guerre, sur la simple preuve de l'existence de cette capitulation, que M. de Chièvres avait tant contribué à nous faire obtenir.

« Je suis bien loin de prétendre que personne ici doive de la reconnaissance à M. de Chièvres pour le service personnel qu'il m'a rendu dans cette circonstance ; mais je pourrais citer une douzaine d'officiers de tous grades, depuis celui de sous-lieutenant jusqu'à celui de chef de bataillon, qui ont profité comme moi de la capitulation de Figuières, et qui, depuis la révolution, ont repris du service ; les uns servent à Alger, les autres devant Anvers ou dans la Vendée, et ont pu contribuer même à y étouffer l'insurrection.

« Je ne m'étendrai pas davantage sur le compte de M. de Chièvres. Il était de mon devoir d'attester ici que je l'ai connu modéré, humain, généreux, quand son parti avait la force et que le drapeau tricolore était traité en rebelle.

« M. de Chièvres ne me saura pas, j'espère, mauvais gré de dire qu'il était fort dévoué au gouvernement de ce temps-là, qu'il était du parti du gouvernement. Ses sentiments politiques furent trop honorés à mes yeux par sa conduite dans la circonstance dont j'ai parlé, pour que je n'estime pas aujourd'hui sa persévérance dans les mêmes sentiments. Mais je répète que des opinions qui s'alliaient alors à une générosité si française n'ont pu conduire aux actes violents qu'on impute aujourd'hui à M. de Chièvres. »

Mᵉ HENNEQUIN. — Quel homme d'honneur!

On entend partout à voix basse : « Bravo! bravo! » Le respect dû à la justice a peiné à contenir la satisfaction que
cause cette déclaration. L'impression générale est aussi honorable pour M. Carrel que pour l'accusé.

M. DE CHIÈVRES. — Je prie M. Carrel de me permettre de lui
témoigner ici toute ma reconnaissance.

Avec quel soin, en effet, Carrel fait ressortir les obligations
que lui et ses compagnons ont eues à M. de Chièvres, tout en
se plaçant, lui et eux, dans une noble position! Les rôles sont
changés : le drapeau tricolore est triomphant, et le drapeau
blanc est déchiré. Carrel croirait parler un langage indigne
de lui s'il lui échappait le moindre mot blessant; s'il n'employait pas, je ne dirai point tout son art, mais toute la délicatesse de ses sentiments, à cacher que le parti vainqueur
parle par sa bouche en face du parti vaincu. Cette noblesse
d'âme est comme l'humanité qui porte à respecter la douleur
ou le sommeil d'un blessé. Il touche des plaies récentes, et il
s'en voudrait mortellement de les faire saigner.

Au sortir de la prison de Toulouse, Carrel se trouva dans
une grande perplexité sur ce qu'il avait à faire. La carrière
militaire lui était complétement fermée; il songea à étudier
en droit et à devenir avocat. Ce qui l'empêcha de donner suite
à cette idée, c'est qu'il n'avait pas fait sa *philosophie*, et qu'il
ne pouvait produire le certificat nécessaire pour prendre ses
inscriptions. L'avenir prouva que Carrel possédait toutes les
qualités nécessaires à un avocat, et que, s'il savait écrire, il
savait aussi parler en public. Mais rien ne pouvait remplacer
le certificat du cours de *philosophie*. M. Isambert lui donna
des lettres de recommandation auprès de M. Gévaudan et de
M. Laffitte; on songea à le placer dans une maison de commerce; mais ces démarches n'aboutirent à rien. Ce fut alors
qu'il devint le secrétaire de M. Augustin Thierry, qu'il se plaisait à appeler son premier maître, et qui l'occupa à ses travaux historiques.

Il ne resta qu'un temps très-court auprès de l'historien de la *Conquête de l'Angleterre par les Normands.* Sa position était excessivement gênée ; mais la campagne de Catalogne et la prison du Castillet l'avaient accoutumé à de plus rudes épreuves, et ni son courage, ni même son insouciance, n'étaient altérés par la vie qu'il menait. A Paris comme à Perpignan, il savait se plier à tout. Cependant peu à peu son sort s'améliora. Une collection de résumés historiques fut commencée par les libraires Lecointe et Durey ; il écrivit, pour cette collection le *Résumé de l'Histoire d'Écosse* et celui de l'*Histoire de la Grèce moderne.* Bientôt après il forma une association commerciale de librairie avec M. Joubert et M. Malher, son ancien camarade de Saint-Cyr, sorti récemment du service. Carrel n'y fut que commanditaire. Néanmoins, se livrant toujours à la littérature, dirigeant la *Revue américaine,* recueil qui contient de bons matériaux et où on retrouve l'esprit politique qui présida plus tard à la rédaction du *National,* il ne pouvait s'occuper de la librairie, et la société fut rompue d'un commun accord. Il commença à écrire dans les journaux, dans le *Constitutionnel,* dans le *Globe,* dans la *Revue française,* dans le *Producteur.* Il publia son *Histoire de la contre-Révolution d'Angleterre,* début très-remarquable où il avait évité à dessein de faire des rapprochements entre les Stuarts et les Bourbons, mais où ces rapprochements éclatent malgré lui, et où ses tendances politiques sont déjà toutes manifestes. C'est des travaux entrepris par lui à cette époque que date sa prédilection pour l'histoire constitutionnelle de l'Angleterre : ce fut un sujet qu'il roula souvent dans sa tête, et qu'il n'avait jamais abandonné.

Dans la *Notice* sur Paul-Louis Courier, qu'il a mise en tête de l'édition complète des œuvres de cet auteur, il a dit :

« La vie d'un écrivain distingué par une très-grande originalité est le meilleur commentaire de ses écrits ; c'est l'explication, et, pour ainsi dire, l'histoire de son talent. Cela est vrai surtout de celui qui n'a point, dans sa jeunesse, suivi les

lettres comme une carrière, et dont l'imagination, dans l'âge
de l'activité et des vives impressions, ne s'est point appauvrie
dans les quatre murs d'un cabinet ou dans l'étroite sphère
d'une coterie littéraire. S'il est aujourd'hui peu d'écrivains
dont on soit curieux de savoir la vie après les avoir lus, c'est
qu'il en est peu qui frappent par un caractère à eux, et chez
qui se révèle l'homme éprouvé, développé, complété par un
grand nombre de situations diverses. » (Page 1.)

Si Carrel n'a pas songé à lui-même en écrivant ces lignes,
on peut aujourd'hui lui en faire la directe application. Ce
n'était point dans le cabinet qu'il avait appris son nouveau
métier d'auteur; il n'avait jamais connu l'étroite sphère des
coteries, et, à l'âge de l'activité et des vives impressions, il
avait vu les faces diverses de la vie. Au contraire de Paul-
Louis Courier, qui hésitait sur un mot, Carrel n'hésitait jamais
sur une phrase. Son style, sans artifice et sans recherche,
était un chef-d'œuvre pour la sûreté de l'expression, qui arrivait toujours abondante comme la pensée, si pleine et si
abondante elle-même ; et, si on ne sentait pas le travail de
l'écrivain qui retouche avec soin chaque passage, on sentait
une inspiration vigoureuse qui donnait à toute chose le mouvement, la forme et la couleur, et jetait dans un même moule
le style et la pensée.

La grande œuvre de Carrel est le *National*. Privé par le
hasard de l'occasion de se signaler par des faits éclatants,
empêché par le malheur d'une mort prématurée de déployer tout son génie dans une composition littéraire, il a
laissé dans ces feuilles volantes une trace étincelante de tout
ce qu'il pouvait, au titre d'homme d'action et de littérateur.
Il se fit là un terrain où il sut manifester la double tendance
de son caractère, l'action et la pensée, et révéler autant de
décision et de coup d'œil que d'art et de style. Le *National*,
en effet, n'a pas été pour Carrel un froid théâtre où il venait
jouer le rôle que le hasard lui imposait; ce fut pour lui une
arène où il luttait, une tribune du haut de laquelle il parlait,

un champ clos où il se serait cru malheureux de ne pouvoir descendre en personne : le *National* fut une personnification d'Armand Carrel ; et, si le journal exprima les pensées, les entraînements, les passions de l'écrivain, l'écrivain, à son tour, était toujours sur la brèche, prêt à défendre, au péril de sa vie ou de sa liberté, ce qu'il venait de dire dans le journal.

Carrel avait dans son style, dans la hardiesse de ses attaques, beaucoup de ressemblance avec l'auteur des *Lettres de Junius* ; mais il n'aurait jamais voulu que sa personne demeurât invisible. Plusieurs fois le voile du journalisme lui a semblé trop épais, la fiction trop complète, et, en son propre nom, il a pris la parole pour lancer un défi au pouvoir et soutenir une lutte dangereuse. C'est cette union d'une personnalité vigoureuse avec ce personnage fictif appelé journal qui a donné au *National* un caractère qu'aucune feuille n'a présenté. Quand la politique languissait, quand les questions vives s'amortissaient, Carrel sentait son intérêt diminuer, et il laissait flotter au hasard une polémique à laquelle sa passion ne lui disait pas de s'incorporer ; mais, quand survenait, soit au dedans, soit au dehors, quelqu'un de ces événements qui soulevaient son âme ; quand il se présentait une grande infortune à défendre, des lâchetés impunies à flétrir, des perfidies à démasquer ; quand surtout un péril était là pour l'aiguillonner, alors il reprenait sa plume, arme qui, dans ses mains, n'a jamais manqué le but, et il conduisait la guerre avec autant de vigueur que d'habileté. Les lois qui enchaînent la presse, les tribunaux qui la menacent, ne lui semblaient qu'un défi jeté à l'audace de l'écrivain. Rien ne lui plaisait plus que de passer à travers les embuscades légales, et d'aller, protégé par un style habile à tout dire, comme par une armure, affronter les chances périlleuses du combat. Il eût osé moins s'il eût été plus libre ; il eût frappé moins fort s'il eût été plus puissant ; il eût été moins inflexible s'il eût eu plus de pouvoir à sa disposition ; et, si son caractère le poussait à tenir tête avec une constance invincible contre les victorieux, son caractère le poussait également à ne pas abuser de la victoire, et jamais il ne se fût senti le courage d'aggraver, par une parole ou par une action, le sort des vaincus.

Toute la vie de Carrel, ses prédilections à l'École militaire, ses conspirations au régiment, sa participation à la guerre de la Catalogne, ses liaisons politiques de 1824 à 1830, annonçaient chez lui l'ascendant des doctrines républicaines, et il était évident que, s'il trouvait l'occasion de les manifester, il n'hésiterait pas à aller jusqu'au dernier terme de ses opinions. Il avait déjà essayé, dans la *Revue américaine*, d'exposer quelques-unes des idées qui formaient sa conscience politique. Fatigué, comme tant d'autres, des feintes dont l'opposition des quinze ans se couvrait, il conçut le projet de fonder un nouveau journal qui eût une allure plus hardie, un langage plus franc. Ce fut lui qui eut la première idée du *National*; le titre fut donné par lui : il faisait, dès ce moment, un pas en avant de la presse de la Restauration. La rédaction du *National* fut remise à MM. Thiers, Mignet et Armand Carrel, avec cet arrangement que chacun, à son tour, aurait pendant un an, la direction suprême de la feuille. M. Thiers, comme le plus âgé, commença, et, à vrai dire, il n'y avait pas accord entre ses opinions et celles d'Armand Carrel. Le *National* était évidemment fondé dans un but explicite d'hostilité à la branche aînée des Bourbons; mais cette hostilité était différemment conçue par les deux rédacteurs en chef du *National*; je dis les deux, car M. Mignet n'était qu'un représentant de M. Thiers. Celui-ci pensait qu'il fallait une révolution semblable à la révolution anglaise de 1688 : un prince du sang et une Chambre des pairs pour sanctionner le mouvement. Cette politique est indiquée par les démarches de M. Thiers auprès du duc d'Orléans et par un singulier article de cet écrivain, où, au milieu même de la révolution flagrante, il engageait la Chambre des pairs à prendre l'initiative de l'insurrection contre la royauté.

Dès cette époque, les pensées de Carrel allaient plus loin;

aussi sa collaboration au *National* fut-elle rare, et il se borna presque à y insérer quelques articles de critique littéraire. Il attendait le moment où il pourrait donner au *National* une physionomie plus démocratique, lorsque la révolution de Juillet, éclatant, amena son tour plus tôt qu'on ne l'avait prévu. MM. Thiers et Mignet entrèrent dans l'administration et abandonnèrent le *National*. Carrel était alors absent. L'existence du *National*, en conséquence, fut remise en question. M. Thiers songea à en faire un journal ministériel; mais les actionnaires s'y refusèrent, et, dans l'intérim, M. Passy, l'ex-ministre du commerce, fut chargé de le rédiger. Cependant, Carrel revint de sa mission, décidé à faire valoir les droits qu'il avait à devenir le rédacteur en chef du *National*. Il éprouva quelques difficultés qui lui furent suscitées, disait-il, par M. Thiers; mais il en triompha, et il entra en possession du poste qui lui appartenait. La pensée révolutionnaire que l'on savait avoir présidé à la création du journal, le rôle honorable qu'il avait joué dans la révolution de Juillet, l'arrivée de l'ancien rédacteur en chef à des fonctions importantes dans l'administration, tout cela avait rapidement accru le nombre des abonnés; mais c'étaient des abonnés qui tous ne devaient pas être acquis aux opinions qu'Armand Carrel allait incessamment développer. Il fallut ménager les transitions; mais, de quelque prudence que le nouveau rédacteur en chef eût soin de se couvrir, il ne put empêcher une grande portion du public qui était accourue au *National* de l'abanner. Armand Carrel eut donc un nouveau public à se créer, et c'est là que brilla son talent. Le seul organe de l'opinion proscrite par les lois de septembre qui ait pu résister à la destruction est celui qu'il a fondé. Il obtint dans cette lutte un double succès; car, tandis qu'il assurait à son journal un nombre suffisant d'abonnés pour le faire subsister par ses propres forces, il lui donnait, par la grandeur du talent qu'il y déployait, une autorité même auprès de ceux qui en étaient les ennemis.

Pénétré de l'opinion que la distribution des droits politiques, dans la constitution actuelle des sociétés, est ce qui in-
flue le plus directement sur la distribution des biens matériels
et moraux, il pensa que la France était arrivée au point de
franchir un degré sur lequel elle hésite depuis quarante ans,
c'est-à-dire de se passer d'un gouvernement héréditaire. Suivant lui, le suprême magistrat devait être électif et responsable, la seconde Chambre élective, le suffrage universel, la
liberté de la presse inviolable à tous les partis. Avec ces réformes politiques, il croyait que les réformes sociales, dont
l'imminence s'approche de moment en moment, devenaient
praticables.

Le *National* n'était pas la place convenable pour traiter des
plans d'améliorations sociales. La polémique quotidienne ne
permet pas de discuter à fond les questions difficiles et profondes qui se rattachent à l'organisation de la société, et surtout il est impossible d'y proposer les plans suivant lesquels
il faudrait entreprendre une pareille œuvre. Le journalisme
ne peut débiter que la monnaie courante des idées qui sont
devenues familières; les idées plus éloignées appartiennent à
des écrits moins précipités. Lui demander autre chose, ce serait le compromettre avec ses lecteurs. Cependant les questions de finances, d'impôts, de commerce, de douanes, de législation, d'armées, se rattachent à des principes que la presse
quotidienne ne discute pas à fond, mais qui n'en président
pas moins à la solution qu'elle donne; et en cela encore le
National, sous la direction de Carrel, n'a manqué aucune occasion de traiter de pareilles questions dans le sens le plus
favorable à la démocratie. Le salaire des ouvriers et leurs
rapports avec les maîtres, l'assiette de l'impôt, la liberté du
commerce, l'amortissement, tout cela a été discuté avec les
lumières que fournit la science actuelle sur l'économie politique, et avec les intentions les plus déterminées d'alléger
quelques-uns de ces fardeaux qui pèsent le plus sur les classes
inférieures.

4.

Au reste, Carrel a exposé lui-même dans une brochure (*Extrait du dossier d'un Prévenu de complicité morale dans l'attentat du 28 juillet* [1]) ses opinions sur la réforme sociale, ou, pour mieux dire, sur ce qui lui semblait prochainement praticable. Il n'a pas prétendu assigner un terme, mais seulement les expédients immédiats et les résultats possibles, en prenant le point de départ tel qu'il est donné aujourd'hui. Le reste est l'œuvre de l'avenir.

« Ceux qui aiment les tâches toutes faites auraient voulu, peut-être, qu'on n'ajoutât pas aux difficultés de la réforme politique, en jetant dans la discussion des théories de réforme sociale. Mais la liberté appelle chacun à apporter le tribut de ses lumières et de ses inspirations, dût cette sainte concurrence susciter quelquefois au progrès lui-même des difficultés inattendues. Si réellement une révolution dans l'ordre politique ne pouvait être heureuse et assurée qu'en s'appuyant sur de profondes réformes sociales, ne serait-ce pas nous rendre service que de nous indiquer jusqu'où peuvent être poussées certaines exigences? Ce n'est pas nous retarder, quoi qu'en puissent dire quelques-uns de nos amis ; c'est nous éclairer, c'est nous forcer à mesurer l'étendue de notre responsabilité. Nous avons donc besoin de connaître d'avance les intérêts, les tendances, les passions mêmes et les ressentiments de toutes les parties qui composent la majorité nationale. Si l'on nous révèle des besoins et des prétentions que nous ne connaissons pas, et avec lesquels il faudrait compter tôt ou tard, humilions notre orgueil : nous nous étions crus, sans doute avant le temps, maîtres d'une besogne qui passait encore notre science et nos forces. » (Page 4.)

« Le but de la régénération morale du riche et du pauvre est celui auquel tend aujourd'hui la société, par les voies de la liberté, quelque contrariée qu'elle soit dans son développement par la résistance du principe monarchique ; nous en at-

----

[1] Cette brochure a été publiée en 1835 ; mais elle a été composée à la fin de 1833.

testons le haut intérêt, l'évidente sympathie avec lesquels tous les organes de la publicité, ceux mêmes qui représentent des débris d'idées aristocratiques, se livrent à la discussion de toutes ces vues économiques qui tendent à effacer, entre la richesse et la pauvreté, entre la propriété et la non-propriété, l'inégalité de fait consacrée par le monopole politique. A cet égard, les idées sont d'un demi-siècle en avant du gouvernement... Qu'aujourd'hui, dans cette France célèbre qui a brisé dix coalitions par la valeur et l'intelligence de sa démocratie, le travailleur à la journée rencontre pour tout établissement de crédit le mont-de-piété, pour toute retraite l'hôpital, pour toute chance de fortune la loterie, pour tout encouragement à sa moralité la caisse d'épargne, c'est une honte à la nation éclairée qui le souffre. » (Page 25.)

« Il faut se rattacher à notre principe de liberté et de représentation nationale de 89 comme à un point de départ à jamais consacré et inattaquable. Les vœux généraux de bonheur commun empruntés à la déclaration des Droits de Maximilien Robespierre sont légitimes ; mais la réalisation de ces vœux ne peut être atteinte que par les légitimes voies qu'une représentation réelle du pays, débattant contradictoirement les intérêts de tous, est seule en possession de fournir. Il faut que notre démocratie de 1830 s'avoue à elle-même qu'elle n'est plus la démocratie de 89 ; qu'elle a grandi en intelligence, en courage, en connaissance des choses et en aptitude de toute espèce. La lutte qu'elle ne pouvait pas soutenir, il y a quarante ans, contre la supériorité intellectuelle du riche, elle est en état de l'accepter aujourd'hui, et ce n'est plus pour elle que le suffrage universel serait un leurre. » (Page 28.)

« Les réformes politiques sont le seul moyen logique, régulier, sûr et légitime, de décider les améliorations sociales. » (Page 57.)

Les opinions de Carrel ressortent évidemment des fragments que je viens d'extraire de son écrit sur la déclaration de Robespierre. Ce qui lui semblait le plus prochainement praticable, c'était une refonte des lois de douane et d'impôt, de telle sorte que le pauvre fût ménagé et le riche mis à contribution (ce qui est l'inverse de l'état actuel) ; c'était un remaniement des institutions qui sont essentiellement destinées à protéger le fort et à comprimer le faible ; et, comme moyen d'obtenir et de consolider cet ordre de choses, il voyait le suffrage universel. En cela, il ne se trompait pas ; car le suffrage universel des États-Unis montre bien que, quand la démocratie a le pouvoir, elle sait en user en sa faveur. Mais tout cela n'était que transitoire : Carrel avouait n'avoir, sur ce qu'il y avait à faire au delà, que des vœux, des espérances, des pressentiments, et point de convictions scientifiques. Il pensait que, le terrain étant ainsi déblayé, on y verrait plus clair. En ce moment et dans l'état actuel des choses, l'horizon pour lui s'arrêtait là ; et il pensait qu'il fallait passer par des améliorations préliminaires pour atteindre à un autre horizon, et pour reconnaître la possibilité de ce qui paraît actuellement impossible. Il était resté persuadé de ce qu'il avait écrit, plusieurs années auparavant, dans le *Producteur* : .

« Le travail, dont l'ingénieux Franklin fit toute la science du bonhomme Richard, sera le dernier réformateur de la vieille Europe. Les progrès des lumières et du bien-être feront germer des vertus publiques là où il n'y a que trop longtemps eu que des vertus privées. Le sanctuaire des sciences, des arts et de l'industrie redeviendra pour nous ce Panthéon national dont naguère fut déshéritée notre gloire militaire ; c'est ainsi que nous prétendons matérialiser la société.» (*Producteur*, n° 10, p. 440, 1835.)

Il serait facile de faire un choix des articles les plus remarquables sur les questions les plus générales, et de les réunir en un volume. Je ne doute pas qu'un pareil recueil n'eût du succès : nul écrivain politique n'a fait, avec autant de vivacité, d'éclat et de ressources, la polémique quotidienne de la presse. Ces productions étincelantes sont maintenant enfouies dans les six gros volumes qui constituent le *National* d'Armand Carrel. Beaucoup, sans doute, n'ont d'intérêt que celui du moment; mais il en est bon nombre d'autres qui se rattachent à des questions plus générales. Je rappellerai tout ce que Carrel a écrit dans le *National* sur la question d'Orient, sur tout ce qui est relatif aux forts détachés, à l'hérédité de la pairie, etc. Rien n'est plus douloureux que de voir un génie comme celui de Carrel, si beau, si pur, si rapide, si fécond, s'éteindre subitement sans laisser presque d'autres traces que celles qu'il a jetées avec profusion dans un journal. La réputation qu'il en a recueillie a été grande; mais cette réputation ne serait qu'un souvenir si quelque œuvre de Carrel ne restait sous les yeux de la génération actuelle et de celles qui vont suivre. Ce serait pour ses amis un devoir de piété que d'exhumer à la lumière de belles pages qui bientôt ne seront plus connues. La feuille où il a déposé sa pensée est fugitive comme la voix de l'orateur qui improvise ou de l'acteur qui émeut. Cette pensée est digne de vivre plus longtemps: elle offre au publiciste des enseignements, à l'écrivain des modèles; car, telle était la nature d'esprit de Carrel, que la rapidité n'a jamais nui à son travail, et que les difficultés ne l'ont jamais arrêté. Sa polémique se plaisait aux obstacles, comme son courage aux dangers; et jamais il n'était plus sûr de lui, plus brillant, plus souple, que lorsqu'il traitait une grave et sérieuse question, où il s'exposait, lui et son journal.

Carrel dirigea, dans le *National,* une longue et persistante polémique contre le maintien des traités de 1815. Suivant lui, la France ne pouvait se relever de son infériorité relative qu'en brisant le cercle où ses ennemis l'avaient enfermée après ses immenses revers. Toutes les puissances : l'Autriche, la Prusse, et surtout l'Angleterre et la Russie, se sont démesurément accrues par les traités de Paris. La France seule, non-seulement n'a rien acquis, mais encore elle a fait d'immenses pertes sur ses anciennes possessions de 1789. La

révolution de 1830 promit, un moment, de changer un état
de choses qui a enlevé à la France son rang dans l'Europe.
Tous les peuples, émus par ce grand coup que le peuple
français venait de frapper, n'attendaient que notre signal :
l'Espagne, l'Italie, la Belgique, la Pologne, tout était prêt. Et
qu'on ne vienne pas parler ici des chances de la guerre : à ce
moment, il n'y en avait point contre nous; l'Europe de 1815
tombait comme un vain échafaudage, et la grandeur de la
France se fondait sur la liberté des peuples. Tout cela, aujourd'hui, n'est plus qu'un rêve; mais c'était un rêve qui
allait se réaliser, si quelque chose du génie de la nation avait
pénétré ceux qui la gouvernaient. Carrel sentit vivement la
grandeur de l'occasion qui se perdait. De là, cette polémique
ardente qu'il entama; de là, ce souffle guerrier qui anima
les rapides élans de sa composition. Il eut raison dans tout
le fond de l'affaire; mais il se trompa en un point, c'est qu'il
ne voulut jamais admettre, à cette époque, que le gouvernement français parviendrait, à force de se renier lui-même, à
conserver la paix; il crut que la France serait attaquée, si
elle n'attaquait pas. Ce fut une erreur; un accommodement
était possible, pourvu que le gouvernement français renonçât
à profiter des chances qui s'offraient à lui. Il y renonça; la
paix ne fut point troublée, et la France resta, en 1830 comme
en 1815, maintenue par le frein des traités que les ennemis
victorieux lui avaient imposés dans sa capitale.

. A cette polémique contre les traités de 1815 se rattache sa
lutte contre l'alliance anglaise, telle, du moins, qu'elle fut
conclue entre M. de Talleyrand et le ministère whig. Il ne
voulut jamais admettre que l'Angleterre s'interposât, sous le
prétexte de l'amitié, d'un côté, pour soutenir contre la France
la politique de 1815; de l'autre, pour donner un puissant
appui au gouvernement français, qui s'engageait de plus en
plus dans des voies hostiles à son principe. Là encore, viennent ces belles discussions sur la question d'Orient, où il
combattit un engouement aveugle, et où il montra si bien

qu'entre l'ambition russe et l'ambition anglaise il n'y a de place que pour une neutralité. Il avait étudié toutes les parties de cette question avec un soin particulier. Ce qu'il a publié à ce sujet dans le *National* n'a pas été sans influence sur l'opinion publique, et méritera d'être consulté quand les mêmes intérêts se trouveront de nouveau en présence.

C'est de Carrel qu'est venue, dans le *National*, la première protestation contre les ordonnances de Juillet. Elles parurent le 26, et ce jour même il publia, avant midi, un supplément qui contenait les ordonnances et appelait les citoyens à s'armer pour la défense des lois. Voici cette pièce, qui est maintenant historique :

« Le ministère du 8 août n'a pas cru devoir se présenter au jugement de la Chambre; il veut s'en tenir au jugement des colléges électoraux. Il a reconnu qu'il était impossible qu'il ne succombât pas devant les lois; il vient de renverser toutes les lois que la France avait appris à pratiquer, à respecter, à chérir, depuis quinze ans.

« Les trois ordonnances qui suivent paraissent dans le *Moniteur* en même temps que notre feuille de ce jour. Elles n'ont pas besoin de commentaire; elles prouvent la sincérité des serments d'attachement à la légalité, à la charte, aux institutions, qui, depuis un an, ont été opposés par les hommes du pouvoir aux cris d'alarme que nous arrachait une trop juste prévoyance.

« La France rentre dans une carrière dont elle se croyait heureusement sortie depuis quinze ans; elle retombe en révolution par le fait même du pouvoir. Jetée malgré elle hors des voies de la légalité, elle est menacée de n'y plus rentrer que par des tempêtes.

« C'est une consolation au moins pour la France de pouvoir se dire qu'elle n'a point commis de faute, qu'elle n'a motivé en rien, par sa conduite depuis un an, les tyranniques mesures qui viennent d'être adoptées contre elle. La justice, c'est-à-dire l'observation des lois, est de son côté. Elle puisera, dans ce sentiment, le courage nécessaire pour persévérer dans la défense de son droit.

« Le ministère avait demandé une Chambre au pays ; cette Chambre a été nommée librement et régulièrement. Elle exprimait les opinions de la France ; elle devait être convoquée au 3 août prochain ; elle seule pouvait accorder le budget de 1831.

« Ce qu'il reste à faire à la France, c'est de refuser l'impôt... La Chambre, aujourd'hui brisée, a fait son devoir ; les électeurs ont rempli le leur ; la presse, qui, désormais, ne pourra plus servir ouvertement la cause de la liberté, a fait aussi tout ce qu'on devait attendre d'elle ; c'est aux contribuables maintenant à sauver la cause des lois. L'avenir est remis à l'énergie individuelle des citoyens. » Le lendemain, il signa la protestation des journalistes.

Dans une circonstance non pas plus solennelle, mais plus périlleuse pour lui, Carrel lança un défi au ministère Périer. Le pouvoir imagina, à cette époque, d'arrêter préventivement les écrivains. Déjà plusieurs avaient été incarcérés de cette façon, lorsque Carrel se décida à provoquer, sur ce point, une lutte décisive. Dans un article du 24 janvier 1832, article qu'il signa, il déclara que l'arrestation préventive des écrivains, hors le cas de flagrant délit, était une illégalité ; qu'il ne s'y soumettrait pas, et que, si on essayait de l'arrêter, il repousserait la force par la force.

« Le ministère, disait-il, croit l'illégalité peu dangereuse quand elle ne blesse qu'un petit nombre de citoyens. Il se trompe, et, malgré toute sa fierté, il pourrait bien éprouver qu'un seul homme, convaincu de son droit et déterminé à le soutenir par tous les moyens que lui dicterait son courage, n'est pas facile à vaincre. Pourquoi un de ces écrivains devenus l'objet des haines du juste-milieu ne se rencontrerait-il pas, qui, pénétré de son droit, opposerait la force à la force, et se dévouerait aux chances d'une lutte inégale ? Eh bien ! il y en a, dans la presse périodique, de ces hommes qu'on ne provoque pas impunément, et qui, certes, ne seraient pas emportés vivants à Sainte-Pélagie, s'ils avaient juré de ne pas laisser violer en eux la majesté de la loi. Il est facile de faire tuer par cinquante hommes un seul homme qui résiste ; mais croit-on que cela pût arriver deux fois sans péril pour l'ordre de choses actuel? Croit-on que si un écrivain, dont tout le crime serait de ne pas penser comme le ministère, et qui, d'ailleurs, serait un citoyen recommandable, était assassiné, de jour ou de nuit, dans sa maison, en résistant à une arrestation illégale, ceux qui auraient ordonné l'arrestation et l'assassinat le porteraient bien loin? »

Il terminait ainsi :

« Il faut que ce ministère sache qu'un seul homme de cœur, ayant la loi pour lui, peut jouer, à chances égales, sa vie contre celle non-seulement de sept ou huit ministres, mais contre tous les intérêts, grands ou petits, qui se seraient attachés imprudemment à la destinée d'un tel ministère. C'est peu que la vie d'un homme tué furtivement au coin de la rue, dans le désordre d'une émeute ; mais c'est beaucoup que la vie d'un homme d'honneur qui serait massacré chez lui par les sbires de M. Périer, en résistant au nom de la loi : son sang crierait vengeance ! Que le ministère ose risquer cet enjeu, et peut-être il ne gagnera pas la partie.

« Le mandat de dépôt sous le prétexte de flagrant délit ne peut être décerné légalement contre les écrivains de la presse périodique, et tout écrivain pénétré de sa dignité de citoyen opposera la loi à l'illégalité, et la force à la force : c'est un devoir ; advienne que pourra. »

Carrel se tint chez lui prêt à résister : on ne tenta pas de l'arrêter ; il eut lieu de croire, cependant, qu'il en avait été question ; mais, dans le procès qui s'ensuivit, M. Persil déclara que l'ordre n'en avait pas été donné. L'article d'Armand Carrel produisit son effet, et l'on n'arrêta plus préventivement les journalistes. Après avoir été exposé à une lutte dans sa demeure, il fut exposé aux chances d'un procès. Ce fut là qu'il

commença, pour la première fois, à s'essayer au rôle d'avocat.
Avant MM. Comte et Odilon-Barrot, chargés de plaider, l'un
pour M. Paulin, le gérant, l'autre pour le signataire de l'article, Carrel présenta quelques observations écrites qui furent
très-goûtées. On y remarque le soin avec lequel il excuse,
pour ainsi dire, l'acte courageux qui affranchit la presse d'une
nouvelle tyrannie.

« A Dieu ne plaise, messieurs, que je me présente ici
comme ayant voulu donner aux écrivains, mes confrères,
l'exemple de la résistance à l'illégalité ! Je crois n'avoir exprimé que le sentiment et la résolution de tous. J'ai été le
premier à rencontrer cette bonne et patriotique idée ; mais je
veux en renvoyer le mérite à tous ceux qui, dès le lendemain,
ont voulu, par d'énergiques adhésions, en partager le danger.
Un seul est ici en cause avec moi, et, sans doute, par préférence spéciale ; car, on eût pu incriminer toute la presse indépendante, qui, en cette circonstance, comme toujours, a
fait son devoir. Quant aux écrivains dont l'arrestation avait
rendu nécessaire cette unanime et vigoureuse protestation de
la presse indépendante, je suis bien aise de rappeler ici que
c'est en leur tendant un piége indigne des procédés de la
justice qu'on était parvenu à s'emparer de leur personne, à
tel point que, si l'article du *National* n'eût pas coupé court à
de tels procédés, il eût fallu bientôt, pour se rendre avec
sûreté dans le cabinet d'un juge d'instruction, exiger un sauf-
conduit et des otages, comme au temps des justices seigneu-
riales du moyen âge. »

Ayant été blessé de certaines insinuations, il se décida à
prendre de nouveau la parole, mais sans préparation cette fois.
Il improvisa quelques mots qui firent une impression très-
favorable. Voici la fin de sa courte réplique :

« M. le procureur général, en rappelant les derniers mots
qui terminent mon article : *Advienne que pourra*, leur a
donné une interprétation contre laquelle je proteste. A en
croire M. le procureur général, j'aurais fait, en publiant

mon article, le calcul que voici : « Je résisterai, je tuerai un
« agent de la force publique, j'irai devant le jury et je serai
« acquitté. » Je suis bien aise, messieurs les jurés, que vous
ne me croyiez pas ce goût du meurtre, que vous ne me preniez
pas pour un tueur d'hommes. Un agent de la force publique,
un officier de police, un soldat de la garde municipale, sont
hommes pour moi, et, de plus, mes concitoyens ; je fais autant
de cas de leur vie que de la mienne. Les mots *Advienne que
pourra* signifiaient donc simplement qu'il m'en coûterait
beaucoup d'être réduit à engager une lutte corps à corps,
mais que j'étais résigné, pour mon compte, aux conséquences.
J'ajouterai, messieurs, qu'une résistance de ce genre peut
être fort efficace sans être sanglante. Je me suis trouvé, sous
la Restauration, dans le cas de résister à un ordre d'arrestation illégale : je fus assez heureux pour déterminer, par mes
représentations, l'officier chargé d'exécuter l'arrestation à
aller prendre de nouveaux ordres. On réfléchit, et les choses
s'arrangèrent à l'amiable. J'aurais été charmé, pour mon
compte, de terminer aussi doucement avec les agents de la
justice, dans la circonstance qui nous occupe : cela eût dé-
pendu d'eux. Seulement, et à *toute* extrémité, j'eusse repoussé
la force par la force. »

Ayant ainsi fait l'essai de ses forces, Carrel n'hésita pas,
dans la suite, à se charger lui-même de la défense du *National*.
Tous les procès, devant le jury où il plaida, il les gagna ; très-
versé dans la connaissance des lois de la presse, connaissant
toutes les particularités des faits en litige, il présentait la défense avec une lucidité à laquelle aucun avocat ne pouvait
arriver, et avec un succès qui prouvait son habileté à trouver
les raisons valables, les arguments de bon sens et l'assentiment du jury.

Il fut moins heureux devant un tribunal exceptionnel,
devant la Chambre des pairs. Mais là, ce ne fut pas seulement
une preuve d'éloquence qu'il donna, ce fut un élan subit et
admirable de son courage qui l'emporta, et qui changea en

une scène éminemment dramatique une affaire où tout était connu d'avance, la marche et l'issue. Le *National* avait été cité à la barre pour un article qui était qualifié d'injurieux; M. Rouen, gérant, était en cause, et Carrel plaidait pour lui.

Ayant nommé le maréchal Ney, il ajouta : « A ce nom, je m'arrête, par respect pour une glorieuse et lamentable mémoire. Je n'ai pas mission de dire s'il était plus facile de légaliser la sentence de mort que la révision d'une procédure inique : les temps ont prononcé. Aujourd'hui le juge a plus besoin de réhabilitation que la victime... »

M. le président se lève et dit : « Défenseur, vous parlez devant la Chambre des pairs. Il y a ici des juges du maréchal Ney; dire que les juges ont plus besoin de réhabilitation que la victime, c'est une expression, prenez-y garde, qui pourrait être considérée comme une offense. Je vous rappellerai que le texte de la loi, dont j'ai eu l'honneur de vous donner lecture, serait aussi bien applicable à vos paroles qu'à l'article dont M. Rouen est ici responsable. »

Carrel, avec un geste et un accent inexprimables : « Si parmi les membres qui ont voté la mort du maréchal Ney, et qui siégent dans cette enceinte, il en est un qui se trouve blessé de mes paroles, qu'il fasse une proposition contre moi, qu'il me dénonce à cette barre, j'y comparaîtrai; je serai fier d'être le premier homme de la génération de 1830 qui viendra protester ici, au nom de la France indignée, contre cet abominable assassinat! »

M. le général Excelmans se lève, et, comme emporté par le besoin d'une conviction profonde, s'écrie : « Je partage l'opinion du défenseur. Oui, la condamnation du maréchal Ney a été un assassinat juridique; je le dis, moi! »

Tout le caractère de Carrel se retrouve dans cette phrase téméraire. Le voilà seul en face d'un pouvoir qui dispose souverainement de son sort, qui peut le condamner à un long emprisonnement, à une amende énorme! Rien ne le fait hésiter, ni le danger visible, ni son isolement, ni cette barre où, d'avocat, un mot peut le faire accusé. Ce mot est prononcé, et celui qui l'a lancé reste immobile et calme devant la Chambre, qu'il émeut si profondément. Le même hasard qui sauve le hardi soldat monté le premier sur la brèche sauva Carrel. Ses paroles avaient arraché à la Chambre un écho involontaire.

C'était de la prison de Sainte-Pélagie qu'il était allé défendre M. Rouen, traduit à la barre de la Chambre des pairs. Il avait souvent répété qu'après avoir été cause que l'ancien gérant du *National*, M. Paulin, avait été condamné et emprisonné, lui devait à son tour signer le journal, comme gérant, et courir la même chance. C'est ce qu'il fit avec MM. Scheffer et Conseil. Ils furent en effet condamnés, non par le jury, mais par la Cour jugeant sans jurés, pour un article qu'elle assimila à un compte rendu d'audience. MM. Carrel et Scheffer subirent leur emprisonnement; mais une catastrophe déplorable en exempta M. Conseil.

Carrel et lui étaient allés à Rouen pour soutenir un pourvoi. Une partie de bateau sur la Seine fut faite le 16 juin 1834, par eux, avec MM. Hingray, Pauwels, Stevenin, et un jeune commis. Après avoir vainement essayé de passer devant la pointe de l'île du Petit-Gué, le canot revenait vent arrière vers le quai d'Harcourt avec une vitesse qui ne pouvait présenter de danger que par la disproportion relative de la voilure et du corps de l'embarcation, danger dont aucun des passagers n'était averti. On atteignait la hauteur de l'École de natation, et les passagers, loin de s'inquiéter de la vitesse de leur marche, y prenaient plaisir comme à l'image d'une navigation en pleine mer, lorsque la rafale donna si violemment dans les voiles, que le canot fut soulevé de l'arrière à l'avant, et sombra avec une rapidité si grande, que les quatre survivants n'eurent le sentiment du danger qu'en se trouvant sous l'eau. L'infortuné Conseil fut le seul qui ne revint pas à la surface. Il était assis à côté du mât et sous la voile, qui dut, en s'abaissant, le couvrir et l'envelopper de manière à lui rendre tout mouvement impossible. Une des cordes qui allaient du bordage à la mâture saisit Carrel sous les deux bras, et faillit l'entraîner comme Conseil; Carrel et M. Hingray, heureusement débarrassés et pouvant nager, se demandèrent l'un à l'autre où était Conseil, et restèrent plusieurs minutes sur ce lieu où le canot avait sombré, s'assurant que Conseil ne reparaissait pas. Il fallut s'éloigner rapidement pour ne pas se trouver sous la roue d'un bateau à vapeur qui descendait la rivière avec toute sa vitesse, et qui sillonna les eaux à une grande profondeur sur la trace même que le canot avait suivie en se perdant.

Carrel, avant d'entrer à Sainte-Pélagie, avait fait un voyage à Londres. On prétendait charitablement qu'il voulait échapper à dix mois de prison; il n'avait jamais pu entrer dans ses intentions de s'exiler de France pendant cinq ans pour échapper à un emprisonnement; mais, avant d'aller se renfermer dans les murs de Sainte-Pélagie, il crut qu'il devait aller faire une nouvelle provision d'études et de matériaux. Il travailla, pendant son séjour à Londres, à réunir des documents sur la marche ascendante ou descendante des institutions en Angleterre, depuis la révolution de 1688 jusqu'à la réforme : ce sujet l'avait toujours captivé, et une histoire constitutionnelle de l'Angleterre, depuis cette époque jusqu'à nos jours, lui paraissait un ouvrage digne de l'occuper, tant parce que cette histoire est peu connue en France, que parce qu'elle est pleine de leçons utiles pour tous les peuples. Ce travail, il le réservait pour son séjour à Sainte-Pélagie, et il cherchait en Angleterre des renseignements qu'il ne pouvait pas se procurer à Paris. Il mit, en effet, le temps à profit : il rapporta de volumineux extraits, mais pas assez pour commencer son œuvre. Son retour en France fut accéléré par des circonstances indépendantes de sa volonté.

Une merveilleuse facilité a appartenu essentiellement à son talent; mais l'on se tromperait beaucoup si l'on croyait que ce don naturel avait été pour lui une raison de renoncer au

travail. C'est en parcourant les papiers qu'il a laissés, et qu'il
a ordonné par sa volonté dernière de livrer aux flammes,
qu'on aurait pu se convaincre de l'opiniâtreté et de l'étendue
de ses études. Oui, sans doute, il produisait avec une abondance inépuisable, il écrivait sans effort et sans fatigue, et les
raisonnements vigoureux, les développements pleins et har-
monieux coulaient de sa plume comme d'une source féconde.
Mais, non content d'avoir beaucoup vu et beaucoup appris
dans les situations diverses où de bonne heure le sort l'avait
jeté, il avait trouvé des heures tranquilles et solitaires où il
amassait avec effort les trésors de pensées et de style qu'il
répandait plus tard sans jamais s'épuiser. Dans la prison de
Perpignan comme dans son cabinet, il cherchait dans les livres le complément nécessaire à l'expérience d'un seul
homme. Des habitudes laborieuses lui permettaient de renouveler sa provision ; et, quoique occupé par le labeur incessant
d'un journal quotidien dont il avait toute la responsabilité,
il savait faire des économies de temps, comme un autre en
fait d'argent, et fournir des aliments continuels à cette flamme
de l'esprit qui pâlit si elle n'est entretenue.

Les goûts de Carrel étaient essentiellement militaires. C'é-
tait là qu'étaient ses études de prédilection ; c'était les sujets
qu'il traitait avec le plus de satisfaction dans le *National*.
Aussi disait-il parfois, en riant, que si, au lieu d'une préfecture en 1830, on lui eût offert un régiment, on l'aurait embarrassé en lui présentant ce qui était le plus propre à le séduire.
La révolution avait à peine triomphé dans les rues de Paris,
qu'il partit pour Rouen, allant chercher des auxiliaires qu'il
devait ramener sur Rambouillet. Revenu aussitôt après, il reçut dans les premiers jours d'août une mission pour les département de l'Ouest. Il les visita, changea ou conserva les maires
et les sous-préfets, et adressa au gouvernement un Mémoire
qui fixa l'attention.

Il écrivit de Nantes, le 13 août :

« Je n'ai écrit à personne à Paris ; j'ai pensé que pour bien

faire, là où je suis, il fallait m'isoler de Paris et de mes intérêts habituels le plus possible. Si j'avais voulu penser que,
tandis que je suis loin, je manque là-bas telle ou telle occasion, je n'aurais rien fait de bien. Le plus sage est de ne voir
que la besogne, et je suis tout entier à la mienne. »

De Brest, le 23 :

« Toutes les nouvelles que tu me donnes seraient bien
faites pour me forcer à hâter mon départ ; mais tu sais ce que
je t'ai dit, je veux faire complétement la besogne dont je me
suis chargé, après quoi je verrai ce que j'aurai à faire. Pendant mon absence on a marché d'un si grand train, qu'il est
bien possible que je ne me trouve plus au pas à mon arrivée.
Je ne veux point me mettre à la suite... Cette fièvre d'un
moment passera, les habitudes calmes reviendront, et ceux
qui n'ont pas eu la tête troublée s'applaudiront. »

A peine fut-il revenu à Paris qu'on mit dans le *Moniteur*
sa nomination à la préfecture du Cantal ; il refusa sans hésiter, et alla reprendre son poste au *National*.

Dans tous les duels où Carrel était témoin, il s'efforçait toujours de terminer la querelle par un arrangement à l'amiable,
et il y réussissait le plus souvent, parce qu'il possédait l'art
de ménager exactement l'honneur des deux adversaires, tout
en les amenant à une transaction. Mais quand il s'agissait de
lui, il était moins traitable. Il a eu dans sa carrière de journaliste trois duels politiques. Dès les premiers jours de l'existence du *National*, M. Thiers eut, avec le *Drapeau blanc*, une
discussion qui amena une explication et un duel. Ce fut Carrel qui se battit contre un des rédacteurs du *Drapeau blanc*.
Celui-ci fut légèrement blessé à la main d'un coup de pistolet. En 1853, la duchesse de Berry ayant été enfermée au
château de Blaye, des journaux, le *Corsaire* entre autres,
lancèrent quelques plaisanteries à ce sujet ; les carlistes s'en
offensèrent ; un rédacteur du *Corsaire* fut blessé dans une
rencontre. Les carlistes ayant, après cette affaire, renouvelé
leurs menaces, Carrel annonça que ces messieurs trouveraient

au *National* tout autant d'adversaires qu'ils en pourraient désirer. Ils envoyèrent aussitôt une liste de dix noms, parmi lesquels Carrel choisit celui de M. Roux-Laborie, dont la personne lui était complétement inconnue. Dans le duel à l'épée qui s'ensuivit, les deux adversaires furent blessés; M. Roux-Laborie de deux coups dans le bras et dans la main; Carrel d'un coup dans le ventre qui mit sa vie en péril.

La blessure de Carrel montra que, dès cette époque, un grand intérêt s'attachait à lui. Ce ne fut pas seulement de son parti qu'il reçut des témoignages, mais des hommes les plus éloignés de lui par leurs opinions politiques saisirent cette occasion de lui prouver qu'ils ne méconnaissaient ni son talent ni son caractère, et que son avenir leur importait. Lorsqu'un an après, à l'occasion des événements d'avril, l'autorité fit une visite parmi ses papiers, elle trouva un carton plein de lettres où l'on exprimait à Carrel des sentiments dictés par la plus véritable estime, des listes de ceux qui s'étaient inscrits chez lui, et d'adresses venues des départements et signées par un grand nombre de personnes. Telles étaient la franchise et la noblesse de son caractère, qu'il avait inspiré de la confiance même à ses adversaires; c'est, on peut le dire, un des plus beaux témoignages qui aient été rendus aux hautes qualités de M. Carrel.

Cet intérêt qui lui fut manifesté de tant de côtés différents, cette plainte portée à lui-même contre la promptitude avec laquelle il cherchait le danger, le frappèrent, et il s'en expliqua de la manière la plus délicate à la fois et la plus spirituelle, dans une lettre adressée à une personne de Toulouse avec qui, depuis son jugement dans cette ville, il avait conservé des relations d'amitié:

« Je m'attendais bien, mon très-cher monsieur, à quelques reproches de vous; tous ceux de mes amis qui, comme vous, me portent une amitié d'hommes graves, m'ont blâmé de ce vieux reste des mœurs militaires qui me porte à être toujours prêt à accepter le cartel du premier venu. Je ne dirai pas que l'accident qui m'est arrivé m'a fait sentir le mauvais côté de cette humeur de raffiné ; mais les témoignages nombreux, et je puis dire inattendus, que cet accident m'a valus, m'ont appris que ma vie de jeune homme est finie, et qu'il ne m'est plus permis de disposer de moi aussi légèrement que je l'ai pu faire jusqu'ici. Vous trouverez qu'il y a bien de la vanité dans la manière dont je confesse ici le tort que vous me reprochez ; mais ce tort, je vous jure bien que je ne croyais pas l'avoir. J'étais à mille lieues de penser que tant de gens que je ne connais pas, que je n'ai jamais vus et ne verrai peut-être jamais, attachassent la moindre importance à ce que ma chétive personne fût au monde ou n'y fût pas. Précisément parce que je me considérais comme une sentinelle avancée de l'opinion, je me croyais obligé de représenter en toute occasion mon parti, de toutes les manières, aussi bien quand il pouvait avoir à renouveler ses preuves de courage que quand il avait à faire valoir ses principes par la discussion. Désormais, je ne serai plus qu'un homme de discussion ; il est bien évident que mes amis politiques me trouvent trop maladroit comme spadassin, et ne me permettent plus d'autre arme que la plume. Je me résigne à cette sentence de l'opinion, et ce n'est pas, je vous jure, sans regretter beaucoup ma vieille réputation de bon tireur. »

Malgré cette promesse, il lui était réservé de succomber dans une querelle où rien ne compensait le danger. Je ne rappellerai pas les détails, déjà trop connus, de cette dernière et déplorable affaire qui a privé la France d'un beau génie. Carrel, dans la position exposée où il s'était mis, avait jugé qu'il fallait faire respecter sa personne et son parti ; de là la susceptibilité qu'il montrait. Il a répété souvent que le *National* n'avait point de procureur du roi pour le défendre, et qu'il fallait qu'il se défendît lui-même. Il était persuadé aussi que rien n'alimente plus les haines politiques et ne les rend plus capables de se porter aux derniers excès que l'impunité des diffamations odieuses : il prétendait que les hommes de la révolution avaient préparé eux-mêmes leur échafaud en n'imposant pas silence au dénigrement; et, eût-il dû s'exposer bien plus qu'il ne l'a fait, il n'aurait jamais souffert, dans quelque situation qu'il se fût trouvé, qu'on se jouàt impunément de son nom et de sa personne. C'était là ce qu'il répondait quand on le blâmait de risquer sa vie légèrement; et, aujourd'hui qu'il a succombé, il faut, en défendant sa mémoire d'un reproche que la douleur a arraché à des voix amies, se rappeler ce qu'il disait sur son lit de mort : « Le porte-drapeau du régiment est le plus exposé. »

Quoique le *National* eût été tenu en dehors des mouvements insurrectionnels, Carrel n'en ressentit pas moins le contre-coup des événements qui troublèrent la tranquillité publique. En juin 1832, il fut obligé de se soustraire à l'arrestation qui le menaçait; mais, tout caché qu'il était, il soutint dans le *National* une polémique vive où il défendit les vaincus de Juin des assimilations injurieuses auxquelles les vainqueurs prétendaient les soumettre. En avril 1834, une perquisition fut faite à son domicile. L'année suivante, l'attentat de Fieschi devint le prétexte d'une arrestation qui se prolongea pendant huit jours. « J'ai toute la patience, écrivait-il de Sainte-Pélagie, que tu peux me souhaiter. Je trouve ma part bien petite dans un grand malheur public. » Il fut violemment blessé des soupçons auxquels on affecta de le mêler à cette époque, et on retrouve la trace de son indignation dans ces lignes, extraites de l'instruction, qu'il plaça en tête de la brochure intitulée *Extrait du dossier d'un Prévenu* (page 4) : « Un grand ministre, qui m'a jadis honoré d'un peu de protection, a eu le bon goût de se faire présenter mon dossier, et d'y chercher de sa main amie la trace de mes relations avec Fieschi. Pendant ce temps, les journaux de département, payés par ce même ministre, imprimaient qu'on se hâtait beaucoup de protester contre mon arrestation, et qu'il fallait voir si les papiers saisis chez moi ne la justifieraient pas. »

Quand on voit une âme aussi haute, une intelligence aussi

éclairée et aussi rapide, un cœur aussi droit consacrer toute
une vie à la défense d'opinions qui, au fond, ne le touchaient
pas personnellement, on ne peut s'empêcher de remonter à
la source mystérieuse d'où provient le dévouement à un principe et à une idée. Carrel, dès l'École militaire, est pénétré
des doctrines qui le dirigeront plus tard : au régiment, il
s'affilie aux sociétés secrètes et compromet sa carrière et sa
vie pour la même cause ; c'est encore pour la même cause
qu'il donne sa démission et qu'il va demander du service à
l'Espagne révolutionnaire ; puis, jeté dans des cachots où il
souffre, placé pendant plusieurs mois sous la menace d'une
condamnation capitale, rien n'ébranle sa résolution, rien ne
lui fait faire un retour sur lui-même, rien ne lui inspire le
regret de ses actions passées, ni les dangers où elles l'ont jeté,
ni les souffrances qu'elles ont accumulées sur lui, ni le dé-
nûment où elles l'ont précipité, ni le malheur qui les a constamment accompagnées, ni, ce qui est plus poignant, la perte
de l'espérance du succès. Son esprit, livré aux méditations
solitaires et aux soins d'une existence précaire, se fortifie par
l'étude, mais il se fortifie en même temps dans tout ce qu'il a
voulu. Ce qui n'était que lueur, devient lumière vive, et le
jeune homme admirateur de la Révolution, le sous-lieutenant
conspirateur, le hardi officier de la légion libérale étrangère,
le captif du Castillet, le condamné à mort de Perpignan, devient l'écrivain politique qui combat dans le *National* ce qu'il
avait combattu jadis, quoique dans un rang plus obscur. Ses
intérêts particuliers ont toujours été subordonnés à la cause
qu'il avait embrassée, et cette affaire passait avant ses autres
affaires. Il faut qu'il se trouve de ces hommes à qui une idée
générale importe plus que des soins personnels. La foule immense qui compose les nations n'éprouve ces sentiments dés-
intéressés qu'à de longs intervalles ; ainsi, de temps en temps,
l'amour de la patrie, une conviction religieuse, la liberté,
soulèvent, comme par une commotion électrique, tout un
grand peuple et le jettent à des hauteurs d'où la vie journa-

lière est éloignée. Mais ces sentiments, qui s'éveillent de loin en loin parmi la foule, vivent sans cesse dans quelques grandes âmes comme un témoignage pour le passé, et un gage pour l'avenir, des inspirations généreuses dont le souffle descend parfois sur les nations.

Au moment où la mort l'a frappé, Carrel avait entrepris d'écrire l'histoire de Napoléon. On peut dire, sans être taxé d'aucune exagération, que la littérature française perd un beau monument, et l'histoire nationale une œuvre qu'il était seul aujourd'hui en état d'exécuter. Il faut, pour écrire la vie de Napoléon, réunir des qualités diverses qui ne se trouvent que dans peu de personnes : l'écrivain doit être au courant des intérêts politiques ; il doit connaître la guerre ; il doit, enfin, posséder un style capable de soutenir le poids de l'époque impériale. Tout cela était dans Carrel à un degré éminent, avec un esprit assez indépendant et assez élevé pour tout juger. On a trouvé dans ses papiers des commencements d'études, mais rien d'achevé ; lui-même, par son testament, avait ordonné que tout fût brûlé. La fatalité qui pesa sur le vaincu de Waterloo n'est pas encore épuisée : elle lui enlève son historien comme elle lui brisa son épée dans la main.

En littérature, Carrel avait un goût sûr et sévère, dont l'influence favorable se faisait sentir sur les écrivains qui travaillaient avec lui à la rédaction du *National*, et je pense que MM. Peisse, Magnin, Sainte-Beuve et Nisard, qui ont été à différentes époques ses collaborateurs, ne me démentiront pas.

Carrel présentait un singulier mélange d'une inattention insouciante et d'une clairvoyance qui ne laissait pas échapper les nuances les plus fugitives ; tout dépendait de la manière dont les objets le frappaient. Dans les détails ordinaires de la vie, quand rien n'éveillait son esprit, il était oublieux des choses dont, ce semble, il aurait dû le mieux se souvenir ; son inattention n'épargnait ni les autres ni lui-même, et il lui est arrivé une fois, en jetant au feu des papiers indifférents, d'y jeter en même temps un billet de banque qui lui faisait grand besoin. Il paraissait alors n'avoir souci de rien et se laisser aller à un indifférent oubli de ce qui se passait autour de lui et de ce qu'il faisait lui-même. Mais, quand une impression venait le saisir, quand son esprit était obligé de déployer ses hautes facultés, endormies souvent devant d'insignifiants détails, alors nul regard mieux que le sien n'embrassait le présent et l'avenir; il reconnaissait d'un coup d'œil, comme il aurait fait sur le champ de bataille, tout le terrain où il se trouvait placé; et, ce qui étonnait surtout en lui, c'était la sûreté de l'instinct qui lui faisait deviner la portée des petites choses. Les petites choses sont celles que le vulgaire n'aperçoit pas; puis, quand elles ont produit de graves résultats, on s'arrête, tout déconcerté, devant l'irrévocable événement, qu'il aurait été si facile de prévenir. Tout le monde songe aux grandes choses; seuls, les esprits supérieurs songent aux petites.

Carrel tenait à être toujours de bonne foi avec lui-même, et il était homme de parti pour lui comme pour le public. Parmi les caractères humains qui méritent le respect, il en est de deux sortes : les uns ont reçu en partage une nature accessible aux mauvaises pensées, aux mauvais penchants; ils en triomphent, leurs actions sont pures, mais leur âme ne l'est pas; les autres ont une spontanéité heureuse qui n'admet ni les inspirations perverses, ni les conseils honteux; leur âme est une terre privilégiée où les germes funestes ne peuvent venir. Carrel était de ce nombre; il aurait rougi de dissimuler ses impressions secrètes, et il mettait quelquefois une sorte d'amour-propre à révéler ce qu'un autre aurait célé. Mais, avant tout, il voulait paraître ce qu'il était réellement, ni plus ni moins, ni mieux ni plus mal. Il a fait lui-même, en diverses circonstances, sa profession de foi religieuse. « Il ne faut pas, a-t-il dit dans le discours prononcé lors de l'enterrement de M. Dulong, ouvrir la tombe des morts pour en déchaîner les tempêtes. La terre est assez désolée quand un homme, à la fleur de l'âge, plein de sentiments bienveillants et de talents utiles, est retranché du nombre des vivants par la balle dont un malheureux point d'honneur s'est armé... Quelque puissantes que soient dans le monde les habitudes qui font d'une vie d'homme l'enjeu cruel de deux amours-propres armés l'un contre l'autre, ici la puissance de cette opinion disparaît. Pour lancer avec sécurité, avec espérance et consolation une âme qui nous était chère dans cet abîme d'éternité sur les bords duquel nous posons en ce moment le pied, on a besoin de croire que cet ami, qu'on livre à une destinée inconnue, n'a pas fait le sacrifice de sa vie comme pour persévérer dans un outrage et emporter avec lui l'honneur d'un tort inflexible. »

Ces éloquentes paroles contiennent la profession religieuse de Carrel. Pour lui, l'autre côté du tombeau était l'inconnu, *l'incompréhensible infini*, comme il l'a dit quelque part. Voilà tout ce qu'il en savait, tout ce qu'il en voulait croire. Ainsi il rejetait tout ce que les diverses révélations prétendent en apprendre, et lorsque, arrivé à son tour sur son lit de mort, il a dit : *Point de prêtres, point d'église*, il a simplement voulu protester contre tout acte qui impliquerait de sa part une foi à des dogmes révélés qu'il n'admettait pas.

Carrel, en mission dans la Vendée, écrivait, le 15 août 1830, à une personne qui lui était chère : « Quand on est loin de Paris, les importances parisiennes s'effacent comme tu ne saurais le croire. J'ai honte de t'avouer que là où j'ai pu dire : « Je suis M. Carrel, » on a ouvert de grands yeux qui voulaient dire : « Cela ne nous apprend rien. » Mais j'ai eu la consolation de voir que certaines gens qui croient faire et défaire les ministres, comme moi les maires et les sous-préfets, ne sont pas plus connus que moi. »

Six ans plus tard, le nom d'Armand Carrel en disait assez ; sa réputation avait tellement grandi qu'il n'aurait plus eu besoin, dans quelque partie de la France qu'il voyageât, d'ajouter un mot pour se faire connaître davantage. Le bruit de sa lutte contre le gouvernement s'était étendu de tout côté, et il avait su tellement se personnifier avec le *National*, il avait tellement imprimé son caractère sur ces feuilles volantes, il avait tellement mis l'homme à la place du journaliste, qu'il avait partout des amis et des adversaires qui avaient fait une véritable connaissance avec lui. Mais, quel que fût le chemin qu'il avait parcouru en considération, en influence, en renommée, depuis 1830 jusqu'en 1836, cependant, ce ne sera rien exagérer que d'avancer que l'avenir qui se préparait pour lui était bien autrement grand, et que Carrel était loin du terme où une noble ambition doit aspirer. Rien ne bornait encore sa carrière, ni l'âge, ni les circonstances, ni l'opinion des autres, ni sa propre opinion sur lui-même. Plus il avait fait, plus il pouvait faire'; plus sa jeunesse avait porté des fruits brillants, plus son âge mûr en promettait encore. Il entrait dans cette période de la vie où le talent n'a rien perdu de sa vigueur, mais où il est plus sûr, plus maître de soi, plus puissant et plus parfait. A trente-six ans, que ne faisait pas espérer l'homme qui déjà avait tant tenu, l'écrivain politique que nul n'égalait dans sa polémique ardente et colorée, le publiciste qui avait traité les questions les plus diverses avec tant de supériorité et d'un point de vue qui toujours lui appartenait, l'homme politique que rien n'avait fait dévier de ses principes, l'homme de vigueur et de décision qui descendait dans le journalisme comme dans un champ clos! Aux prochaines élections générales, Carrel aurait été élu député. Ses plaidoyers devant les tribunaux montrent que le talent de la parole ne lui aurait pas manqué, et il aurait trouvé dans l'énergie de son caractère, dans l'à-propos qui ne l'abandonnait jamais, dans ses antécédents qui le rendaient redoutable à certains hommes du pouvoir, de quoi se faire une place grande et singulière dans l'Assemblée. Connu déjà par quelques pages historiques que M. de Chateaubriand admirait, il allait, par un ouvrage le plus approprié à son talent, élever un grand monument littéraire. Telle était la perspec-

tive qui s'ouvrait devant lui, perspective d'action, de travail
et de gloire : telle était la carrière qu'il allait ajouter à une
carrière déjà si pleine ; tel était l'avenir auquel il touchait
déjà et mettait la main. On regrette beaucoup Carrel en songeant à ce qu'il a fait, mais on le regrette bien davantage en
songeant à ce qu'il allait faire. Des hommes sont morts pleins
de réputation, et le monde n'attendait plus rien d'eux ;
d'autres sont descendus dans la tombe en laissant l'opinion
qu'ils emportaient avec eux de plus beaux travaux, de plus
glorieuses pensées et des œuvres plus splendides. Chaque
heure, chaque minute, voit expirer un mortel. une vie humaine s'éteindre, des larmes couler sur des morts. Ce sont
de saintes, mais obscures douleurs renfermées dans le cercle
des liens du sang ou de l'amitié. Mais la perte d'une puissante et lumineuse intelligence est une perte qui se fait sentir
dans un rayon plus étendu, et ceux-là mêmes que rien ne
rattache au mort éprouvent, comme l'artiste qui voit se briser
une belle statue, une tristesse douloureuse et désintéressée.

L'auteur de cette notice biographique a accompli, en la
terminant, un devoir imposé, devoir pénible, il faut le dire.
Il y a une certaine satisfaction mêlée d'amertume à réveiller,
un à un, dans sa mémoire, les souvenirs qui se rattachent à
un ami qui n'est plus ; mais ce n'est pas en écrivant pour le
public que cette satisfaction se fait sentir. Certes, on parlerait
avec un esprit plus libre du mort si on l'avait moins connu ;
mais, quand il faut sans cesse écarter une ombre sanglante
et familière qui apparaît à chaque effort de la pensée, c'est
un pénible travail que de rechercher les détails d'une biographie pour laquelle la plume m'est souvent tombée de la main.
C'est à la fois le malheur et le privilége de ceux qui avancent
dans la vie, d'avoir, dans le lointain de leur mémoire, des
images que rien n'en peut arracher. Plus le temps s'écoule,
plus la pâle et mélancolique auréole qui les entoure se con-
fond avec ce que notre existence passée nous lègue de plus
précieux.

Une tombe solitaire, dans un cimetière de village, a reçu les restes d'Armand Carrel ; mais sa mémoire demeurera dans le cœur de ceux qui l'ont connu ; et, lorsqu'à leur tour ils seront descendus là où il les a précédés, la France, comme il disait, sur son lit de mort et dans son délire prophétique, se souviendra encore de lui.

OEUVRES

LITTÉRAIRES ET ÉCONOMIQUES

D'ARMAND CARREL

COLLABORATION DE CARREL,

AU PRODUCTEUR

Les débuts de Carrel furent rudes. Arrivé à Paris sans fortune à la fin de 1824 et voulant y vivre de sa plume et de son travail, il chercha naturellement à écrire dans les journaux dont les opinions se rapprochaient le plus des siennes. Il ne trouva pas d'abord à donner carrière à son activité dans cette voie, qui ne s'ouvrit que péniblement devant lui. Mais l'année 1825 ne se passa point sans qu'il rencontrât l'occasion qu'il cherchait. Il débuta en cette année dans un journal nouvellement fondé, le *Producteur*, recueil publié par l'école saint-simonienne.

Le *Producteur* portait pour épigraphe : « L'âge d'or, qu'une aveugle tradition a placé jusqu'ici dans le passé, est devant nous. »

Déjà un livre de la même école, publié du vivant de Saint-Simon, sous le titre de : *Opinions littéraires, philosophiques et industrielles*, Paris 1825, in-8° de 392 pages, imprimé chez Lachevardière fils, rue du Colombier, 30, et qui parut chez Bossange père, libraire, rue de Richelieu, 60, avait pour épigraphe cette phrase de l'introduction : « *L'âge d'or, qu'une aveugle tradition a placé jusqu'ici dans le passé, est devant nous.* » L'ouvrage était anonyme. L'introduction, comme nous l'apprend M. H. Fournel, dans sa *Bibliographie saint-*

simonienne (18 mai 1833, p. 32 et suiv.), était de M. Léon Halévy.
Il y avait longtemps que Saint-Simon avait formulé la même pensée
presque dans les mêmes termes. En octobre 1814, dans son livre in-
titulé : *De la Réorganisation de la société européenne*, p. 112, il
avait dit : « *L'âge d'or du genre humain n'est point derrière nous,
il est au-devant;* il est dans la perfection de l'ordre social ; nos pères ne
l'ont point vu; nos enfants y arriveront un jour : c'est à nous de leur
en frayer la route. » Voici les noms des *élèves* que Saint-Simon avait
groupés alors autour de lui, et qui ont travaillé à la rédaction de ce
volume :

Introduction.	15 pages.	Léon Halévy.
Opinions philosophiques.	64	Saint-Simon.
Fragments historiques.	74	Saint-Simon.
Industrie. — Banquiers.	58	Olinde Rodrigues.
Législation.	27	J.-B. Duvergier.
Physiologie.	49	Bailly.
Mélanges.	56	Léon Halévy.
Conclusion.	61	O. Rodrigues et L. Halévy.

392 pages.

Saint-Simon étant mort le 19 mai 1825, rue du Faubourg-Mont-
martre, 9, âgé de soixante-quatre ans sept mois et deux jours, ses
élèves songèrent à fonder un journal.

En tête des *Opinions littéraires, philosophiques et industrielles*,
on lisait cet Avis :

« Nous ferons paraître incessamment, dans un autre volume, *la
suite de nos Opinions.*

« Cet ouvrage formera l'antécédent d'un *Journal* que nous nous
proposons de publier pour le développement et l'application de notre
Doctrine.

« *Les* Auteurs *des Opinions littéraires, philosophiques
« et industrielles.* »

Cette *suite des Opinions* n'a jamais paru; mais, par acte du
1er juin 1825 (douze jours après la mort de Saint-Simon), une société
en commandite et par actions de mille francs fut formée sous la raison Enfantin, Rodrigues et compagnie, pour faire paraître le journal
annoncé du vivant de Saint-Simon. En même temps un *Prospectus* de
16 pages in-8° expliquait l'objet de l'entreprise et fixait les conditions

de l'abonnement à cinquante francs par année. Ce prospectus fut rédigé par M. Léon Halévy. — M. Cerclet était le rédacteur en chef du journal, dont le bureau d'abonnement était indiqué chez Sautelet et compagnie, libraires, place de la Bourse.

Le 1er octobre 1825, le Producteur, *Journal philosophique de l'Industrie, des Sciences et des Beaux-Arts*, avec l'épigraphe que nous avons dite, commença à paraître par cahiers hebdomadaires. Les treize premiers numéros forment le 1er vol. 1825. 636 pages.

Les numéros 1 et 2 furent imprimés chez Lachevardière fils, rue du Colombier, 30; à partir du 3me numéro, le *Producteur* s'imprima chez David, boulevard Poissonnière, 6, où il s'imprima jusqu'à la fin.

Une circulaire, en date du 12 décembre 1826, annonça la suspension du *Producteur*. Elle était rédigée par Bazard et signée par les six collaborateurs qui, dans les derniers mois de 1826, avaient pris le plus de part à sa rédaction, rangés dans l'ordre alphabétique : Bazard; Buchez, Enfantin, Laurent, Rodrigues, Rouen. Le *Producteur* avait paru un peu plus d'un an, et forme une collection de 5 vol. in-8° devenue fort rare.

Voici les titres des articles contenus dans les cahiers où Carrel a écrit. Nous les donnons tout entiers pour indiquer en passant dans quel milieu et avec quelle nature d'esprits il frayait alors :

CINQUIÈME NUMÉRO (29 octobre 1825).

Considérations générales sur l'industrie (deuxième article). O. Rodrigues.

Du commerce de la Grèce moderne considéré dans son influence sur la régénération politique de cette nation (premier article). A. Carrel.

Sur les avantages de la machine à draguer employée à curer les ports de la Manche et à creuser les canaux (premier article). Decaen.

Bulletin littéraire, n° III. L. Halévy.

De l'influence des machines à vapeur sur la prospérité publique. A. Blanqui.

Examen critique du discours de M. M'Culloch sur l'économie politique, par M. J. B. Fay.

SIXIÈME NUMÉRO (5 novembre 1825).

Considérations sur la baisse progressive des objets mobiliers et immobiliers (premier article). P. Enfantin.

Du commerce de la Grèce moderne considéré dans son influence sur la régénération politique de cette nation (deuxième article). A. CARREL.

Fête du roi. — Distribution de comestibles aux Champs-Élysées. — Installation du tribunal de commerce dans le nouveau palais de la Bourse. — Pose de la première pierre d'une maison de correction de femmes. — Ouverture du canal Saint-Martin. — Ses rapports avec le canal de l'Ourcq. A. BLANQUI.

Haïti, chant lyrique par M. Chauvet. — Bessière et l'Empecinado, poëme par M. Léon Halévy. SENTY.

Résumé de l'Histoire des Juifs, par M. Léon Halévy. P. ENFANTIN, O. RODRIGUES et CERCLET.

Économie industrielle. — Droits des inventeurs. THÉODORE REGNAULT.

DIXIÈME NUMÉRO (4 décembre 1825).

Réponse à une brochure intitulée d'*un Nouveau Complot contre les Industriels,* par M. de Stendhal. A. CARREL.

Ouverture du canal de jonction entre le lac Érié et la rivière d'Hudson. A. BLANQUI.

Considérations philosophiques sur les sciences et sur les savants (troisième article). AUGUSTE COMTE.

Lettre d'un habitant de la Martinique sur l'émancipation de Saint-Domingue et sur le moyen de prévenir l'insurrection des esclaves dans les colonies françaises.

Cours de chimie appliquée aux arts, de M. Clément-Désormes. A. BLANQUI.

D'une lettre de M. Benjamin Constant au rédacteur de l'*Opinion.* S. A. BAZARD.

Là s'arrêta la collaboration de Carrel au *Producteur.*

Carrel, on le voit, travailla au *Producteur,* comme partout, sobrement et en homme qui n'écrit, même quand cela lui est nécessaire à lui, que pour dire quelque chose. Peu après, quand il publiera lui-même un journal (la *Revue américaine*), ce sera pour « faire connaître l'Amérique. » En tout il cherchait la gloire utile, comme s'il eût eu toujours présent à l'esprit l'axiome latin de Phèdre :

Nisi utile est quod feceris, stulta est gloria.

DU COMMERCE DE LA GRÈCE MODERNE

CONSIDÉRÉ DANS SON INFLUENCE SUR LA RÉGÉNÉRATION POLITIQUE
DE CETTE NATION.

———

(Premier article.)

On ne connaît généralement la Grèce moderne que par sa
lutte actuelle contre la Porte, et par ses premières tentatives d'affranchissement au temps et sous l'influence de Catherine II. Ce
qu'elle fut avant la plus reculée de ces deux époques, ce qu'elle
avait conservé de vie après les événements qui déterminèrent
son entier asservissement, a longtemps été complétement
ignoré. Cependant, en voyant la Grèce reparaître tout d'un
coup sur la scène avec des ressources qu'on eût été si loin de
lui soupçonner, on a cherché à s'expliquer ce passage, en
apparence si brusque, de l'état d'esclavage à celui de liberté.
L'étonnement a fait place à l'examen : on a pensé que la révolution actuelle ne pouvait être que le dernier terme d'un
mouvement de recomposition commencé à une époque plus
ou moins voisine de la conquête, opéré fort lentement sans
doute, mais dans une progression constante, bien qu'inaperçue. Partant de cette idée, on a cherché dans l'histoire de
l'esclavage de la Grèce l'explication de son affranchissement.

M. Bignon, dans l'ouvrage qui a pour titre : *Les Cabinets
et les Peuples*, a le premier attiré l'attention sur l'obscure
existence de la Grèce, avant sa régénération ; mais la série de
faits qu'il a recueillis se rattachait à une question politique
aujourd'hui vieillie ou du moins jugée. D'ailleurs, il s'en est
tenu aux renseignements fournis par des voyageurs, que la

préoccupation du passé empêchait d'observer convenablement
la nation qu'ils avaient sous les yeux. Les voyages de MM. Pou-
queville, Chateaubriand, Choiseul-Gouffier, n'éclairent que
très-faiblement cette effrayante lacune de quatre siècles dans
l'histoire de la plus belle contrée de l'Europe. Il est juste de
dire que l'ombrageuse politique des gouvernements turcs,
aussi bien que le peu de disposition des Grecs à satisfaire la
curiosité des étrangers, présentaient de grands obstacles à
l'observation, et que les voyageurs qui ont visité la Grèce,
moins en antiquaires qu'en philosophes, nous ont eux-mêmes
fort peu appris. Un seul entre tous, William Éton, a vu, dans
ce qu'était la nation, au moment où il l'a observée, ce qu'elle
était prête à devenir : encore ses judicieuses conjectures ne
sont-elles appuyées que sur un petit nombre de faits. Éton
avait prévu les événements dont nous sommes aujourd'hui les
témoins; mais il ne montra point ce qui les rendait inévitables.

L'ingénieuse idée de recourir aux chants populaires de la
Grèce moderne a conduit enfin à un assez bon nombre de
renseignements positifs. M. Fauriel, qui a recueilli ces chants,
actuellement abandonnés, pour la plupart, aux Grecs de la
classe moins éclairée, a su leur donner une grande valeur
historique, par des arguments où les traditions verbales sont
venues au secours d'une poésie parfois obscure et souvent
triviale. Sous la plume de l'habile commentateur, les traditions et les chants populaires se servent mutuellement d'explication et de preuve, et acquièrent une signification qu'isolément ils n'avaient pas. Par ce procédé, aussi rigoureux que
le comportait la matière, M. Fauriel a réuni assez de faits
pour en composer une version qui lui appartient entièrement.
Dans une introduction fort remarquable, il explique quelle
marche a suivie la conquête musulmane, à quelles limites elle
s'est arrêtée; comment une partie de la population grecque,
retranchée dans la montagneuse Thessalie, s'est maintenue en
corps de nation, a forcé les conquérants à lui accorder des
droits politiques; comment enfin ces concessions ont aidé la

nation à se refaire, et conduit à la révolution actuelle, qui n'est que le renouvellement de l'ancienne lutte entre les subjugués et les conquérants.

Il est fâcheux que M. Fauriel ait été conduit, par son sujet, à n'envisager que le côté poétique des restes d'existence sociale conservés par la nation grecque. Peut-être eût-il découvert dans les chants populaires moins de ces romantiques beautés, auxquelles il est sensible jusqu'à l'affectation ; mais, sans doute, il se fût montré moins épris de la valeur guerrière de ces montagnards qui, dans leurs incursions sur le plat pays, pillaient indistinctement les propriétés des Turcs et celles des raïas grecs, parce que le bien de l'esclave était d'aussi bonne prise que celui du maître. L'histoire de cette milice, tantôt employée par les Turcs, sous le nom d'Armatoles, tantôt combattue par eux, sous le nom de Clephtes ou brigands, ne saurait être donnée pour l'histoire des Grecs modernes pendant leurs longues années de souffrances. Il n'y avait point d'Armatoles dans la Morée, dans la haute Épire, dans l'Albanie, dans les provinces des deux rives du Danube; il n'y en avait ni dans la grande province de Roumélie, ni dans les îles de l'Archipel. Dans les provinces où cette milice était répandue, elle ne formait pas un vingtième de la population, et n'en était peut-être pas la partie la plus intéressante, ainsi que pourront en juger nos lecteurs. Sans donc attribuer à l'existence des Armatoles et des Clephtes, aussi bien qu'à la lutte de ces derniers contre les Turcs, plus d'importance qu'elles n'en méritent, nous regardons ces deux faits comme amplement constatés par les recherches de M. Fauriel; mais nous nous proposons d'examiner quelles forces le travail et l'industrie commerciale des habitants des diverses parties de la Grèce ont prêtées à cette résistance prolongée depuis la conquête[1].

---

[1] Nous ferons usage ici de renseignements puisés dans quelques Mémoires, entre autres ceux d'Ollivier, de Walvole, d'Éton, et surtout dans le

On ne peut indiquer que d'une manière assez vague l'époque de la renaissance du commerce dans la Grèce moderne. Celui de Constantinople n'avait jamais entièrement péri ; mais celui de l'intérieur des terres, depuis la frontière du Danube jusqu'à l'isthme de Corinthe, où s'était arrêtée la conquête, avait été complétement détruit, non-seulement par la guerre de la conquête, qui s'était prolongée depuis le milieu du quatorzième jusqu'au milieu du quinzième siècle, mais par les invasions antérieures des chrétiens d'Occident. Les victoires des sultans, depuis Mahomet II jusqu'à Sélim II, c'est-à-dire jusqu'à la fin du seizième siècle, favorisèrent indubitablement le retour de l'industrie commerciale. C'est en effet pendant ce laps de temps qu'on voit la population chrétienne de la Grèce, jusque-là soumise à un pouvoir arbitraire illimité, obtenir, pour première concession, la *vie sauve*, au prix de la capitation annuelle, appelée karatch, et sous la protection du titre de raïa ou d'esclave soumis ; puis se former en communautés sous une administration souverainement oppressive, mais d'une vénalité qui semblait dire : « Raïas, travaillez, et nous vous vendrons tous les adoucissements et toutes les garanties que vous pourrez payer. » En effet, dès qu'une famille de raïas grecs avait passé de la condition de gens de peine à celle de fermiers, et qu'elle passait de là dans la classe des propriétaires, elle achetait un spahis, c'est-à-dire qu'elle se mettait, corps et biens et pour une grosse redevance, sous la protection d'un de ces cavaliers qui possèdent des fiefs sur la terre conquise. Le spahis, devenu pour la famille grecque comme une espèce de chien de garde, la défendait à outrance contre les extorsions des beys et des agas,

tableau du commerce de la Grèce de 1787 à 1797, par M. Félix Beaujour, ouvrage fort remarquable, mais qui n'embrasse malheureusement qu'une courte période de l'histoire commerciale de la Grèce. De nombreuses conversations avec des Grecs très-versés dans l'histoire de leur pays nous ont permis d'ajouter à ces renseignements beaucoup de faits encore inconnus, et que nous nous félicitons d'avoir recueillis.

contre les avanies des cadis et les rapines des gens de guerre.

Comme cette protection était fort coûteuse, surtout dans les parties centrales de la Roumélie, où le simple passage. des troupes qui allaient porter la guerre au delà du Danube entretenait une continuelle désolation, les familles, trop pauvres pour acheter des spahis, gagnaient le pied du Pangée, du Rhodope et de l'Hémus, et s'y vouaient au soin des troupeaux. Réunies par petits hameaux, elles prenaient ce qu'on appelait un abonnement au karatch, c'est-à-dire qu'elles obtenaient en commun la protection de quelque bey en transigeant avec lui, pour payer par année un nombre de capitations qui ne devait plus varier à l'avenir. Ce nombre de capitations était, au moment de la transaction, supérieur à celui des têtes de raïas ; et c'était ainsi que le bey trouvait son compte à se faire protecteur ; mais, en cas d'augmentation de population, ce qui était un résultat immanquable de l'augmentation du bien-être, les raïas trouvaient à leur tour les bénéfices de la transaction ; ils payaient progressivement moins d'impôts, tandis qu'ils devenaient plus riches. Ce fut ainsi que commença, dans toutes le parties montagneuses de la Roumélie, le commerce des bestiaux et des laines, commerce que la mauvaise administration et les avanies des Turcs n'ont jamais pu détruire, parce qu'il tient à un fonds de richesse territoriale que le défaut de culture ne saurait altérer, à la richesse naturelle et toute spontanée des pâturages.

Les raïas grecs se portaient aussi de préférence aux environs des grandes villes, telles que Saloniki, Serès, Andrinople. Comme les gouverneurs turcs étaient forcés, pour assurer la subsistance de ces villes, d'étendre à une distance convenable leur protection sur l'agriculture, les villages chrétiens, compris dans ce rayon, étaient rarement exposés à servir de cantonnement aux soldats. La population des villes était aussi en grande partie composée de Grecs ; les associations d'artisans, les corps de métier ; un tiers environ des marchands en tout genre et des négociants étaient Grecs, et trouvaient moins d'obstacles à la prospérité de leurs affaires dans la tyrannie du gouvernement turc que dans la rivalité commerciale des Arméniens, des Juifs et surtout des négociants franks.

Dans la seconde moitié du dix-septième siècle, la culture des tabacs et du coton s'introduisit dans la Macédoine. Les expériences pour la naturalisation de la seconde de ces plantes réussirent particulièrement dans la vallée qu'arrose le Strymon et dans la vaste plaine de Sérès. Le succès de cette nouvelle culture attira dans la vallée de Sérès une population considérable; près de trois cents villages chrétiens s'y formèrent tout à coup, et tellement rapprochés l'un de l'autre qu'on les eût pris de loin, dit l'auteur du *Tableau du commerce de la Grèce*, pour une ville d'un immense développement. Ces villages, abonnés au karatch, réunis par groupes de trente à quarante, étaient placés, comme les hameaux de pasteurs du pied du Rhodope et du Pangée, sous la protection de beys et d'agas turcs. Ces grandes confédérations de raïas entretenaient pour leur défense plusieurs milliers d'aventuriers grecs, albanais ou turcs, et les beys qui les commandaient reconnaissaient rarement l'autorité des pachas. La plaine de Sérès et la vallée du Strymon, assure l'écrivain que nous venons de citer, ont récolté, de 1787 à 1797, année commune, soixante-dix mille balles de coton de cent okes chacune (l'oke équivaut à trois livres deux onces), produit que ne surpasse pas celui de la plus riche colonie des Antilles. Les lecteurs les moins familiarisés avec les théories industrielles sentent combien de bras devaient être employés à produire une richesse agricole aussi considérable, et quel développement commercial celle-ci devait entraîner. C'est tout ce que nous nous bornons à observer présentement; nous reviendrons aux conséquences après avoir exposé d'autres faits.

La naturalisation du tabac dans la Macédoine a été moins profitable à la nation grecque que celle du coton, parce que les Turcs, s'apercevant que les terres enlevées à la culture des

grains pour être appliquées à celle des tabacs devenaient
d'un rapport double, s'emparèrent presque entièrement de
cette nouvelle branche d'économie rurale. Mais les négociants
grecs de Salonique, de Sérès, de Jenidgé et des divers marchés de la Grèce trouvaient, dans l'exportation, la vente ou le
transport des tabacs cultivés par les Turcs, un dédommage-
ment assez ample.

C'est à l'ouest du Vardar, frontière occidentale de la Roumélie, que M. Fauriel nous montre, dans leurs stations les
plus avancées, ces milices grecques si rarement en paix avec
les Turcs. A ne considérer que ce qu'il nous apprend de
l'existence politique, des exploits, des mœurs, de l'éducation,
de la vie chaste de ces guerriers, on pourrait croire qu'ils
étaient les seuls habitants du Pélion, de l'Ossa, de l'Olympe,
des branches thessaliennes du Pinde: mais il y avait dans ces
montagnes une population tout aussi digne d'être observée
que les Clephtes. Cette population, vraisemblablement toute
militaire avant les capitulations dont M. Fauriel a le premier
signalé l'existence, avait depuis lors en très-grande partie déposé les armes. Elle habitait les cantons de Macrynitza, Saïa-
des, Argalisti, Zagora dans le Pélion; d'Ambelakia, dans les
monts Agrapha; d'Alassona, dans la vallée de Tempé; de
Xeloparicos, aux sources de l'Acheloüs; de Mezżovon, dans le
Pinde; cantons formés tous d'un assez grand nombre de villages.

On ne peut indiquer d'une manière précise l'époque à laquelle se soumirent ces cantons, ni citer le texte de leurs
conventions avec les Turcs; il est certain seulement qu'en
prenant des abonnements au karatch, et se soumettant à payer
un tribut annuel, ils obtinrent en retour le droit de se régir
par eux-mêmes dans une indépendance absolue de la Porte,
c'est-à-dire sans cadis, sans pachas, sans troupes albanaises
ou turques. Groupés en nombre plus ou moins grand suivant
leur importance, ils avaient pour chefs des magistrats appelés
démogérontes ou vieillards du peuple, magistrats renou-

velés tous les ans, chargés de rendre la justice, de répartir l'impôt, de régler les transactions de village à village, et de correspondre avec la Porte au moyen d'un agent turc qui résidait parmi eux et n'avait qu'une mission sans autorité. Ces petits états démocratiques avaient même un clergé à part qui reconnaissait l'autorité du patriarche, mais nullement celle des évêques, archevêques, exarques des autres parties de la Grèce. La résistance armée les avait fondés; nous dirons à quel degré de prospérité les avait élevés le commerce.

Qu'étaient donc par rapport à ces cantons industrieux les héros Clephtes? une milice soldée comme l'était la milice albanaise ou turque qu'entretenaient les négociants et les cultivateurs de la vallée de Sérès, comme celle que payaient, sous la protection de leurs beys, les villages pasteurs de l'Hémus, du Rhodope et du Pangée, comme celle enfin qui garantissait du pillage les riches monastères du mont Athos, habités par dix mille cénobites [1]. Chacun de ces cantons montagnards de la Thessalie et de l'Acarnanie prenait à sa solde pour l'année une compagnie de Clephtes, chargée de défendre son territoire contre toute tentative de la part des soldats turcs et contre le pillage qu'exerçaient pour subsister celles des bandes de Clephtes qui demeuraient sans emploi. L'existence des Clephtes n'était plus alors une protestation armée contre la conquête.

Voici quelles ont été primitivement, ou du moins dès le temps de leur soumission à la Porte, les ressources commerciales des montagnards de la Grèce. Les cantons de l'Olympe, du Pélion et de l'OEta, au milieu des plus riches pâturages de toute la Grèce, possédaient d'immenses troupeaux et recevaient en hivernage ceux des contrées voisines même de l'Al-

---

[1] On peut voir, dans l'introduction historique aux Mémoires de M. Raybaud par M. A. Rabbe, quelle était l'existence religieuse et politique de ces caloyers grecs. Leurs capitulations n'étaient pas sans quelque rapport avec celle des montagnards placés à l'autre extrémité de la Grèce.

banie mahométane. Leurs moutons étaient renommés pour la délicatesse de leur chair et la beauté de leurs toisons. Les habitants de ces cantons étaient tout entiers livrés au soin des troupeaux, à la préparation et au commerce des laines ; une partie de ces laines allaient à Salonique en traversant la Macédoine ; une autre passait à Venise par les ports de la Dalmatie. D'autres montagnes toutes couvertes de bois fourmillaient de gibier, surtout de lièvres à poil long, soyeux et épais; la chasse de ces animaux produisait un commerce de pelleteries assez considérable et dont Salonique était le grand marché. Les habitants de plusieurs cantons, ceux du Pinde en général, *voyageaient* comme les montagnards des Alpes et de quelques-uns de nos départements méridionaux. Ils descendaient fort jeunes dans les villes vénitiennes de la côte d'Épire, passaient dans les îles voisines, gagnaient les grandes villes d'Italie, quelquefois même celles d'Allemagne, où ils exerçaient des professions obscures. L'esprit d'ordre et d'accumulation, développé chez eux à un degré étonnant, les laissait rarement revenir dans le pays sans une petite fortune. Et, ce qui vaut mieux encore, ils y rapportaient parfois des lumières et une grande estime pour toutes les connaissances qui leur manquaient. Une autre partie de la population avait pour toute industrie celle des échanges commerciaux entre.les produits qui garnissaient les marchés vénitiens de Parga, Prevesa, Buthrinto, au pied du revers occidental de leurs montagnes, et ceux des marchés de Larisse, de Bitolia, de Salonique, situés en deçà du revers oriental.

Voilà sommairement quelles étaient les ressources commerciales de l'Épire et de la Thessalie avant la naturalisation en Macédoine de l'arbre à coton. On ne saurait dire jusqu'à quel degré elles avaient élevé la prospérité des cantons montagnards. Mais on peut s'en faire une idée par le crédit dont ils jouissaient à Constantinople. Dans un pays où tout se fait par patronage et par le patronage le plus vénal, il y a relation nécessaire entre l'importance des protecteurs et la richesse des protégés. Or les cantons montagnards avaient pour protecteurs tout ce qu'il y avait de plus élevé dans l'ordre politique des conquérants. Le canton de Zagora payait à la sultane Validé un tribut annuel pour être porté sur le rôle de ses apanages ; celui de Mezzovon avait pour patron le muphti ou chef de la religion mahométane ; les sœurs, l'épouse du sultan, avaient une clientèle semblable qui leur produisait un revenu considérable ; et, comme l'état florissant des cantons libres n'était pas sans exciter la cupidité des pachas gouverneurs des basses terres, le respect dû aux sublimes protecteurs était une garantie contre toute insulte, et rendait presque superflue la valeur guerrière des compagnies clephtes.

Tandis que la vallée de Sérès s'enrichissait par la culture du coton, le canton de Zagora se couvrait de plans de mûriers. Bientôt les vingt-quatre villages qui composent le canton versèrent dans le commerce de Salonique la plus grande partie des soies qui se vendaient annuellement sur ce marché. Notre but n'est pas d'entrer dans tout le détail des ressources industrielles et agricoles qui enrichissaient la Grèce [1]. On a pu déjà voir l'animation se répandant par degrés sur une terre qui semblait à jamais vouée *au culte des débris*. La naturalisation en Grèce de l'aly-zari, racine colorante, transplantée de l'Anatolie, fonda, au commencement du dernier siècle, les teintureries de coton, qui donnèrent un si grand essor au commerce de la Thessalie. La plupart des eaux du Pélion, de l'Ossa, des monts Agrapha, du Pinde, s'étant trouvées propres à fixer sur le coton les couleurs de l'ali-zari, toutes ces vallées se couvrirent de fabriques. Celle de Tempé avait les meilleures sources, celles qui alimentèrent les fabriques d'Ambélakia.

Dans ce dernier village, dont la population, riche, industrieuse, vivait tout entière dans les teintureries, il y avait

---

[1] Le miel de l'Hymète, les olives et les huiles d'Attique, le vermillon de Livadie, les raisins de Corinthe, les gommes précieuses de Thessalie, l'opium de Salonique, sont assez connus dans le commerce du Levant.

vingt-quatre fabriques, où, à la fin du dernier siècle, l'on teignait jusqu'à deux mille cinq cents balles de coton de cent okes [1], lesquelles étaient enlevées par des négociants de Vienne, de Leipsick, de Dresde, d'Anspach, de Bareuth. L'existence de ces fabriques a précédé celle des teintureries de France les plus renommées. Des teinturiers d'Ambélakia vinrent à Montpellier dans le milieu du dernier siècle, et y formèrent les premiers établissements en ce genre [2].

Vers l'année 1790, toutes les fabriques d'Ambélakia, qui avaient chacune un comptoir particulier dans diverses villes d'Allemagne, se formèrent en société pour la vente en commun et l'exportation de leurs produits. Les chefs et les ouvriers, se réunissant, formèrent un capital de six cent mille piastres : on plaça à la tête de la société trois directeurs, qui, sous un nom idéal, formèrent une raison de commerce représentant la société d'Ambélakia. Trois autres sociétaires allèrent s'établir à Vienne sous la même raison, et furent chargés de recevoir les envois, d'opérer les retours, de fréquenter les foires et d'ouvrir des débouchés sur les principales places d'Allemagne. La distribution du travail fut si parfaite, les directeurs, les correspondants, les ouvriers, mirent tant d'activité, de zèle, de probité dans leur coopération, que toutes les actions décuplèrent. « Je n'oublierai jamais, dit M. Félix Beaujour, à qui nous empruntons ces détails, ce que j'ai vu à Ambélakia et dans ses environs : une population nombreuse, vivant tout entière du produit de ses manufactures, offrant, au milieu des rochers de l'Ossa, la réunion touchante d'une famille de frères et d'amis; le goût du travail et des solides études; tous les sentiments généreux, toutes les idées grandes, libérales, germant sur un sol voué depuis tant d'années à l'esclavage. »

---

[1] Ce coton était filé au fuseau par les femmes du pays; il arrivait brut de la Macédoine.

[2] Rapport du comte Chaptal à l'Institut.

Telle était, en effet, l'influence du commerce et du travail dans toutes les parties de la Grèce où nous avons montré l'industrie renaissante. Parvenues à un certain degré de prospérité, toutes les fabriques eurent des commandites ou des associés, Grecs de nation, dans les pays où se vendaient leurs articles; ces négociants grecs, établis dans les grandes villes d'Allemagne, de France, de Russie, ne se contentèrent pas de faire donner à leurs enfants une éducation libérale; ils firent venir des jeunes gens pauvres et les placèrent dans les universités les plus célèbres; ils se cotisèrent avec les fabricants de l'intérieur pour fonder en Grèce des écoles, pour y attirer des professeurs et obtenir de la vénalité musulmane l'autorisation de jeter sur la terre d'esclavage les semences de régénération. Leurs efforts furent couronnés de succès. Les colléges de Janina, d'Athènes, d'Aivali, de Bucharest, devinrent florissants et formèrent d'excellents élèves. Partout l'opulence essaya de faire naître les lumières, de donner une direction nationale à cette supériorité intellectuelle que les hommes de race grecque avaient toujours eue sur les Turcs, et que ces derniers, dans leur impur système de corruption, avaient déjà trop longtemps exploitée.

DU COMMERCE DE LA GRÈCE MODERNE

(Deuxième article.)

L'expédition des Russes en Morée avait tellement ruiné cette province, qu'il fut longtemps impossible de la compter au nombre de celles qui marchaient à l'affranchissement par le travail et les relations commerciales. Lorsque les Russes y débarquèrent, en 1770, il y avait à peu près un demi-siècle que le traité de Passacrowitz l'avait fait passer de la domination vénitienne sous le joug musulman. Il ne paraît pas que la Morée eût perdu à changer de maître; et, si l'on en croit

les relations des aventuriers russes envoyés par Catherine, le
pays qu'ils traversèrent, depuis Calamata jusqu'à Tripolitza,
ressemblait à un jardin, tant la culture y était florissante.
Ses ressources devaient être assez considérables, puisque l'invasion albanaise, qui avait déterminé la désastreuse retraite
des Russes, se maintint dans le Péloponèse pendant dix années, qui furent des années de pillage, de dévastations, de
massacres non interrompus, et qu'il fallut exterminer les Albanais pour leur faire lâcher prise. Le fameux Gazi-Hassan,
qui fit élever aux portes de Tripolitza une pyramide de plusieurs milliers de têtes albanaisés, ne releva point à côté de ce
hideux trophée les ruines dont la péninsule était partout couverte; au contraire, il l'accabla d'exactions plus fortes qu'elle
n'en avait supporté jusque-là. De 1770 à 1780, la mort,
l'esclavage, l'expatriation volontaire ou forcée, avaient enlevé
cent mille têtes; une peste vint hâter, dans une progression
terrible, cette dépopulation. Il devenait probable que les Turcs
seraient forcés bientôt d'abandonner eux-mêmes cette terre
frappée de mort, lorsque la Révolution française lui rendit une
vie nouvelle et inespérée.

Au bruit qu'une grande disette obligeait la France à acheter à grand prix les grains du Levant, les campagnes de la
Morée se couvrirent de laboureurs. Les champs restés en fri-
che depuis plus de vingt ans recommencèrent à produire. Les
ports de l'Archipel et de la mer Ionienne, qui n'étaient plus
que l'asile de misérables pêcheurs, virent reparaître des voiles
marchandes, se repeuplèrent de navigateurs et de commer-
çants qui partagèrent, avec ceux de Psara, d'Hydra, de Spetzia, le monopole du transport des grains de l'Asie Mineure,
de la Russie méridionale et de la Crimée. L'admirable golfe
de Lépante, qui baigne la côte septentrionale de la Morée, et
que la future existence politique de la Grèce appelle à de si
hautes destinées commerciales, eut sa part de cette prospérité
renaissante. Patras, à l'entrée de cette immense rade que borde
un littoral propre à toutes les cultures et qu'entoure une cein-

ture de villes importantes, était devenue, dans ces vingt dernières années, rivale de Salonique; parmi les ports de la Méditerranée, connus sous le nom d'Échelles du Levant, sa position centrale. l'avait rendue l'un des. entrepôts les plus fréquentés. Toutes les puissances de l'Europe y ont eu des consuls et des comptoirs. Aujourd'hui, désolée par la guerre, elle a pour habitants les derniers de ces Albanais, Galiotes qu'un siége de cinq ans et toutes les forces de l'insurrection n'ont pu réduire.

Spetzia et Hydra sont deux rochers voisins de la côte orientale du Péloponèse, absolument nus. et stériles, mais pourvus de havres excellents; c'est de là qu'est venue toute leur importance, aussi bien que celle de l'île de Scio. Lorsque la Révolution française éclata, il y avait déjà quelques années que les habitants de ces îlots faisaient avec succès un commerce de cabotage assez considérable. L'élégance et la légèreté de leurs navires, aussi bien que la vigueur et l'habileté des marins qui les montaient, étaient-célèbres dans les mers de la Grèce. De 1791 à 1800, ce, furent eux qui alimentèrent nos provinces méridionales et assurèrent, par le transport des subsistances, la marche de nos armées en Espagne, en Égypte et en Italie. Faisant ces expéditions sous pavillon ottoman ou russe [1], les navigateurs insulaires avaient le bénéfice de toutes les relations amicales qui liaient ces deux puissances aux autres nations de l'Europe. Ils étaient assez forts pour ne pas craindre les corsaires barbaresques; leur courage s'était d'abord fort avantageusement essayé contre ces derniers, et voici ce qui acheva de les aguerrir. Comme un blocus rigoureux s'exerçait sur les côtes, où les conduisaient leurs spéculations commerciales, il leur fallait, dans mille occasions, tromper la vigilance des croisières, leur échapper à force de voiles ou combattre pour éviter d'être capturé. Dans ce dernier cas, le

---

[1] Le traité de Kaïnardgi, en 1774, autorisait les négociants grecs à se couvrir du pavillon russe, sans cesser pour cela d'être sujets de la Porte.

courage des marins grecs était exalté par le sentiment de la
propriété menacée, chacun ayant sa part de la cargaison. Souvent ils sortaient vainqueurs de cette lutte, toujours inégale;
ils pénétraient par adresse ou par force dans les ports, à
Niégen, y déchargeaient des vivres ou des marchandises, se
chargeaient au retour de denrées que les difficultés ou les
dangers de l'exportation plaçaient à leur plus bas cours, et
faisaient ainsi, avec de grands risques, des gains considérables.

Au profit de ce commerce des navigateurs de la Grèce
tournèrent encore les gênes, les entraves, les privations de
toute espèce imposées par le système continental aux nations
liguées par Napoléon contre l'Angleterre. Les Anglais portaient à Hydra, Spetzia, Ipsara, Salonique, dans les ports de la
Morée, de l'Épire et de l'Albanie, leurs marchandises partout
ailleurs prohibées, et les négociants grecs trouvaient moyen
de les introduire sur le continent. Beaucoup d'entre eux,
transformés en facteurs de compagnies anglaises, s'établirent
à Malte, et, dans l'espace de quelques années, y firent de
grandes fortunes. Hydra, Spetzia, Ipsara, devenues maîtresses
de tout le commerce du Levant, se firent concéder, à prix
d'argent, le code de commerce français. Elles se régissaient
d'ailleurs par elles-mêmes, et, pour tout tribut, fournissaient
à la Porte un contingent annuel de cinq cents marins. Ces
derniers formaient un corps d'élite sur la flotte turque; à la
fois soldats et excellents manœuvriers, ils s'y faisaient rapidement classer au rang que leur assignaient leur intrépidité,
leur habitude de la mer, leur intelligence et leur activité, de
beaucoup supérieures à celles des marins turcs. Grand nombre d'Hydriotes étaient chefs d'équipage, pilotes, timoniers,
commandaient même de petits vaisseaux, et généralement
étaient substitués aux Turcs dans tous les postes qui exigeaient
des connaissances ou des facultés étrangères à ces derniers.

La population d'Hydra était de trente-cinq mille âmes;
celles de Spezzia et de Psara, moins nombreuses, avaient

aussi « leurs vaisseaux pour champs, leurs nautoniers pour laboureurs : avec leurs vaisseaux, elles moissonnaient en Égypte, recueillaient l'or en Provence et vendangeaient sur les coteaux du Continent [1]. » L'opulence toujours croissante des insulaires les avait mis en grande considération auprès de la Porte, qui les honorait du titre d'*auxiliaires*, tandis qu'elle maintenait pour les Grecs du continent l'insultante dénomination de *raïas*. Sur ces rochers, longtemps jugés inhabitables, des palais de marbre avaient remplacé les humbles cabanes de pêcheurs; toutes les commodités de la vie, et même le luxe de l'Europe, s'étaient introduits parmi les habitants et y avaient pris légèrement la couleur des mœurs orientales.

Ce mélange de la politesse, de l'activité des Européens et des habitudes de mollesse si chères aux Asiatiques était plus remarquable encore chez les insulaires de Chio. De toutes les îles anciennement célèbres, et longtemps possédées par les Vénitiens, c'était la seule qui, jusqu'à ces derniers temps, eût échappé à la barbarie musulmane. Elle le devait à son commerce; ses navires et ses marins n'étaient pas aussi renommés que ceux d'Hydre et de Psaro, mais elle l'emportait sur ces îlots stériles par une fertilité, une richesse de culture, une variété de productions également incomparables. Toute l'île ressemblait à un jardin; ses coteaux nourrissaient les célèbres vins de Chio; ses champs de coton rivalisaient avec ceux de la plaine de Sérès; ses plans de mûriers se couvraient d'une soie non moins estimée que celle de Zagora. Jusqu'aux bouquets de rosiers, dont le commerce exploitait l'essence, rien dans son luxe n'était inutile. Des villages entiers ceints de murailles cultivaient le lentisque, arbre de quinze à vingt pieds, d'où s'écoule la gomme précieuse appelée mastic. Les Turcs avaient un gouverneur et plusieurs garnisons dans cette île, qui d'ailleurs était, ainsi que le canton de Zagora, en

---

[1] Chant des marins hydriotes.

Thessalie, sous la protection de la sultane Validé, patronage qui rapportait à cette dernière un gros revenu, mais était extrêmement profitable aux habitants de Chio. L'île avait une école de sciences fréquentée par plusieurs centaines de jeunes gens et dont les cours étaient assez forts pour attirer des étudiants des États-Unis [1]. Elle possédait une bibliothèque, une imprimerie, un cabinet de physique, des instruments d'astronomie. De toutes les écoles fondées et dotées par les négociants grecs, celle de Chio était la plus riche et celle qui offrait à l'instruction le plus de ressources.

Le gouvernement turc vit longtemps sans s'alarmer la population grecque courir à ces écoles et entendre avec avidité les leçons des professeurs étrangers. Il ne concevait pas le danger d'établissements dont la fondation et l'existence lui rapportaient de grosses sommes et un revenu fixe. Il ne concevait pas que cette propagation de l'instruction, qui fournissait à l'administration intérieure, au service du consulat à l'étranger, un plus grand nombre de raïas intelligents, pût un jour être tournée contre lui-même. Il n'en était pas ainsi des Fanariotes et des prêtres grecs. Assez éclairés pour sentir la portée des progrès intellectuels qui se manifestaient dans toute la Grèce, intéressés à la stabilité et surtout à la sécurité d'un despotisme qui les enrichissait et les eût pris pour victimes à la première tentative d'insurrection, les Fanariotes et les prêtres s'efforcèrent de peindre comme dangereuse l'instruction répandue parmi les chrétiens. L'école de Constantinople succomba sous leurs intrigues et fut fermée; le savant Benjamin, qui avait formé d'excellents élèves à Aïvali ou Cydonie, fut mandé à Constantinople, sévèrement réprimandé par le patriarche [2] et forcé de modifier son enseignement de manière à calmer les appréhensions des Fanariotes.

[1] Ces renseignements appartiennent à une notice insérée dans le *Globe*, sans nom d'auteur. Le *Globe* a publié, sur la révolution grecque et sur les îles de l'Archipel, une série d'articles fort remarquables.

[2] Zallony, *Essai sur les Fanariotes.*

Toutefois l'obscurantisme n'était pas de l'essence de la tyrannie fanariote : on sait que c'était en cultivant leur intelligence et la mettant au service des Turcs que les Grecs du
Fanar étaient parvenus à s'élever au détriment de la masse
de leurs compatriotes et à perpétuer chez les conquérants
l'ignorance et l'incapacité. Nous ne saurions applaudir à ce
dernier résultat, car l'inaptitude des Turcs aux progrès intellectuels n'est pas un fait qui nous soit démontré; sans
doute il eût été plus avantageux pour les Grecs, plus heureux
pour l'humanité, que leurs maîtres, au lieu de croupir dans
l'abrutissement, se fussent éclairés; que les deux nations
eussent marché de concert à la civilisation; ces deux races
d'hommes n'étaient pas plus antipathiques que toutes celles
dont la fusion a composé la plupart des nations aujourd'hui
florissantes. En supposant que la différence de religion eût
mis entre les Grecs et les Turcs une barrière à toujours insur-
montable et que les deux croyances soient encore aujour-
d'hui de nature à ce que l'une ne puisse jamais se substituer
à l'autre, on doit considérer comme ayant servi les Grecs un
système qui, dans l'ordre intellectuel, plaçait si fort au-dessous d'eux leurs éternels ennemis; mais s'il est un fait dont
la moralité ne puisse être établie par ses conséquences, c'est
assurément celui que nous énonçons, et nous sommes forcés
de dire quelle part les négociants grecs de Constantinople et
des principales villes de l'empire avaient dans cet odieux mélange d'intrigues et de spéculations qui composaient le système des Fanariotes.

Les fortunes des banquiers grecs liés d'intérêt avec les familles princières du Fanar étaient colossales; c'était sur elles
que reposaient toutes les ressources financières et tout le crédit du gouvernement turc. Auprès de ce gouvernement, leur
importance était assez ancienne, mais avait prodigieusement
crû depuis l'époque où l'usage de soumissionner auprès du
Divan les offices civils et les commandements militaires avait
remplacé la vente publique des emplois. Les banquiers fana-

riotes, d'abord employés comme cautions ou courtiers dans ces transactions entre les ministres ottomans et les Turcs qui aspiraient aux places vacantes, se mirent sur les rangs eux-mêmes comme soumissionnaires, et furent préférés aux Turcs parce que leurs fortunes étaient généralement plus considérables et mieux établies ; que leur habileté, leurs ressources en affaires, surtout la discrétion que leur imposait la dépendance, offraient de plus sûres garanties.

Or les négociants chrétiens ne soumissionnaient ainsi les emplois que pour les vendre aux nobles Turcs qui n'avaient pu soutenir leur concurrence auprès des vizirs. Le Turc qui prétendait au gouvernement d'une province, au commandement d'une forteresse, au patronage d'une ville manufacturière, trouvait chez un banquier fanariote des firmans ou nominations en blanc, parmi lesquelles il pouvait faire un choix. Il s'engageait alors, soit en qualité d'associé du banquier, soit comme son prête-nom, ou bien pour un salaire convenu, à aller recueillir, dans le pachalik, le canton ou la ville qu'il lui convenait de choisir, l'impôt de deux années versé d'avance par le banquier dans les coffres du trésor impérial. Le banquier ne demandait de la part de l'officier turc ainsi commandité par lui que de l'*énergie* : pour de l'habileté, de l'ordre, c'était l'affaire d'un commis, Grec de nation et de religion, qu'il apostait auprès du gouverneur et qui administrait au nom de ce dernier. Le Turc n'était là qu'un épouvantail stupide destiné à faire trembler les Turcs aussi bien que les Grecs, et à pressurer les uns et les autres de manière à faire rentrer le banquier dans ses avances [1].

Nous indiquons ici de la manière la plus sommaire ce qui se passait entre les gouvernants turcs et les banquiers du Fanar. Ce même genre de transaction se reproduisait dans une infinité de détails en descendant l'échelle administrative. Le

---

[1] Zallony, *Essai sur les Fanariotes*. — M. de Sismondi, *Revue encyclopédique*, juillet 1825.

banquier bysantin, qui faisait de première main les affaires
des ministres et celles des hauts fonctionnaires turcs, avait
dans les provinces des correspondants, espèces de sous-trai-
tants, qui lui achetaient des nominations d'aga, de bey, de
cadi, pour les revendre aux Turcs de la classe inférieure.
Plus leurs profits étaient considérables, et plus les gouverneurs
subalternes, obligés de faire face à des engagements onéreux,
devaient être habiles en vexations ; chez ces derniers, la dureté, la férocité même, étaient devenues des qualités de métier ;
c'était sur elles que s'appuyait une des extrémités du système,
car, en dernière analyse, le fonds de l'exploitation était dans
le travail et les sueurs du peuple, et l'avidité des facteurs de
la tyrannie ne ménageait pas plus les musulmans que les
chrétiens.

Il n'y a rien au-dessous de l'état de dégradation auquel est
descendu le gouvernement turc sous la tutelle de ses affranchis, Arméniens, Grecs ou Juifs ; mais son apathie, sujette à
de frénétiques réveils, leur a souvent rendu l'opulence dangereuse. En faisant peser sur eux une responsabilité plus
grande encore que leur influence, il les avait mis dans l'impossibilité de jamais séparer leurs intérêts du sien. L'esclavage
des Grecs était la condition de leur existence ; on conçoit ainsi
combien devait être vive leur opposition à des progrès intellectuels dont la tendance était si marquée. La civilisation,
contrariée dans son développement, engagea avec les représentants du despotisme ottoman une lutte moins dramatique
que la lutte armée soutenue par les Clephtes, mais décisive.
Les négociants qui s'étaient conservés purs de toute conni-
vence avec le pouvoir s'attaquèrent à la vénalité musulmane
et triomphèrent en renchérissant sur leurs adversaires. L'esprit d'association qui, dans ces efforts réunis, se développait
chez eux à un degré fort remarquable, obtint sur l'esprit
d'intrigue et la souplesse des Fanariotes de nombreux et considérables avantages. Les capitaux, consacrés par les négociants à un système raisonné d'améliorations, fondaient en

Grèce des hôpitaux, des écoles primaires, étaient employés à
des travaux d'utilité publique, à payer la rançon des Grecs
tenus prisonniers par les gouverneurs turcs, à procurer des
soulagements à ceux dont on ne pouvait obtenir la liberté, à
payer au dehors l'éducation de jeunes gens pauvres. Les Turcs
mettaient à haut prix cette tolérance, mais leur défaut de prévision s'étendait à tout, et les Grecs profitaient de ce laisser-
aller en achetant concession sur concession.

Parmi les négociants grecs du continent et des îles, il y en
eut qui, dès les premiers symptômes d'insurrection contre la
Porte, blâmèrent toute réaction armée, et pensèrent que l'affranchissement ne pourrait sortir que d'un état de civilisation
plus avancé ; qu'à la longue on détruirait pièce à pièce, et,
par un effort inaperçu, la domination musulmane. D'autres
pensèrent qu'il fallait seconder les mouvements insurrectionnels des habitants de l'Épire et de la Morée. Lors de la levée
de boucliers qui eut lieu dans cette province en 1770, le célèbre Varvaki, négociant d'Hydra, arma à ses frais un vais-
seau qui fit beaucoup de mal aux Turcs dans ces parages et
seconda l'escadre russe. Après la retraite des Orlof, il fut
obligé de s'expatrier. Dix années après, le fameux pirate Lam-
pros trouva des auxiliaires parmi les navigateurs d'Hydra,
de Spezzia, de Psara ; depuis cette époque, le commerce des
insulaires de l'Archipel ayant pris une rapide extension, les
négociants s'étant livrés à de plus vastes spéculations, ayant
eu à compromettre des fortunes plus considérables, se sont
montrés moins disposés à courir les chances d'une révolution.
On assure, toutefois, qu'en 1808 ils offrirent à l'un des fils
d'Ali-Pacha de le reconnaître pour chef politique, s'il voulait
se rendre parmi eux avec quelques troupes, et proclamer
l'indépendance des îles de l'Archipel. Beaucoup d'autres projets ont eu pour but d'obtenir, sous le protectorat de la Russie, une demi-émancipation politique et la constitution républicaine dont les îles Ioniennes avaient joui sous les Russes
avant 1807.

Quoi qu'il soit de toutes ces tentatives avortées ou de ces projets demeurés sans exécution, il est certain que la classe éclairée, riche, industrieuse, créée par le commerce au sein de la nation grecque, a constamment tendu, par ses progrès en tout genre, à rompre l'espèce d'équilibre qui, depuis la conquête, avait existé entre les moyens d'oppression des conquérants et les moyens de résistance des subjugués. Mais il y avait un point où cette révolution, non sanglante et progressive, devait changer de caractère et devenir une guerre à mort, c'était celui où les Turcs, sortant de l'engourdissement et se réveillant sur un gouffre, seraient forcés de reconnaître à leurs dépens cette immense vérité, que pour les peuples opprimés il n'y a qu'un pas de l'opulence à l'affranchissement. Les imprudences commises par la fameuse société des Hétéristes ont beaucoup hâté ce moment; l'éclat prématuré de l'insurrection en Moldavie et en Valachie l'a tout à fait déterminé. Une seule alternative s'est présentée au gouvernement turc, celle d'exterminer ou d'affranchir des esclaves devenus redoutables, et il a pris le parti qu'on pouvait attendre d'un égoïsme superstitieux et féroce; il s'est entouré d'une vaste terreur et a précipité le mouvement qu'il voulait comprimer. Nous examinerons prochainement quel a été le rôle de la puissance commerciale dans la réaction militaire, quelle part elle a eue dans l'action gouvernementale qui a constitué politiquement la Grèce moderne aux yeux des peuples civilisés. Jusqu'ici nous nous sommes bornés à établir comment elle a préparé le retour d'une existence politique. Assurément, elle n'est pas la seule à qui il faille attribuer cette régénération surprenante; d'autres influences, avec un succès que nous avons dû parfois contester, ont marché concurremment au même but. Mais en faveur de celle dont les historiens ont généralement tenu le moins de compte, nous avons réuni tous les faits selon nous dignes d'observations. Si nous ne nous sommes pas exagéré leur importance, cet exemple d'une nation qui se rachète de l'esclavage par le travail et l'intelli-

gence est l'une des plus grandes et des plus salutaires leçons
que puisse donner l'histoire à ceux pour qui elle est faite.

A PROPOS D'UNE BROCHURE

Intitulée : *D'un nouveau complot contre les industriels.*

Nous devons nous borner, au dire d'une brochure tout récemment lancée contre le *Producteur*[1], à répéter, après nous
être efforcés de les comprendre, les vérités découvertes par
Smith, Mill et Ricardo, à conseiller la multiplication des canaux et l'entreprise des chemins de fer. La tâche serait encore
assez belle, et nous l'accepterions, si, pour avoir un but et
prendre une marche décidée, nous avions attendu les admo-
nitions d'un censeur, même plus poli que M. de Stendhâl.
Cherchant ici, non pas à flatter l'orgueil d'une classe d'hommes
que M. de Stendhal appelle noblement les *marchands de cali-
cots*[2], mais revendiquant pour le travail la considération qui
lui fut trop longtemps refusée par l'oisiveté puissante, nous
ne disons pas *honneur à qui dîne bien*, mais honte à qui dîne
mal par sa faute; nous ne disons pas *reconnaissance à qui
s'enrichit en ruinant les autres*, mais reconnaissance à qui
sait augmenter son bien-être en contribuant à celui du plus
grand nombre, reconnaissance à tout citoyen qui sait appar-
tenir à la société aussi bien par les jouissances intellectuelles

---

[1] Chez Sautelet, libraire, place de la Bourse (par Frédéric de Stendhal,
dont le véritable nom, comme on sait, était Beyle).

[2] On sait combien cette désignation serait maladroite si, trompés par une
particule et un nom d'emprunt, nous avions injustement attribué la brochure
à un grand seigneur.

ou matérielles qu'il lui offre que par celles qu'il lui emprunte.

Les *travailleurs* ne sont pas pour nous une classe dans la société, mais la société même. Et, dans cette combinaison d'efforts qui s'appuient et réagissent l'un sur l'autre, loin de les repousser, nous appelons à nous la haute coopération du génie, nous invoquons la sublime influence des grandes vertus.

Nous voulons de plus établir une mesure commune entre les plus distingués et les plus sincères services rendus au corps social par toutes les classes de citoyens utiles.

Elle existe cette mesure commune entre le travail de l'artisan qui nourit une famille, qui ne va pas, le jour d'une fête royale, disputer sa part d'une gratification insultante, et les talents du député qui, comme Foy, défend à la tribune les intérêts de cet homme du peuple. Elle existe entre le boutiquier, le fabricant, le banquier, le négociant, qui dotent aujourd'hui les fils du député fidèle, et le statuaire, le peintre, l'écrivain, le poëte, qui rendront immortels ses exemples. Si nous n'avons qu'un mot pour désigner les divers degrés d'*utilité* marqués par la position, les lumières ou l'ordre de facultés des *travailleurs*, ce mot assimile et n'égalise pas entre eux les services rendus. Il exprime du moins une idée grande et pleine d'avenir : celle de l'application des forces que chacun a reçues à tous les développements dont la perfectibilité humaine est susceptible. Il flétrit toute existence fondée sur la faveur des cours ou dévouée au maintien des abus et des préjugés antisociaux. Et cela suffit pour que beaucoup d'oisifs le trouvent impie, révolutionnaire ou de mauvais goût.

Le titre de *travailleurs*, longtemps abandonné à la *gent corvéable*, peut bien, dans l'extension que nous lui donnons, exciter l'hilarité de qui s'enveloppé du parasite manteau de frondeur, et met sa gloire dans la vogue d'un bon mot ; mais, pour ces hommes dont les noms respectables ont été si indis-

crètement invoqués contre nous, il sera l'expression, sinon
brillante et poétique, au moins honorable et rigoureuse, des
efforts intellectuels à qui nous devons leurs chefs-d'œuvre;
des fatigues, des sacrifices, des dangers même qui ont illustré
leur carrière. Aucun d'eux, homme d'État, homme de guerre,
savant, négociant, philosophe, ne rougira d'être appelé travailleur, comme ayant payé sa dette à la patrie, à l'humanité
tout entière.

Nous avons excité, il est vrai, la classe des banquiers à mériter parmi les travailleurs l'importance morale que lui donne
l'activité matérielle de son rôle. Et, comme si nous avions réclamé pour cette classe une considération anticipée, on a argué
contre nous de faits que nous-mêmes avons énergiquement
blàmés, de fautes que nous avons déplorées; l'on nous a demandé quel riche industriel a sacrifié jamais ses millions,
comme la Fayette, Carnot, Bertrand ont sacrifié leur fortune,
leur personne et leur position sociale. A cela nous répondrons
que, tenant compte au passé de ce qu'il offre de grand, nous
n'avons cité, pour établir nos doctrines, ni l'exemple des
hommes ni celui des choses qui lui appartiennent; et que
nous demandons à l'avenir un état de choses dans lequel personne n'ait à faire abnégation de soi-même, et où tous les intérêts bien entendus soient solidaires et garants l'un de l'autre.

Cet avenir, auquel nous conduit la marche des choses et
des idées, sera moins fécond peut-être en vertus transcen-
dantes; mais celles-ci ne brilleront plus dans un milieu vi-
cieux et corrompu. Le *travail*, dont l'ingénieux Franklin fit
toute la science du bonhomme Richard, sera le dernier réformateur de la vieille Europe. Les progrès des lumières et du
bien-être feront germer des vertus publiques là où il n'y a
trop longtemps eu que des vertus privées. Le sanctuaire des
sciences, des arts et de l'industrie redeviendra pour nous ce
Panthéon national dont naguère fut déshéritée notre gloire
militaire : c'est ainsi que nous prétendons matérialiser la
société.

Nous avons été précédés dans cette carrière par un publiciste dont nous ne craignons pas de paraître les disciples. Toutefois nous n'avons usé qu'avec une extrême sobriété des pensées échappées à cette âme dévorée du besoin d'être utile. Nous avons distingué celles des opinions de Saint-Simon dont l'application est déjà possible de celles qu'une prévision trop active n'a pu entourer de certitude, et dont la réalisation appartient à une époque beaucoup plus éloignée de nous. Et cependant c'est de ces dernières que M. de Stendhal s'est toujours servi contre nous. Nous ne nous chargeons pas de répondre à toutes les excellentes plaisanteries lancées par lui contre un homme qu'il faudrait placer au rang des bienfaiteurs de l'humanité, n'eût-il établi qu'une vérité, celle qui nous sert d'épigraphe :

« L'âge d'or, qu'une aveugle tradition a placé jusqu'ici dans le passé, est devant nous. »

Quant à ce qui nous est personnel dans la brochure de M. de Stendhal, nous ne saurions nous en occuper ici. Cette feuille ne doit pas s'ouvrir à une polémique qui n'intéresserait que l'amour-propre des rédacteurs, surtout si, pour entrer en lice avec un prétendu adversaire, il fallait descendre dans le trivial, c'est-à-dire sur le terrain d'où sont parties les pasquinades que nous avons lues.

COLLABORATION DE CARREL

AU CONSTITUTIONNEL

Nous ne donnerons, de la collaboration de Carrel au *Constitution-nel*, que deux articles extrêmement remarquables, tous deux sur l'*Histoire de la Révolution française* de M. Thiers, que nous croyons devoir faire précéder d'un relevé bibliographique, ou, si l'on veut, de l'histoire même, très-curieuse, de cette importante publication.

L'*Histoire de la Révolution* fut d'abord annoncée comme il suit dans le *Journal de la librairie* du samedi 31 mai 1823 (art. 2295) :

HISTOIRE DE LA RÉVOLUTION FRANÇAISE, par MM. A. Thiers et Félix Bodin (Prospectus), in-8° d'un quart de feuille. Imprim. de Cosson, à Paris. — A Paris, chez Lecointe et Durey.

L'ouvrage formera 4 volumes in-8°. Les deux premiers seront mis en vente le 30 juin. La souscription sera fermée le 15 juillet prochain.

Prix des 4 volumes. . . . . 26 fr.

Malgré cette annonce, la première livraison ne parut qu'au commencement du mois de septembre de cette année. On lit dans le *Journal de la librairie* du samedi 13 septembre 1823 (art. 3844) :

HISTOIRE DE LA RÉVOLUTION FRANÇAISE, accompagnée d'une *Histoire de la Révolution de 1355* ou des états généraux sous le roi Jean ; par MM. A. Thiers et Félix Bodin, tomes I et II. Deux vol. in-8°, ensemble de 52 feuilles et 1/4. Imprim. de Cosson, à Paris. — A Paris, chez Lecointe et Durey. Prix. . . . . 12 fr.

V. n° 2295.

En tête du premier volume, on lisait :

EXTRAIT DU PROSPECTUS.

« L'*Histoire de la Révolution française* n'a été écrite que par des contemporains, qui, tous, avaient pris plus ou moins de part aux évé-

nements qu'ils racontaient. Les nombreux récits que l'on possède ne
peuvent donc être considérés que comme des mémoires, très-précieux
sans doute, mais dépourvus du vrai caractère historique. Il est temps
que des écrivains appartenant à la génération actuelle, et ne tenant à
la Révolution que par le commun intérêt de la justice et de la liberté,
se fassent enfin les historiens de cette époque mémorable, et nous en
retracent l'utile et instructif souvenir.

« L'histoire de la Révolution sera accompagnée de l'histoire des fameux états tenus à Paris pendant le règne et la captivité de Jean [1].
Cette époque, l'une des plus remarquables de nos annales, et qui offre
le plus de rapprochements à faire avec celle que nous avons traversée,
occupe à peine quelques pages chez nos historiens; aussi est-elle loin
d'être connue autant qu'elle mérite de l'être. Ce n'est en effet que
dans les monuments du temps qu'on en peut trouver l'histoire, et il
a fallu l'y chercher pour l'éclaircir et la juger. Un tableau du mouvement national dont nos pères ont donné l'étonnant spectacle au quatorzième siècle paraîtra donc neuf en intéressant aujourd'hui; et l'on
applaudira sans doute à l'idée de l'avoir placé en regard du tableau
d'un mouvement plus grand et plus fécond en résultats. Ce travail a
été entrepris par M. Bodin. L'*Histoire de la Révolution de 1789* est
de M. A. Thiers. »

Ajoutons que cette *Histoire de la Révolution de 1355* ou des
états généraux sous le roi Jean, par M. Bodin, qui devait accompagner l'ouvrage de M. Thiers, n'a jamais été faite, et ne l'a, par conséquent, jamais accompagné.

Ce ne fut que plus d'un an après que parut la deuxième livraison,
ainsi annoncée dans le *Journal de la librairie* du samedi 4 décembre 1324 (art. 6286), sous le nom seul de M. Thiers :

HISTOIRE DE LA RÉVOLUTION FRANÇAISE, par M. A. Thiers, tomes III et IV.
Deux volumes in-8º, ensemble de 51 feuilles et 1/2. Imprim. de Cosson, à
Paris. — A Paris, chez Lecointe et Durey.

On trouve l'annonce de la troisième livraison dans le *Journal de
la librairie* du samedi 16 novembre 1825 (art. 6377) :

HISTOIRE DE LA RÉVOLUTION FRANÇAISE, par A. Thiers, tomes V et VI. Deux
vol. in 8º, ensemble de 60 feuilles 3/4. Imprim. de Cosson, à Paris. — A
Paris, chez Lecointe et Durey.

---

[1] « Ce travail formera un volume à part. » *Note de l'éditeur.*

Les tomes VII et VIII complèteront l'ouvrage. Prix de chaque livraison de deux volumes. . . . . 15 fr.

Il ne parut aucune livraison en 1826 ; mais, au commencement de 1827, le troisième volume parut avec cet avis des éditeurs :

« L'histoire des fameux états tenus à Paris pendant le règne et la captivité de Jean, entreprise par M. Félix Bodin, devait être publiée avec l'histoire de la Révolution par M. Thiers, et former un volume à part. Cette disposition, qui nous avait autorisés à unir sur le titre les noms des deux auteurs, ne peut plus avoir lieu, attendu que le travail de M. Bodin a acquis assez d'extension pour former deux volumes in-8°, que nous publierons l'année prochaine. »

Le tome VII, étant achevé d'imprimer, fut déposé à la direction de la librairie, et annoncé comme il suit dans le journal de M. Beuchot du 24 janvier 1827 (art. 507) :

Histoire de la Révolution française, par A. Thiers, tome VII, in-8° de 34 feuilles 3/4. Imprim. de Cosson, à Paris. — A Paris, chez Lecointe et Durey, quai des Augustins, 49.

Ne sera mis en vente qu'avec le tome VIII, qui est mis sous presse et promis pour le mois de mars.

On lit enfin dans le numéro du 20 mars 1827 du même journal (art. 2026) l'annonce du tome VIII, en 36 feuilles, et, dans le numéro du 14 novembre 1827 (art. 7101), celle des deux derniers volumes, comme on va le voir :

Histoire de la Révolution française, par M. A. Thiers, tomes IX et X (et dernier). Deux volumes in-8°, ensemble de 63 feuilles et 1/4, y compris un feuillet chiffré 225-226 pour le tome VIII. Imprim. de Cosson, à Paris. — A Paris, chez Lecointe et Durey, quai des Augustins, 49.

Le tome X contient une *Table alphabétique* des dix volumes.

L'annonce de la seconde édition, sur le titre de laquelle ne figura plus, comme c'était justice, le nom de M. Félix Bodin, et où l'on ne mit point l'extrait du prospectus que nous avons rapporté plus haut, parut dans le numéro du *Journal de la librairie* du 23 août 1828, en ces termes :

Histoire de la Révolution française (2e édition), par M. A. Thiers, tomes I et II. Deux volumes in-8°, ensemble de 48 feuilles et 1/2. Imprim. de Cosson et Pochard, à Paris. — A Paris, chez Lecointe, quai des Augustins, 49.

L'édition aura dix volumes, chacun du prix de. . . . . 7 fr.

Les livraisons (toujours en deux volumes) parurent à intervalles assez rapprochés, comme nous l'avons vérifié dans le *Journal de la librairie* : la deuxième, le 27 septembre ; la troisième, le 22 novembre 1828 ; enfin, la quatrième, le 4 avril, et la cinquième et dernière le 16 mai 1829.

Carrel, ayant été admis à écrire dans le *Constitutionnel* au commencement de 1826, y débuta par un article (14 janvier 1826) sur la troisième livraison de l'ouvrage de M. Thiers. L'article qui avait été publié peu de jours auparavant sur la deuxième livraison du même livre dans le même journal (numéro du 20 décembre 1825) n'est pas de Carrel.

HISTOIRE DE LA RÉVOLUTION FRANÇAISE

PAR M. A. THIERS [1]

In-8°, tomes V et VI. A Paris, chez Lecointe et Durey, libraires, quai des Augustins, et chez Mongie, boulevard des Italiens, 10.

Ce vaste tableau continue à être largement dessiné par le jeune historien, dont les forces semblent s'accroître à mesure que son entreprise devient plus difficile. Ces grandes scènes si dramatiques d'une nation entière qui se réveille, d'une antique monarchie qui s'écroule, de la vieille France qui se rajeunit au nom de la liberté, de l'ère constitutionnelle qui commence et succède aux secrets d'État de la politique de Versailles, ont fait place à toutes les conséquences d'une lutte violente et d'un bouleversement général. Voici les abus et les excès d'un peuple esclave saisissant tout à coup la dictature ; voici les embarras inextricables où le brusque changement des intérêts, des idées, des rapports, des lois, des mœurs, des choses et des personnes précipitent une population de vingt-cinq millions d'hommes. Tout est détruit, tout est à créer : l'autorité au milieu de l'anarchie, le crédit au milieu de la défiance universelle et de la banqueroute, les vivres au milieu de la disette, l'ordre au milieu de l'insurrection de presque tous les départements, les armées lorsque les soldats manquent, la victoire enfin au milieu des défaites qui ont livré nos frontières à l'étranger.

Ce rapide aperçu épouvante. Que serait-ce si on allait aux détails? La vie d'un homme ne semble pas trop longue pour

[1] *Constitutionnel* du 14 janvier 1826.

9.

se reconnaître au milieu de ces décombres, pour en classer les matériaux et reconstruire l'édifice social. Une année suffit à la Convention, qui, après avoir sauvé la République par l'énergie et la victoire, lui rend un dernier service, celui de se désarmer elle-même, en jetant pour dernière proie à l'échafaud ses propres chefs, les hommes qui avaient organisé la terreur ; une année suffit, mais cette année est un siècle pour l'historien.

Tant qu'on s'arrête aux événements, quelque multipliés, quelque prodigieux qu'ils soient, on comprend qu'ils inspirent et qu'ils soutiennent le narrateur qu'ils avaient d'abord effrayé. L'insurrection et la soumission des départements, les frontières envahies et reconquises, la coalition européenne, la Vendée, la levée en masse, la fête de l'Être suprême, le tribunal révolutionnaire, le meurtre de Marat, le procès de Charlotte Corday, l'arrestation générale des suspects, le siége de Lyon, le supplice de Danton et de ses amis, madame Rolland, les missions des Carrier et des Lebon, la bataille de Fleurus, les triumvirs Robespierre, Couthon et Saint-Just, voilà des personnages, voilà des spectacles qui, sous une plume vulgaire, captiveraient encore l'attention des lecteurs, et qui n'ont besoin que d'être exposés pour exciter le plus vif intérêt. C'est assez dire combien est profonde l'impression qu'ils nous laissent quand ils sont reproduits avec cette chaleur, avec ce mouvement de style qui caractérisent le talent de M. Thiers, et qui nous représentent les faits historiques sous leurs formes naïves, sous leurs formes vivantes. C'est ici l'occasion de tempérer l'éloge par la critique. La phrase de notre jeune auteur est vraie, large, animée ; mais elle est souvent incorrecte : lorsqu'il écrit, on pourrait croire qu'il improvise ; sans cesser d'être simple et naturelle, sans être ce qu'on appelle oratoire, sa manière de dire tient pourtant de l'orateur qui cède à l'inspiration, et songe plus à la pensée qu'à l'arrangement des mots et à l'exactitude des règles. Cela est bon pour l'oreille, mais les yeux sont plus difficiles.

Revenons à la différence que nous voulons établir entre le mérite, fort remarquable sans doute, de raconter dramatiquement des événements dramatiques de leur nature, et le mérite tout à fait supérieur, tout à fait rare chez un jeune homme, d'apprécier les choses avec justesse et précision, de résumer, en quelques traits, tout ce qu'il vient de dérouler sous nos yeux, de débrouiller des intrigues restées obscures jusqu'à ce jour, et de porter une lumière nouvelle dans ce labyrinthe dont le fil a été rompu par l'intérêt et la passion plus encore que par le temps qui s'est écoulé.

Mais, dans la multitude des détails qu'il fallait coordonner au plan général sans retenir l'action historique ; dans cette foule d'incidents qui naissent les uns des autres et s'embarrassent autour des événements généraux qu'ils compliquent ; dans ces épisodes simultanés qui forcent l'historien de la Révolution à courir de la Convention nationale aux frontières, des jacobins aux prétendus fédéralistes, de la Constitution de l'an II à la proclamation royaliste des Vendéens, de la prise de Mayence à l'anniversaire du 10 août, de Toulon au comité du salut public, de l'ordre qui enjoint aux armées de vaincre dans un délai fort court à la condamnation de Custine et à l'arrestation des soixante-treize députés, des proscriptions de Lyon à l'intérieur des prisons de Paris ; au milieu de cette fièvre où une vie est pleine en quelques jours, il y avait deux choses difficiles à saisir, difficiles à connaître, difficiles surtout à bien montrer et à expliquer sans froideur et sans confusion : c'est d'abord la partie technique des campagnes de la Révolution, dont nous ne voyons que les résultats et les miracles ; ce sont les changements immenses qu'elles ont apportés dans l'art de la guerre, changements auxquels l'Empire doit sa gloire, auxquels l'Europe devra peut-être une situation nouvelle ; car la tactique modifiée modifie la politique, et les batailles par masses compromettent trop les gouvernements et les nations pour ne pas amener de longues trêves. Le génie militaire a tenté l'homme de lettres ; mais il l'a tenté au prolit de l'histoire, qui en acquiert plus d'importance et de clarté.

La seconde partie, où il fallait bien de la science pour ne nous donner que des résultats simples et lucides, c'est la partie financière. Les chiffres de la Révolution étaient, il faut en convenir, un problème que personne n'avait su résoudre utilement pour le public, et c'était, de nos jours, un des chapitres les plus essentiels de l'ouvrage de M. Thiers. Tout ce qui concerne les assignats, le maximum, l'emprunt forcé, l'institution du grand livre, nous semble traité de main de maître, et la raison que nous en donnons n'est pas tirée de nos connaissances particulières, mais de notre ignorance même, qui s'est trouvée instruite par un exposé plein de sens, et frappée de lumière par l'évidence des faits.

Après nous être expliqué franchement sur le style de l'écrivain dont nous croyons pouvoir être juge, nous n'émettrons que des doutes sur un point purement historique. Malgré ses assertions contraires, nous sommes toujours prévenu de l'idée que les intrigues de l'étranger ou celles de l'émigration ont été plus actives, plus nombreuses, plus puissantes dans l'intérieur de la France que ne le pense M. Thiers. Toulon, la Vendée et Lyon, soulèvent une partie du voile qui couvre encore les manœuvres de Paris. Le premier club national fondé par des royalistes rend au moins très-probable la présence des agents de ceux-ci dans les clubs révolutionnaires. Joignez à ces indications les données certaines que l'on a sur des agences qui ont subsisté jusqu'à la fin de l'Empire, les aveux d'Imbert, de Froment, de Fauche Borel, les Mémoires de Puisaye et de quelques autres, et la question d'une intervention secrète sous le masque du jour restera du moins indécise.

A défaut d'une analyse complète, à laquelle se refuse le cadre de notre feuille, nous voudrions bien indiquer, par quelques courtes citations, la manière dont M. Thiers a écrit et entendu son *Histoire de la Révolution*, la première où cette magnifique et terrible époque soit décrite avec l'étendue et l'impartialité convenables, la première qui unisse l'intérêt des mémoires particuliers à l'ensemble historique, qui mène la peinture des mœurs et des hommes au récit politique des événements; mais ces citations ou seraient trop longues ou ne produiraient pas leur effet naturel comme pensées détachées de leurs preuves et des exemples qui les amènent et les justifient. Parmi les morceaux que nous avions marqués pour les transcrire, si l'espace nous l'eût permis, nous regrettons surtout celui qui concerne les scènes qu'offrait l'intérieur des prisons au commencement et au fort de la terreur. Là se montre tout entier l'esprit français et se développent les plus beaux caractères; là Melpomène et Thalie trouveraient à la fois des sujets auxquels nulle imagination humaine n'aurait pu atteindre. Nous indiquerons encore et le procès des girondins et les réflexions qu'il inspire au narrateur, réflexions applicables à d'autres temps. Nous nous bornons à renvoyer le lecteur aux aperçus de la campagne de 93 et de toute cette mémorable et terrible année où, comme le dit M. Thiers, on administrait, on combattait, on égorgeait avec un ensemble effrayant, et nous terminerons par le résumé général qui suit l'exécution de Robespierre :

« Telle fut cette heureuse catastrophe qui termina la marche ascendante de la Révolution pour commencer sa marche rétrograde. La Révolution avait, au 14 juillet 1789, renversé l'ancienne constitution féodale; elle avait, aux 5 et 6 octobre, arraché le roi à sa cour pour s'assurer de lui; elle s'était fait ensuite une constitution, et la lui avait confiée en 1791, comme à l'essai. Regrettant bientôt d'avoir fait cet essai malheureux, désespérant de concilier la cour avec la liberté, elle avait envahi les Tuileries au 10 août et plongé Louis XVI dans les fers. L'Autriche et la Prusse s'avançant pour la détruire, elle se jeta, pour nous servir de son langage terrible, elle s'engagea d'une manière irrévocable dans cette lutte, et repoussa les coalisés par un premier effort. Sa colère redoubla le nombre de ses ennemis; l'augmentation de ses enne-

mis et du danger redoubla sa colère et la changea en fureur.
Elle arracha violemment du temple des lois des républicains
sincères, mais qui, ne comprenant pas ses extrémités, voulaient la modérer. Alors elle eut à combattre une moitié de
la France, la Vendée et l'Europe.

« Par l'effet de cette action et de cette réaction continuelle
des obstacles sur sa volonté et de sa volonté sur les obstacles,
elle arriva au dernier degré de péril et d'emportement ; elle
éleva des échafauds, et envoya un million d'hommes sur les
frontières. Alors, sublime et atroce à la fois, on la vit détruire
avec une fureur atroce, et administrer avec une promptitude
surprenante et une prudence profonde ; changée, par le besoin
d'une action forte, de démocratie turbulente en dictature absolue, elle devint réglée, silencieuse et formidable.

« Pendant toute la fin de 93 jusqu'au commencement de 94,
elle marcha unie par l'imminence du péril ; mais, quand la
victoire eut couronné ses efforts, à la fin de 93, un dissenti-
ment put naître alors, car des cœurs généreux et forts, calmés
par le succès, criaient : *Miséricorde aux vaincus !* Mais tous
les cœurs n'étaient pas calmés encore, le salut de la Révolution n'était pas évident à tous les esprits : la pitié des uns ex-
cita la fureur des autres, et il y eut des extravagants qui voulurent, pour tout gouvernement, un tribunal de mort.

« La dictature frappa les deux nouveaux partis qui embarrassaient sa marche. Hébert, Ronsin, Vincent, périrent avec
Danton, Camille Desmoulins. La Révolution continua ainsi sa
carrière, se couvrit de gloire dès le commencement de 1794,
vainquit toute l'Europe et la couvrit de confusion. C'était le
moment où la pitié devait enfin l'emporter sur la colère, mais
il arriva ce qui arrive toujours : de l'incident d'un jour on
voulut faire un système. Les chefs du gouvernement avaient
systématisé la violence et la cruauté, et, lorsque les dangers et
les fureurs étaient passés, ils voulaient égorger et égorger encore ; mais l'horreur publique s'élevait de toutes parts. A
l'opposition ils voulurent répondre par le moyen accoutumé :

peut-être de redoutables mystères de l'âme humaine, sont la mort. Alors un même cri partit à la fois de leurs rivaux de pouvoir, de leurs collègues menacés, et ce cri fut le signal du soulèvement général. Il fallut quelques instants pour secouer l'engourdissement de la crainte, mais on y réussit bientôt, et le système de la terreur fut renversé. »

HISTOIRE DE LA RÉVOLUTION FRANÇAISE

PAR M. A. THIERS

Deuxième édition [1].

Ce n'était ni aux témoins ni aux acteurs de la Révolution française qu'il appartenait d'en écrire l'histoire. Ceci a été prouvé quand deux jeunes gens sont venus porter sur les maux et les bienfaits de cette crise inouïe le premier jugement de la génération née avec le siècle. Depuis, on n'a plus lu que comme des mémoires les histoires de la Révolution composées sous l'influence des impressions du temps. On devrait maintenant avoir compris que de tels ouvrages ne méritent pas même de figurer comme monuments contemporains à côté des journaux, des pamphlets, des papiers d'État, des relations diplomatiques et militaires; c'est uniquement dans ces pièces que se trouve l'histoire telle qu'ont pu l'écrire, en soutenant la Révolution ou en la combattant, les hommes, si divers de caractères et de passions, si opposés de doctrines et d'intérêts, entre lesquels s'étaient distribués les rôles d'action et de résistance. Les plus remarquables d'entre ces combattants, ceux qui pourraient aujourd'hui nous révéler, non le secret de leur parti, comme on le croit à tort, mais morts de bonne heure, il était dans la nature des choses qu'ils

---

[1] *Constitutionnel* du 26 août 1828.

succombassent en remplissant des tâches ou trop périlleuses ou trop épouvantables. Les hommes de second ordre que la proscription, la guerre, les calamités de tout genre ont laissés debout, et qui ont voulu mettre à profit l'avantage de survivre à leurs amis et à leurs ennemis, n'ont guère fait que nous découvrir d'incurables blessures d'amour-propre et des animosités devenues suspectes.

Si de pieux égards sont dus aux vétérans d'une génération, l'orgueil du dix-huitième siècle, du moins l'histoire ne peut plus être une arène livrée aux vanités dernières des partis qui divisèrent cette génération. Il ne restera bientôt plus des partis qu'un souvenir; la cause qui leur fut commune vivra pour notre temps. Cette cause, il faut en convenir, avait perdu son imposant caractère à l'époque où MM. Mignet et Thiers commencèrent leurs travaux sur la Révolution. Les contemporains ne la défendaient plus que par époque, suivant le rôle qu'ils y avaient joué, le parti auquel ils avaient appartenu, les intérêts qu'ils avaient compris; et il y avait telle époque, tel parti, tel intérêt, dont les représentants gardaient un silence obligé. Ceux qui, moins compromis, pouvaient se présenter au combat, sommés chaque jour d'accepter ou de répudier la Révolution tout entière, se tiraient de la difficulté en s'indignant plus haut que leurs adversaires contre tout ce qui, dans la Révolution, n'était point eux ou leur parti. La jeunesse qui s'élevait alors était victime de ce système maladroit et faux. Les imprudentes résistances, les inutiles complots par lesquels elle essayait de soutenir en son particulier la vieille cause, telle qu'elle la concevait, étaient réprimés par des lois de mort comme des acheminements à une seconde révolution.

Le livre de M. Mignet parut le premier, et fut, au milieu des disputes sans courage et sans bonne foi, une sorte de rappel à la dignité nationale. Il invitait les esprits à revenir au vrai de la Révolution, à se rappeler la justice éternelle de ses prétentions, à l'approuver dans l'invincible persévérance de ses efforts, à la comprendre en chacune des nécessités imposées par l'alternative de vaincre ou de périr; enfin, à l'accepter tout entière, sans crainte de retour, parce que, victorieuse, elle était accomplie. Ce livre produisit une sensation très-grande. Il se trouva dans la raison du jeune historien une autorité qui tranquillisait les consciences ébranlées par l'âge, et qui rendait à la jeunesse découragée de nouveaux motifs d'espoir et de fierté. L'histoire de M. Mignet n'a point cessé depuis de se répandre; elle a conquis les hommes de bonne foi dans toutes les opinions. Grâce à elle, en partie, on ne craint plus de regarder la liberté défendue par le comité de salut public, et la liberté qui est aujourd'hui dans nos vœux comme une seule et même cause. Les adversaires de cette cause sont incapables de ressaisir jamais leurs anciens avantages; c'est assez dire que ses partisans dans la génération actuelle ne sauront jamais par expérience ce que les extrémités du danger peuvent conseiller à certaines âmes. Or, de toutes les garanties de stabilité, voilà la plus sûre qu'un gouvernement puisse avoir parmi nous s'il veut la comprendre.

Le précis de M. Mignet venait à peine de reporter la Révolution à sa distance de nous; les esprits, en la contemplant dans cet éloignement, s'étonnaient encore de n'éprouver plus ni crainte ni haine, lorsque parurent les premières livraisons de la grande histoire que M. Thiers a achevée seulement l'an dernier, et dont la réimpression est déjà entamée. De bonne heure aussi, M. Thiers avait pu s'indigner de notre injustice envers un temps qui nous a faits ce que nous sommes, et, à cet égard, nul esprit n'avait eu à convertir le sien. Mais ce qui, dans la Révolution, l'avait surtout frappé, c'était ce qu'une belle imagination d'artiste, une âme propre à sympathiser avec l'élévation et la force en toutes choses, une intelligence également sûre de deviner le vice rampant et de lire au front du génie, ne pouvaient rencontrer ailleurs; c'était, de plus, ce qu'un savoir aussi varié qu'étendu dans toutes les branches de la politique ne pouvait approfondir que là. Les grands phénomènes de l'ambition et de la colère chez les individus n'avaient pas été peints; ceux de l'activité dans le gouvernement n'avaient pas été étudiés. Et cependant, quoi de plus profondément tragique comme développement de passions! quoi de plus surprenant comme effort de puissances, que le spectacle donné au monde par la France dans les douze dernières années du grand siècle!

Une révolution commence, non-seulement juste, mais bienveillante, aussi raisonnable dans ses vœux que pure dans ses intentions. Tout à coup, la colère et le bon droit, le génie de quelques hommes, la force et l'imbécillité des masses, doivent s'armer en commun contre des résistances auxquelles l'innocence si regrettable des premiers jours de liberté n'avait point songé. Dans cette alliance, tout ce qu'une société régulière peut recéler de grandeurs inconnues et d'impuretés incroyables est mis à découvert par la tempête, et porté par elle à la place même où un trône avait été respecté pendant quatorze siècles. Un peuple qui se dit souverain, une assemblée qui obéit et qui gouverne, une société qui n'a plus ni dieux ni foyers, une levée en masse qui vit presque nue et se bat sans pain, sont mêlés et confondus, agissant aux pieds de la mystérieuse puissance que chacun appelle la Terreur, et qui s'est proclamée elle-même et nommée ainsi. Devant cette puissance indéfinissable, tous sont égaux. Elle n'a pas deux jours de suite les mêmes ministres. Nul, depuis le héros jusqu'à la faible femme, ne refuse sa tête quand elle la demande, et, chose incroyable! ces hommes toujours prêts à partir, et qui n'ont pas de lendemain dont ils osent disposer comme pères, comme époux, comme fils, travaillent sans relâche jusqu'à ce que le bourreau les appelle; ils travaillent pour quelque chose qui leur survivra, et qu'ils appellent encore la cause de la liberté! Est-ce folie, vertu, mépris du ciel, ou bien adoration intérieure des voies de cette Providence que jamais homme n'a niée sans être à la veille d'y croire encore? Ce peuple n'est point tombé dans l'engourdissement ni dans l'inaction;

il a comme des vertiges d'activité et d'intelligence ; c'est au
milieu des scènes de mort que la science du gouvernement
s'établit, que le crédit est inventé, que l'administration s'or-
ganise, que tous les arts de la guerre sont portés à un point
inconnu de perfection, que des généraux incomparables se
forment à la tête de nos armées. Le 18 brumaire arrive ; Marengo éclate, une année de paix s'écoule, et cette nation qui,
derrière l'immense rideau de ses quatorze armées, apparais-
sait de loin à l'Europe comme un monstre dévorant ses propres entrailles, la voilà tout à coup plus rassise et plus florissante que ses ennemis ! Mais de la liberté, plus un souvenir,
comme si le mot n'eût jamais été prononcé, et que la Bastille
n'eût pas été prise.

Il y a dans le commencement, dans la fin et dans toutes
les phases de ce délire, éprouvé par un peuple renommé jusque-là par la douceur presque molle de ses habitudes, une
conviction de bon droit, une énergie et une majesté de désespoir, une réflexion de cruauté, une volonté de salut, une
beauté d'efforts et de sacrifices, qui portent l'admiration dans
l'âme en même temps que l'effroi, et devant qui s'effacent
bien vite l'odieux et le ridicule cherchés dans de telles scènes
par de vulgaires esprits. Quelle rare beauté de talent n'est-ce
point que celle du jeune écrivain qui, comprenant et sentant
le premier toutes ces choses à la fois en poëte, en moraliste,
en esprit supérieur, a su leur donner la vie dans un récit en-
traînant de mouvement, si habilement composé, si harmo-
nieux de ton, si constamment soutenu par l'inspiration, que
les continuels changements de théâtres et de rôle auxquels il
est obligé ne s'aperçoivent point ! On est bien réellement conduit par l'historien dans les carrefours, aux grandes journées, à la Commune, aux Jacobins, aux Feuillants, dans les
plus mémorables tumultes ; à la Constituante, le jour où Mirabeau se fait entendre pour la dernière fois ; à la Législative,
dans la séance où Danton jette à l'Europe, pour défi, les terribles paroles de septembre ; à la Convention, le jour où Ver-

gniaud et Condorcet font leurs adieux au monde, ou bien quand Robespierre ose parler de clémence et Marat de pudeur. On est transporté, par cette même magie du récit, au milieu de la gloire et des misères de nos bivacs républicains; on assiste, sous la tente, aux conseils d'un Dumouriez, d'un Hoche, d'un Bonaparte; on croit éprouver ce qu'est, au milieu de tout cela, la vie réelle; on voit le formidable mécanisme de cette administration révolutionnaire qui s'est emparée de tout, non pour détruire, mais pour modifier, pour créer cette multitude de nouveaux rapports dont l'ensemble est la Révolution elle-même. L'illusion ne cesse qu'au moment où l'on ferme le livre étonnant qui l'a produite, et il ne reste plus qu'un vif sentiment de curiosité pour le jeune guide sur les pas duquel on a parcouru un champ d'émotions et d'enseignements si vaste, et qui semble parfois vous avoir procuré des moments de familiarité avec les grands hommes.

Il ne fallait pas moins que cette nouveauté de talent pour que nous eussions enfin une histoire complète de la Révolution, éloge bien grand pour qui comprend ce que c'est, dans le sens de l'art, qu'une histoire complète. M. Thiers a dit le premier quelle serait la tâche d'un historien qui prétendrait l'être dans toute l'étendue de ce mot; il a essayé le premier de remplir la tâche telle qu'il l'avait tracée, et il l'a osé avec un juste sentiment de ses forces. Rendons à tant de labeur et d'instruction, à des facultés si peu communes et si jeunes encore, la justice qui leur est due, et félicitons-nous de posséder l'une des plus belles histoires qui aient été écrites jusqu'à ce temps. C'est chose que nous serons heureux de prouver en passant en revue, dans l'ordre de leur réimpression, les livraisons de l'édition actuellement sous presse. Ce sera moins servir l'auteur que profiter de lui; car il n'y a point de sujet aussi important à connaître pour la France que l'histoire de sa révolution, et il n'y en a point sur lequel plus de grossières erreurs sont encore amassées.

COLLABORATION DE CARREL

A LA REVUE FRANÇAISE

DE L'ESPAGNE ET DE SA RÉVOLUTION

ITINÉRAIRE DESCRIPTIF DE L'ESPAGNE. Troisième édition revue et corrigée par M. le comte de Laborde, 5 vol. in-8°, Paris, 1827, Firmin Didot.

HISTOIRE DE LA GUERRE DE LA PÉNINSULE SOUS NAPOLÉON, précédée d'un tableau politique et militaire des puissances belligérantes, par le général Foy.
4 vol. in-8°, Paris, 1827, Baudoin frères.

MÉMOIRES DE D. JUAN VAN HALEN, chef d'état-major d'une des divisions de l'armée de Mina en 1822 et 1823, 2 vol. in-8°, Paris, 1827, Jules Renouard [1].

La situation actuelle de la Péninsule excite peu l'attention et peut-être encore moins l'intérêt de l'Europe. Il en est de l'Espagne à peu près comme de l'Italie : ceux qui ont détruit avec tant de facilité la liberté dans les deux pays les méprisent à cause de leur faible résistance ; et ceux qui firent des vœux pour la cause des constitutionnel de Naples et de Cadix ne leur pardonnent pas d'avoir compromis cette cause, d'avoir trompé leurs espérances ou fait mentir leurs prophéties.

. Si, depuis quarante ans, l'Espagne et son gouvernement avaient été plus en rapport de progrès et d'intérêts avec les autres nations d'Europe et leurs gouvernements, on ne s'étonnerait pas des sollicitudes de la sainte alliance pour la royauté espagnole et de la petite rancune des libéraux de tous les pays contre les *libérales* d'Espagne. Mais le mot fameux : « Il n'y a plus de Pyrénées, » n'est pas plus juste aujourd'hui qu'il ne

[1] *Revue française*, n° 2. Mars 1828, p. 261.

10.

l'était au commencement du dernier siècle, et c'est un des malheurs de l'Espagne qu'on ne soit pas convaincu de cela. Mal connue, elle est exposée aux influences extérieures les plus diverses et les plus désastreuses. Sans le zèle des étrangers amis de la liberté, elle n'aurait peut-être pas récemment éprouvé l'inimitié de ceux que tout progrès indigne et effraye.

C'est parce que Napoléon ne connaissait pas l'Espagne qu'il lui prit fantaisie de la donner comme un apanage de famille au plus mou et au plus incapable de ses frères. C'est parce qu'on ne la connaissait pas davantage en 1823 qu'on a entrepris contre elle cette ridicule croisade monarchique, dont le but semblait être d'y renverser la démocratie, et dont l'effet, au contraire, a été de créer cette démocratie et d'ôter à la classe moyenne sa prépondérance naissante, prépondérance conservatrice de l'ordre et la meilleure garantie des trônes, comme on le voit ailleurs. L'erreur était complète dans les craintes comme dans les espérances, car le système constitutionnel s'est affermi chez nous malgré sa chute en Espagne et presque par cette chute; et nos absolutistes se sont détruits eux-mêmes par ce que leur influence en Espagne a produit de révoltant et de misérable.

Nous avons fait les frais de l'intervention, et c'est en être quittes à bon marché : Bonaparte paya plus cher sa méprise. Les *cent mille Français* annoncés à l'Espagne par une célèbre déclaration sont revenus, ou peu s'en faut, mais après avoir tout confondu, tout renversé sans rien établir que l'honneur national ou seulement le bon sens puisse avouer. Ceux qui nous acceptèrent comme alliés, et que nous crûmes aider à relever le trône et l'autel, sont devenus les révolutionnaires à leur tour : ils parlent de Ferdinand VII, roi absolu, comme ils en parlaient quand il signait les décrets des cortès et prenait les hommes et le ciel à témoin de son attachement à la constitution. Ce que Mina fut il y a six ans pour les bandes de la foi. Ferdinand VII l'est aujourd'hui pour les bandes d'*agraviados*; et les soldats de la foi et les *agraviados* sont les mêmes hommes. Que voulaient-ils alors? Que veulent-ils aujourd'hui? Personne encore ne l'a compris; non, pas même Ferdinand, qui semble pourtant savoir ce qu'il fait en ordonnant de telles destructions. Mais devenu, grâces à nous, le seul homme libre de toute l'Espagne, n'ayant de compte à rendre à personne, car, en le délivrant d'une constitution nationale, on n'a pas su lui faire agréer une tutelle étrangère, Ferdinand VII a converti en droit de tout sacrifier à sa conservation cette faculté d'ordonner et d'instituer qui lui fut rendue par nos armes. Il s'est fait un système d'impartialité à sa manière. L'oubli du passé tel qu'il le conçoit n'est que rigueur égale pour tous. La même main signe aujourd'hui la condamnation de Jeps del Estangs et les royales ordonnances contre ceux qui laissent croître leurs favoris, ceux qui portent des casquettes d'une certaine façon, ceux qui blasphèment, ceux qui se tiennent éloignés de l'église dans les saints jours, etc.

Tôt ou tard cela finira par une constitution bonne ou mauvaise, octroyée ou arrachée. Quand tous les visages catalans seront rasés, quand les plus remuants des anciens généraux de la foi seront fusillés, l'Espagne ne sera pas pour cela résignée à n'avoir pour loi que les caprices d'une politique allant et venant sans cesse de l'insolence à la peur et de la peur à l'insolence. L'Espagne divisée, mais non pas avilie ni impuissante, approche tous les jours plus rapidement de ce terme où la tyrannie n'est plus possible parce qu'elle menace toutes les existences. Un gouvernement qui ne s'est établi qu'en soldant la turbulence et la misère des vagabonds et des paysans, qui les déporte ou les tue quand il ne peut plus les payer, qui n'a ni assez de crédit pour pouvoir emprunter au dehors, ni assez de prévoyance pour ménager les ressources qu'offre encore le pays, sera bientôt sans argent et sans partisans. Alors peut-être la cause du mal sera mieux sentie par toutes les classes de la nation ; et si les plus éclairés sont conduits par leurs principes à rappeler la nécessité des institutions, les plus ignorants et les plus pauvres arriveront au même vœu par l'instinct du malaise et l'expérience du régime enfanté par les discordes.

En effet, la plupart des notions en vertu desquelles certains politiques condamnent l'Espagne à un éternel esclavage sont vieillies. Ce que l'on disait de ce pays avant la première guerre française n'est plus vrai aujourd'hui. L'invasion de Bonaparte commença en Espagne, il y a vingt ans, une révolution qui n'a point d'analogue dans l'histoire des nations modernes, et qui, pour être maintenant étouffée, ne se continue pas moins inaperçue. Si pendant ces vingt années la présence des soldats des deux nations les plus civilisées du globe, la guerre civile, les émigrations en masse, les efforts des partis les uns contre les autres, leurs alliances au dehors, les tumultes de tout genre, n'ont pas fait faire au pays de grands progrès, ces circonstances ont du moins considérablement changé son aspect moral ; elles ont préparé d'une manière violente, mais inévitable, de grands développements qui plus tard éclateront ; elles ont attaqué avec énergie l'une des plus anciennes et des plus grandes causes de l'abaissement de l'Espagne, la séparation de sa population en deux branches presque étrangères l'une à l'autre.

Au commencement de ce siècle, il y avait en Espagne comme deux nations : l'une répandue sur le vaste littoral des deux mers et le long des fleuves navigables ; l'autre retranchée dans les hautes montagnes qui couvrent en grande partie la surface intérieure du pays. La première, de tout temps en commerce avec le reste de l'Europe, avait sa part des opinions, des besoins et des progrès communs aux nations civilisées ; elle était riche et aimait le luxe ; son accroissement couvrait et surpassait même le dépérissement continuel de la population de l'intérieur. C'est elle surtout que fit connaître l'itinéraire publié en 1808 par M. de Laborde, et réimprimé aujourd'hui pour la troisième fois ; et c'est pour cela qu'on prit sur ce livre une trop haute idée des ressources et des mœurs de l'Espagne. La population des parties montagneuses était pauvre, indolente, superstitieuse, entichée de souvenirs qui remontaient jusqu'au temps de la domination presque universelle de l'Espagne. Après la fin de cette domination, les arts de la paix ne s'étaient point introduits dans les antiques pépinières des armées de Charles V et de Philippe II. Les instincts guerriers avaient survécu à l'activité militaire; l'orgueil, la sobriété, la paresse, étaient devenus le fond des mœurs. A dix lieues d'eux, les montagnards ne connaissaient pas leurs voisins, ou bien ils nourrissaient contre eux de féroces préventions. Les deux tiers de la terre cultivable étaient possédés par des moines qui savaient se rendre utiles et se faire respecter, et par de grands seigneurs que les paysans tenaient pour plus riches qu'eux, mais rarement pour plus nobles. L'administration de Godoy, aveugle en tant de choses, avait compris pourtant que l'avenir de l'Espagne était dans l'essor que pourrait prendre cette population non civilisée que le défaut de communications condamnait à l'isolement, à la paresse, à l'ignorance, et que le manque de subsistances faisait rapidement dépérir. Godoy avait commencé des routes et entrepris des travaux qui devaient faciliter le mélange des deux populations. Les prétentions de Napoléon à la couronne d'Espagne vinrent le surprendre au milieu de ces tardives sollicitudes.

L'attentat de Bonaparte fit en quelques années, pour la portion inerte de la nation espagnole, ce que l'action du gouvernement le plus éclairé n'eût pas fait en un demi-siècle. L'insurrection arracha le peuple des montagnes à ses habitudes de repos et d'insouciance; elle l'opposa et le mêla tour à tour au peuple des villes; elle lui fit aimer le mouvement de la guerre et l'activité politique; elle lui donna le sentiment de ses forces; en l'introduisant dans les affaires publiques, elle le rendit jaloux de l'influence qui avait été si longtemps le partage exclusif des grands seigneurs et des prêtres; elle lui rendit familières les idées libérales qui tiennent de plus près au sentiment de l'indépendance nationale. Mais, comme il est plus facile de réveiller et de précipiter les masses que de les discipliner et de les instruire, il n'est resté à ce peuple, après une paix venue de circonstances qui lui étaient étrangères, qu'un besoin immense de mouvement, et le désir impatient d'une condition meilleure, sans la connaissance bien claire de ce qui peut la lui procurer. L'instruction viendra difficilement : mais le besoin d'activité ne passera point : il faudra lui donner le change en le dirigeant vers le travail. C'est ce que le gouvernement constitutionnel n'a pas eu le temps ni peut-être les moyens de faire ; c'est à quoi le gouvernement de Ferdinand VII ne songe nullement, et c'est pour cela que le peuple des campagnes s'est armé contre la constitution et s'arme encore aujourd'hui contre Ferdinand VII. Toute déplorable qu'elle peut paraître, cette turbulence populaire est maintenant la seule protestation que l'Espagne fasse entendre à l'Europe. Plus cette turbulence est indomptable, plus elle rend nécessaire l'établissement d'un gouvernement capable de l'apprivoiser, pour ainsi dire. Les cabinets qui ont ordonné le renversement de la constitution espagnole sentiront cela quelque jour. Mais qu'on vienne au secours de l'Espagne, ou qu'on la laisse abandonnée à elle-même, elle est plus avancée aujourd'hui avec ses bandes d'*agraviados* demandant l'inquisition et un nouveau roi qu'elle ne l'était il y a vingt ans, lorsqu'elle n'osait troubler les voluptés de ce favori sans génie et sans vertu à qui la couche royale était prostituée.

Ainsi, les désordres auxquels diverses provinces de l'Espagne, et notamment la Catalogne, viennent d'être livrées, sont présentement les seuls résultats visibles de la grande secousse de 1808, et, sous une forme donnée par les plus étranges circonstances, la continuation du mouvement révolutionnaire déterminé par cette secousse. Suspendu par la paix de 1814, repris en 1820, régularisé un moment par le gouvernement constitutionnel, repris de nouveau en 1822 avec sa physionomie actuelle, ses vœux insensés de despotisme politique et de persécution religieuse, ce mouvement tout démocratique doit marcher ainsi jusqu'à ce qu'il soit encore une fois accablé par la force ou pris en tutelle par un gouvernement éclairé.

Le grand travail s'est fait de 1808 à 1814. Il appartient aux Espagnols, témoins et acteurs, de nous apprendre ce qui se passa chez eux pendant ces six années. Jusqu'ici l'agitation du pays, peut-être la défiance de l'avenir, nous ont privés d'une multitude de témoignages précieux ; et sans les attendre on a déjà raconté et jugé la révolution espagnole. On parle beaucoup en Angleterre d'une histoire de cette révolution, publiée en ce moment par le poëte lauréat Southey. Nous possédons un fragment considérable de celle que le général Foy préparait depuis dix ans lorsque la mort nous l'enleva. Il avait fait cette guerre ; il connaissait en grande partie le pays. La belle introduction, qui est la seule partie achevée de son ouvrage, montre combien il avait été frappé du spectacle qu'il avait eu sous les yeux. Pourtant la nature des observations dont elle se compose fait voir que l'illustre général se préparait plutôt à représenter la Grande-Bretagne et l'empire français aux prises dans la Péninsule, que la nation espagnole opérant sa régénération à la fois contre l'usurpation française et contre le patronage de l'Angleterre. Or c'est surtout dans les efforts commandés à l'Espagne par cette situation difficile entre des ennemis et des alliés également ambitieux, également à craindre, qu'est l'intérêt du grand drame auquel le général Foy avait consacré son talent, si digne de regrets. La révolution espagnole est là : elle n'est pas plus dans la dégoûtante intrigue de Bayonne, telle qu'un diplomate français nous l'a racontée [1], que dans la célèbre rivalité militaire du maréchal Soult et d'Arthur Wellesley.

Si tous les bons esprits ont dû condamner, comme impraticable, la Constitution de Cadix, cette même Constitution, comme fait historique, comme produit d'un mouvement révolutionnaire si peu observé dans le tumulte d'événements

[1] M. de Pradt.

qui changeaient la face de l'Europe, mérite un haut degré
d'attention. On a trop dit qu'un tel système d'institutions,
chez un peuple entièrement privé d'antécédents en ce genre,
ne put être que la création d'un petit nombre d'hommes plus
éclairés que leurs concitoyens et s'imposant à eux par la force.
Jamais loi politique ne fut au contraire le résultat d'un concours de volontés plus général ; jamais Constitution ne répondit à plus de vœux à la fois. Tous les Espagnols engagés
dans la guerre contre la France contribuèrent, avec plus ou
moins de connaissance de cause et suivant leur part d'influence, à faire la Constitution de Cadix ce qu'elle fut ; ils la
jurèrent avec transport. Mais cet assentiment de tous devint,
à la paix, une réprobation à peu près aussi générale. Voilà ce
qu'il est difficile de concevoir, ce qui naturellement déroute les étrangers, et ce qui pourtant s'explique comme on
va le voir.

Lorsque l'Espagne apprit, par le fameux message de l'alcade de Mostolès [1], ce qui s'était passé dans Madrid au 2 et
3 mai (1808), ce furent les montagnards, les moines pauvres, les habitants des petits hameaux et les artisans des villes
qui les premiers coururent sus aux Français et formèrent des
juntes insurrectionnelles. La riche bourgeoisie, le grandesse,
le haut clergé, ne s'émurent point ; ils étaient en ce moment
dans l'attente de la Constitution et du nouveau roi promis
par Napoléon. Ils voulurent qu'on prît patience, et protestèrent contre tous mouvements capables de changer les bonnes
dispositions de l'empereur français. L'Espagne, délivrée par
Bonaparte de l'administration universellement odieuse de

[1] Le 2 mai, pendant que les Français fusillaient dans les rues les habitants de Madrid, l'alcalde de Mostolès, petit village à deux lieues de la capitale, fit partir dans toutes les directions des émissaires chargés de l'énergique et simple avis qui suit : « En ce moment, Madrid paraît victime de la
perfidie française. La patrie est en danger. Espagnols, levons-nous tous pour
la sauver.

« 2 mai.   L'alcade de Mostolès. »

Godoy, avait été unanime dans les premiers transports de sa reconnaissance. Malgré l'occupation frauduleuse de ses principales forteresses, elle avait paru accepter, désirer même pour réformateur celui que la famille royale prenait pour arbitre dans ses démêlés domestiques. Bonaparte avait jusqu'ici un langage pour toutes les imaginations et des titres pour toutes les intelligences. Il se présentait à la confiance éclairée des riches et des nobles comme un génie sans égal dans un siècle de si grandes choses, et à la vive et grossière admiration du commun peuple, comme le ministre et le protégé d'en haut. Mais les événements de Madrid firent deux partis, l'un pour la paix, l'autre pour la guerre; et ces deux partis répondirent assez exactement aux deux grandes divisions de la population espagnole. Les insurgés furent d'abord traités de jacobins, d'assassins et de voleurs de grands chemins [1] par les partisans de la paix. Mais, comme le grand argument de ces derniers était l'impossibilité de la résistance, ils se convertirent peu à peu en voyant les succès des insurgés; enfin, la plupart des villes non livrées aux Français furent entraînées par cette journée de Baylen, qui vit seize mille de nos soldats poser les armes devant un nombre d'insurgés à peine double. Dès lors le parti de l'insurrection fut le corps même de la nation, et le parti de la paix ne fut plus qu'une minorité en opposition avec les idées, les passions et les vœux du pays, sinon avec ses véritables intérêts. Cette minorité reçut de Bonaparte la Constitution de Bayonne, et la soutint comme la seule qui pût préserver l'Espagne de la tyrannie politique et religieuse, et de l'invasion de la démocra-

[1] C'est ce que l'on peut voir dans les Mémoires de M. Llorente, qui ne les traite jamais autrement. M. Llorente, auteur de l'*Histoire de l'inquisition*, avait été l'adversaire constant de l'administration de Godoy; ses écrits avaient contribué à faire désirer une réforme politique; mais il fut de ceux qui voulurent cette réforme par Napoléon, et non autrement. Il ne reconnaît que deux gouvernements légitimes en Espagne de 1807 à 1814, savoir, celui de Charles IV et celui de Joseph. Les constituants de Cadix ne sont pour lui que des factieux.

tie. Elle eut, pendant les revers des insurgés, quelques retours d'influence, et s'efforça de prouver ses bonnes intentions en s'occupant avec éclat de projets d'amélioration publique; mais, comme elle marchait à la suite des armées françaises, comme elle était vouée aux inspirations de la chancellerie impériale, elle ne fit rien de national, rien qui pût survivre au patronage malheureusement trop suspect qu'elle osait avouer.

C'est donc l'ancien parti de la guerre qu'il faut suivre dans ses développements politiques pour arriver à comprendre la réaction à laquelle la fin de la lutte militaire donna lieu. Malgré ses conquêtes successives dans la noblesse, le haut clergé et la riche bourgeoisie, l'insurrection espagnole ne perdit point le caractère démocratique qu'elle tenait de son origine. L'importance que donne aux classes inférieures toute guerre soutenue par une population en masse contre des armées régulières, devait se révéler très-vite en Espagne, où la classe moyenne est comparativement faible. Ainsi, dans la première année de la guerre, on vit les généraux, anciens courtisans de Charles IV, à la tête de troupes plus disciplinées, plus instruites, mieux armées que le commun des insurgés; mais ce furent des bandes de guérillas qui les premières devinrent redoutables à l'ennemi [1]; ce furent les noms plébéiens des chefs de ces bandes qui devinrent illustres. L'Empecinado, le Pastor, le Manso, le Medico, Mina, l'un meunier, l'autre artisan, celui-ci berger, un autre valet de ferme ou muletier, et de bas officiers ou de simples sergents, tels que Milans et Morillo, furent les véritables héros du pays. De

---

[1] Ce furent des bandes de guérillas organisées soudainement entre Madrid et le pays occupé par le général Dupont en 1808, qui réduisirent la division commandée par ce général à une si cruelle détresse, et la forcèrent ainsi à poser les armes. Cette déplorable affaire est tout au long racontée dans le quatrième volume du général Foy; elle s'explique là pour la première fois. Il n'y a point de récit militaire plus attachant ni d'une plus belle et plus simple vérité.

même, s'il y eut à Aranjuez, dès l'année 1808, une junte supérieure reconnue pour centre provisoire d'autorité, et composée des patriotes appartenant aux hautes classes, ce furent les juntes secondaires, et surtout les juntes inférieures, qui déployèrent l'activité la plus infatigable et firent les sacrifices les plus généreux pour soutenir la guerre. En effet, la junte centrale était toujours hors de la portée de l'ennemi, et les juntes provinciales étaient quelquefois obligées de se dissoudre à son approche; mais les petites juntes, toujours sous le fer des Français, fuyant dans les montagnes quand la plaine était envahie par l'ennemi, entretenaient dans le peuple ce fanatisme implacable qui ne laissait à nos soldats ni repos, ni abri, ni subsistance, qui détruisait tout plutôt que de les laisser profiter de la moindre ressource. Les juntes inférieures, obligées fort souvent de se mettre sous la protection des bandes armées, partageaient leurs périls dans cette guerre atroce plutôt que brillante, car aux insurgés tout moyen était bon pour détruire en détail l'ennemi, qu'on ne pouvait détruire en bataille rangée. Les écrivains du parti français en veulent surtout aux petites juntes, incapables, disent-ils, d'entendre quelque chose aux véritables intérêts du pays, tant leur composition était pitoyable. Quelquefois, en effet, un barbier, un moine, un maître d'école, un commis de douane, étaient les personnages les plus considérables de ces assemblées errantes; les uns avaient été choisis par leurs voisins, les autres s'étaient nommés eux-mêmes. Il fallait bien qu'il en fût ainsi quand la riche bourgeoisie des villes, enchaînée par de grands intérêts, était obligée de s'entendre avec les Français pour ne pas tout perdre en leur résistant. Au reste, quelle que fût la composition des juntes, et cela variait beaucoup, le peuple reconnaissait en elles un ascendant moral quelconque, celui de l'audace, celui de l'intelligence ou celui du rang, et cela suffisait. L'harmonie entre les juntes et les bandes d'insurgés était parfaite; nul conflit entre ceux qui combattaient et ceux qui administraient; car c'est une des singularités de cette révolution, qu'une autorité civile aussi régulière que le permettaient les circonstances; se formant sous la protection des gens armés, et non-seulement respectée par eux, mais même les tenant dans une soumission presque aveugle.

Qu'on juge maintenant comment cette démocratie armée, si passionnée et si compacte, dut opiner dans la grande question d'avenir qui s'agitait au milieu des dangers présents; car, tout en repoussant les Français, il fallait songer à mettre quelque chose de stable à la place du gouvernement qu'ils avaient renversé. La junte centrale n'était qu'une dictature provisoire, la royauté de Ferdinand VII qu'une fiction chère au peuple. Les juntes provinciales demandaient une assemblée qui représentât la nation, et s'occupât de lui donner une constitution. Le peuple voulait cette assemblée; il la voulait même sur de certaines bases, et savait bien ce qu'il faisait en la réclamant sous telle forme plutôt que sous telle autre. Un instinct de situation, plus sûr que les notions données à d'autres peuples par une civilisation avancée, le conseillait ainsi. Il y avait dans la junte centrale un comité chargé spécialement d'examiner comment on pourrait approprier au besoin actuel de représentation nationale l'ancienne coutume des assemblées appelées Cortès. Les travaux de ce comité étaient rendus publics; les hommes qui le composaient étaient animés des plus pures intentions, très-capables d'examiner historiquement la question qui leur était soumise, mais effrayés de l'attitude toute nouvelle que le peuple avait prise dans les affaires publiques. Ce qu'ils savaient de la révolution française leur montrait dans l'avenir l'Espagne livrée à une démocratie ignorante et sanguinaire. Ils déclarèrent en majorité, et comme à regret, qu'il serait imprudent de marcher trop vite en innovations; qu'on devait se contenter d'appeler les cortès par états, suivant ce qui s'était pratiqué deux siècles auparavant. De cette manière les prélats formant le premier état, les grands d'Espagne formant le second, et les députés des villes formant

le troisième, devaient se réunir en assemblée commune, les
deux premiers états ayant le double vote, pour que leur opinion
pût balancer celle du troisième état, le plus nombreux. Cette
première assemblée devait délibérer une constitution. De toutes
les parties de l'Espagne, et jusque des refuges inaccessibles
où des poignées d'insurgés, sans habits et sans vivres, étaient
retranchées, les réclamations les plus vives, jointes à des propositions et à des projets de convocation de toute espèce, furent adressées à la commission. On lui disait qu'une assemblée par états ne représenterait pas la nation, et ne pourrait
la constituer avec justice ; que le peuple avait couru le premier aux armes ; que c'était lui qui avait versé son sang à
grands flots, et supporté toutes sortes de misères pour repousser la tyrannie étrangère, tandis que les nobles et les prélats
avaient été en grand nombre offrir leurs services à l'usurpa-
teur ; qu'il y en avait beaucoup encore qui flottaient entre le
devoir et l'ambition ; que les prélats et les grands avaient une
assez belle place dans la constitution de Joseph ; que le peuple, à son tour, devait trouver la sienne dans la constitution
que sanctionnerait un jour le bien-aimé Ferdinand VII. Une
multitude de petits écrits et plusieurs feuilles politiques [1]
firent valoir ces raisons adoptées avec chaleur par le peuple,
et, comme on n'en peut disconvenir, tout à fait à sa portée ;
il n'y avait pas là d'abstractions libérales. La commission,
après dix-huit mois de délibération, persista dans son opinion : on décréta la convocation des cortès par états, et l'on
adressa aux juntes provinciales les lettres de convocation suivant les anciennes formules exhumées des archives du royaume.
Mais la junte centrale ne put survivre à ce décret. Les juntes
subalternes supprimèrent, de leur propre autorité, les avis de
convocation qu'elles étaient chargées de transmettre aux

---

[1] On trouverait une partie de cette discussion dans les journaux publiés
de 1808 à 1810 sous les titres de *Séminaire patriotique*, *Spectateur de Séville*, *Organe de la nation*, et dans les collections de brochures qui peut-être
sont déjà rares en Espagne.

11.

grands et aux prélats. Un soulèvement populaire dans le lieu où résidait la commission constitutionnelle faillit coûter la vie à quelques-uns de ses membres. La junte centrale, après environ deux. années de fonctions, fut obligée de remettre l'autorité à un nouveau pouvoir exécutif, sous le nom de régence ; et la régence traita presque comme des traîtres ceux qui, dans l'ancienne commission, avaient le plus insisté pour la convocation par états[1].

Jusqu'ici le peuple espagnol n'était donc pas poussé par ses gouvernants, il les poussait au contraire. Il attaquait le haut clergé et la grandesse, non pas parce que, dans un pays voisin, des philosophes avaient enseigné que tous les hommes naissent égaux, mais parce qu'il suspectait le patriotisme des évêques et des nobles. Cette défiance était fondée ou ne l'était pas ; mais, dans la situation, c'est-à-dire tant que durait le danger, elle devait inspirer le peuple exactement comme l'eût fait la doctrine de l'égalité ; elle voulait le porter à vouloir faire ses affaires par lui-même et de là à proclamer sa souveraineté. Tout ceci arriva : d'abord l'opposition des juntes pro-

---

[1] De ce nombre fut Gaspard Jovellanos, l'un des meilleurs patriotes et des plus savants hommes de l'Espagne à cette époque. On trouve dans ses Mémoires un curieux récit des travaux de la junte centrale et de la commission constitutionnelle, dont il était membre. Dans ses écrits, et longtemps avant qu'il fût question de révolution en Espagne, Jovellanos avait déclaré la guerre au régime oppressif qui tenait le pays dans la misère et l'ignorance. L'ingénieuse satire qu'il publia en 1796, sous le titre *Pan y toros*, lui attira de cruelles persécutions. Il fut un de ceux que Bonaparte, en 1808, chercha le plus à attirer à lui ; mais il ne se laissa pas séduire comme Llorente et le chanoine Escoiquiz ; il n'hésita pas même. comme fit Cevallos. Il approuva l'insurrection dès l'origine, et, infirme qu'il était, il la servit avec ardeur jusqu'au moment où ses opinions l'obligèrent à s'arrêter. On ne peut lire sans attendrissement les pages dans lesquelles il se plaint de l'ingratitude de ses concitoyens. Comme tous les hommes entrés dans une révolution avec des principes arrêtés, il fut haï par ceux qui voulaient aller plus loin que lui. Il ne comprit rien à cette haine, et ne vit plus que des intrigants et des ambitieux dans ceux qui firent la Constitution de Cadix ; il fut injuste envers eux comme les *afrancesados* l'avaient été envers lui.

vinciales au décret de la junte centrale empêcha ce qui avait été prescrit pour la convocation d'une assemblée constituante ; puis la régence, qui succédait à la junte centrale, décida que la noblesse et le clergé n'auraient point de représentation à part, et que la nation en masse choisirait ses représentants indifféremment dans les notables des trois ordres. De cette façon il y eut des nobles et des prêtres envoyés par les provinces aux cortès constituantes, mais ce furent ceux qui, par exception, avaient donné à la cause de l'indépendance nationale de sûres garanties, et la majorité de l'assemblée fut composée de non privilégiés qui, dans la convocation par états, n'eussent obtenu qu'une humble place.

Dès lors seulement la classe moyenne commença à jouer le rôle qui convenait à ses lumières et à son aptitude aux affaires. Pendant les deux premières années de la révolution, elle n'avait été presque rien, si ce n'est dans les juntes provinciales, l'autorité étant provisoirement entre les mains des anciens privilégiés, et la guerre se faisant presque partout par les seules forces du peuple. Mais, quand il fut question d'élections générales, les choix tombèrent sur cette classe. Probablement elle apporta, dans la rédaction de l'acte important qui devait être en partie son ouvrage, des opinions opposées à celles des privilégiés, et nouvelles pour le peuple, qui n'avait de principe politique arrêté que celui de l'indépendance nationale. Cependant le peuple, partant de ce principe unique, si fécond en conséquences libérales et généreuses, accepta avec enthousiasme tout ce que décrétèrent les cortès constituantes.

Si l'on examine, en effet, l'œuvre tant blâmée de ce corps qui délibérait sous le canon de l'ennemi, on verra que la plupart des propositions républicaines qui se sont trouvées dans la suite en opposition avec l'ordre de choses rétabli par la paix, durent être dans le temps fort populaires, parce qu'alors elles étaient seulement antifrançaises, et non pas antimonarchiques, comme elles ont pu paraître depuis. Par exemple, cet article que les absolutistes d'aujourd'hui ne liraient pas sans indignation : « La nation espagnole est libre; elle n'est et ne peut être le patrimoine d'aucune famille ni d'aucun individu. » qu'était-ce autre chose qu'une réponse aux prétentions de cet étranger qui, s'étant fait céder l'Espagne par Ferdinand VII, la cédait à un autre comme son patrimoine? L'article qui disait : « La nation est souveraine; à elle appartient exclusivement le droit d'établir ses lois fondamentales, » n'était-ce pas aussi une protestation contre le droit en vertu duquel l'étranger avait octroyé la constitution de Bayonne? Toutes les préoccupations du moment, tous les sentiments qui étaient l'âme de la résistance à l'usurpation française, ne se retrouvent-ils pas dans ces déclarations, qu'on a trouvées depuis emphatiques : « Tout espagnol est libre. » — « L'amour de la patrie est le premier devoir du citoyen espagnol. » — « Tout Espagnol est obligé de défendre la patrie les armes à la main? » Que si l'on considère cette constitution dans le détail des attributions, de la composition et de la formation des cortès, on verra presque partout la' haine de la domination française dans l'intention bien marquée de faire autrement, ou mieux que la constitution de Bayonne, qui avait séduit tant d'Espagnols. Ainsi Bonaparte avait institué deux chambres, l'une, l'assemblée des cortès par états, suivant l'ancien usage; l'autre, un sénat ayant le pouvoir énorme de suspendre l'acte constitutionnel; il avait établi un conseil d'État sur le modèle de celui qui existait en France, c'est-à-dire supérieur aux assemblées délibérantes et aux tribunaux; il avait enchaîné la presse; il avait laissé la liberté des individus sans garantie; il avait oublié la religion catholique, si chère aux Espagnols; enfin il avait attribué au chef du gouvernement un pouvoir au-dessus des lois. Les constituants de Cadix ne voulurent qu'une seule assemblée; ils firent un conseil d'État dépendant de cette assemblée; ils déclarèrent la presse libre, et garantirent la liberté des individus; ils proclamèrent la religion catholique la seule vraie, la seule qu'il fût permis de professer en Espagne; enfin ils n'accordèrent à la royauté qu'une prérogative très-bornée. Sur ce dernier point, les précautions n'étaient pas dirigées contre le jeune prince que le peuple aimait à se représenter comme sensible à sa gloire et à ses souffrances, comme n'ayant cédé qu'aux plus terribles menaces. En effet, si, par pure affection pour Ferdinand, les constituants espagnols plaçaient son nom en tête de leurs actes, pas un seul d'entre eux, au moment où la chapitre *Du Roi* était en discussion, c'est-à-dire à la fin de l'année 1811, ne pouvait espérer avec quelque fondement le retour de l'ancienne famille. La guerre, alors très-malheureuse, ne présentait aucune issue prochaine, ni probable; et, si la force des événements obligeait à subir un étranger, on croyait avantageux et patriotique à la fois de poser d'avance les conditions auxquelles un roi, quel qu'il fût, serait accepté. Sans doute, ce ne fut pas là la pensée de la totalité des membres des cortès constituantes, car l'on ne peut méconnaître dans certaines parties de leur travail l'influence d'hommes qui s'étaient présentés avec des théories toutes faites, et n'étaient pas exempts de quelques vues d'imitation étrangère. Mais les raisons opposées dans la discussion à la minorité, qu'on appelait servile, et qui combattait les doctrines opposées à l'ancien régime monarchique, ramenèrent toujours les questions de détail à la grande question de l'indépendance nationale, sur laquelle, dit un Espagnol témoin de ces débats[1], on était toujours d'accord. Il n'est pas douteux que ce fut ainsi que le comprit la masse de la nation, car il n'y eut rien de feint ni de commandé dans la joie avec laquelle elle reçut la Constitution de Cadix.

Cette Constitution fut donc l'expression de la situation politique dans laquelle elle naquit plutôt que celle de l'état de civilisation auquel elle semblait devoir répondre. Cela dut échapper aux législateurs, et cependant put être remarqué dès

---

[1] L'auteur de l'écrit publié en 1820, sous le titre : *Noticia de los principales sucesos ocurridos en el gobierno de España*, 1808-1814.

le milieu de l'année qui suivit la promulgation de l'acte constitutionnel, c'est-à-dire, dès le mois d'août 1813. On sait qu'à cette époque les armées françaises étaient partout repoussées; que les Anglo-Espagnols les rejetaient sur les Pyrénées, tandis que les Prussiens, les Russes, les Autrichiens, les précipitaient sur le Rhin. Il n'y a plus rien à craindre pour l'indépendance nationale en Espagne : la signification de la constitution de Cadix était déjà changée pour le peuple. Les cortès extraordinaires qui avaient voté cette constitution se retiraient. Elles avaient généreusement, mais mal habilement décidé qu'aucun des membres de leur assemblée ne pourrait être réélu pour celle qui devait suivre. Les élections furent régulières cette fois, car, le territoire étant délivré, chacun avait repris sa place, et les influences paralysées durant la guerre s'étaient rétablies. Le parti qu'on avait qualifié de servile dans les cortès constituantes fut beaucoup plus nombreux dans les premières cortès ordinaires. Des écrits pleins de haine contre les auteurs de la constitution commencèrent à trouver faveur, et déjà l'édifice était attaqué lorsque le traité de Valençay rendit l'Espagne à Ferdinand VII.

Ce traité est du mois de décembre 1813. A cette époque Bonaparte n'était pas encore réduit par ses extrémités à reconnaître ses torts envers la famille royale d'Espagne. Mais il se préparait à son étonnante campagne de 1814. Il avait besoin des généraux et des soldats que la nature du pays en Espagne avait formés au genre de guerre qu'il allait tenter. Les Anglais le gênaient. Il n'avait imaginé rien de mieux pour les arrêter que de leur lâcher le roi légitime des Espagnes, en persuadant à celui-ci que la Constitution de Cadix et tout son mouvement patriotique n'était que du jacobinisme soufflé par l'Angleterre pour achever la destruction de la puissance espagnole; que l'Espagne ne serait tranquille que par l'expulsion des Anglais. Ferdinand VII n'était que trop disposé, par éducation et par caractère, à en croire son nouvel allié; mais, que les cortès et leurs adhérents fussent ou non à ses yeux

les agents de l'Angleterre, il ne vit en eux que des ennemis.
Les affaires marchèrent si vite en France, que bientôt il fut
dispensé d'exécuter à l'égard des *afrancesados* les stipulations
de Valençay. Dès lors il ne fit qu'un des partisans des deux
constitutions : l'exil, les emprisonnements, la déportation, les
châtièrent de ce qu'ils avaient fait sans le concours de la volonté royale, ou contre l'ancienne étendue de cette volonté,
qui redevint absolue.

Ceci se passa au milieu des acclamations d'un peuple que
l'abolition violente du gouvernement reconnu par lui pendant toute la durée de la guerre occupait beaucoup moins
que la joie de la restauration de Ferdinand. Déplorable inconstance ! honteux abandon ! s'est-on écrié. L'inconstance
du peuple, mot tant répété, n'est souvent que sa raison d'accord avec ses données sur les choses. Le peuple n'avait vu
dans la constitution de Cadix qu'un instrument de résistance
à l'usurpation étrangère. Il avait prétendu soutenir par elle
non-seulement ses propres droits comme peuple, mais ceux
de Ferdinand comme tête couronnée. Ce n'était pas hypocri-
tement qu'il avait inscrit sur ses bannières le nom du prince
aimé parce qu'il était captif. Maintenant, ce que le peuple
n'avait pas prévu, et ce que les plus éclairés avaient pu pres-
sentir, arrivait : la constitution et Ferdinand ne pouvaient
existor ensemble. Le peuple se rangeait avec bonne foi du
côté de celui qu'il n'avait pas prétendu dépouiller en son
absence ; il se déclarait contre ceux qui voulaient que la victoire remportée contre l'étranger fût une victoire contre l'ancienne royauté nationale.

Ainsi la constitution de Cadix ne fut pas soutenue. Le roi
en promit une autre ; mais bientôt il fut aussi peu permis de
parler de celle qu'il avait promise que de celle qu'il avait
renversée. Dans le silence de mort qui commença à régner
sur l'Espagne, et dont la classe éclairée gardera longtemps le
souvenir, on chercherait en vain quelques signes des progrès
faits par la masse de la nation pendant la guerre de l'indé-

pendance, si la colère avec laquelle le despotisme fut exercé
ne donnait elle-même la mesure de ces progrès. En effet,
quand un peuple est réduit au silence, on peut encore juger
de sa puissance par le poids de ses fers. Or ce n'était plus
l'absolutisme tempéré dix années auparavant par une certaine
mansuétude. La sécurité que Charles IV avait pu goûter derrière un favori seul chargé du poids des affaires et des mé-
contentements publics, Ferdinand ne pouvait plus la trouver
que dans les passions et l'activité d'un gouvernement de parti.
Aux doctrines de ce parti on peut apprendre quelles doctrines
il avait à combattre, car dans leurs discordes les hommes ne
ressuscitent ou ne créent des principes que pour combattre
d'autres principes : ainsi, puisque la faction gouvernante soutint le pouvoir absolu par la spoliation, les gibets, les exécu-
tions militaires, il est inutile de dire que la liberté était le vœu
d'une autre faction dont la vitalité était déjà puissante.

L'existence d'un tel parti était chose nouvelle en Espagne,
aussi bien que le rôle joué dans les affaires par le peuple. Le
peuple n'était plus inutile ni méprisé ; il était caressé par les
absolutistes ; la *camarilla* s'était ouverte pour lui ; en tous
lieux il était travaillé par des moines qui ne l'entretenaient
plus de ses croyances, mais qui le faisaient juge entre le roi et
les révolutionnaires, et parvenaient à l'animer contre ces derniers. Toute la classe riche et éclairée fut bientôt en état de
suspicion. Alors, et comme on croit mieux juger des situations
après les avoir dépassées, ceux qui avaient versé leur sang
dans la guerre de l'indépendance, et qui s'étaient vantés avec
quelque droit d'avoir donné à l'Europe le signal de la délivrance, se repentirent de n'avoir point accepté la constitution
de Bayonne, toute décevante qu'elle était. Une part beaucoup
trop grande y était faite à l'autorité royale ; la représentation
nationale, instituée par elle, eût été presque illusoire ; mais
du moins la presse eût été libre pour les sciences, pour toutes
les branches des connaissances humaines qui, sans pousser
directement à la liberté, la préparent par les voies de la civi-

lisation ; l'inquisition et la puissance monacale eussent été
pour jamais détruites ; le peuple eût été appliqué au travail,
et, par degrés, arraché à la barbarie. C'étaient de vains et
peut-être de déraisonnables regrets ; mais par eux s'éteignit
l'ancienne aversion contre les partisans de la constitution de
Bayonne, et ceux-ci, de leur côté, revinrent du mépris que
leur avaient inspiré, pendant la guerre, les hommes réunis
à eux, depuis la restauration, par les mêmes dangers et les
mêmes souffrances. Une société qui n'avait point ailleurs de
caractère politique, et dont l'existence en Espagne était ancienne, la franc-maçonnerie, devint pour les proscrits des
deux régimes un asile de réconciliation et un foyer d'entreprises communes. D'autres sociétés se formèrent en secret :
les unes, dans un simple but d'instruction, rallièrent la jeunesse des écoles ; les autres, avec différents buts politiques,
pénétrèrent jusque dans le palais de Ferdinand, et établirent
des rapports entre les militaires obligés de servir le despotisme et les citoyens fatigués de le subir. On trouve dans les
curieux mémoires de don Juan Van Halen l'histoire de la
formation et des progrès de toutes ces sociétés, et un hideux
tableau des moyens que l'inquisition employait pour les détruire. Van Halen fut torturé lui-même dans les cachots, et
interrogé avec un lugubre appareil, dont les détails semblaient
ne plus devoir figurer que dans les romans de madame Rad-
cliffe. Porlier et Lacy succombèrent ; ils conspiraient du moins.
Mais il fallait se cacher pour lire Bentham et Destutt de Tracy.
C'était au péril de leurs jours que quelques hommes instruits
faisaient secrètement des cours de législation et d'économie
politique. Les affiliations militaires imprimèrent enfin au
mouvement général une audace contre laquelle les ruses et
l'activité de l'inquisition ne furent plus de mise. On sait quel
fut le succès de l'insurrection de l'île Léon.

Si jamais erreur dut être fatale à la cause de la liberté, ce
fut celle que commirent les nouveaux insurgés en adoptant la
constitution de Cadix sans la modifier. Comment les hommes

éclairés qui prirent part à ce mouvement méconnurent-ils assez les causes du premier renversement de leur constitution pour espérer qu'elle aurait cette fois toute la nation pour elle? En quoi six années de la plus stupide tyrannie avaient-elles amélioré la condition et les idées du peuple? Et encore n'é-tait-ce pas là seulement qu'était le mal, car lors même que le peuple eût été assez appliqué au travail, assez éclairé sur ses intérêts pour trouver de l'avantage à s'attacher à ce qui le concernait dans cette constitution, l'ensemble n'en eût pas été moins défectueux. La constitution avait été rédigée par les hommes de la classe moyenne, en l'absence de la royauté et pendant la dispersion de la classe supérieure. La royauté avait été fort maltraitée, la classe supérieure aussi. Ni l'une ni l'au-tre ne s'étaient trouvées là pour soutenir leurs intérêts, et l'on voulait considérer comme admis à jamais contre elles ce qui n'avait pas même été discuté. On sait par l'expérience de tous les peuples que de telles discussions entre les classes ne s'éteignent que dans le sang, et les Espagnols se vantaient de tenir les résultats sans avoir connu la guerre, les proscrip-tions, les violences, qui ailleurs avaient souillé la même cause. Quant à la royauté, leur persistance dans les principes de la constitution de Cadix venait d'un ressentiment particulier contre Ferdinand VII, qu'ils croyaient toujours trop bien par-tagé pour peu qu'il eût d'autorité; elle venait aussi d'une très-fausse appréciation de ce que devait être la royauté dans une constitution monarchique. C'était, suivant eux, une in-fluence nuisible, mais que, par respect pour un vieux pré-jugé, il fallait laisser vivre dans une sinécure richement ré-tribuée, et de plus entourer d'inviolabilité, parce que l'Europe armée le voulait ainsi. Qu'on payât exactement à un roi con-stitutionnel les quartiers de sa liste, qu'on ne touchât pas à un cheveu de sa tête, qu'on l'isolât le plus possible des af-faires, et la perfection du système leur semblait atteinte: la France et l'Angleterre étaient bien éloignées de là ! Les Espa-gnols ne savaient pas, et ailleurs l'on savait peut-être beaucoup moins bien alors, que ce n'est pas pour sa propre défense, mais pour l'efficacité de son action dans l'État, que la royauté constitutionnelle est armée d'une prérogative; qu'il est des circonstances rares, mais souveraines, où ses hautes et libres options importent à la conservation du système, comme la représentation matérielle du pays et l'expression continuelle de ses opinions importent à son existence de chaque jour.

La fin de tout ceci a montré ce qu'il eût été si heureux que l'on observât lorsqu'il était temps encore : mais on doit se souvenir qu'avant l'événement aucune des voix dans lesquelles les Espagnols eussent été disposés à prendre confiance ne s'éleva des pays plus avancés pour leur représenter leur imprudence. Au contraire, la tribune, les journaux, les écrits des publicistes, retentirent de louanges pour cette Espagne qui, disait-on, avait su obtenir la constitution la plus libérale de l'Europe, et celle qui avait coûté le moins de sang. On répéta jusqu'à satiété ce rapprochement absurde entre deux faits qui s'excluaient. C'étaient précisément parce qu'il n'y avait point eu combat, mais surprise, que les conditions de l'alliance constitutionnelle entre des intérêts ennemis par nature étaient si mal réglés. Un soupçon du danger vint cependant à quelques hommes moins prévenus, et de ce nombre fut, dit-on, le noble et infortuné Riego. La proposition formelle de reviser la constitution de Cadix, d'étendre la prérogative royale, de créer une chambre haute, de relever les attributions du conseil, fut déposée ; mais la majorité des nouvelles cortès fut pour le maintien de ce qui existait. On sait que, dans cette détermination, l'avis du publiciste Bentham ne fut pas de peu de poids : Bentham écrivit à M. Falgueira pour réfuter ceux qui demandaient une chambre haute ; il dit que les maux causés à l'Angleterre par l'aristocratie devaient servir de leçon à l'Espagne, qu'il fallait se garder de constituer une minorité privilégiée, qu'une chambre comme celle des lords d'Angleterre serait pour l'Espagne le cheval de

Troie, qui portait dans ses flancs la ruine et la mort. Mais il n'ajouta point qu'il fallait savoir s'il existait ou non une aristocratie en Espagne, et exterminer ou chasser cette aristocratie, si elle existait; auquel cas, on eût su que penser de l'avis du publiciste, et rejeter la fin, si les moyens ne convenaient pas.

La classe moyenne fit son affaire de cette constitution, et s'appuya d'abord sur l'armée régulière, puis sur les milices, c'est-à-dire qu'elle s'arma elle-même. Elle crut n'avoir pour adversaires déterminés que les prêtres et les courtisans, et se flatta de pouvoir enlever à ceux-ci les classes inférieures. Dans les villes, cela fut aisé : partout où il y avait de l'industrie, le peuple trouva un avantage immédiat dans un ordre de choses qui promettait de faire refleurir le commerce, qui allait rendre entreprenants ceux dont la prospérité faisait la sienne, et que le travail lui donnait pour chefs naturels. Mais, avant qu'il en fût ainsi pour le pays pauvre, que de temps et d'efforts il fallait au nouveau gouvernement! Pour le paysan désarmé par la paix, et qui depuis n'avait trouvé rien à faire, qu'était-ce que ce droit, accordé par la constitution à tout Espagnol, de faire partie des juntes électorales, de pouvoir être délégué, ou électeur de paroisse à vingt-cinq ans! Que lui importait de figurer, comme unité du dernier ordre, dans cette longue hiérarchie électorale, au sommet de laquelle était l'assemblée des cortès, s'il lui fallait payer cet avantage en contribuant suivant ses ressources à la masse des charges publiques, lui qui, avant la révolution, ne s'était jamais demandé comment l'État vivait, ni comment il était gouverné? Qu'importait aux habitants de misérables hameaux de pouvoir élire des municipalités, là où il n'y avait pas d'intérêts municipaux à soutenir contre une administration générale? Les institutions n'ont de valeur qu'en raison des intérêts matériels qu'elles ont à protéger. Il fallait au peuple des campagnes une autre existence que celle que lui assignait la constitution : il s'offrit donc aux courtisans et aux prêtres, comme une milice propre à rétablir l'absolutisme dès que l'absolutisme pourrait la solder. En ce temps, de graves diplomates, réunis en congrès, parlaient pourtant des cortès espagnoles comme d'une Convention qui menaçait de révolutionner de nouveau l'Europe : c'était, si l'on veut, une Convention, mais au milieu d'une Vendée prête à éclater.

La guerre civile était inévitable en Espagne. Elle seule pouvait réformer convenablement la Constitution. Elle l'eût fait longuement peut-être; mais elle l'eût fait d'une manière sûre, et n'eût pas franchi les Pyrénées : c'était une affaire toute d'intérieur. La royauté et l'aristocratie, à la tête des classes inférieures, n'eussent pas écrasé la classe moyenne, mais sans doute elles l'eussent forcée à entrer en arrangement. Le traité de paix eût été une Constitution. La royauté eût stipulé suivant ses forces, l'aristocratie et la classe moyenne suivant les leurs ; et la guerre eût donné la mesure exacte de ces forces diverses, car ses hasards ne sont pas pour de telles luttes. On se serait entendu sur ce qu'il y avait à faire pour le peuple, et dans tous les cas le clergé n'eût point fait un parti à part, car ce sont ses intrigues au dehors qui lui ont donné de l'importance, les choses se passant tout différemment. Les cabinets de l'Europe ont cru devoir intervenir, et de bonne heure la probabilité de cette intervention a changé en Espagne l'attitude des partis. Les royalistes ont compté sur l'étranger et ont fait autrement qu'ils n'eussent fait, abandonnés à eux-mêmes : ils ont demandé l'abolition de la Constitution, au lieu d'une simple amélioration dans leur sens. Le parti de la liberté a compté sur l'opinion des peuples étrangers, et a refusé aux cabinets des amendements qu'il eût accordés certainement à la seule insurrection intérieure. C'est ainsi qu'une lutte sérieuse à son origine, et qui promettait d'être décisive, a été changée en une contestation ridicule et sans résultat. C'est là le service que la double intervention étrangère a rendu à l'Espagne.

12.

DE LA GUERRE D'ESPAGNE EN 1823

MÉMOIRES SUR LA DERNIÈRE GUERRE DE CATALOGNE, par Florentin Galli, aide de camp du général Mina. Un vol. in-8°. Prix : 7 fr. Paris, Bossange, 1828 [1].

Si l'on est parvenu, dans le deuxième numéro de cette Revue, à montrer que la nation espagnole a aussi sa loi de développement, bizarre et variable dans ses formes, mais constante dans son but, irrésistible dans son entraînement et presque inépuisable de moyens ; si l'on a fait comprendre ce qu'il y a de tout à fait particulier à l'Espagne dans ce mouvement, ce qui fait qu'il est si difficile aux étrangers de le diriger suivant leurs vues, et qu'il leur est plus impossible encore de l'arrêter ; si tout cela est admis, la dernière intervention française, réduite à un contre-sens politique, à un fait presque sans portée dans ces vastes enchaînements de faits qu'embrasse l'histoire, doit paraître peu mériter et l'honneur qu'on lui a fait en la célébrant, et celui que lui ferait encore à présent une critique haineuse ou un examen pris de trop haut.

Mais cette guerre de 1823, coup de parti malhabile et méchant, se relève par le détail de son action passagère sur l'Europe et par son résultat pour nous. Elle a rendu en Europe notre attitude militaire si différente de ce qu'elle était depuis 1815 ; elle a amené dans nos luttes d'opinion une amélioration si grande et si peu espérée ; elle a fini si vite, que bien des gens qui ne cesseront pas de détester son principe croient lui devoir un peu de reconnaissance après avoir tout fait et vainement pour l'empêcher. D'un autre côté, elle

[1] *Revue française*, n° 3. Mai 1828, p. 131.

eût pu finir si différemment, c'est du moins une opinion très-répandue; quelques-unes de ses opérations sont restées enveloppées de tant de mystère, elle a entamé tant de réputations, elle a donné lieu à de si étranges procédures, qu'elle sera longtemps encore l'entretien des deux camps désarmés et presque mêlés par elle. Ainsi, après les considérations assez graves qu'un coup d'œil jeté sur la Péninsule a pu fournir, quelques traits d'un moins grand tableau, celui de la dernière guerre française en Espagne, ne seront peut-être pas vus sans plaisir. On a déjà beaucoup écrit sur cette courte et peu sanglante campagne ; mais, pour quelques observations de bonne foi, quelques jugements sans haine, quelques renseignements dus à des circonstances qui permirent de voir plus d'un aspect de la question, il y a place encore.

En des jours qui ne sont pas bien éloignés de nous, lorsque l'administration qui voulut une guerre contre l'Espagne était encore au pouvoir, et, pour s'y maintenir, voulait une guerre du même genre contre la capitale du royaume; en ces jours de deuil, un écrivain n'eût pas laissé soupçonner les circonstances qui vont permettre ici de parler des vainqueurs et des vaincus d'après une connaissance des uns et des autres à peu près égale. Si de meilleurs jours sont venus, et il faut y compter, il sera permis, après avoir signalé ce qu'il y eut de faux comme jugement dans la conduite politique des défenseurs et des adversaires de la Constitution de Cadix, d'étendre la sphère de cette équité, qui serait froide et misérable si elle se bornait à signaler toutes les fautes. Ce ne sera qu'user du droit de l'indépendance d'esprit montrée dans le blâme. Il ne faudra plus de courage pour rendre aux sentiments nobles, à la cause juste, qui furent trahis par l'inflexible marche des choses, le culte qui leur est dû ; on n'aura plus l'air de la flatterie si l'on dit quelles vertus militaires ont su mériter l'estime en faisant triompher la mauvaise cause. Ce n'est point ici l'artifice d'une opinion qui change d'armes, qui se glisse à la faveur d'un déguisement sur un terrain plus favo-

rable à ses attaques; c'est une ferme intention de vérité qui
se présente avec confiance là où plus d'une injustice de parti
est encore à redresser. Le temps des inconsolables douleurs et
des joies insensées au sujet du renversement de la Constitution de Cadix est passé. Ce qu'il faut aujourd'hui, c'est qu'en
jugeant mieux les illustres patriotes qui tombèrent avec la
Constitution espagnole, en voyant de plus près la conduite de
cette armée à qui la politique a fait jouer un rôle si peu digne
d'elle, quiconque s'est trompé de bonne foi s'écrie : « Non, de
tels hommes ne devaient point être traînés sur la claie, et
périr par d'infâmes supplices ; non, une telle armée n'était
pas faite pour monter la garde au pied de l'échafaud de Riego. »

Le tort des constitutionnels espagnols, on l'a dit, ç'a été de
ne pas sentir, après le soulèvement de l'île de Léon, la nécessité de beaucoup modifier la constitution de Cadix ; mais ce
n'a pas été de croire que les cabinets étrangers voulussent détruire cette constitution, quand ils demandaient simplement
qu'on la réformât. Il n'y a rien à dire contre la nécessité et
la justice des refus dans lesquels les cortès persistèrent. Le
sort des constitutions d'Italie les avertissait assez de ce que
l'on réservait à la leur. Ils voyaient bien qu'on préludait contre eux par des hostilités diplomatiques, parce qu'on les
croyait à l'abri d'une surprise armée. Tant d'actes d'une du-
plicité scandaleuse, par lesquels le gouvernement français leur
prouva qu'il n'y avait rien de sérieux dans les négociations,
n'ont pas besoin d'être rappelés. La peste de Barcelone servant de prétexte à l'établissement du fameux cordon sanitaire ;
le cordon, par sa présence sur la frontière, déterminant l'insurrection catalane, et s'offrant à elle comme un point d'appui ; l'insurrection à son tour donnant prétexte de renforcer
le cordon, puis de le transformer en armée d'observation ; les
paroles du trône employées pendant trois ans à nier un dessein si bien formé, et le proclamant enfin au mépris des assurances pacifiques données la veille : nous avons tous vu,
entendu et compris ces choses en leur temps. Et, parce que

l'Espagne les vit et les comprit comme nous, il nous a été difficile de concevoir comment elle ne fut pas prête à résister quand vint l'attaque ; comment tant d'impuissance après de si fiers discours.

Malheureusement pour les Espagnols, ce n'était pas le sentiment de leur force qui leur avait dicté ce hautain langage, mais le désir d'être applaudis et l'espoir d'être soutenus par le libéralisme européen. Les journaux de Paris à la main, ils avaient cru pouvoir défier les ministres français de plier chez eux, à une guerre d'absolutisme, des opinions si énergiquement déclarées contre elle. Quand ils virent que le gouvernement français ne reculait point, et que cependant tout était tranquille en France, leur confiance dans les sentiments d'une nation qu'ils regardaient comme la protectrice de toutes les libertés naissantes se reporta sur l'armée même qu'on destinait à agir contre eux. Marquant la différence entre les soldats de cette armée et les épais Germains qui n'avaient pas hésité à renverser les constitutions de l'Italie, ils se persuadaient encore que le drapeau blanc ne franchirait pas les Pyrénées, quand déjà tout s'ébranlait pour l'invasion. Aujourd'hui cette croyance peut sembler étrange. Cependant ceux qui se félicitent encore à présent de la guerre, parce que, disent-ils, elle a prouvé que notre armée appartenait bien à. la royauté par ses affections, n'expriment pas une autre opinion que celle qui rendit les constitutionnels d'Espagne trop présomptueux. Si, très-peu de temps avant l'entrée en campagne, les Espagnols espéraient encore que l'armée ne consentirait point à tirer l'épée contre eux, dans le même temps notre ministère épurait les rangs élevés de cette armée dont il allait se servir, et la faisait épier sous la tente par ses agents. On ne saurait pas encore à quel point il la redoutait, si la correspondance administrative, mise sous les yeux de la commission d'enquête dans l'affaire des marchés de Bayonne, n'eût révélé d'incroyables défiances et des terreurs plus ridicules que toutes les espérances des cortès.

C'était surtout dans le parti modéré ou des maçons, parti qui se composait de toutes les hautes séries libérales, et qui voulait ensemble, et de franche conviction, la royauté et la constitution de Cadix, que la confiance dans les événements du dehors était grande. La plupart des anciens afrancésados étaient maçons; ils avaient conservé des relations avec la France, et comptaient sur elle et sur l'Angleterre. Beaucoup de généraux et de membres des cortès de 1812, que la restauration et la terreur de 1814 à 1820 avaient forcés à errer en pays étranger, étaient revenus de l'exil avec les mêmes impressions et les mêmes idées. Ils affirmaient que la France serait en révolution aussitôt que son armée aurait mis les Pyrénées derrière elle; et cela les dispensait de faire des préparatifs de défense. Toute l'énergie nécessaire pour conspirer contre le pouvoir absolu et le renverser, les maçons l'avaient eue. Ils avaient reconquis d'un seul effort la liberté et une constitution qui leur paraissait établir cette liberté sur d'excellentes bases; mais, ceci fait, il ne leur restait plus de force que pour jouir en repos de leur victoire. Quand, au sein d'une existence devenue assez douce, il fallait prévenir par des efforts et des sacrifices nouveaux le retour de la tyrannie, ils se reposaient sur tout ce qui ne pouvait venir d'eux, et négligeaient ce qui en dépendait. Ils étaient en majorité dans les cortès et avaient été portés au gouvernement comme les plus riches, les plus influents, les plus capables de bien ménager les intérêts extérieurs du pays dans une situation qui ne pouvait être séparée de celle de l'Europe. Leur premier soin fut de se priver des forces qui seules eussent pu donner au dehors du poids à leur langage. Partant à faux de ce principe libéral qui condamne les armées permanentes comme dangereuses pour les institutions d'un pays, ils licencièrent les troupes qui avaient fait la révolution de l'île de Léon, et voulurent leur substituer des milices. L'insurrection royaliste venant à éclater, ils rappelèrent les anciens régiments; mais tous les vices d'organisation signalés par le général Foy, et qui, avant

1808, mettaient l'armée espagnole si fort au-dessous des plus médiocres troupes du nord de l'Europe, furent conservés. On les exagéra encore par la facilité avec laquelle d'anciens chefs de guérillas furent admis aux grades élevés dans les armes qui réclamaient le plus de pratique et d'instruction. La nouvelle armée se trouva tout au plus supérieure à l'insurrection. Elle avait très-peu d'artillerie, une cavalerie qui ne manœuvrait point, une infanterie qui ne savait d'autre guerre que celle des troupes irrégulières, c'est-à-dire la guerre des surprises et des fuites. La plupart des généraux étaient du parti maçon, et servaient mollement.

Si le peuple eût été pour quelque chose dans la révolution de 1820, la déclaration du roi de France, qui levait toutes les incertitudes, eût produit un soulèvement contre les maçons. Les comuneros, qui étaient les démocrates de cette révolution, se seraient emparés de l'autorité. L'Espagne, au lieu de quelques grands citoyens martyrs de la liberté, aurait eu peut-être un roi martyr du pouvoir absolu, comme cela est arrivé partout où le pouvoir absolu a été vaincu. La guerre contre les Français eût été terrible, et probablement funeste à ces derniers; l'Europe entière en eût été ébranlée. Mais les comuneros n'étaient pas aux maçons, sous le rapport de la puissance, ce que, dans les révolutions de deux pays plus avancés, les partis avec lesquels on peut leur trouver de la ressemblance furent aux partis moyens ou modérés comme les maçons. Les comuneros avaient eu, sous la royauté absolue, une existence beaucoup moins étendue que celle des maçons, parce que leurs doctrines étaient exclusives dans un temps où les meilleurs principes de liberté étaient ceux qui ralliaient le plus de monde. Ils faisaient remonter haut leur origine : leur cause, disaient-ils, était celle qui avait succombé avec le grand Padilla sous Charles-Quint; c'étaient des débris des associations populaires brisées en ce temps, débris conservés au milieu des orages de la tyrannie pendant deux siècles, qu'étaient nées, en 1808, les juntes patriotiques qui avaient enlevé l'Espagne à Napoléon; et maintenant eux étaient les véritables successeurs des juntes indépendantes, les patriotes par excellence, tandis que les maçons avaient pour affiliés la plupart des anciens serviteurs de Joseph. Il y avait du vrai dans tout cela. Les comuneros étaient bien le parti du peuple, mais c'étaient les sentiments et les passions de ce parti, moins ses forces. Le peuple les ignorait, ou les détestait sous les noms de tueurs de rois, tueurs de moines (*mata-reyes, mata-frayles*), que leur donnait la prévoyance des absolutistes. Les maçons étaient un parti effacé, mais du moins complet; les intérêts, les idées, les forces, en même temps que l'indécision de la classe moyenne, étaient bien réellement en lui. Les comuneros n'étaient qu'une tête de parti. Ils ne laissaient pas d'être assez nombreux dans les rangs inférieurs de la milice, et pouvaient compter sur le peuple des grandes villes. A Madrid, c'étaient eux qui, au 7 juillet, avaient fait tourner contre les absolutistes la journée méditée par ceux-ci contre la constitution; à Barcelone, c'étaient eux qui avaient forcé les autorités à faire exécuter la sentence rendue contre l'évêque de Vich. Ils régnaient en général dans les *ayuntamientos* ou municipalités, et c'était par celles-ci qu'ils luttaient contre le gouvernement général des maçons. Quelques-uns des leurs étaient dans les cortès, et ce furent les plus fermes; d'autres avaient des commandements dans l'armée, et ce furent eux qui ne voulurent entendre à aucune composition.

Les comuneros, ne gouvernant pas, ne purent que seconder avec zèle le peu de dispositions hardies qu'il plut aux maçons d'adopter. Les municipalités des petites villes, presque abandonnées à elles-mêmes par le gouvernement général et composées de comuneros, tâchaient d'imiter le mouvement des anciennes juntes insurrectionnelles : elles faisaient réparer les vieilles enceintes, traîner aux portes des canons hors de service, élever au dehors des retranchements tracés avec ignorance. Tout cela eût été formidable, si, comme dans la dernière guerre, chaque réduit avait eu pour garnison ses habitants, prêtres, hommes, femmes et enfants. Mais cette fois, au lieu d'une sauvage ardeur, il y avait dans les préparatifs de guerre une sorte de vaine décence : tout défenseur de la constitution voulait être un soldat armé, vêtu, équipé à la française, parce que l'habit montagnard n'était plus bon qu'à couvrir la misère et la lâcheté des soldats de la Foi. Si quelque citoyen influent se mettait en frais de guerre, ce n'était plus pour être chef de bande : il prenait un titre militaire, passait en revue la milice de son village, et se parait d'un uniforme à broderies. On avait ouvert, pour habiller et armer les miliciens, de vieux magasins où des dépouilles françaises, trophées de la dernière guerre, étaient entassées. C'était un spectacle digne de la bizarre grandeur des événements dont la Péninsule avait été le théâtre depuis quinze ans, que celui de la bigarrure qu'offraient certains corps ainsi équipés et armés à la hâte. Sous les couleurs des comunéros de 1822, sous leur devise *Constitucion o muerte*, on voyait reparaître des casques, des sabres, des lances, des shakos, apportés là par des Polonais, des Allemands, des Italiens, des Français, réunis un moment comme un peuple d'élite dans la main d'un seul homme, et qui, précipités par lui sur l'Espagne, y avaient laissé leurs ossements.

Pendant l'année 1822 et jusqu'à l'invasion française, les comuneros, servis par le danger, firent d'assez grands progrès. On dit que les élections de 1823 les auraient fait entrer en majorité dans les cortès. Mais, lors même qu'ils auraient eu cette majorité, ils n'auraient pu faire sortir la révolution espagnole de ses voies naturelles pour la faire marcher suivant les leurs. Par exemple, cette propriété de plus d'un tiers du sol, sur laquelle se fondait, suivant eux, l'influence du clergé, ils ne seraient point parvenus à la lui enlever par des décrets. Pour que le clergé se résignât à la perte de ses biens, pour que la bourgeoisie se décidât à les acheter, pour que le produit de ces ventes pût servir à repousser l'invasion étrangère, il fallait plus que la voix d'une grande assemblée et les petits moyens des sociétés secrètes. Il fallait que les cris d'un peuple en fureur apprissent aux prêtres que leur règne était fini, et à ceux qui avaient de l'argent pour acheter les terres nationales qu'on pouvait compter sur des bras si l'ennemi venait contester leurs titres de propriété. Le peuple seul en Espagne peut dépouiller les prêtres; et, tôt ou tard, il le fera. Quand sa misère les accusera plus clairement, ses idées les condamneront bien vite. Aujourd'hui, la misère s'accroissant avec rapidité, on peut croire que les idées nécessaires au plus grand pas que la révolution espagnole ait à faire suivront de près celles qui règnent encore à présent, et qui elles-mêmes ont fait succéder la haine contre les *negros* à la haine contre Bonaparte.

Un parti qui gouvernait avec des moyens faibles et des passions épuisées; un autre parti qui aspirait à gouverner, et qui avait de l'énergie, mais point de force; une armée en défaveur, sans instruction, et commandée par des chefs qui tous n'avaient pas sa confiance; des milices nombreuses, mais d'un patriotisme turbulent, d'une indiscipline et d'une ignorance infaillibles causes de lâcheté; des provinces entières livrées à un système de répression terrible; un trésor vide; un crédit usé; des grandes routes couvertes de brigands et de révoltés; une attitude diplomatique entièrement déconsidérée là où elle n'excitait point de colères sérieuses : telle était cette Espagne constitutionnelle contre laquelle, au commencement de 1823 et après trois années d'une dissimulation bien superflue, notre ministère envoya cent mille hommes sous un prince français.

La déclaration de guerre si longtemps différée élevait au rang de régence provisoire l'une des juntes absolutistes, qui jusque-là avaient cru diriger le mouvement anticonstitutionnel. Elle transformait en armée royale ces bandes indisciplinables que la frontière française avait tant de fois sauvées d'une destruction certaine; et c'était comme auxiliaires de cette prétendue armée qu'on allait faire entrer en Espagne les troupes jusqu'alors employées à protéger nos départements

méridionaux contre les inconvénients de l'hospitalité offerte à
des gens sans pain et sans habits. On ne reviendra pas sur ce
qui a été dit pour rétablir le véritable caractère politique de
cette émigration espagnole, au secours de laquelle la sainte-
alliance devait marcher à notre défaut, et même malgré nous,
en prenant passage sur notre territoire ; c'est du moins la
menace qu'un ministre nous fit en demandant de l'argent
pour cette guerre. La suite des événements a cruellement
détrompé ceux qui, de bonne foi, avaient vu dans l'insurrection espagnole un mouvement tout religieux et royaliste ; elle
a durement humilié, dans leurs combinaisons, les hommes
habiles qui avaient espéré gagner en Espagne des batailles
contre nos institutions. A cette démonstration si bien donnée
par le temps, il n'y a rien à ajouter. Mais ce qu'on oserait à
peine avancer aujourd'hui, et ce que le temps encore rendra
croyable, c'est qu'il s'en est peu fallu que l'insurrection populaire, dans certaines parties de l'Espagne, ne fût un mouvement des comuneros contre les maçons, au lieu de l'effort
des absolutistes contre les constitutionnels. Bessières, vaincu
et pris, en 1825, à la tête des premiers agraviados, avait été
condamné à mort à Barcelone en 1821, comme agent d'une
conspiration républicaine dans laquelle figuraient des hommes d'un patriotisme très-connu, entre autres un célèbre général, et cette conspiration devait éclater dans les lieux mêmes
où parurent les premières bandes de la Foi. Deux sortes d'hommes ont toujours concouru à la formation de ces bandes, ceux
qui, par disposition d'esprit, ou par quelque cause matérielle de dépendance, portent le joug des moines, et les turbulents qui vivent indifféremment de la contrebande, du vol
de grand chemin, ou de la guerre civile, véritables *borderers*[1]
des Pyrénées, toujours aux prises avec les douaniers de l'une
ou de l'autre frontière, quand ce n'est pas avec les escortes

---

[1] Tous les lecteurs de Walter Scott savent ce qu'étaient autrefois ces habitants des frontières qui séparent l'Écosse de l'Angleterre.

militaires ou les cavaliers de la police. Les fanatiques, sans être plus nombreux que les turbulents, ont donné à ceux-ci le mot d'ordre dans la guerre de 1822 à 1823, parce que leurs relations avec la France et tous les absolutistes de l'Europe leur ont permis d'assurer la piécette par jour à qui s'armerait pour *le roi tout seul* contre la constitution. Mais les Bessières, les Carajol, les Carnicer, les Locho, les Jeps-del-Estangs, n'é-taient ni les amis ni les dupes du trappiste et du père Pugnal, et, célébrés en France à l'égal des Quesada et des d'Éroles[1], traités en héros de la fidélité par les chefs de notre armée, ils n'appartenaient nullement à la cause que le drapeau blanc allait faire triompher.

Ainsi qu'on a déjà eu l'occasion de le dire, le moral de l'armée française était lui-même fort mal connu, et jusqu'au dernier moment il fut, d'une part comme de l'autre, l'objet de calculs et de défiances également peu fondées. C'est tou-cher une matière délicate que parler de l'esprit de l'armée dans des circonstances comme celles qui précédèrent immé-diatement la guerre d'Espagne. Bien des gens, sans tenir au pouvoir, croient qu'il ne faut jamais permettre aux militaires une opinion différente que celle du gouvernement. La force ne doit jamais délibérer ; c'est là une maxime des temps calmes à peu près aussi raisonnable que celle-ci : Les peuples ne doi-vent jamais se révolter. L'une et l'autre, dans l'intérêt des gou-vernements, bien plus encore que dans celui des gouvernés, seraient très-convenablement remplacées par celle-ci : Il ne faut pas mettre les peuples dans la nécessité de se révolter ni les soldats dans la nécessité de délibérer. L'histoire prouverait en faveur de ce dernier principe, et, en dépit des deux pre-

---

[1] On trouve, dans une brochure publiée l'année dernière, sous le titre *des Agraviados d'Espagne,* des renseignements très-curieux sur les princi-paux chefs de bande espagnols. Cette brochure, écrite par un homme d'es-prit qui connaît fort bien l'Espagne, est pleine de bonnes choses sur le pays. Elle eût rendu service au moment de son apparition, s'il eût convenu à la censure de permettre que les journaux la fissent connaître.

miers, elle montre assez que les masses, armées ou non, peuvent toujours en droit ce qu'en fait elles trouvent possible et nécessaire. Il ne faut pas mettre une armée dans la nécessité de délibérer, c'est-à-dire qu'il ne faut pas vouloir qu'elle entre dans un démêlé à la fois comme force passionnée et comme force aveugle. Lui demander conviction sur des points de doctrine monarchique, c'est lui permettre examen ; vouloir qu'elle ait une opinion dans une guerre d'opinion, lui enseigner le dévouement à une cause, à une personne, c'est reconnaître que sa loyauté, comme celle de tous les corps de l'État, doit être éclairée pour avoir quelque prix et mériter confiance. Au moment d'entreprendre une guerre dans laquelle il avait besoin que nos soldats eussent certaines idées, certaines croyances en dehors de celles qui suffisent aux devoirs ordinaires du métier, le gouvernement a dû travailler l'esprit de l'armée. Il l'a fait et avec peu de mystère vraiment. On n'effrayera donc personne en affirmant que, sur ces suggestions du gouvernement, il y a eu délibération dans l'armée, au moins délibération des individus avec eux-mêmes. Ceci étant, il est facile de comprendre comment les choses se sont passées sans qu'il y ait eu désordre. Qu'on fasse attention à la composition de l'armée, aux lois de recrutement, d'organisation et d'avancement qui la régissent, on verra si elle pouvait être tout à fait désintéressée dans la question.

Il n'y avait plus de vieux soldats dans l'armée réunie sur les Pyrénées, ainsi plus de souvenirs ennemis de l'état de choses fondé par la Restauration ; peu d'enrôlés volontaires, ainsi peu de cet esprit turbulent qui a besoin de la guerre ou des tumultes intérieurs. La presque totalité des soldats d'infanterie ou de cavalerie appartenait à une classe nombreuse de la population qui ne se rachète point du service, parce qu'elle ne le peut, qui quitte un métier à vingt ans, sert en comptant les jours, et toutefois avec zèle et intelligence, pendant huit ans, puis revient au toit paternel, non pas, comme on le croit, plus vicieuse et moins propre au travail, mais plus dévelop-

pée, plus sociable, sachant ce que vaut l'ordre, quelquefois
avec de petits talents et même un commencement d'instruction, enfin avec des habitudes militaires assez faites pour qu'au
besoin elle puisse reparaître sous le drapeau avec honneur
pour elle et profit pour l'État. C'est cette excellente classe de
soldats qui, sous une personnification naïve, excite dans nos
petits théâtres la risée en même temps que la sympathie populaire. La loi Gouvion Saint-Cyr en a fait, avec grande
raison, le fond de l'armée. Chaque année celle-ci, reversant
dans la population environ trente mille hommes faits et capables de défendre le pays, pour quarante mille villageois et
paysans qu'elle lui enlève, rend à proportion bien plus qu'elle
ne prend : s'il y a déficit dans la quantité, il y a gain immense
dans la qualité. Ceux qui se plaignent de ce que la France, avec
une armée de cent cinquante mille hommes, est réduite à la
condition de puissance militaire de second ordre, ne pensent
pas que, de 1817 à 1827, l'armée, à raison seulement de trente
mille hommes par an, a congédié trois cent mille soldats et
sous-officiers parfaitement instruits, qui presque tous vivent,
distribués dans mille professions, et sont à peine arrivés à
l'âge mûr. Les armées d'Austerlitz et de Wagram n'ont jamais
eu derrière elle une telle réserve, et il n'y a point d'armée en
Europe qui puise à pareille source; ce qui manquerait en un
besoin, ce serait un matériel qui répondît à de si grands
moyens militaires en hommes.

Dans l'armée d'observation, en 1822, il y avait, par suite
de l'application régulière de la loi de recrutement, un cinquième environ de soldats ayant cinq ans de service et plus,
trois cinquièmes ayant de quatre à un an de service et à peu
près un cinquième de jeunes soldats. Un quart des sous-officiers tout au plus appartenait à l'ancienne armée; le reste
devait ses grades aux dispositions libérales de la loi Gouvion
Saint-Cyr. Cette loi, c'est la charte de l'armée. Elle ouvre à
tous des chances à tout avancement. On ne la violerait pas
impunément, surtout pour les inférieurs auxquels un plus

grand nombre de sujets aspirent, et tous les ministres successeurs de Gouvion Saint-Cyr ont montré qu'ils pensaient ainsi, car ils l'ont rigoureusement observée. On a dit que de l'organisation de l'armée au temps de la dernière guerre se déduirait aisément son esprit. Cette armée, comme on voit, n'était point mercenaire, mais nationale, sortant bien réellement du peuple ; les sous-officiers étaient pris dans ses rangs et fournissaient eux-mêmes des officiers égaux de tout point à ceux qui venaient des écoles spéciales. Ce bel ordre est né de la révolution ; il est compris de tout militaire qui a de la capacité à faire valoir ; il était mis en péril par une guerre qui menaçait de refaire le passé : c'est ce qui ne saurait être douteux. Les principes de cette guerre, fréquemment émis dans les sermons des aumôniers, dans les ordres du jour et les allocutions de certains chefs de corps, devaient inquiéter ceux qui, ayant les qualités requises pour se faire une carrière, ne pouvaient être sans notions sur l'ancien régime qu'on semblait vouloir rétablir. Ils devaient froisser, dans la masse, des instincts de liberté et d'irréligion prononcés dans les derniers rangs de l'armée comme dans le peuple. Nos soldats, propres, gais, actifs, dégagés, railleurs dans les plus saintes choses comme ils le deviennent bientôt, ne pouvaient voir qu'avec dégoût et aversion des gens si différents d'eux, et qu'on présentait à leur affection comme de dignes serviteurs de la légitimité. Leur peu de sympathie pour les individus ressemblait beaucoup à de la répugnance pour la cause ; mais cette répugnance était tout à fait subordonnée à la conduite et à l'esprit des officiers.

Un homme étranger à l'armée eût difficilement connu, en 1822, l'opinion des officiers au sujet de la guerre, car toute confiance, toute franchise de langage avaient disparu. Les épurations inspiraient presque autant de terreur que l'échafaud au temps des Custine et des Houchard. L'opinion des officiers n'était pas une. Elle était partagée comme les situations. Une classe d'officiers, et c'était la plus nombreuse, appartenait à l'ancienne armée par l'âge et les services, et, restée dans les emplois subalternes, peu caressée, sans espoir d'avancement, elle n'avait rien oublié du passé. Elle appartenait au pays par des sympathies comprimées, épiées, dissimulées même quelquefois. Elle avait plié sous la loi d'une nécessité dure, la nécessité de conserver le morceau de pain attaché à une épaulette qui avait coûté du sang, et bien plus encore, le temps d'une jeunesse après laquelle il n'y avait plus eu d'apprentissage possible pour une autre carrière. Dans la vie civile, qui permet une liberté complète d'opinions, une opposition ouverte aux actes du gouvernement, on s'intéresse trop peu à toutes ces existences épuisées d'avenir dans leur jeunesse, et que nos dernières luttes contre l'Europe ont léguées à la restauration toutes mutilées. De nobles caractères, de belles vies, et non pas rares, sont cachées dans les obscurs honneurs de ces régiments que la dernière administration condamnait à appuyer les pauvretés des législateurs à ses ordres et les tracasseries de ses plus bas agents. Il faut le dire aujourd'hui pour l'honneur de ces anciens militaires qui occupent la presque totalité des emplois de lieutenant et de capitaine et une grande partie des commandements d'escadron et de bataillon, ils servaient alors avec un dégoût profond. La guerre d'Espagne ne put s'offrir, à eux qui avaient fait de grandes choses, que comme une guerre de police, une occupation à l'autrichienne, sans combats, si les Espagnols imitaient les patriotes napolitains, et pleine de dangers, sans compensation, s'ils résistaient comme en 1808. Dans les corps appelés savants, où une plus grande liberté d'opinions était permise à une instruction plus distinguée et plus difficile à remplacer, le mépris pour le principe de la guerre et la honte du rôle qu'on allait faire jouer à l'armée étaient exprimés hautement.

Il y avait de l'enthousiasme pour la guerre dans une classe d'officiers qui représentaient à l'armée le ministère, la cour et l'émigration. Là où cet enthousiasme était l'expression

d'une haine franche pour la liberté et d'opinions royalistes
exagérées, mais sincères, on trouvait l'orgueil des noms anciens et toute l'ardeur des passions contre-révolutionnaires
unies à un certain rajeunissement des idées de l'ancien régime, à une loyauté véritable et quelquefois à du mérite militaire. La même exaltation était de commande dans les rangs
élevés de l'armée. De vieux généraux dont on n'avait pas cru
pouvoir se passer dans la guerre, et qu'on avait rappelés
après une disgrâce qui datait de 1814, se croyaient obligés,
en reparaissant à la tête des brigades et des divisions, de faire
leurs preuves de bons sentiments. Ils parlaient du panache
de Henri IV et de la monarchie de Louis XIV, comme eussent
pu faire les Larochejaquelein et les Fitz-James. Des courages
sans esprit ou d'honnêtes âmes sans caractère ne s'arrêtaient
pas toujours, dans cette voie des concessions, là où la feinte
cessait d'être permise et devenait mensonge et bassesse. Les
démonstrations de quelques intrigants sans talent, et malheureusement aussi de quelques gens de talent sans conscience,
passaient les bornes de toute pudeur. Les dévouements vrais
ou simulés dans les hauts grades coûtaient, au détriment du
reste de l'armée, des sommes incroyables, car, à côté des officiers capables qu'on avait appelés, on conservait bon nombre de nullités couvertes de broderies et de noms éclatants.
On payait les uns pour agir et les autres pour laisser faire.

Enfin, au-dessous des hommes liés par leurs antécédents
et leurs intérêts à l'un ou à l'autre des deux régimes contraires, il y avait dans l'armée une classe d'officiers qui n'appartenait qu'à la restauration. C'étaient des jeunes gens sortis
depuis 1820 des écoles militaires, ou des sous-officiers pro-
mus dans les corps. Presque toutes les sous-lieutenances de
l'armée, et une partie des lieutenances de l'état-major étaient
à eux. Ils avaient l'instruction et l'aplomb des vieux officiers,
et, à cause de ce qu'il y avait de net dans leur position, la faveur des généraux et des chefs de corps. Pour avancer, il ne
leur fallait plus que la guerre. Peut-être, dans l'alternative

où nous étions placés, suivant M. de Villèle, ils auraient autant aimé se défendre sur le Rhin qu'attaquer sur les Pyré-. nées. Ils étaient prêts à marcher aussi bien contre la Sainte-Alliance que contre les cortès. Pourvu qu'ils vissent du pays, et qu'à leur tour ils pussent parler de leurs nuits de bivouac, de leurs bonnes fortunes d'avant-garde, des angoisses du danger et des tressaillements de la victoire, peu leur importait la cause. Ce ne sont pas là des idées bien élevées, mais ce sont celles qu'on s'efforce de donner à la jeunesse militaire dans les écoles, et l'on y réussit malheureusement assez bien.

D'après cette composition de l'armée, il y avait donc beaucoup de décousu dans les dispositions des soldats et des officiers. C'est parce que le ministère s'en apercevait qu'il croyait à des complots, et rien de semblable n'existait. Avec le dernier soupir des Bories et des Raoul s'était éteint dans l'armée l'esprit des dévouements insensés. Ces jeunes hommes avaient été assez bien choisis pour que leur exemple servît. C'était bien l'illusion de la liberté dans tout ce qu'elle a de noble, de désintéressé, d'impossible, qu'on avait frappée en eux; et, après de telles morts, indifférentes à ceux qui les avaient vues, le rêve était jugé. Ainsi, quels que fussent les sentiments de l'armée, l'ordre de passer les Pyrénées trouva tous les esprits disposés à l'obéissance, les uns comme à un devoir, les autres comme à une nécessité. De la marche générale des affaires en Europe, de la faiblesse ou de la fermeté des constitutionnels d'Espagne, de la conduite du prince généralissime devait ensuite dépendre la fin, bonne ou mauvaise, de l'entreprise.

Le prince montra plus de goût pour les officiers de l'armée que pour ceux de la cour, plus d'estime pour les services de tous les jours, les mérites de détail, l'instruction, l'exactitude, que pour les démonstrations et les empressements de l'état-major. Cela surprit, mais disposa bien en sa faveur, et donna confiance. A peine arrivé, et devant s'attendre à n'avoir plus qu'un coup d'œil à jeter sur l'armée, et un ordre à donner pour qu'elle fût sur la Bidassoa, il se trouva que, par l'imprévoyance et presque la folie d'un ministre, il avait à décider si l'on ferait ou ne ferait pas la guerre à l'Espagne. Cette guerre n'était pas de celles qui doivent nourrir la guerre, et l'armée n'était pas dans des dispositions qui permissent de l'exposer à l'indiscipline, résultat immanquable des privations. Le ministre avait imaginé d'envoyer de France, jour par jour, à l'armée d'Espagne des fourrages pour trente mille chevaux, et des vivres pour cent mille hommes; mais il n'y avait rien de préparé pour le service immense que nécessitait un tel système d'approvisionnement. Dans le peu d'instants qui furent accordés au prince pour délibérer cette résolution fameuse qui donna naissance aux marchés Ouvrard, de grandes destinées furent en balance. Ce n'était pas seulement le salut de quelques milliers d'hommes qu'il fallait assurer; les intérêts de la maison de Bourbon en Espagne, et peut-être en France, la forme du gouvernement en France, et l'accord de la France avec l'Europe, tout ce qui avait été décidé sous les murs de Paris en 1814 et 1815, fut remis en question dans ce grand doute : Ouvrard peut-il ce qu'il propose? est-il croyable que, sans tirer une ration de France, il puisse nourrir et approvisionner l'armée en Espagne par son seul crédit?

Le duc d'Angoulême, en adoptant, contre l'avis de son conseil, les idées d'Ouvrard, a fait la seule grande chose que le peu de résistance des constitutionnels ait permis de faire. Les poursuites dirigées depuis contre le munitionnaire ont donné la couleur d'une témérité à ce qui fut une détermination hardie sans doute, mais raisonnée. La témérité serait d'une nature telle qu'on ne la peut admettre. Mais les inquiétudes bien naturelles du prince, élevé hors de France, commandant pour la première fois une armée, ayant pour lieutenants des hommes qui s'étaient illustrés sous un autre drapeau, et qui avaient vu de près un si grand maître, l'état des affaires et des esprits à cette époque, la terreur qui régnait, au moment d'entreprendre la guerre, dans les rangs mêmes de la faction qui l'avait exigée, enfin l'abandon dans lequel toutes choses avaient été laissées par une administration qui ne s'occupait que d'intrigues : voilà, ce semble, assez de motifs pour un choix qu'une imprudente procédure a livré si différent de lui-même aux conversations publiques. Un puissant instinct de position dut entraîner le prince vers Ouvrard ; il y allait de plus que sa réputation de général, il y allait de l'étoile de sa maison. Comme un joueur poussé à bout, il fallait qu'il risquât tout pour tout emporter. Ouvrard a tenu parole, et jamais partie n'a été plus complétement gagnée.

Les marchés Ouvrard ont fait le succès de la guerre ; car sans eux point de subsistances assurées, point de discipline, et conséquemment point d'accord entre les soldats et les habitants, première condition pour réussir en Espagne. Si l'on a payé trop cher l'avantage de conserver l'ordre de choses compromis par la guerre, c'est ce que chacun peut décider suivant ses affections. Mais, que ceux qui voulurent la guerre, et qui, pour détruire la Constitution de Cadix, auraient sacrifié la moitié des ressources de la France, soient venus dénoncer ces marchés auxquels ils devaient d'être encore au pouvoir ; que, pour être autorisés à faire banqueroute à un homme qu'ils ne pouvaient pas rembourser, ils aient fait condamner comme dilapidation ce qui était économie au prix des gaspillages qu'ils préparaient, c'est une audace à laquelle on ne se serait point attendu, et nous l'avons vue. Sans doute il est fâcheux qu'il y ait eu nécessité d'employer des talents aussi coûteux que ceux d'Ouvrard ; mais, en songeant aux incalculables chances de désordre dont le pays a été racheté par les marchés, on conviendra que ce n'est point du remède qu'il eût fallu se plaindre, mais du mal.

Le service des vivres et un autre service, qui probablement n'a pas coûté moins d'argent, celui des intelligences dans l'armée constitutionnelle, une fois assurés, c'est sur eux que la direction militaire de l'expédition a été calquée. Il ne faut pas vouloir comprendre sur une carte pourquoi l'armée a d'abord envahi telle province plutôt que telle autre, laissé tel corps ennemi sur ses derrières tandis qu'elle allait plus loin en chercher un beaucoup plus faible, pourquoi elle a négligé certaines places et assiégé les autres, car la raison de tout cela est au fond de combinaisons dans lesquelles la pensée militaire n'est pour rien. C'est, comme on l'a dit, une guerre de police, dans laquelle l'armée est venue pour prêter main forte au besoin. On la nourrissait bien ; on l'habillait mieux que ne le furent jamais les soldats français ; on avait soin de ses logements ; on ne la faisait marcher qu'à propos, en ménageant tout pour qu'elle fût peu fatiguée, pour qu'elle n'eût qu'à occuper le poste abandonné par l'ennemi, et rarement à l'emporter. A ces conditions qu'un esprit judicieux et ferme, celui du major général, avait reconnues indispensables, la discipline de l'armée, sa tenue, l'ordre dans ses marches, sa gravité dans toutes les cérémonies religieuses par lesquelles on célébrait son approche, son indifférence pour les passions qui s'agitaient autour d'elle, ses égards pour les habitants des deux opinions, tout en elle était parfait de mesure et d'esprit de conduite. Voilà le résultat de cette délibération de tous les individus à laquelle le passage des Pyrénées devait donner lieu. Dès le début de la campagne, on n'avait point vu d'héroïsme chez les constitutionnels, pas même de sentiments chez les absolutistes. Rien n'avait excité la sympathie sur cette terre ; on avait senti que la querelle entre ceux qui l'habitaient n'appelait point de conciliateurs étrangers. Et, toutefois, excepté parmi ceux qui tenaient à la cour ou à la faction, il n'y avait qu'une pensée dans l'armée, c'est que ce n'était pas une guerre patriotique que l'on faisait, mais une mission politique désagréable que l'on était venu remplir ; et chacun, autant qu'il était en lui, arrangeait une chose jugée mauvaise par la manière dont il y participait. Voilà le secret de cette conduite qu'on a eu raison d'admirer. Ce n'est point l'austère

discipline de ces armées pauvres et républicaines qui donnèrent à la Hollande, en 1793, un si grand spectacle; mais c'est
une sorte de résignation élevée qu'on sent n'être pas indigne
des hommes de la même nation servant une cause si différente ; c'est toujours cette race de soldats sans égale pour la
guerre, qui comprend tout ce qu'on lui fait faire, et ne s'é-
meut que pour ce qui en vaut la peine. Il y a trente ans, elle
battait des mains à la vue des Pyramides, et versait des larmes quand le général de l'armée d'Italie lui disait : « Vous
valez les légions romaines. » En 1823, elle a fait comme ces
mêmes légions qui répugnaient à vaincre pour les décemvirs,
et ne se révoltaient pas contre eux.

Des gens qui ne croient pas qu'on puisse parler de l'esprit
d'une armée autrement qu'avec les mots fidélité, dévouement,
enthousiasme, ont gâté cette matière qui méritait qu'on la
présentât de bonne foi dans ses détails. Ils veulent absolument que cette promenade faite l'arme au bras de Bayonne à
Cadix ait mis la gloire du prince généralissime et des armées
de la Restauration au-dessus de celle de Bonaparte et des armées impériales qui ne soumirent point la Péninsule. Ils voient
de hautes combinaisons stratégiques, de savantes manœuvres,
des batailles gagnées là où il n'y a guère que des étapes et des
rencontres sans combat; pour eux la Bidassoa rappelle l'A-
dige, le fossé du Trocadéro les redoutes de Jemmapes. Pour
décrire la moindre escarmouche, il leur faut les images et les
expressions favorites de celui qui s'était fait une langue à sa
taille, et qui contait les batailles comme il les gagnait. Ils veulent que la bonne cause ait tout l'entraînement, tout l'héroïsme de la mauvaise; qu'elle ait eu jusqu'à son esprit, car
au besoin ils savent mettre dans la bouche de nos hussards
de 1823 de jolis mots, des saillies dignes des vieux soldats
de Friedland et qui par-dessus ont le mérite d'exprimer
de bons principes [1]. Chez nous, depuis douze ans, cette façon

[1] Le livre le plus ridicule en ce genre est celui que M. Panckoucke a

est commune : on dénigre la révolution, mais on la copie.

La gloire du prince a été de se décider à Bayonne comme il l'a fait ; c'est là vraiment qu'il a pris Cadix : il a osé quand de plus ardents que lui hésitaient, et même reculaient. Quant à l'armée, sa gloire est moins dans ce qu'elle a fait que dans ce qu'elle a paru capable de faire. Il est probable qu'il n'y a jamais eu sous l'Empire une armée de cent mille hommes mieux disciplinée et aussi instruite ; de continuelles guerres ne le permettaient pas. Les officiers anciens militaires ont eux-mêmes beaucoup gagné depuis la paix. Ils se sont livrés à l'étude, ils ont médité sur ce qu'ils avaient fait, ils ont porté dans toutes les parties du métier l'ordre, la précision, le perfectionnement ; ce n'est pas l'esprit de minutie des officiers russes et allemands, mais l'esprit de détail et d'ensemble acquis à une grande école. Tout ce qu'il y avait de bon, comme organisation, équipement, mode de service dans l'ancienne armée, a été conservé, et d'heureuses améliorations ont été faites. C'est la même infanterie, la même cavalerie, mais reposées, mieux vêtues, mieux traitées. Les officiers du génie et de l'artillerie sortent toujours de la célèbre école fondée par Monge ; ils pratiquent moins, mais étudient plus, ce qui vaut mieux pour eux. Une seule création peut-être dans cette armée a été mauvaise, c'est le corps royal d'état-major composé de jeunes gens trop instruits pour être employés à porter des ordres, et pas assez pour le service des siéges, de la fortification de campagne et des reconnaissances militaires. L'armée a eu peu d'occasions de combattre ; rarement elle a rencontré des adversaires dignes d'elle ; mais, quelquefois, elle a eu contre elle l'avantage du nombre et des positions, et chaque fois elle a étonné ceux qui l'ont vue. Elle n'a jamais eu l'entraînement de l'enthousiasme, mais jamais non plus son désordre. Sa bravoure, quand elle a dû en montrer, a été calme, intelligente, de meilleure qualité peut-

---

ajouté à sa fameuse collection des *Victoires et Conquêtes*. On peut citer ensuite, mais d'assez loin, l'*Histoire de la guerre d'Espagne* par M. le marquis de Marcillac.

être que celle qui, au commencement de la révolution, triompha de la discipline prussienne. Les officiers de cette armée qui avaient vu Jéna et Wagram, et il y en avait beaucoup, ont fait peu de bruit de leurs faits d'armes de 1823 ; peut-être que, se comparant à eux-mêmes, ils n'ont pas été tout à fait justes ; mais les officiers de l'émigration et de la cour ont voulu, comme les écrivains dont il a été parlé plus haut, exagérer les choses, et ils ont empêché qu'on les vît sous leur côté frappant.

Les constitutionnels espagnols, pris trop au dépourvu pour pouvoir opposer sur les Pyrénées quelque résistance, ne se sont défendus sur aucun des grands fleuves parallèles à la frontière. L'Èbre, le Duero ont été franchis, le Tage et Madrid atteints sans qu'une amorce ait été brûlée. Il y a eu encore ici, dans la conduite des constitutionnels, faux calcul plutôt que âcheté. Ils avaient vu dans la dernière guerre les Français maîtres de toutes les villes d'Espagne sans être pour cela plus avancés ; ils se souvenaient que c'était à Cadix, sur la dernière langue de terre conservée à la cause de l'indépendance, que leur constitution avait été proclamée, et chaque fois qu'on leur apprenait un nouveau progrès des Français, ils répondaient encore, *no importa* (qu'importe !), ce mot de constance si souvent dit au milieu des désastres de 1809 [1]. Les exemples ne manquaient pas d'armées qui s'étaient aventurées sans défiance dans un pays couvert comme l'Espagne, et qui n'en étaient pas sorties. Ainsi, se retirer devant les Français, c'était les attirer, non pas fuir ; c'était donner aux généraux qui commandaient dans le Nord les moyens d'opérer sur les derrières de l'ennemi et de jeter dans ses rangs la défection. Les espérances ainsi fondées, par les constitutionnels refoulés dans la partie méridionale de l'Espagne, sur ceux qui tenaient encore à l'est, au nord et à l'ouest, on les conçoit dans ces derniers, fondées au contraire sur la résistance des patriotes du

---

Midi. Et comme les Français occupant le milieu du pays et
gardant la mer gênaient beaucoup la correspondance entre les
provinces du littoral, chacune d'elles ne faisait rien ou peu,
et se reposait sur toutes les autres. A Pampelune et à la Corogne on contait de prétendues victoires de Balletseros, de Riego
et de l'Empecinado; à Carthagène, à Barcelone, on contait
celles de Quiroga et de Morillo. Les exploits de Mina avaient
crédit par toute l'Espagne, et il y avait en effet matière à parler de lui.

Le rêve eût pu finir beaucoup plus tôt, si les opérations des
Français eussent été conduites avec autant de rapidité de Madrid à Cadix que de la Bidassoa à Madrid. On a expliqué de
diverses manières ce ralentissement d'activité dans la seconde
moitié de la campagne. Les uns ont dit que le temps avait été
employé à négocier, avec les généraux constitutionnels laissés
sur les derrières et les flancs de l'armée, certains arrangements sur lesquels on avait dû compter avant d'attaquer Cadix, le dernier boulevard de la constitution espagnole. D'autres ont dit qu'intrigues et opérations militaires, tout avait
marché trop vite au gré de gens qui avaient leurs profits à
faire sur la durée de la guerre[1]; que ceux-ci par différents
moyens étaient parvenus à faire croire à des difficultés qui
n'existaient point; que le moins soupçonné des expédients
par lesquels ces hommes avaient trompé la religion du prince
avait été masqué, par la prise du Trocadéro, d'une gloire tout
à fait inutile. Ceux qui disent cela donnent pour raison que,
dans la dernière guerre où personne ne s'était enrichi, du
moins de l'argent de la France, le Trocadéro avait été jugé un
point sans importance; qu'au lieu de donner un mois aux Espagnols pour s'y fortifier et de se préparer pendant un autre
mois à les en débusquer, on aurait pu, immédiatement après
la déroute de Séville et par un débarquement, s'emparer de

---

[1] Il n'est nullement question ici du munitionnaire, bien que, de son aveu,
il n'ait pas prétendu servir en homme dévoué, mais en négociant.

14.

Cadix sans coup férir ; que les remparts de cette ville étaient alors en fort mauvais état et sans canons ; que l'île de Léon n'avait encore ni chaloupes canonnières ni retranchements qui la protégeassent. De ces deux explications, la dernière ne doit pas être légèrement admise. La première sera trouvée plus simple par ceux qui se résignent à ne savoir, des mystères de cette guerre, que ce qu'il a plu à la dernière administration de nous en laisser connaître.

A quelque cause qu'aient tenu ces délais, ils ont été peu profitables à la cause constitutionnelle. Des travaux de défense qui n'existaient pas ont été faits à Cadix et ailleurs. Quelques résistances sont nées du temps même qu'on a voulu donner comme employé en préparatifs contre elles ; mais aucun effort d'ensemble n'a pu être tenté. Les dernières luttes entre les comuneros et les maçons, bornées à des espaces qui allaient toujours en se resserrant, ont fini par être pitoyables comme toutes les querelles que la mauvaise fortune aigrit et rapetisse. Toutefois on a vu pendant la durée de la guerre un parti modéré connu sous le nom d'Anilleros, et différent des maçons en ce qu'il voulait s'entendre avec les cabinets étrangers, prendre quelque importance et s'efforcer un peu tard de sauver la liberté par des concessions. Un moment la Charte de France fut, dit-on, promise aux agents de ce parti ; elle devait être le prix de grandes défections qui se sont opérées sans rien obtenir de semblable, d'où l'on a cru qu'elles avaient été récompensées d'une façon moins honorable. Morillo et Ballesteros, les hommes qu'on cite comme ayant traité avec les Français, aux conditions désirées par les Anilleros, ont vainement protesté contre la violation de promesses qui leur auraient été faites sous une garantie auguste. On ne les a pas crus, et il ne leur est resté que la honte et peut-être le regret d'avoir séparé leur cause de celle de Riego, de l'Empecinado et de Mina.

Le dernier de ces généraux a échappé au sort des deux autres héros de l'Espagne constitutionnelle autant par l'habileté de sa conduite que par l'avantage de sa position. Il com-

mandait en Catalogne. Cette province a soutenu sa vieille
réputation de citadelle de l'Espagne. La guerre y a été active
et sanglante, en comparaison de ce qu'elle était partout ailleurs. La population catalane proprement dite, celle des montagnes, ne s'était pourtant pas arrangée de la constitution, et
on a dit pourquoi. Mais, dans les grandes cités et les petits
ports qui bordent la côte de cette province, ainsi que dans les
vallées qui la traversent et vont à la mer, est répandue la
population la plus avancée et la plus riche de toute l'Espagne,
égale au moins en lumières à celle de nos départements méridionaux. Grâce au zèle de cette population et par une
simple battue bien ordonnée, Mina était parvenu à imposer
l'ordre pour bien longtemps à la Catalogne, lorsque vingt
mille Français y entrèrent sous le commandement du maréchal Moncey. Mina avait à peine dix mille hommes de troupes,
qui s'étaient trouvées excellentes contre les factieux, mais
qui, sous le rapport de l'instruction, étaient trop au-dessous
des Français pour pouvoir leur être opposées avec avantage,
même dans les meilleures positions. Il avait quelques esca-
drons d'une détestable cavalerie ; pour toute artillerie, quelques pièces de montagne portées à dos de mulet ; ses bataillons, quoique les plus vieilles troupes de ligne de l'Espagne,
ne savaient pas manœuvrer, c'était faute d'officiers ; mais ils
étaient composés d'excellents tireurs et de marcheurs infati-
gables. Plusieurs de ces bataillons lui étaient particulièrement dévoués : il fit choix d'environ trois mille hommes, avec
lesquels il se jeta sur la droite des Français, tandis que le
reste de ses forces, sous le général Milans, son meilleur lieutenant, se repliait devant eux et descendait vers la basse Catalogne.

Le maréchal Moncey, vieux militaire ferme, qui savait bien
la guerre, surtout celle qu'il fallait faire en Espagne, car il y
avait commandé avec distinction les armées de la République
et de l'Empire, vit sans inquiétude le mouvement de Mina. Il
savait bien ce que pouvait entreprendre ce chef avec trois

mille soldats, qui n'étaient capables que de marcher, ayant
la population contre lui et à peine un asile en cas de poursuite : il n'enlèverait point de convois, ayant déjà trop de ses
propres bagages ; il n'attaquerait ni détachements ni traînards, puisque la discipline de l'armée n'en admettait pas ;
et, quant à la frontière française, elle était à l'abri de pareilles insultes. Mais les militaires, qui faisaient pour leur
compte une guerre d'opinion et qui haïssaient dans Mina
l'homme de toute l'Espagne qui avait le plus de caractère,
voulaient mettre la main sur lui. Ils firent valoir le danger
politique de la présence de ce général entre la frontière et
l'armée ; et, comme ils parlaient fort haut, ayant à la cour le
genre d'amis qui donnait crédit en ce temps, le maréchal
les laissa faire. Un général qui avait siégé à la Chambre des
députés, et dont les incartades avaient été pendant plusieurs
années un des scandales d'une représentation nationale
faussée, se consacra de passion à la poursuite de Mina. Il engagea au succès de son entreprise tout ce qu'il avait d'ardeur
dans l'amour-propre et de confiance dans ses talents ; aussi la
haine politique se changea en lui bientôt en animosité personnelle contre le général catalan. Les chefs de corps qui
servaient sous ses ordres mirent à le seconder une ambition
non moins vive et plus noble, car il y avait de quoi faire honneur dans une telle capture ; et, après la délivrance de Ferdinand VII, c'était le plus grand coup qu'on pût porter à la
cause constitutionnelle. Mina vit bien que c'était à sa personne
qu'on en voulait ; il savait de quelle importance était son nom
pour sa cause ; il s'était dévoué, et il agit pour conserver à la
fois sa personne et sa réputation. Sa petite campagne de six
semaines contre les divisions Donnadieu et Curial est un petit
chef-d'œuvre de sagacité, de décision, d'esprit de ressources,
et probablement est au-dessus de ce qu'il fit dans les dernières guerres, quand il avait le peuple pour lui et que dans
tout paysan il trouvait au besoin un hôte, un espion ou un
soldat. Cette fois, il fallait qu'il obligeât les villages à le re-

cevoir, à lui fournir des vivres, à cacher sa marche à l'ennemi, et il parvenait à se faire servir ; mais lui seul avait ce privilége. Quand il voulait aller se reposer à la Seu-d'Urgel, qui est tout près de la frontière, il trouvait moyen de faire marcher le général Donnadieu sur Vich ou sur Manresa, vers le centre de la Catalogne ; s'il avait besoin de se rapprocher de ces deux villes pour savoir ce qui se passait à Barcelone, le général Donnadieu recevait à propos quelque faux avis qui l'attirait vers Bésalu ou Figuières, et la route était libre ; s'il fuyait, et que deux chemins se rencontrassent, il savait toujours se faire poursuivre par celui des deux qu'il n'avait pas pris [1]. Enfin, on le vit se promener tranquillement dans la Cerdagne française lorsqu'à Paris on le croyait anéanti et quand d'autre part on s'attendait à le voir déboucher dans la plaine de Vich ou de Tarragone Pour obliger les paysans à dire ce qu'il voulait faire croire à l'ennemi, son moyen était simple : il reparaissait brusquement dans un lieu qu'il avait quitté le matin ou la veille et où l'ennemi s'était présenté depuis, et malheur alors à qui l'avait trahi. Dans ces soudains retours, qu'il parvenait à faire craindre en vingt endroits à la fois, il était impitoyable, et, par là, économe de sang ; car, dès qu'un petit nombre d'exemples eut appris qu'il était homme à faire vingt lieues pour venir tirer vengeance d'un acte d'hostilité ou d'un manque de foi, et qu'il était impossible d'échapper à ses surprises, il n'y eut plus de villages qui voulussent donner la main aux Français contre lui, à moins qu'on ne leur laissât garnison pour les protéger.

A la fin, ce jeu de marches et de contre-marches devenant inquiétant pour l'armée de Catalogne et empêchant ses progrès dans le midi de la principauté, le maréchal donna ordre exprès de détruire Mina et sa bande. Mina était alors entre la frontière française et les troupes qui formaient le blocus de

---

[1] Si l'on doute de ceci, on peut recourir au livre de M. de Marcillac, officier très-dévoué au général Donnadieu.

Figuières, c'est-à-dire tout à fait sur les derrières de l'armée de Catalogne. La moitié de cette armée fit volte-face pour s'emparer de lui ; c'était quatre fois plus de forces qu'il n'en fallait pour l'écraser. Il se tira d'affaire cependant, et par une retraite que des généraux plus instruits, avec les mêmes soldats, n'eussent pas su faire. Il vit le grand intérêt de cette retraite où il était, dans sa personne ; et, pour se sauver, il se servit de ses troupes suivant ce qu'elles valaient. Elles marchaient bien, supportaient toutes sortes de fatigues et combattaient mal ; il se régla là-dessus. Quand il était serré de trop près, au lieu de soutenir un combat pendant lequel des forces supérieures l'eussent gagné de vitesse, et qui lui eût coûté deux ou trois cents hommes, il en sacrifiait pareil nombre qui ne se faisaient pas tuer, mais se laissaient prendre ; et il gagnait, en les abandonnant, le temps que l'ennemi perdait à les recueillir. Il alla, en deux occasions, jusqu'à dédoubler sa troupe : une moitié posait les armes, tandis qu'avec l'autre il disparaissait par des chemins où jamais hommes ni chevaux n'avaient passé. Plus il s'affaiblissait et plus il était facile de l'envelopper : il lui arriva plusieurs fois de l'être ; mais alors il découvrait le point gardé par les troupes du baron d'Éroles, et passait là, tandis qu'il envoyait aux Français quelques compagnies destinées à être prises. Il arriva à la Seu-d'Urgel, sa place de dépôt, ayant ainsi dépensé, de la seule manière qui pût le sauver, plus des trois quarts de sa troupe. Les sept à huit cents hommes qui lui restaient étaient exténués de fatigue ; lui-même avait eu un pied gelé dans la montagne, et était grièvement blessé. On le disait mort dans l'armée française, ou du moins incapable de s'exposer à de nouvelles courses. Il profita de la sécurité que donnait ce bruit pour quitter la Seu, après quelques jours de repos. Il fit, avec quatre ou cinq cents hommes, une marche plus considérable et plus périlleuse que toutes celles qu'il avait faites jusqu'ici, mais si rapide et si bien conduite qu'on ne put l'empêcher d'entrer dans Barcelone très-peu de temps avant l'investissement de cette place. Il avait réussi dans ce qu'il s'était proposé, en se séparant du gros de ses forces à l'entrée des Français, puisqu'il avait donné au général Rotten le temps de rendre Barcelone imprenable pour l'armée du maréchal Moncey. Cela obtenu, le plus grand service qu'il eût encore à rendre à une cause déjà trahie ou perdue par toute l'Espagne, c'était de lui conserver le prestige attaché à son nom : il y est parvenu. Après avoir fait tout ce que l'activité et l'audace pouvaient contre les événements, il a su s'arrêter à point, ne se pas commettre là où ses talents n'étaient pas de mise, et finir tard et avec honneur. De tous les patriotes illustrés dans la guerre de l'indépendance, il est le seul qui n'ait rien perdu à devenir homme de parti. Dans les lieux mêmes où sa personne et ses actes ont laissé l'impression de la terreur, son souvenir est encore entouré d'une popularité qui peut-être sera quelque jour utile à l'Espagne.

Entre les villes riches et fortes de l'Espagne, Barcelone a joué, dans la guerre de 1823, le premier rôle militaire et le second rôle politique. Elle n'a été rendue que sur une capitulation qui l'a préservée des excès commis ailleurs par les volontaires royalistes. Sous le gouvernement du général Rotten, à qui elle est redevable de cette belle capitulation, elle a plus fait pour la cause constitutionnelle que Madrid, Séville et Cadix ; elle a nourri, habillé, soldé les garnisons de Tarragone, Lerida, Figuières, Hostalrich, les troupes qui, sous le vieux et brave général Milans, ont tenu jusqu'à la fin la campagne et donné quelquefois à faire à notre armée de Catalogne. Elle a dû son importance politique à la présence de Rotten et de Mina, deux hommes qu'on savait capables de tout pour leur cause ; à l'esprit de sa population qui devait faire craindre une résistance extrême, si l'on était obligé d'en venir à un siége en règle ; enfin à la réunion dans ses murs d'un nombre d'étrangers proscrits que l'on croyait considérable, et qui, de ce commun refuge, avaient inquiété le gouvernement français pour qu'un de ses griefs contre l'Espagne fût la protection accordée par elle à ces hommes que l'Europe avait rejetés.

Barcelone n'était pas la seule ville d'Espagne où des proscrits se fussent réunis. Ce n'était pas elle qui avait envoyé sur la Bidassoa ceux qui vinrent y agiter inutilement aux yeux de nos soldats des couleurs oubliées, et qui, avant d'enterrer ce drapeau qui trompait leurs espérances, crurent lui devoir cet honneur d'être encore une fois mitraillés sous lui. Mais Barcelone, par sa position vis-à-vis de l'Italie, et sa réputation de ville libérale, avait attiré la plupart des hommes compromis dans les révolutions de Naples et du Piémont, ceux que la police de la Sainte-Alliance avait obligés de quitter la Pologne, la Lombardie, les petits États du Rhin, et toutes les contrées de l'Europe où la domination de Bonaparte avait eu des serviteurs et des soldats. D'anciens officiers français, qui depuis 1815 avaient été faire la guerre partout où ils avaient pu la trouver, en Grèce sous les drapeaux d'Ypsilanti, en Amérique sous ceux de Bolivar, en Italie sous Pépé, avaient préféré Barcelone à Madrid, à Cadix et à la Corogne. Quelques étudiants des universités d'Allemagne, des jeunes gens compromis en France dans d'inutiles complots, ou qui l'avaient quittée, enflammés de zèle pour une cause qu'ils croyaient la leur, enfin des sous-officiers et des soldats déserteurs de l'armée française, étaient venus se réunir à eux. Après avoir rendu les plus grands services comme volontaires dans la guerre contre les factieux, ces étrangers avaient été appelés à former un corps destiné par le général Mina à jouer un rôle politique dans la guerre contre la France; mais bientôt, déchus de cette importance, vu la tournure prise par les affaires, ils avaient dû se disperser encore, fuir l'Espagne, ou se résigner à ce qui adviendrait de la constitution et de ses défenseurs. Cinq cents environ, dans toute la Catalogne, restèrent sous les armes et formèrent, sous le nom de *légion libérale étrangère*, un petit bataillon d'infanterie et un faible escadron de lanciers. Plusieurs compagnies étaient toutes d'officiers; deux généraux italiens étaient dans les rangs portant la lance; il y avait moitié de Français; ceux qui ne l'étaient pas avaient servi dans les armées impériales : ainsi les habitudes de service étaient les mêmes, l'esprit, ou plutôt le souvenir dominant, celui de la liberté conquérante sous Bonaparte; l'uniforme et les emblèmes rappelaient ce temps. Un brillant militaire, un compatriote et un ami de Santa-Rosa, le colonel Pachiarotti, avait organisé la légion libérale, et la commandait. Plus d'une fois, les généraux espagnols, aventurés, comme à Mataro, dans des entreprises qu'ils étaient incapables de diriger, et donnant l'exemple de la fuite, ont dû leur salut au sentiment de honte qui précipitait Pachiarotti et ses étrangers au-devant d'un ennemi qui les faisait rougir de leurs alliés.

L'histoire de ce petit corps serait curieuse. Une partie sous les ordres du général Milans partagea la fortune des troupes constitutionnelles qui défendirent Tarragone. L'autre partie, la plus considérable, vue de mauvais œil dans Barcelone par ceux qui craignaient, non sans raison, que la présence des révolutionnaires étrangers dans leur ville n'attirât sur elle l'animadversion des Français, après avoir été employée dans la place à tous les services périlleux, fut, sous les ordres de son chef Pachiarotti, lancée dans une expédition où elle devait périr. Les passions qui ont fait la guerre d'Espagne sont maintenant assez effacées pour qu'on puisse se promettre d'inspirer quelque intérêt, en montrant au milieu des montagnes de la Catalogne, sous l'ancien uniforme français, des soldats de toutes les nations, ralliés à l'ascendant d'un grand caractère, marchant où il les menait, souffrant et se battant sans espoir d'être loués ni de rien changer, quoi qu'ils fissent, à l'état désespéré de leur cause, n'ayant d'autre perspective qu'une fin misérable au milieu d'un pays soulevé contre eux, ou la mort des esplanades s'ils échappaient à celle du champ de bataille. Telle fut, pendant de longs jours, la situation de ceux qui, partis de Barcelone peu de temps avant la capitulation de cette place, allèrent succomber avec Pachiarotti devant Figuières, après deux jours d'un combat dont l'acharnement prouva trop que c'étaient des Français qui combattaient de part et d'autre. Ce combat, qui devait finir par l'extermination du dernier de ceux qui, au milieu de l'Europe de 1825, avaient osé mettre la flamme tricolore au bout de leurs lances, et rattacher à leur shako la cocarde de Fleurus et de Zurich, le général Damas l'arrêta par une parole qu'il était noble à lui d'offrir, et que nul autre que lui dans l'armée n'était en position de faire respecter. Ce n'est rien que la destinée de quelques hommes dans de tels événements ; mais combien d'autres événements il avait fallu pour que ces hommes de toutes les parties de l'Europe se rencontrassent, anciens soldats du même capitaine, venus dans un pays qu'ils ne connaissaient pas, défendre une cause qui se trouvait être la leur ! A ce titre, la légion de Pachiarotti méritait qu'on dît un mot de son existence. Les choses, dans leurs continuelles et fatales transformations, n'entraînent point avec elles toutes les intelligences ; elles ne domptent point tous les caractères avec une égale facilité, elles ne prennent pas même soin de tous les intérêts ; c'est ce qu'il faut comprendre, et pardonner quelque chose aux protestations qui s'élèvent en faveur du passé. Quand une époque est finie, le moule est brisé, et il suffit à la Providence qu'il ne se puisse refaire ; mais des débris restés à terre, il en est quelquefois de beaux à contempler.

Depuis qu'un premier article sur l'Espagne a été publié dans cette Revue, deux mois se sont écoulés, et l'impression de terreur produite dans le nord de la Péninsule par le voyage du roi s'est maintenue. Les royalistes, qui, en 1823, mettaient en pièces les blessés de la légion de Pachiarotti, sont traqués aujourd'hui dans leurs montagnes comme des bêtes fauves. Le comte d'Espagne, dont la faveur a paru un moment ébranlée, se soutient en continuant à servir son maître en Catalogne suivant ses vues, c'est-à-dire par la destruction des agraviados. Ferdinand VII, en passant d'une province dans l'autre, paraît être retombé sous l'influence des apostoliques, ennemis du comte d'Espagne, à qui ils ne pardonneront pas la mort de Bessières. Les journaux racontent les entrées triomphales du roi dans ces villes d'Aragon, qui peuvent à peine donner du pain aux gens de sa suite. On ne sait où s'arrêtera la marche de ce gouvernement en démence. Il y a quatre ans, l'auteur d'un excellent livre sur l'Espagne, M. A. Rabbe, après un éloquent tableau de l'état de la Péninsule, s'écriait avec une confiance dans l'avenir qu'il faut partager : « Ce serait une étrange illusion de regarder comme finie une révolution qui commence, et de prendre les chances passagères d'un parti et ses exagérations inhumaines pour les garanties de sa conquête. L'avenir qui s'avance ne ratifiera point les décrets de l'inquisition. Si la faction qui pousse le trône de Castille vers l'abîme pouvait un moment ouvrir les yeux, elle frémirait de son triomphe. » On ne saurait dire mieux ni plus juste, et, malgré tout ce qui s'est passé depuis, nous en sommes malheureusement encore à ces espérances. On n'attend plus de ceux qui gouvernent l'Espagne qu'ils reviennent à de meilleures idées, on est réduit à désirer qu'ils se pressent à commettre leurs dernières fautes. L'État de leurs ressources est plus désespéré encore qu'on ne le croit ordinairement, et voici ce qu'on en peut dire d'après un document particulier très-digne de foi :

Les recettes de toute espèce faites par le gouvernement espagnol pendant l'année 1827 se sont élevées à trente-deux millions de piastres fortes, somme qui dépasse de beaucoup le revenu des années les plus prospères depuis bien longtemps. Voici comment on est parvenu à ce résultat extraordinaire. Le gouvernement a réclamé de prétendus arrérages dus sur les contributions annuelles depuis 1804 ; la violence a forcé tous ceux qui avaient de l'argent à payer. On a réclamé ensuite, comme dues au trésor, les sommes acquittées à titre de contributions ordinaires de 1808 à 1813 par les villes et les provinces occupées alors par les Français ; en sorte que ce qui a été payé à Joseph pour l'entretien des services publics, on a été obligé de le payer de nouveau à celui qui se regarde comme propriétaire de l'Espagne, et ne veut pas avoir été frustré comme absent. Les villes qui n'ont pas eu de quoi satisfaire à cette nouvelle réclamation ont été autorisées à taxer arbitrairement ceux qui à cette époque firent partie des ayuntamientos, et qui doivent être des gens riches. Enfin, le gouvernement a mis la main sur tous les dépôts et consignations d'objets en litige. Il a vendu à vil prix les biens d'un grand nombre d'émigrés constitutionnels. De toutes ces exactions est résultée la somme énorme de trente-deux millions de piastres, environ cent soixante millions de francs. Voici maintenant comment cela a été employé, car il n'en reste plus rien : les frais de perception se sont élevés à cinq millions de piastres ; cinq millions ont été envoyés en France ; c'est un remboursement fait on ne sait à qui, du moins pas au trésor, quoique l'Espagne lui doive beaucoup ; dix millions ont été dépensés pour les besoins de l'État, et douze millions pour la seule maison du roi : total trente-deux millions.

Depuis, le gouvernement de Ferdinand VII a vécu en dissipant les revenus affectés à l'extinction des intérêts de la dette nationale dont rien n'a été payé ces deux dernières années, excepté pour la dette Guebhard. On est aux expédients pour continuer ; et il faut entretenir par toute l'Espagne une population armée sous le nom de volontaires royalistes, qui jusqu'ici a maintenu le système par la terreur, mais qui commence à souffrir beaucoup de la misère. On voit déjà ces soldats de la restauration de 1823 demander l'aumône par détachements aux portes des hôtelleries et des grandes maisons. L'habit qui fut tiré des magasins français pour les vêtir est en lambeaux ; et, pour comble d'embarras, ils sont aujourd'hui beaucoup plus à redouter que par le passé pour les troupes de ligne qu'on essayerait au besoin de leur opposer ; car le commencement d'instruction et de discipline que les généraux français étaient parvenus à leur donner, pour se servir

d'eux contre les constitutionnels, a fructifié dans de continuels exercices. Ainsi l'on est au moment de voir quel funeste
présent ont fait à Ferdinand VII ceux qui, pour le dégager de
ses obligations envers la portion riche et éclairée de l'Espagne,
lui ont donné pour armée les classes inférieures de la nation,
abruties et sanguinaires, comme elles sont encore.

MÉMOIRES

SUR LES CAMPAGNES DES ARMÉES DU RHIN ET DE RHIN-ET-MOSELLE

De 1792 jusqu'à la paix de Campo-Formio

PAR LE MARÉCHAL GOUVION SAINT-CYR.

4 vol, in-8° enrichis de 15 cartes ou plans, d'un grand nombre d'états,
de situations, et accompagnés d'un Atlas d'une grande dimension et d'une rare
beauté. Prix : 70 fr. — Paris, 1829. Anselin [1].

On persuaderait difficilement aux hommes, et surtout aux
hommes de notre temps qui ont vu beaucoup de militaires, que
l'art de la guerre est celui de tous peut-être qui donne le plus
d'exercice à l'esprit. Cela est pourtant vrai ; et ce qui fait cet
art si grand, c'est qu'il exige le caractère autant que l'esprit,
et qu'il met en action et en évidence l'homme tout entier.
Sous ce rapport, l'art de la guerre n'a que l'art de gouverner
qui lui ressemble et l'égale. Regardez en effet aux œuvres
des poëtes, des savants, des orateurs les plus célèbres. Leurs
œuvres, même les plus belles, ne vous diront jamais de quelle
trempe fut leur âme. Regardez au contraire aux actions des
généraux et des hommes d'État ; toujours vous y lirez leur
caractère autant que leur esprit, parce qu'on gouverne et on

____

[1] *Revue française*, n° 12. Novembre 1829, page 195.

15.

combat avec son âme tout entière. Bien entendu cependant que gouverner ne signifie pas administrer une préfecture, et que combattre ne signifie pas charger à la tête d'un régiment; autrement il faudrait donner une âme et un esprit à trop de gens.

L'homme appelé à commander aux autres sur les champs de bataille, a d'abord, comme dans toutes les professions libérales, une instruction scientifique à acquérir. Il faut qu'il possède les sciences exactes, les arts graphiques, la théorie des fortifications. Ingénieur, artilleur, bon officier de troupes, il faut qu'il devienne en outre géographe, et non géographe vulgaire, qui sait sous quel rocher naissent le Rhin ou le Danube, et dans quel bassin ils tombent, mais géographe profond, qui est plein de la carte, de son dessin, de ses lignes, de leurs rapports, de leur valeur. Il faut qu'il ait ensuite des connaissances exactes sur la force, les intérêts et le caractère des peuples ; qu'il sache leur histoire politique, et particulièrement leur histoire militaire ; il faut surtout qu'il connaisse les hommes, car les hommes à la guerre ne sont pas des machines; au contraire ils y deviennent plus sensibles, plus irritables qu'ailleurs ; et l'art de les manier, d'une main délicate et ferme, fut toujours une partie importante de l'art des grands capitaines. A toutes ces connaissances supérieures, il faut enfin que l'homme de guerre ajoute les connaissances plus vulgaires, mais non moins nécessaires, de l'administrateur. Il lui faut l'esprit d'ordre et de détail d'un commis ; car ce n'est pas tout que de faire battre les hommes, il faut les nourrir, les vêtir, les armer, les guérir. Tout ce savoir si vaste, il faut le déployer à la fois, et au milieu des circonstances les plus extraordinaires. A chaque mouvement, il faut songer à la veille, au lendemain, à ses flancs, à ses derrières ; mouvoir tout avec soi, munitions, vivres, hôpitaux ; calculer à la fois sur l'atmosphère et sur le moral des hommes; et tous ces éléments si divers, si mobiles, qui changent, se compliquent sans cesse, les combiner au milieu du froid, du chaud,

de la faim et des boulets: Tandis que vous pensez à tant de
choses, le canon gronde, votre tête est menacée; mais ce qui
est pire, des milliers d'hommes vous regardent, cherchent
dans vos traits l'espérance de leur salut; plus loin, derrière
eux, est la patrie avec des lauriers ou des cyprès; et toutes
ces images, il faut les chasser, il faut penser, penser vite; car,
une minute de plus, et la combinaison la plus belle a perdu
son à-propos, et au lieu de la gloire, c'est la honte qui vous
attend.

Tout cela peut sans doute se faire médiocrement, comme
toute chose d'ailleurs; car on est poëte, savant, orateur médiocre aussi; mais cela fait avec génie est sublime. Penser fortement, clairement, au fond de son cabinet, est bien beau sans
contredit; mais penser aussi fortement, aussi clairement au
milieu des boulets, est l'exercice le plus complet des facultés
humaines. Ceux qui ont rêvé la paix perpétuelle ne connaissaient ni l'homme ni sa destinée ici-bas. L'univers est une
vaste action : l'homme est né pour agir. Qu'il soit ou ne soit
pas destiné au bonheur, il est certain du moins que jamais la
vie ne lui est plus supportable que lorsqu'il agit fortement;
alors il s'oublie, il est entraîné, et cesse de se servir de son
esprit pour douter, blasphémer, se corrompre et mal faire.
Une société en paix perpétuelle tomberait en pourriture.
Voyez quelle était la France à la fin du dix-huitième siècle!
Il faut sans doute qu'une guerre soit juste; mais, appuyée sur
la justice, succédant à de longs intervalles de paix, elle re-
trempe les mœurs et le caractère des nations.

Au reste, la preuve de ce que nous avançons est dans les
faits. De toutes les espèces d'hommes, celle dont il y a le
moins, ce sont les grands capitaines, les très-grands, il est
vrai. On en compte quatre ou cinq peut-être dans l'histoire;
et chose remarquable, ils ont été grands écrivains; car ce qui
est nécessaire pour agir comme pour écrire, c'est la supério-
rite de la pensée; et, quand on la possède, il est rare qu'on
ne l'emploie pas à faire les deux choses à la fois.

Cependant il ne faut pas être exclusif; on est militaire comme on est toute chose, avec différents caractères et différents degrés de supériorité. Après ces hommes qui, à la façon de César ou Bonaparte, changent la face du monde à coups d'épée, il y a ces hommes, d'une autre espèce, qui se bornent à défendre leur patrie. Il y a des Turenne et des Vauban dont le nom est immortel; il y a des Catinat auxquels la vertu donne presque l'éclat du génie, car nulle part la vertu ne sied mieux que dans un caractère guerrier. Ainsi, génie à part, l'homme de guerre savant, éclairé, qui est tout plein de ce qu'il a vu et de ce qu'il a fait, qui est homme de bien et aime son pays, est l'un des personnages les plus intéressants que l'on puisse rencontrer. Nous avons vu beaucoup de militaires dans ce siècle; de longues guerres avaient épuisé leurs facultés; et, ce qui est plus fâcheux, le régime des cours avait beaucoup altéré leur caractère. Naître dans une cour et y vivre peut se concilier parfaitement avec beaucoup de dignité; mais ne pas naître dans cette haute position, y arriver par accident, et d'une cour passer à une cour ennemie, est un malheur pour la noblesse du caractère. Cependant il est toujours quelques hommes de trempe assez forte pour résister à de rudes travaux et traverser impunément beaucoup de régimes. On a toujours cité M. le maréchal Saint-Cyr comme l'un des hommes qui, par la simplicité des mœurs, l'indépendance des sentiments, rappelaient le mieux ces guerriers patriotes, à la façon de Kléber et de Desaix, dont le nom est resté si beau dans nos annales. M. le maréchal Saint-Cyr est l'un de nos plus anciens généraux; il faisait partie de ces bataillons de volontaires qui s'armèrent spontanément en 1792 pour voler à la défense de nos frontières menacées. Soldat, et bientôt général à l'armée du Rhin, il fut collègue de Desaix et lieutenant de Moreau. Il fit la célèbre retraite de 1796, comparée à celle des dix-mille; il fit la campagne si malheureuse et si méritoire de 1799 contre Suwarow; il fit la célèbre et victorieuse campagne de 1800, qui se termina par le superbe trophée de Hohenlinden. Sous l'Empire, sa carrière ne cessa pas d'être utile ; sous la Restauration, il nous a donné une loi, la plus belle après la Charte ; et il s'est noblement retiré quand il a cru devoir ce sacrifice à son pays. La vie de M. le maréchal Saint-Cyr est donc une des belles vies de nos modernes annales. A côté de ces gloires, comme celles de Kléber et Desaix, que la mort décerne, il y en a une autre pour ceux qui vivent longtemps, c'est de vivre purement. A travers ces jeux bizarres et sanglants de la fortune, on peut bien ne pas lui dérober son bien-être, mais on peut lui dérober son caractère et le garder sain et pur.

Dans les actions des hommes on peut toujours lire leur caractère quand on sait lire ; mais on n'y retrouve pas aussi bien leur esprit. Pour le retrouver, il faut aller le chercher dans leurs écrits, s'ils ont consacré par des écrits leurs actions et les motifs de leurs actions. M. le maréchal Saint-Cyr, en nous donnant ses Mémoires, vient de nous prouver toute la force de son esprit dans les matières qui ont fait l'occupation de sa vie. Ces Mémoires offrent un livre simple, grave, profond, convenablement écrit, c'est-à-dire parfaitement. Sans doute M. le maréchal Saint-Cyr n'a pas le désir qu'on fasse de lui un écrivain ; mais il l'est comme on doit toujours être fier de l'être, il l'est par les bonnes raisons ; il l'est parce qu'il conçoit profondément et clairement ce qu'il expose, et qu'alors de bons termes arrivent nécessairement pour le rendre. Ce qui pouvait cependant ne pas être, ces bons termes sont parfaitement élégants. Peu de livres de ce temps-ci sont aussi bien écrits ; et il est singulier que, lorsque les hommes dont la profession est d'écrire laissent corrompre ce bel art, il se conserve chez les hommes qui ne l'ont jamais exercé. Cela doit être : les bonnes leçons en ce genre nous viendront des hommes solides qui ont des choses sérieuses à dire, et que le sérieux de ces choses préservera de ces goûts fantastiques et puérils qui font le ridicule de notre temps.

Nous n'avons parlé du style que parce qu'il tient, dans le

livre que nous examinons, aux bonnes qualités de la pensée.
M. le maréchal Saint-Cyr se proposait un but plus élevé ; il
voulait donner des leçons aux générations futures qui auront
à leur tour à défendre la patrie, et qui auront à la défendre
sur le sol même où on la défendit en 1792 ; car malheureusement nous n'avons pas fait un pas vers nos frontières naturelles ; et ce Rhin que M. le maréchal Saint-Cyr, avec tous les
bons esprits, regarde comme la seule ligne sur laquelle puisse
se baser notre défense, ce Rhin conquis par tant de sang, ce
Rhin tant dépassé, et peut-être pour avoir été dépassé, ne
nous reste pas. Il faudra nous battre encore sur les mêmes
lieux où nos belles armées versèrent tant de sang, sur la
Lauter, sur la Queich, à Kaiserlautern, à Mayence, à Manheim,
Strasbourg, Huningue. Aucun homme ne connaît mieux tous
ces lieux que M. le maréchal Saint-Cyr ; aucun ne connaît
mieux la guerre qu'on peut y faire. M. le maréchal Saint-Cyr
n'aime pas les systèmes, et il a raison. Il pense que la meilleure de toutes les instructions pour la guerre, c'est l'histoire,
c'est-à-dire l'expérience, et il a raison encore. De notre temps,
on a beaucoup écrit sur ces matières, et beaucoup fait de
systèmes. Comme on fit au lendemain des campagnes de
Frédéric, on fait au lendemain de celles de Napoléon : on com-
mente, on définit, on subtilise. Il en est de l'art de la guerre
comme de tous les autres ; après les chefs-d'œuvre arrive la
critique, qui prétend donner le pourquoi et le comment de
toutes les opérations, ce qui est bon et utile ; mais qui prétend aussi créer un art, le réduire à quelques principes, par
l'application desquels tout est bien, sans l'application desquels
tout est mal. De là sont résultées ces interminables discussions
sur l'ordre oblique, sur l'ordre mince ou profond, et ces autres discussions plus modernes sur la tactique et la stratégie.
Parce qu'il avait réussi à Frédéric, au lieu d'attaquer de
front une armée, de se porter sur une de ses ailes pour l'accabler, on en conclut un ordre d'attaque par excellence,
qu'on appela l'ordre oblique, avec lequel toute bataille de-

vait être gagnée, et sans lequel toute bataille perdue. L'Europe le crut; partout on instruisait les soldats comme ceux
de Frédéric; on les dressait comme des mannequins; on les
habituait, dans de belles parades, à défiler obliquement devant une ligne ennemie, et à se porter sur ses ailes. C'était à
Potsdam surtout que ces parades avaient lieu; toute la jeune
noblesse de l'Europe courait y apprendre l'art des grands capitaines, que le comte de Guibert traduisait en beau langage
parisien. Le vieux Frédéric, qui employait le temps de la paix
à se moquer de l'Europe, souriait en voyant nos jeunes Français courir à ses manœuvres, et n'avait qu'un regret, c'était
de ne pas les commander, mais à sa façon, qui n'était pas
celle qu'il avait l'air d'enseigner au monde. Les prodigieux
mouvements de Napoléon, qui a exécuté sur la carte de l'Europe des enjambées si vastes et si hardies, ont suggéré l'idée
de deux sciences: l'une, la *tactique*, consistant dans l'art de
manœuvrer sur un terrain resserré, d'adapter les différentes
armes à la forme de ce terrain, de les placer, de les mouvoir
convenablement; l'autre, la *stratégie*, consistant dans les
vastes mouvements qui ont pour but d'occuper la meilleure
ligne d'opérations, de se porter sur les points les plus dangereux pour l'ennemi, sur ses flancs, ses derrières, ses magasins, sa capitale, etc. La première de ces sciences ferait les
bons généraux, l'autre les grands. On a prétendu réduire la
seconde à quelques principes rigoureux, avec lesquels on devient de grands capitaines, à la condition de les entendre.
Nous en doutons, car nous connaissons quantité de gens qui
seraient capables de les entendre, et qui, à ce compte, seraient autant de César ou de Napoléon; et il nous répugne
d'admettre que les César et les Napoléon soient si répandus
en ce monde. Les principes de cette science sont développés
dans un savant livre de l'archiduc Charles, et dans les livres
plus célèbres du général Jomini, si estimés par Napoléon.
Quoi qu'il en soit des théories contenues dans ces ouvrages, ils
renferment un grand savoir, une critique profonde, l'em-

preinte d'un esprit supérieur, et ils ont ainsi de meilleurs gages de durée que des systèmes toujours contestés.

Qu'il y ait à la guerre des maximes vraies, utiles, résultant de l'expérience, comme il y a des préceptes d'État en politique, des sentences en morale, cela n'est pas douteux ; mais qu'on puisse rédiger un art, le réduire à quelques principes absolus, et ensuite vaincre avec, cela n'est pas probable. Autant vaudrait dire qu'on peut faire un art de la politique, au moyen duquel tout homme serait grand homme d'État ; un art de la vie, au moyen duquel tout homme serait sage et heureux. Les combinaisons infinies, inépuisables, que la nature des choses amène, ne permettent pas ces analyses rigoureuses. Prenez une seule vie militaire, et voyez si sa richesse n'échappe pas à toutes vos énumérations. A Castiglione, Napoléon sacrifie le blocus de Mantoue, qui était prête à se rendre, pour concentrer ses forces, et battre l'ennemi qui venait à lui. L'Europe admire ce hardi sacrifice qui lui donne la victoire. A Arcole, il se jette dans des marais, où il n'y avait que deux chaussées praticables, et annule le nombre par la nature du terrain sur lequel il se place. A Rivoli, au milieu d'un pays de montagnes, il profite de la division des armes de l'ennemi, dont l'infanterie tenait les hauteurs, dont l'artillerie et la cavalerie tenaient la plaine, se porte hardiment sur le plateau où elles devaient se réunir, prévient leur jonction, et les détruit privées les unes des autres. A Marengo, à Ulm, il tourne son adversaire ; à Austerlitz, il enfonce son centre ; partout il agit selon les circonstances, et varie ses combinaisons suivant les temps, les lieux et l'ennemi. Qui pourrait donc énumérer toutes ses manœuvres ? Après les siennes, celles de Frédéric, de Turenne, d'Eugène, de Marlborough ; et, remontant dans les siècles, celles de César et d'Annibal ? Qui trouverait, au milieu de cette suite d'inspirations du génie, un principe commun, unique, générateur éternel de la victoire ? Le but, sans doute, est constant ; c'est de battre l'ennemi ; et, pour cela, on voit le vainqueur chercher le

point le plus vulnérable : tantôt les flancs, le centre, les derrières, les dépôts, les magasins, la capitale ; mais cela avec
une telle variété de cas, que ce qu'il y a de commun dans
tous n'est plus qu'une insignifiante généralité.

Cependant, si avec toute sa bonne volonté accoutumée l'esprit humain ne peut pas rédiger un système et le réduire à
quelques principes rigoureux, il y a une chose possible et
utile, c'est l'expérience ; et elle résulte de l'histoire éclairée
par une saine critique, de l'histoire comme on la trouve
écrite par les grands capitaines, comme elle l'est dans les
Commentaires de César, dans les œuvres de Frédéric, dans ce
que Napoléon a écrit sur lui-même, sur Turenne, sur Frédéric, enfin dans les Mémoires de M. le maréchal Saint-Cyr. Si
la science de la guerre a ses dogmatiques, elle a ses empiri-
ques aussi, qui sont allés jusqu'à nier même la possibilité
d'une bonne critique. Ils ont prétendu que tous les jugements
portés sur les opérations militaires étaient vains ; que le hasard avait une si grande part au succès, qu'il était impossible
de faire celle du calcul et de l'habileté, et qu'on ne pouvait
jamais considérer que le résultat. A ce compte, Frédéric, Napoléon, ne seraient que des joueurs heureux ; mais nous avons
vu le malheur avoir assez de part à leur vie, pour être obligés
de reconnaître autre chose qu'une fortune infidèle pour cause
de leurs succès. Sans doute, la critique peut se tromper, né-
gliger souvent de tenir compte d'un accident de l'atmosphère,
ou de la bravoure d'un sous-lieutenant, qui a décidé du succès. Mais c'est une erreur qu'elle peut commettre dans tous
les genres d'histoire, et c'est pourquoi on lui fait un mérite
de son exactitude à tenir compte de toutes les circonstances.
Néanmoins il est constant que, sauf erreur, elle peut s'exercer justement ; que souvent elle s'exerce ainsi, car autrement
il ne faudrait plus ni blâmer ni louer aucune opération, et
les trouver toutes indifférentes, excepté par le résultat. La
preuve, d'ailleurs, en est facile à donner ; nous allons la trouver dans l'analyse des Mémoires de M. le maréchal Saint-Cyr ;

on y verra les mêmes événements critiqués de la même manière par les esprits les plus divers, les plus rarement d'accord, et tous supérieurs, quoique à des degrés différents.

M. le maréchal Saint-Cyr prend l'histoire des campagnes de
la Révolution à leur origine même. Quoique plein de détails de
tactique, ce livre peut être intéressant pour les esprits politiques eux-mêmes, car l'histoire de la guerre, bien faite, est
aussi importante pour les hommes d'État que pour les hommes de guerre. On voit, en lisant ces beaux Mémoires, comment la France, assaillie de tous côtés, sut échapper à de si
urgentes extrémités. Attaquée par toute l'Europe, elle avait
une armée qui n'était pas de deux cent mille hommes. Presque pas un des officiers et des soldats qui la composaient
n'avait vu le feu, car la guerre d'Amérique avait fini en
1783, c'est-à-dire dix ans auparavant. Cette guerre, d'ailleurs,
qui avait donné tant de développement à notre marine, n'a-
vait presque rien appris à notre armée de terre, dont quelques
régiments à peine avaient été employés en Amérique, et sur
laquelle pesait encore le souvenir de Rosbach. Toujours soucieux de notre supériorité militaire, nous allions, comme on
a vu, chercher des leçons en Prusse, et nous en avions rapporté une discipline pédantesque et incompatible avec notre
humeur. Cette discipline même finit par révolter l'armée,
quand on voulut la compléter sous le comte de Saint-Germain,
en y ajoutant les coups de plat de sabre. Cette réforme, in-
troduite avec une intention novatrice, irrita un siècle nova-
teur, parce qu'elle blessait le caractère national. Quoi qu'il en
soit, cette armée était assez bien disciplinée, bien qu'un peu
affaiblie par le régime des casernes ; l'artillerie en était parfaitement instruite ; nos officiers savaient tout ce qui s'apprend
dans les écoles, quoique, parmi eux, il se trouvât beaucoup
de jeunes courtisans, ignorants et dissipés.

La guerre de 1792 ne nous trouva pas même dans cet état.
Tous les officiers avaient émigré, les uns par crainte, les autres par mode ; et ceux qui restaient étaient tellement sus-

pects, qu'ils ne pouvaient plus être utiles. Une multitude de
volontaires, soulevée par le célèbre manifeste de Brunswick,
était venue renforcer les derrières de notre armée d'une qualité d'hommes indisciplinés, point aguerris, mais robustes et
enthousiastes. Ils étaient organisés en bataillons, à part de
l'armée de ligne. Ainsi nous marchâmes à l'ennemi avec une
armée régulière de soldats de métier, avec une armée irré-
gulière de volontaires, presque pas d'officiers, et une artillerie excellente.

Les premiers pas furent faits avec désordre. Une tentative
sur la Belgique n'amena que des déroutes, fruit de l'indiscipline et de la confusion. Suivant la coutume des soldats indisciplinés d'attribuer leur désordre à leurs chefs, les nôtres
s'en prirent à leurs officiers, et le malheureux Dillon fut
massacré. Cependant, un homme habile et ferme se rencontrant, il était possible de tirer parti de cet ensemble confus.

Bientôt l'offensive qui nous avait si mal réussi fut prise par
les Prussiens. On vit cette armée, la plus redoutée de l'Europe, à la tête de laquelle on croyait toujours voir l'ombre du
grand Frédéric, et qui était commandée par l'un de ses plus
illustres disciples, on la vit s'avancer au sein de nos provinces.
Nos soldats se trouvèrent dans cet instant privés même de général, par le départ de M. de la Fayette. Un intrigant, hardi,
brave, plein de génie, qui avait végété dans les cours jusqu'à cinquante ans, et qui avait cette pétulance produite par
une attente trop longue, Dumouriez se trouvait au camp de
Maulde. Il s'était emparé fortement de ses soldats, en les habituant au feu par de petites actions de tous les jours. Une dés-
obéissance, commise à propos à l'égard de son général, M. de
la Fayette, lui valut le commandement en chef. Dans le moment il n'avait que vingt ou vingt-cinq mille hommes sous la
main. Il ne fut pas intimidé, et eut la hardiesse de venir barrer le chemin que devait franchir l'armée prussienne. C'était
la forêt de l'Argonne, devenue célèbre depuis dans nos annales patriotiques. Ne pas perdre la tête dans un pareil moment,

et venir hardiment, quoique imprudemment peut-être, se placer sous les pas de l'ennemi, annonçait une grande force d'esprit et de caractère, et doit être considéré comme un service éminent. Napoléon en a jugé ainsi, et a exprimé une haute admiration pour cet acte singulier d'assurance. Malheureusement Dumouriez fut tourné, ce qui était immanquable, comme l'observe très-bien M.. le maréchal Saint-Cyr, car il est peu de positions, si obstruées qu'elles soient, qui n'aient quelque issue par laquelle elles puissent être franchies. L'Argonne fut tournée comme les Thermopyles ; mais Dumouriez ne mourut pas, il fit mieux, il décampa hardiment avec quinze ou dix-huit mille hommes qui lui restaient, et vint s'adosser à l'un de ses lieutenants, Dillon, qui défendait, aux Islettes, l'un des passages de l'Argonne. La route de France se trouva ouverte, mais l'ennemi ne voulut pas la prendre en laissant sur ses derrières Dumouriez et Dillon, appuyés l'un à l'autre, et attirant tous les jours de nouveaux renforts. Il alla mourir de faim, de misère et de dyssenterie, devant le camp de Dumouriez, que rien ne put décider à quitter une position bien choisie, ni les ordres du gouvernement, ni les alarmes de la capitale. La canonnade de Valmy, tentée par les Prussiens pour éprouver nos troupes, acheva de les dégoûter, et ils causèrent à l'Europe cette surprise si grande de se retirer devant nos jeunes soldats.

Telle fut cette première opération, si fameuse, et qui nous donna le courage de la résistance. M. le maréchal Saint-Cyr, dont la sévérité est inexorable pour tout le monde, voudrait substituer au plan de Dumouriez un plan fort sage, mais tout simplement impossible. Il remarque, avec beaucoup de raison, que, lorsque d'une armée dépend le salut du pays, il ne faut pas la compromettre, et qu'il vaut mieux perdre du terrain que des batailles ; qu'au lieu de tenir tête aux Prussiens avec des troupes incapables de leur résister, il fallait s'écarter pour leur ouvrir le passage, faire sur leurs flancs une guerre de détail, donner aux autres généraux le temps d'arriver,

et les faire périr entre une population soulevée et plusieurs
armées réunies. Ce plan est fort bon sans doute, mais il n'appartenait pas aux généraux d'en suivre un pareil. Le général qui, même avec les vues les plus sages, aurait laissé entrer l'ennnemi sans essayer d'abord de lui barrer le chemin,
eût passé pour un traître. Le gouvernement lui-même, s'il
eût donné de pareils ordres, aurait été suspect, ou du moins
aurait perdu l'ascendant que lui donnait l'audace. Généraux
et gouvernants étaient tenus alors d'agir avec une audace
déréglée.

Plus tard les fautes de Dumouriez, et surtout de ses collègues, sont incontestables, et l'accord de M. le maréchal
Saint-Cyr avec tous les historiens qui les ont relevées prouve
combien la critique peut être unanime, et par conséquent
fondée.

Dumouriez, au lieu de harceler les Prussiens dans leur retraite, laissa ce soin à ses lieutenants, non qu'il s'entendît
avec les Prussiens, comme paraît le croire M. le maréchal
Saint-Cyr, mais parce qu'il était plein d'une idée, la conquête
de la Belgique. Il courut à Paris recevoir des fêtes, obtenir des
moyens de toute espèce ; il vola ensuite en Belgique, aborda
de front l'armée autrichienne, lui livra un assaut brillant à
Jemmapes, releva par cette bataille le moral de nos troupes,
refit la réputation des armées françaises, et s'arrêta enfin sur
la Meuse sans pousser jusqu'au Rhin. Dans le même temps,
Custine, lieutenant de Biron sur le Rhin, profitait de l'abandon où les coalisés avaient laissé cette frontière, se présentait devant les villes allemandes mal gardées, s'aidait de leur
esprit révolutionnaire pour y pénétrer, enlevait d'un coup
de main l'importante place de Mayence, et osait même s'avancer jusqu'à Francfort, où il joignait, à l'imprudence de quitter
la base du Rhin, celle d'aliéner une cité amie en lui imposant des contributions.

Les fautes de nos généraux sont ici visibles et frappantes
pour tous les yeux. Dumouriez, au lieu de laisser les Prus-

siens se retirer tranquillement, au lieu de venir perdre du temps à Paris pour aller ensuite se jeter de front sur les Autrichiens de la Belgique, devait réunir à lui toutes les forces alors sous sa main, s'élevant à près de quatre-vingt mille hommes, poursuivre les Prussiens à outrance, les jeter dans le Rhin s'il le pouvait, ou du moins les y ramener ; puis, descendant le cours de ce fleuve, prendre par derrière l'armée autrichienne des Pays-Bas, et lui faire déposer les armes. Custine, de son côté, au lieu de faire des excursions folles en Allemagne, devait s'en tenir au Rhin, et venir coopérer à la destruction des Prussiens, qui eût été certaine s'il s'était joint à Dumouriez. Ces fautes sont frappantés, et elles sont celles des généraux, du gouvernement, de tout le monde ; mais tout le monde alors ignorait ce qu'on a appris depuis, et éprouvait un trouble d'esprit que nous ne ressentons plus aujourd'hui, et que nous comprenons même difficilement.

Nous ferons remarquer cependant que M. le maréchal Saint-Cyr, si sévère pour Dumouriez, dont il loue bien froidement les faits d'armes, et surtout le courage d'esprit, est beaucoup plus indulgent pour Custine, qui ne fit rien qu'un coup de main, et qui commit à Francfort des fautes qu'on peut appeler sottes, tant elles étaient empreintes d'étourderie et d'irréflexion. Du reste, c'est sous ses ordres que M. le maréchal Saint-Cyr commença sa carrière, et on conçoit sa prédilection involontaire. Il le peint du reste à merveille, relève en lui un mérite, celui de maintenir une sévère discipline, de plaire aux soldats par sa tournure, ses moustaches, ses airs de fanfaron ; il le distingue bien de Dumouriez, qui, homme de cour et d'esprit, plaisait plus aux officiers qu'aux soldats, tandis que Custine plaisait plus aux soldats qu'aux officiers. Du reste, leur carrière fut conforme à ce caractère, car Dumouriez montra un courage d'esprit imperturbable, et Custine, brave d'ailleurs, ne montra ce courage ni sur le Rhin ni sur l'échafaud.

Telle fut cette première campagne de la Révolution, qui

causa en Europe un étonnement extraordinaire. Au lieu de nous voir ramenés tambour battant à Paris, on nous vit victorieux en bataille rangée, conquérants de la Belgique, maîtres de Mayence et faisant des pointes en Allemagne. Il n'y avait pas là de quoi ramener la France révolutionnaire à une politique modérée. Elle ajouta l'Angleterre et l'Espagne à la liste de ses ennemis, préférant des hostilités déclarées à des hostilités sourdes, et conservant, pour tout reste de liaison avec l'Europe, la neutralité d'un petit État, la Suisse.

La seconde campagne devait présenter un aspect différent. Le ridicule mépris qui nous avait fait attaquer trop faiblement, s'était changé en crainte. Outre nos premiers ennemis, l'Angleterre et l'Empire germanique venaient d'entrer en lice ; l'Espagne y était entrée aussi avec une excellente armée et un excellent général. L'Autriche faisait arriver Cobourg avec les troupes illustrées en Orient. Les Prussiens se préparaient à redoubler d'efforts. De notre côté, nous avions gagné beaucoup de confiance ; mais les premières ressources réunies en munitions et en matériel étaient épuisées ; nos volontaires, organisés en bataillons séparés, étaient déjà familiarisés avec le feu, mais diminués en nombre par la désertion de ceux qui croyaient leurs devoirs remplis. Notre artillerie avait acquis beaucoup de gloire et de valeur, mais perdu en matériel. Les anciens officiers devenaient tous les jours plus suspects et moins nombreux, par l'effet de l'émigration.

Nous fûmes fortement attaqués sur le Rhin et en Belgique. Dumourier, qui avait fait la faute de s'arrêter sur la Meuse, au lieu de pousser droit au Rhin, pour prendre d'emblée cette puissante ligne, commit l'autre faute, bien plus grave, de tenter une entreprise téméraire sur la Hollande, tandis qu'il laissait de simples lieutenants pour résister sur la Meuse à tout l'effort des Autrichiens. Il fut, comme on le sait, bientôt ramené par les revers essuyés sur ses derrières, perdit la bataille de Norwinde par la faute de l'un de ses généraux ; et, joignant l'humeur que lui causait sa défaite à celle que lui inspirait une démocratie tracassière, il leva l'étendard de la révolte, reçut des coups de fusil de ses troupes, se sauva à l'étranger, et retourna consumer dans l'oisiveté un génie rare, gâté par l'intrigue et les cours.

Custine, après être resté sottement autour de Francfort, faisant le brave, fut bientôt obligé de rentrer sur le Rhin ; puis, n'osant tenir autour de Mayence, il laissa dans la place une garnison de vingt mille hommes ; et ayant vu un corps de ses troupes se débander à l'approche de l'ennemi, qui passait le Rhin sur ses flancs, perdit la tête à tel point qu'il ne s'arrêta qu'aux lignes de Wissembourg. Mayence fut investie ; l'Alsace fut menacée. Au même instant la frontière du nord était envahie ; Dunkerque et Maubeuge étaient en péril ; Perpignan était pour ainsi dire bloqué ; Lyon, Toulon, étaient en révolte ; les Vendéens étaient à Saumur, et menaçaient Nantes. C'est dans ce moment que s'établit le célèbre comité de salut public, et que furent faites tant de choses, avec précipitation, avec violence, mais avec présence d'esprit et héroïsme. M. le maréchal de Saint-Cyr, qui parle avec tant de dignité des hauts faits des armées républicaines, et qui le fait, il faut le dire, comme très-peu de MM. les maréchaux sortis de ces armées seraient capables de le faire aujourd'hui, ne rend peut-être pas assez de justice aux travaux de ce gouvernement, obligé de tout faire hâtivement et brutalement. Du reste, la tâche de M. le maréchal Saint-Cyr n'est pas de juger les nécessités politiques de ce temps-là. La sienne est de juger les mesures et les opérations militaires. La levée en masse, imaginée à cette époque, n'obtient point son suffrage. Elle ne procura, dit-il, qu'une multitude confuse, mal armée, et qui se débanda ou fut renvoyée. M. le maréchal Saint-Cyr cite même ce qui se passa à l'armée du Rhin, où il n'en resta que deux bataillons. Il a raison pour cette armée, mais il se trompe pour les autres. L'armée du Rhin ne fut pas celle qui paraissait la plus menacée, et vers laquelle on dirigea les nouveaux réquisitionnaires. Ce furent les armées de Belgique, de l'Ouest et du Midi, qui en reçurent le plus grand nombre, et qui y trouvèrent une abondante matière à recrutement, pour tout le reste de la guerre. L'armée du Rhin resta presque entièrement composée de volontaires de 1792, qui n'étaient pas ceux de 1793, ce qui lui imprima un caractère qu'elle conserva longtemps.

Quoi qu'il en soit, grâce aux efforts faits à cette époque, Dunkerque fut sauvé par une victoire de Houchard, qu'il paya de sa tête, parce que ce ne fut qu'une demi-victoire. Maubeuge fut sauvé par une victoire du brave Jourdan. Mayence résista d'une manière héroïque pendant quatre mois d'un siége épouvantable, et protégea longtemps la frontière du Rhin. Toulon et Lyon furent repris, les Vendéens ramenés sur leur territoire.

La chute de Mayence, qui finit par céder faute d'avoir été secourue à temps par Beauharnais, reporta la campagne en deçà du Rhin, et la fit durer bien avant dans l'hiver. Wurmser et Brunswick se portèrent alors sur les lignes de Wissembourg. Beauharnais avait donné sa démission. Tous les anciens officiers s'étaient retirés, poursuivis de soupçons et abreuvés de dégoûts. Tout le monde se défiant de ses forces, et craignant d'ailleurs une responsabilité terrible, refusait le commandement. Ainsi, soit modestie, soit terreur, l'armée était sans chef. Elle n'en avait pas, ou à peu près, quand elle fut attaquée, perdit les lignes de Wissembourg, et fut repliée sous Strasbourg. Grâce à la résistance prolongée de Mayence, le nouveau danger survenait dans un moment où on avait paré à tous les autres. Le gouvernement pouvait donner toute son attention à la frontière du Rhin. Il envoya deux terribles proconsuls, Saint-Just et Lebas, qui commirent de grandes cruautés, mais rétablirent l'énergie sur cette frontière menacée à la fois par les armées autrichiennes et prussiennes et par les intrigues des émigrés. On cherchait toujours des généraux; on trouva Hoche, ancien soldat aux gardes françaises, qu'une ardeur extrême, et des mémoires adressés au gouvernement sur les opérations dont il était le témoin, signalèrent à l'attention de Carnot. On trouva aussi Pichegru, qui n'avait pas, comme Hoche, entendu siffler les balles et les boulets, et qui n'avait jamais vu l'ennemi, comme dit M. le maréchal Saint-Cyr, qu'avec une lunette d'une rive du Rhin à l'autre. Cependant on le disait assez instruit. Ces deux hommes eurent, sous la direction des représentants, le commandement, l'un de l'armée de la Moselle, l'autre de celle du Rhin, opérant toutes deux sur la chaîne des Vosges, chacune sur l'un des versants. La manœuvre naturelle était de réunir les deux armées à la fois sur un seul versant pour y accabler les Autrichiens, et aller ensuite sur l'autre accabler les Prussiens. Cependant les deux généraux combattirent d'abord isolément. Hoche fut battu à Kaiserlautern. On le croyait perdu ; mais sa détermination, son désir de bien faire, lui concilièrent le comité de salut public, et il fut le premier général battu qui reçut des félicitations. Il conçut ou il reçut de Carnot, suivant M. le maréchal Saint-Cyr, la belle idée de se réunir à Pichegru pour accabler Wurmser sur l'un des côtés des Vosges, ce qui fut fait, et ce qui amena la reprise des lignes de Wissembourg, le déblocus de Landau et le salut de cette frontière. Ainsi finit la seconde campagne de la Révolution par le recouvrement des frontières d'abord envahies de toutes parts.

Il faudrait lire les détails de cette campagne dans les Mémoires mêmes de M. le maréchal Saint-Cyr ; il faudrait voir comment il peint les tâtonnements et les progrès de nos soldats, s'habituant tous les jours au feu, et, quoique incapables encore de manœuvrer en grandes masses en présence des armées les plus manœuvrières de l'Europe, pouvant leur opposer une résistance heureuse dans les pays accidentés, et ayant déjà, de régiment à régiment, une supériorité décidée ; il faudrait voir se former peu à peu un état-major par la réunion, faite à la hâte, de tous les officiers qui avaient quelque instruction et quelque connaissance des arts graphiques ; il faudrait voir les généraux se former au commandement d'une

division et d'une armée, les représentants eux-mêmes, tracas-
sant, intimidant les généraux, mais apportant partout où il
fallait une autorité irrésistible, et qui levait tous les obstacles;
cherchant le mode le plus convenable d'avancement, d'abord
l'élection par les soldats, puis l'ancienneté des services, et
enfin leur propre volonté; et, dans un moment d'urgence où
la faveur disparaissait devant le besoin, donnant à la France
tous les grands généraux qui l'ont illustrée. Il faudrait voir,
enfin, les actes admirables de bravoure que relève partout le
noble historien, dont le style s'anime, se colore, lorsqu'il peint
le vieux Campagnol, chef du premier bataillon de Lot-et-Ga-
ronne, vieillard vénérable qui excitait l'admiration et l'enthousiasme de tous les jeunes soldats :

« Quand il indiquait avec son chapeau aux volontaires,
qu'il appelait ses enfants, les points où ils devaient diriger
leurs feux, ses longs cheveux blancs faisaient sur sa troupe
l'effet de ce panache dont on a raconté les merveilles. En gra-
vissant les rochers boisés et embarrassés encore par les abatis
qu'on y avait pratiqués, ses forces physiques l'abandonnèrent;
mais ses grenadiers lui firent aussitôt, d'une espèce de bran-
card, un pavois sur lequel ils l'élevèrent et le portèrent à leur
tête, jusqu'au moment où l'ennemi, cédant à tant d'intrépidité,
se réunit sur la crête de la montagne en se resserrant sur les
autres troupes de sa division [1]. »

M. le maréchal Saint-Cyr fait au plan général de cette campagne un reproche, c'est d'avoir laissé vingt mille hommes
dans Mayence. Il pense qu'il fallait raser cette place, ce qui
nous eût épargné plus tard tant d'efforts pour la bloquer ou
la reprendre, et eût privé les Autrichiens d'une tête de pont
sur le Rhin; que les vingt mille hommes, retirés de la place
et joints à l'armée du Rhin, lui auraient fourni le moyen de
tenir la campagne. Il y a contre cette opinion de M. le maréchal Saint-Cyr une objection qu'il ne se dissimule pas, c'est

[1] Tome Ier, page 95.

que cette défense opiniâtre de Mayence retarda pendant quatre
mois la marche des coalisés, et que quatre mois dans ce moment étaient d'un prix immense. Il y a une remarque à ajouter
contre l'opinion de M. le maréchal, c'est que ce délai divisa
les dangers, et empêcha ceux du Rhin de concourir avec ceux
de la Belgique; que vingt mille hommes de plus n'auraient
donné à notre armée que le nombre, qui ne lui manquait pas,
et point la solidité dont elle manquait encore pour tenir la
campagne; et qu'enfin cette belle garnison alla sauver la
République dans la Vendée. Quoi qu'il en soit, du reste, nous
citons cet avis de M. le maréchal pour prouver combien ses
vues, même quand elles sont contestables, sont importantes
et dignes d'être méditées.

Nous n'adresserons plus qu'une observation à M. le maréchal Saint-Cyr, c'est en faveur d'un homme illustre et malheureux, qui avait fait augurer à ses contemporains une grande
supériorité, et qui a conservé dans l'histoire le prestige d'une
belle espérance détruite par une mort prématurée : nous voulons parler de Hoche, que M. le maréchal Saint-Cyr a vu
avant l'époque où l'expérience l'avait mûri, et dont il a retenu
quelques paroles inconsidérées de jeune homme; fort communes alors, car tout le monde était jeune, même les vieillards. Tous les hommes ne se développent pas d'une manière
égale : il y en a chez lesquels l'audace devance la prudence;
il y en a d'autres, mais en moindre nombre, chez lesquels la
prudence devance l'audace, et qui *deviennent audacieux en
vieillissant*, comme Napoléon le dit de Turenne avec une profonde admiration. Hoche était des premiers; une fougue extraordinaire avait devancé chez lui le développement de l'esprit, mais n'avait fait que le devancer, car cet esprit se
développa bientôt avec une étonnante rapidité. Vigoureux et
décidé, Hoche devint en outre un homme d'un jugement
rare. Sa correspondance, d'abord médiocre et mal écrite, devint bientôt correcte, sage et souvent profonde. Quelques-unes
de ses lettres écrites de la Vendée sont d'une admirable saga-

cité. Son opération de Quiberon fut conduite avec autant d'habileté que de vigueur. Sa pacification de la Vendée lui valut un
vaste renom de sagesse; et enfin la bataille de Neuwied lui a
mérité même le suffrage de M. le maréchal Saint-Cyr. Il était,
dit-on, ambitieux; mais qui ne l'est pas dans les gouvernements libres? Il eût provoqué la guerre civile pour résister à
Napoléon : qui le sait? Il est mort pur, généreux et probe, et
avec des qualités qui, chaque jour, de brillantes devenaient
solides. Il y a assez de fautes vérifiées pour ne pas encore ima-
giner les fautes possibles; nous n'avons pas assez de gloire
intacte pour être inexorables.

La campagne de 1794, la troisième de la Révolution, ne
pouvait manquer d'être brillante. Nous partions de nos frontières à peu près sur tous les points, sauf en Flandre, où une
petite partie de territoire avait été perdue. L'ardeur de nos
jeunes soldats, dont le patriotisme était exalté par leurs derniers succès, était extraordinaire. On venait de prendre une
excellente mesure, sous le rapport de l'organisation ; c'était
de fondre ensemble les bataillons de volontaires avec les troupes de ligne, pour effacer toute différence entre des troupes
devenues égales par la bravoure et l'instruction. On forma ce
qu'on appela des demi-brigades, en les composant d'un bataillon de ligne et de deux bataillons de volontaires. Des officiers excellents s'étaient formés; une foule de bons généraux
de brigade et de division perçaient de toutes parts, comme autant d'espérances pour former des généraux en chef. On citait
Marceau, Desaix, Saint-Cyr, et ce Kléber, qui *ne voulait ni
commander ni obéir*, mais qui, dans les moments de péril,
montrant au feu sa belle tête et sa taille gigantesque, prenait
sur ses inférieurs et ses supérieurs un ascendant qui le rendait le véritable maître de la journée. Nos généraux en chef
avaient commencé à acquérir de l'expérience. Hoche s'était
fait mettre aux fers ; mais Pichegru avait été conservé et transporté à l'armée du Nord ; Jourdan commandait l'armée de la
Moselle.

L'ennemi, concentré en Flandre dans la forêt de Mormale, y résistait à tous nos efforts. Après l'avoir vainement attaqué sur son centre, on se décida à agir sur ses ailes. Deux colonnes opérant l'une vers la mer, l'autre vers la Meuse et la Sambre, eurent plus de succès. Une grande mesure, due à Carnot, compléta notre triomphe. Jourdan, attiré sur la Meuse avec cinquante mille hommes des armées de la Moselle et du Rhin, vint renforcer l'une des attaques de flanc, et, en livrant la bataille de Fleurus, décida la retraite des coalisés qui ne s'arrêta qu'au Rhin. Alors commença cette longue suite de victoires et de conquêtes, qui nous livra l'univers entier, dont il ne nous reste pas même notre juste part. Tandis que Moreau faisait en huit jours des siéges qui autrefois auraient coûté des années, Pichegru poussait l'ennemi aux extrémités de la Belgique, et Jourdan, sur l'Ourthe et la Roër, livrant des batailles de cent mille hommes, venait à Dusseldorf achever la conquête de notre frontière naturelle.

Pendant ce temps, la brave armée du Rhin, que M. le maréchal Saint-Cyr affectionne particulièrement, comme l'armée la plus sage, la plus ferme et la plus patriotique peut-être de nos armées républicaines, continuait une carrière qui a été pour elle une carrière de sacrifices. Privée du vaste renfort qui, en affaiblissant celle de la Moselle, l'avait affaiblie elle-même, privée de Pichegru, de Hoche, confiée un moment à un vieillard qui n'avait consenti à prendre le commandement que par intérim, et qui, pour obliger les représentants à l'en décharger, finit par prendre le parti de ne plus donner d'ordres et de ne répondre que par le silence à ceux qui lui en demandaient, elle fut mise sous le commandement d'un brave et modeste officier, Michaud, qui accepta le généralat par patriotisme, et ne consentit à l'exercer que pour le compte de ses deux lieutenants, Saint-Cyr et Desaix. A chaque opération, il les assemblait, et ne se dirigeait que par leur avis. Souvent même il allait les consulter chez eux, ce qui peint bien la simplicité de ce temps. On ne songeait alors ni à être fiers, ni à broder ses habits. L'armée du Rhin eut à combattre, pendant toute la campagne, les armées prussienne et autrichienne réunies ; et, malgré l'infériorité du nombre, vaincue d'abord, victorieuse ensuite, elle fit à elle seule la tâche de deux, et, comme les autres armées de la République, termina sa carrière au Rhin.

Cette grande et célèbre campagne nous donna donc la ligne entière du Rhin, et nous procura les plus belles conquêtes. Ce qui décida évidemment ses succès, ce fut le mouvement de Jourdan, venant à Fleurus se jeter dans le flanc de la grande armée autrichienne. M. le maréchal Saint-Cyr en convient ; mais, plein de sa sévérité accoutumée, et plein surtout d'attachement pour l'armée du Rhin, qui se trouva affaiblie par ce mouvement, il est presque disposé à accuser Carnot d'imprudence. Mais M. le maréchal reconnaît, en une multitude de passages, et, en termes on ne peut pas plus spirituels, à la page 256 du tome II, que, pour être fort sur le point décisif, il faut consentir souvent à être faible sur les autres. C'est ce que fit le gouvernement d'alors ; et puisque les vertus guerrières de l'armée du Rhin couvrirent le point affaibli, le ré-résultat justifie ses mesures et ses calculs.

Le célèbre hiver de 1795, le plus dur du siècle, qui sembla paralyser la nature vivante en couvrant toute l'Europe de glace, nous donna une belle conquête, impossible en tout autre temps, celle de la Hollande. Pichegru en recueillit une gloire imméritée, sur laquelle il s'appuya pour nous trahir. Alors commença, pour l'armée du Rhin, la plus rude de toutes les épreuves. Nos armées des Pyrénées avaient débouché au midi de la chaîne ; celle d'Italie était abritée par le ciel de Nice ; celle du Nord était cantonnée en Hollande, et se reposait de ses fatigues au sein de l'abondance. Mais la brave et malheureuse armée du Rhin, qui, arrêtée par ce grand fleuve, avait vaincu sans faire de conquêtes, condamnée à se morfondre devant Mayence, dans un pays ruiné, y supporta des maux auxquels ceux de la retraite de Prague dans le dix-huitième siècle, et de la retraite de Moscou dans le dix-neuvième, sont seuls comparables. Sans bois, sans vivres, sans souliers, et presque sans vêtements, elle vécut souvent de racines; et, chose admirable, elle conserva sa discipline. Cet exemple est unique, suivant M. le maréchal Saint-Cyr, car on ne conserve jamais l'ordre dans une armée dont on n'assure pas les besoins. Nous engageons tout le monde à lire la belle et touchante description que M. le maréchal fait des maux de cette armée pendant l'hiver de 1795.

Nos immenses succès de 1794 et du commencement de 1795 rendirent presque insignifiante la campagne de cette année, qui fut la quatrième. Tout le monde songea dès lors à la paix. La Prusse, fatiguée de ses fautes chevaleresques, traita avec la France. L'Espagne en fit autant; bientôt aussi une partie de l'Italie. Pour signer ces traités, on allait se cacher en Suisse, le seul pays resté neutre; et la République, ménageant ces fausses hontes, consentait à cette manière de traiter.

Cette campagne de 1795 ne commença à être un peu active que vers la fin. Le champ de bataille se trouvait resserré sur le Rhin; nous n'avions plus à nous battre que contre les soldats autrichiens, mais pourvus de l'or des Anglais, plus aguerris, plus nombreux que jamais. Pichegru avait repris le commandement de l'armée du Rhin; Jourdan, celui de Sambre-et-Meuse. Tous deux devaient agir sur ce fleuve, l'un en débouchant de Dusseldorf, l'autre de Strasbourg ou de Manheim. M. le maréchal Saint-Cyr reproche, non aux généraux, mais au gouvernement, d'avoir fait agir les deux armées de trop loin, l'une de Dusseldorf, l'autre de Strasbourg. Il a raison, sans doute, car pour se réunir sur la rive droite, en partant de points si éloignés, il y avait des difficultés immenses à surmonter. Mais M. le maréchal oublie que l'armée stationnaire en Hollande et en Belgique était de quarante mille hommes au plus; qu'elle était sans cesse menacée par les Anglais; que la faire appuyer plus haut vers Dusseldorf était dangereux, et que, dès lors, il était difficile de reporter l'armée de Sambre-et-Meuse sur un point plus élevé du Rhin. Au reste, son opinion est à méditer par les hommes de l'art.

Vers la fin de la campagne, Jourdan passa le Rhin à Dusseldorf, Pichegru à Manheim ; mais celui-ci, soit incapacité, soit trahison, ne le passa pas avec des forces suffisantes. La jonction fut impossible. Clairfayt, profitant habilement de cette position, ramena alternativement Jourdan et Pichegru, et puis, se jetant sur le corps d'armée qui bloquait Mayence, emporta les lignes où le général Saint-Cyr commandait une division, et où il se distingua par une belle retraite.

Cette quatrième campagne de 1795 fut donc courte, et sinon malheureuse, du moins fâcheuse ; car elle mêlait une alternative de revers à la longue suite de nos patriotiques succès. L'armée du Rhin, éprouvée à la fois par la pauvreté et la rigueur des saisons, était destinée à de nouvelles infortunes. L'infâme Pichegru trahit ses nobles efforts, et fit verser le sang de ses soldats. M. le maréchal Saint-Cyr, avec un courage qui est méritoire dans ce temps-ci, imprime l'infamie au front d'un traître, auquel on décerne aujourd'hui des statues. Mais juste, autant qu'il est ferme, il n'aggrave point des crimes déjà assez graves ; il ne fait pas remonter la trahison de Pichegru aussi haut que d'autres historiens ; il ne pense pas que Pichegru fît passer à Manheim des forces insuffisantes pour les faire écraser. M. le maréchal Saint-Cyr connaît mieux le cœur humain. Pichegru ne voulait point être battu, car il se fût vendu moins cher. Mais ce conquérant de la Hollande, que les glaces lui avaient donnée sans combat, était profondément incapable. D'accord avec beaucoup de contemporains, qui l'ont jugé de près, M. le maréchal Saint-Cyr dit ne lui avoir jamais vu ni intelligence ni vigueur. Froid, astucieux, dissimulé, cachant sous une apparente indifférence un goût effréné des plus basses jouissances, Pichegru se vendit pour de l'argent et des plaisirs. Il ne trahit pas son armée sur le champ de bataille ; mais, pour la mécontenter et la pousser à la révolte, il

17.

lui fit passer l'hiver de 1795 à 1796 hors de ses cantonne-
ments, et lui infligea ainsi un second hiver, presque aussi
dur que le précédent, malgré l'indignation des généraux
Desaix et Saint-Cyr, qui réclamaient de toutes leurs forces
pour leurs malheureux soldats. Enfin, l'année suivante, il
commença l'effusion volontaire du sang français, et pendant
le siége de Kehl, ses agents, ne cessant de désigner le point
sur lequel il fallait tirer, firent écraser des milliers de braves.
Mais ce perfide n'était pas un Monk ; car, ainsi que le dit M. le
maréchal Saint-Cyr, s'il y avait place alors pour un Cromwell,
il n'y en avait pas encore pour un Monk. Pichegru savait
qu'on ne pouvait rien ; il connaissait trop bien son armée et
son pays pour rien tenter ; mais il prenait l'argent de ses sé-
ducteurs, et, pour trancher le mot, il les volait.

L'année 1796 amène enfin la plus extraordinaire campagne de la première guerre de la Révolution ; campagne pendant laquelle on vit Jourdan en Bohême, Moreau en Bavière,
et le jeune Bonaparte sur l'Adige et la Brenta. Cette campagne
célèbre, dit M. le maréchal Saint-Cyr, pourrait fournir le
texte d'un traité complet de la guerre, car on y a vu tous les
genres de guerre à la fois, des siéges, des blocus, des passages
de fleuve en présence de l'ennemi, une retraite unique dans
l'histoire moderne, et un genre d'invasion sans exemple. M. le
maréchal Saint-Cyr voudrait qu'elle fût écrite pour l'instruction éternelle des hommes d'État et des hommes de guerre.

Les deux armées postées sur le Rhin partirent, l'une de
Dusseldorf, sous les ordres de Jourdan, l'autre de Strasbourg,
sous les ordres de Moreau. Ce dernier avait pour lieutenants
Desaix, Saint-Cyr et Lecourbe. Les points de départ étaient
toujours aussi distants, par les raisons que nous avons rap-
portées plus haut. Dans le même instant, Bonaparte, auquel
on avait confié trente et quelques mille hommes qui, depuis
quatre ans, vivaient de privations dans les Alpes, desquels on
n'attendait rien de grand, et qu'on hasardait dans les mains
d'un jeune homme, comme pour tenter la fortune, Bona-

parte descendait l'Apennin, et, franchissant le Pô, le Mincio, l'Adige, venait s'établir sur ce dernier fleuve pour ne le plus quitter. A peine cette invasion si subite de l'Italie avait-elle étonné l'Autriche et la France elle-même, que trente mille hommes des meilleures troupes de l'empereur étaient retirés du Rhin pour les transporter sous Wurmser dans le Tyrol, et punir le jeune téméraire qui venait de faire une entrée si extraordinaire sur la scène du monde. Cet affaiblissement des armées autrichiennes d'Allemagne avait facilité les mouvements offensifs de Jourdan et de Moreau. L'archiduc Charles, qui leur était opposé, avait d'abord arrêté Jourdan, et avait ensuite couru sur Moreau, qu'il avait trouvé à Ettlingen, prêt à lui livrer bataille, après un passage du Rhin aussi sagement conçu que hardiment exécuté. Le prince, après avoir perdu la bataille, avait formé le projet de se retirer en concentrant ses forces sur le Danube. Grâce à sa belle cavalerie, et, suivant des critiques peut-être sévères, grâce aussi à la lenteur des généraux français, il se retira heureusement, se plaçant toujours entre nos deux armées, qui s'avançaient en flèche vers le Danube. Arrivé sur ce fleuve, il s'arrêta, saisi d'une pensée heureuse qu'il avait conçue, dit-il, dès le début de la campagne, et qui, suivant d'autres, ne lui fut suggérée que dans le moment. Il livra à Moreau une bataille à Néresheim, non pour le battre, mais pour l'occuper; puis, se joignant avec toutes ses forces au corps qui observait Jourdan, il accabla celui-ci à Neumark, à Wurtzbourg, et le ramena jusqu'à Dusseldorf. Moreau se trouva seul alors au centre de la Bavière, à la tête d'une belle armée de soixante-dix mille hommes, mais à une immense distance de sa base, et exposé à voir le prince Charles lui fermer le retour à travers les montagnes Noires. Cette pensée ne troubla ni lui ni ses lieutenants; il fit une retraite restée modèle; il battit plusieurs fois La Tour, qui n'avait, il est vrai, que quarante mille hommes à lui opposer, mais qui avait tous les avantages de l'offensive, de la sécurité et de l'affection du pays sur lequel il opérait, tandis que l'armée française avait tous les désavantages de la retraite, de grandes inquiétudes sur son retour, et un pays malveillant autour d'elle. Les communications avec la France étaient coupées ; on était resté quelque temps sans nouvelles de Moreau, lorsque tout à coup on vit déboucher sa belle armée à travers les montagnes Noires, avec une attitude victorieuse, avec plusieurs mille prisonniers, et n'ayant perdu ni traînards, ni drapeaux, ni canons. Rien n'est plus beau que la peinture que trace M. le maréchal Saint-Cyr de l'aspect de ces soldats, qui venaient de faire près de huit mois d'une campagne lointaine, qui rentraient sans souliers, sans vêtements, avec des armes brisées, et qui n'avaient d'entier, dit-il, que leurs buffleteries. « Je n'ai rien vu de plus martial, dit le noble historien, que ces soldats couverts de haillons, accablés de fatigue, mais ayant le regard assuré, même un peu farouche, et aussi redoutables qu'au lendemain d'une victoire. »

Pendant ce temps, Bonaparte avait détruit Wurmser après Beaulieu, et après Wurmser Alvinsi, c'est-à-dire trois armées, ralliées et renforcées deux fois chacune. Il avait attiré à lui et épuisé toutes les forces de la monarchie autrichienne. L'hiver vit continuer les opérations de cette armée. L'armée du Rhin, toujours dévouée, tandis que celle de Sambre-et-Meuse se reposait, défendait la tête de pont de Kehl avec un courage héroïque, et donnait à l'armée d'Italie le temps de détruire les dernières ressources de l'Autriche à Rivoli. Les soldats du Rhin n'avaient pour se chauffer que les palissades que leur livrait le canon de l'ennemi en les détruisant. Ils attendaient, dit M. le maréchal Saint-Cyr, qu'elles fussent abattues par les boulets, les ramassaient au cri de *vive la République !* et couraient allumer leurs débris pour ranimer leur sang glacé : c'était le troisième hiver qu'ils passaient de la sorte.

Ces rudes travaux ne finirent qu'en janvier. Bonaparte avait attiré tous les événements où il était. Le conseil aulique

avait prescrit à l'archiduc Charles de venir barrer à Bonaparte le chemin de Vienne, et le Directoire, de son côté, envoyait en Italie un renfort de trente mille hommes. Mais, dès
l'ouverture de la campagne, notre jeune général passa les
Alpes Juliennes, brisa tous les obstacles que lui opposait l'ar--
chiduc, et donna à peine à l'armée du Rhin le temps d'un
nouveau passage du fleuve, qu'elle exécuta avec une admirable énergie. Arrivé aux portes de Vienne, il arracha à l'orgueil impérial la reconnaissance de la république française et
la paix du continent.

C'est là que s'arrête le récit de M. le maréchal Saint-Cyr.
Nous avions dit, en commençant cet article, que la critique
avait des bases si sûres, qu'elle pouvait souvent devenir una--
nime sur les points importants. Nous allons en donner la
preuve. Quatre juges ont critiqué cette mémorable campagne :
l'archiduc Charles, le général Jomini, Napoléon et le maréchal Saint-Cyr. Ils sont tous d'accord sur les fautes, sauf
quelques-unes, que M. le maréchal Saint-Cyr, toujours plus
sévère, ajoute à celles qu'avaient révélées ses prédécesseurs.

On reproche aux Français d'avoir formé deux armées au
lieu d'une seule, d'avoir ainsi laissé au prince Charles l'avantage d'une position concentrique, de n'avoir pas toujours
tendu à se réunir pour corriger la faute de cette séparation ;
on reproche surtout à Moreau de n'avoir pas suivi précipi-
tamment l'archiduc Charles, quand il se jeta sur Jourdan, et
de ne pas l'avoir mis, en l'enfermant entre les deux armées
françaises, dans une position désastreuse.

On reproche au prince autrichien de n'avoir pas profité,
dès le début, de sa position concentrique, en débouchant de
Mayence, et en frappant sur Jourdan et Moreau, avant qu'ils
eussent passé le Rhin, les coups alternatifs qu'il frappa plus
tard ; on lui reproche de s'être ainsi laissé contraindre à une
retraite qu'il aurait pu éviter ; on lui reproche, quand il
exécuta sa belle manœuvre, de ne pas l'avoir fait plus franchement, d'avoir laissé trop de monde devant Moreau, d'avoir

poursuivi Jourdan trop loin, et de n'avoir pas remarché sur Moreau assez tôt et avec assez de monde pour rendre sa retraite impossible.

Sur ces divers points, les quatre juges que nous venons de citer sont unanimes. Il faut le remarquer en l'honneur de la critique, à laquelle certains esprits voudraient refuser de juger les opérations autrement que par le résultat.

Il faudrait suivre, dans le récit de M. le maréchal Saint-Cyr lui-même, le détail des critiques qui sont toujours profondes et ingénieusement présentées. Les bornes de ce recueil ne nous le permettent pas, et nous interdisent même d'en discuter quelques-unes qui nous semblent rigoureuses. Nous ferons remarquer seulement que la faute de la séparation des armées françaises est beaucoup plus celle du gouvernement que ne le croit M. le maréchal Saint-Cyr, car tout en recommandant aux deux généraux de se tenir en communication, Carnot, tout plein d'un système qu'il s'était fait, leur recommandait constamment de déborder les deux ailes de l'ennemi, ce qui les obligeait de s'étendre sans cesse, l'un vers la Bohême, l'autre vers le Tyrol. Il y aurait un autre point plus grave à discuter. M. le maréchal Saint-Cyr paraît blâmer le gouvernement d'avoir ouvert en Italie un nouveau champ de batailles, quelque grandes que soient les choses qui s'y sont passées. On voit bien que les hauts faits d'Italie, et celui qui en fut l'auteur, touchent M. le maréchal Saint-Cyr beaucoup moins que l'armée du Rhin. Il dit avec raison que marcher sur Vienne à travers l'Italie, en passant deux fois les Alpes, était insensé, et que Napoléon, quand il fut maître du choix, y marcha directement par les montagnes Noires et le Danube. M. le maréchal a raison sous un rapport ; mais il oublie comment on fut conduit à opérer en Italie. Si on eût songé à marcher sur Vienne de Dusseldorff, de Strasbourg et de Nice à la fois, on eût été insensé ; mais personne alors ne songeait à la possibilité d'aller à Vienne. On espérait tout au plus déboucher en Allemagne, y faire quelques lieues et gagner une bataille. En entrant au contraire en Italie, on espérait enlever à l'Autriche une province à laquelle elle tenait beaucoup, et se faire ainsi pour les Pays-Bas un objet d'échange. On croyait, en lui rendant la Lombardie à la paix, la décider à céder les Pays-Bas. Ce ne fut que le génie hardi du jeune général qui, ayant dépassé le but, entraîna les Français à faire un second pas après en avoir fait un premier, et, après avoir marché de Nice à Milan, à marcher de Milan à Vienne. Entraîné comme on l'avait été par les événements, le plan était irréprochable.

Nous terminerons là ces observations déjà trop longues, et nous dirons que même lorsque l'avis de M. le maréchal Saint-Cyr peut être combattu, il est toujours neuf, motivé avec force, et digne d'être médité. Les vues neuves sont assez ordinairement bizarres ; il n'en est pas ainsi de celles de M. le maréchal Saint-Cyr. Quoiqu'il ait beaucoup de plaisir à penser différemment des autres, il ne contredit pas pour le plaisir de contredire, et il ouvre toujours des points de vue nouveaux et étendus. Nous ne lui reprocherons que son extrême sévérité, lorsqu'elle va surtout jusqu'à attaquer des hommes qui avaient jusqu'ici toute notre estime. Qui ne s'est plu, par exemple, à grouper autour du nom de Desaix toutes les idées d'héroïsme et de vertu guerrière ? Qui n'éprouvera de la peine à voir élever quelques doutes sur le caractère désintéressé de *Sultan le Juste* [1], et à voir l'amour unique de la gloire militaire substitué chez lui à l'amour de la patrie ? Il est vrai que M. le maréchal Saint-Cyr ajoute à son égard des expressions d'affection et d'estime qui dédommagent de la peine qu'il a causée à ceux qui souhaitent les gloires pures parce qu'ils les aiment. On est fâché encore de voir M. le maréchal, dans tous les conseils de guerre, avoir éternellement raison contre Moreau et Desaix, non qu'on soit fâché que M. le maréchal Saint-Cyr ait raison, mais on l'est que Desaix et

---

[1] Nom qu'on donnait à Desaix dans la haute Égypte.

Moreau aient toujours tort. Au reste, il y a dans le récit de M. le maréchal une simplicité, une bonne foi de ton, qui ne laissent aucun doute sur sa sincérité, et qui prouvent que c'est véritablement qu'il s'estime si haut. L'homme qui s'estime beaucoup vaut toujours beaucoup : on est assuré qu'il se respectera autant qu'il s'estime. La vie de M. le maréchal Saint-Cyr en est un noble et rare exemple.

Outre la fécondité et l'originalité des vues, on remarque, dans ces Mémoires, des récits militaires d'une véritable beauté. Nous considérons comme beauté dans un récit militaire la clarté, la précision et le degré de couleur qui s'accorde avec une exposition savante. L'hiver de 1795, la belle affaire de Rathensol, la bataille de Néresheim, la retraite de 1796, la bataille de Biberach, le passage du Rhin à Diersheim, sont des modèles de récit militaire. On trouve, en outre, dans ce livre, ces traits de détail, qu'on ne peut énumérer, et qui font un des mérites principaux de la bonne histoire ; ces traits portent tour à tour sur le caractère des hommes, sur leurs impressions au feu, sur leur humeur dans la victoire ou dans la défaite, sur l'art si difficile de les conduire, sur la différence des caractères nationaux, sur la diversité des tempéraments propres à la guerre, sur l'influence différente que l'âge exerce sur l'esprit et les qualités du militaire, sur la composition des armées, sur mille points enfin de la plus grande importance pour la connaissance des hommes à la guerre. M. le maréchal Saint-Cyr vient de confirmer sa place parmi les plus grands écrivains militaires, et ce n'est pas une gloire médiocre. L'histoire de la guerre est une des bases de la science politique. On ne sait à fond la carte d'un pays qu'en étudiant les combats dont il a été le théâtre, et on ne connaît bien les relations d'un pays avec les autres qu'en connaissant bien sa carte.

Parmi les buts divers que se proposait M. le maréchal Saint-Cyr, il en est un des plus nobles, qu'il faut relever encore ; il a voulu élever un monument patriotique à l'une de nos armées, peut-être la plus digne d'estime qui ait existé. Jusqu'à l'Empire, qui confondit toutes nos armées en une seule, et même assez longtemps encore sous l'Empire, elles montrèrent un caractère propre, qui naissait du caractère des hommes dont elles étaient originairement composées, du genre de guerre qu'elles avaient fait et des chefs qui les avaient commandées. L'armée d'Italie, composée en grande partie de méridionaux fougueux, gâtée par la victoire, livrée à l'abondance et au luxe, conduite par le plus ardent des hommes, avait une intempérance, une audace et un orgueil extraordinaires. Les armées du Nord et de Sambre-et-Meuse, avec moins de fougue naturelle, mais avec autant de bravoure, avaient aussi goûté de la victoire, de ses délices, et même de ses excès. Elles étaient, avec celle d'Italie, extrèmement prononcées pour leurs opinions révolutionnaires. L'armée du Rhin présente un caractère tout différent des précédentes. Les volontaires de 1792 en faisaient le fond, et ceux de 1793 y étaient rares. Placée en présence du Rhin, qu'elle avait pour but de défendre sur un point, d'atteindre sur un autre, et qu'elle ne put jamais dépasser, condamnée à une guerre défensive, dans un pays ruiné, sous un ciel rigoureux, elle fut éprouvée par des difficultés de toute espèce, par les revers autant que par les succès, par les rigueurs des saisons et par la misère. Peu gâtée par la fortune, elle ne le fut pas davantage par le gouvernement, qui, ne la destinant pas à conquérir, la trouvant toujours patiente et dévouée, ne lui prodigua jamais les ressources, et la livra toujours à ses vertus. On ne lui laissa pas même ses généraux, et dès qu'il s'en montra un dans ses rangs, on l'envoya en Belgique. Son rôle devint plus important en 1796, lorsqu'on la destina, sous Moreau, à percer en Allemagne. Mais un moment conquérante, elle fu sur-le-champ obligée de revenir à un autre rôle, et elle fit alors sa célèbre retraite, admirable moins par le génie des chefs que par le caractère que déployèrent les soldats. Trahie par un de ses généraux, compromise par la tiédeur d'un autre, elle resta suspecte au gouvernement, et fut presque en disgrâce. Lorsque la destinée des révolutions donna l'empire à l'un des généraux, ce ne fut pas le sien qui l'obtint, mais celui de l'ardente et ambitieuse armée d'Italie. Longtemps encore, elle fut peu en grâce, jusqu'à ce que ses prodiges en Allemagne eussent élevé sa faveur et effacé son caractère. La modestie, la sobriété, une discipline admirable, une bravoure froide et solide, toutes les vertus guerrières enfin distinguèrent cette belle armée. C'est un caractère particulier qu'il était utile à notre gloire de signaler, car nous avons beaucoup d'armées audacieuses à montrer aux étrangers, mais moins de ces armées froides et inébranlables dans la bonne comme dans la mauvaise fortune. Nous en avons cependant, et l'exemple de l'armée du Rhin prouve qu'il dépendra d'un gouvernement habile de nous en donner.

Le génie de l'armée du Rhin, moins séduisant, mais plus attachant, a inspiré M. le maréchal Saint-Cyr, et a influé sur tous ses jugements. Il aime mieux non-seulement la composition de cette armée, mais même le genre de guerre qu'elle a fait. La guerre méthodique va mieux à son esprit austère que cette guerre à grands mouvements, à résultats extraordinaires, qui a signalé l'Empire. M. le maréchal Saint-Cyr a peut-être raison sous le rapport moral et politique, mais pas sous le rapport de l'art. Napoléon, dit-il, en remuant les hommes avec une rapidité prodigieuse, avec une hardiesse surprenante, faisait avec peu de soldats le même effet qu'avec beaucoup, parce qu'il les faisait battre sur plusieurs points; il faisait vite, et d'une manière décisive; mais en présentant les mêmes troupes plus souvent au feu, il en faisait périr davantage, et épuisait leurs facultés par un exercice violent. Cette manière de considérer le génie de la guerre ne nous semble pas admissible. Que l'on condamne dans Napoléon le politique qui a abusé de la guerre, qui l'a trop faite, sur trop de points, et on aura raison, quoiqu'il y ait beaucoup à dire sur sa situation et sa destinée; mais l'homme de guerre en lui ne nous semble pas mériter les reproches adressés à l'homme politique. Faire davantage, faire plus vite, tirer plus de parti des hommes, exercer l'art enfin avec plus de puissance, ne saurait être une déviation de son véritable but. Il faut éviter la guerre si l'on peut; mais si on la fait, il la faut prompte, terrible et décisive. Mieux vaut le système qui donne un royaume en une bataille, comme à Marengo ou à Austerlitz, que celui qui prolonge pendant sept ans la conquête d'une province. Il y a économie même d'hommes à être prompt et décisif, quoiqu'il y ait perte apparente, à ne considérer qu'une seule journée. Du reste, il est difficile de former sur ce sujet des préférences bien raisonnées. La guerre, le gouvernement, les négociations, l'administration, portent le caractère de leurs auteurs, varient comme eux, et ne peuvent pas être plus facilement classées.

Quoi qu'il en soit de ces différentes manières de penser, l'armée si sage et si ferme à laquelle M. le maréchal Saint-Cyr a consacré sa plume méritait ses hommages et les nôtres. Lorsque Napoléon quitta Fontainebleau, il dit à ses vieux grenadiers : « Maintenant que nous n'avons plus de grandes choses à faire, je vais raconter celles que nous avons faites ensemble. » Cette grande pensée doit être celle de tous les hommes qui ont fait des choses mémorables: Ils doivent à leurs compagnons de les raconter, quand ils en sont capables. Ainsi après les devoirs du général viennent ceux de l'historien. M. le maréchal Saint-Cyr a noblement rempli les uns et les autres.

COLLABORATION DE CARREL

A LA REVUE AMÉRICAINE ET A LA REVUE DE PARIS

Nous n'avons choisi entre les articles que Carrel donna à la *Revue américaine* que celui qu'on va lire, les autres ne roulant que sur des matières qui ont perdu de leur intérêt à distance, et manquant même, jusqu'à un certain point, de ces qualités littéraires qui révèlent le maître. Nous ne donnerons également qu'un article de sa collaboration à la *Revue de Paris;* mais ici nous n'avons pas eu à choisir : *Une Mort volontaire* fut le seul article qu'il fournit à ce recueil, et c'est aussi peut-être le plus original et le plus beau qu'il ait écrit.

LA MÈRE DE WASHINGTON [1].

A l'époque où Washington fut nommé commandant en chef des armées américaines, et peu de temps avant qu'il allât rejoindre les troupes à Cambridge, la mère de ce héros quitta sa maison de campagne pour s'établir au village de Frédéricksburg, situé moins loin du théâtre de la guerre; elle y resta durant presque toute la lutte révolutionnaire, placée sur la ligne des postes : tantôt c'était un courrier qui passait, apportant la nouvelle d'une victoire; tantôt c'était un messager de malheur, annonçant les désastres d'une défaite; mais la fortune favorable ou contraire ne put altérer le calme de son âme.

[1] *Revue américaine,* 1827.

Mettant toute sa confiance en Dieu, elle montra à ses conci-
toyennes que les vaines terreurs étaient indignes de femmes
dont les fils combattaient pour les droits de l'homme, pour la
liberté et pour le bonheur des siècles futurs.

A la nouvelle de ce glorieux passage de la Delaware, qui
vint relever les espérances abattues des Américains, plusieurs
des amis de mistriss Washington se réunirent chez elle pour
la féliciter. Elle les reçut avec dignité, disant que l'événement
était fort heureux ; que Georges paraissait avoir bien mérité
de la patrie ; et, comme les patriotes ne cessaient de louer la
conduite du général : « Mes bons messieurs, répondit-elle,
ceci est de la flatterie... mais mon Georges n'oubliera jamais
les leçons que je lui ai données; il ne s'oubliera pas lui-même,
en dépit de tant d'éloges. »

On a répandu le bruit absurde, et auquel personne n'a pu
ajouter foi, que la mère de Washington était royaliste. Comme
toutes les personnes qui avaient passé l'âge de l'enthousiasme,
cette dame douta longtemps du succès des armes de son pays.
Elle craignit que les ressources des indépendants ne fussent
insuffisantes contre une nation aussi formidable que la Grande-
Bretagne; et que leurs soldats, braves, mais indisciplinés et
mal équipés, ne pussent soutenir le choc des phalanges si bien
éprouvées et si bien commandées du monarque anglais. Mais
ces appréhensions étaient aussi celles d'un grand nombre
d'hommes et même de patriotes ardents; et, lorsque mistriss
Washington fut informée de la prise de Cornwallis, elle s'écria,
en élevant les yeux au ciel : « Dieu soit loué, la guerre est
terminée; la paix, l'indépendance et le bonheur vont habiter
notre patrie! »

Mistriss Washington conserva jusqu'à l'âge de quatre-vingt-
deux ans une activité incroyable. Plusieurs habitants de Frédéricksburg la citent encore comme un modèle pour le gouvernement domestique. Elle était dans l'usage d'aller tous les
jours à sa petite ferme, où elle montait à cheval, parcourant
tous ses champs, donnant ses ordres et en surveillant l'exécu-

tion. Quoiqu'elle fût peu riche, cette activité et l'ordre qu'elle mettait dans toutes ses affaires lui procuraient les moyens de faire d'abondantes aumônes. Rien de ce qui touche à l'économie domestique (si nécessaire dans ces temps de troubles et de privations) n'avait échappé à ses soins attentifs.

A l'âge de quatre-vingt-deux ans, une maladie cruelle (un cancer à l'estomac) l'obligea à ne plus sortir de sa modeste habitation ; mais elle trouva de bien douces consolations dans les soins que ses nombreux enfants et petits-enfants lui rendirent jusqu'à ses derniers moments. Sa fille, mistriss Lewis, lui était particulièrement chère. Cette dame la pria souvent de venir passer le reste de ses jours chez elle, et son fils lui offrit de consacrer le Mont-Vernon à sa vieillesse ; mais elle répondit à tous les deux : « Je vous sais gré de toutes vos offres ; mes besoins sont peu de chose dans ce monde, et je me sens capable de me suffire à moi-même. « Le colonel Fielding Lewis, son gendre, lui ayant proposé un jour de se charger de ses affaires : « Fielding, lui dit-elle, tenez mes livres en règle, car vos yeux sont meilleurs que les miens ; mais laissez-moi la direction du reste. »

Une seule faiblesse déparait peut-être cette âme énergique ; c'était la crainte du tonnerre. Dans sa jeunesse une de ses amies, étant assise à table tout près d'elle, fut frappée de la foudre et périt à l'instant. Le souvenir de cette scène ne s'effaça jamais de la mémoire de mistriss Washington. A l'approche d'un orage, on la voyait fuir dans sa chambre, et elle n'en revenait que lorsqu'il était passé.

Pieuse sans affectation, elle avait coutume de se retirer chaque jour dans un lieu solitaire, et là, en *présence de la nature seule*, elle adressait à l'Éternel ses ferventes prières.

Au retour des armées combinées de New-York, et après une absence qui avait duré près de sept ans, il fut enfin permis à cette mère de revoir et d'embrasser son illustre fils [1]. Arrivé

____

[1] Le commandant en chef resta absent de son pays natal depuis le prin-

près de Frédéricksburg avec une suite brillante et nombreuse,
Washington envoya demander à sa mère quand il lui serait
agréable de le recevoir : et, se détachant de son escorte, le
maréchal de France, le commandant en chef des armées combinées de France et d'Amérique, le libérateur de sa patrie, le
héros du siècle, vint, seul, à pied, présenter ses hommages à
celle qu'il vénérait comme l'auteur de ses jours et de sa renommée. Nulles trompettes, nulles bannières déployées, ne
proclamèrent son approche : il connaissait trop bien sa mère
pour croire qu'elle serait touchée par l'appareil de l'orgueil et
de la puissance.

Mistriss Washington était seule quand on lui annonça son
fils. Elle le reçut en l'embrassant, et en lui donnant les noms
de son enfance ; elle compta les rides que les soucis et les travaux avaient gravées sur son front, l'entretint beaucoup du
temps passé, de ses vieux amis, et ne dit pas un mot de sa
gloire présente.

Cependant le village de Frédéricksburg se remplissait d'officiers français et américains, et de patriotes accourus des
environs pour accueillir les vainqueurs de Cornwallis. Les citoyens du village préparèrent un bal magnifique, auquel mistriss Washington fut spécialement invitée. « Bien que mes

temps de 1775 jusqu'à la fin de l'année 1781. Il avait coutume de faire
venir sa femme auprès de lui à la fin de chaque campagne, et de la renvoyer au Mont-Vernon à l'ouverture de la campagne suivante ; aussi cette
dame disait-elle que, pendant la guerre de la révolution, elle avait entendu
le premier et le dernier coup de canon de chaque campagne. Une année
qu'elle était restée plus tard que de coutume dans le camp formé sur l'Hudson, il arriva qu'une alarme fut donnée. L'ennemi, disait-on, s'approchait
du côté de New-York. Les femmes des généraux Greene et Knox et plusieurs autres se trouvaient en même temps au quartier général. Les compagnons de Washington proposèrent de les renvoyer sous bonne escorte.
Le commandant en chef s'y opposa, disant : « Nous nous battrons mieux en
présence de ces dames. » Tout fut préparé pour le combat ; mais l'ennemi,
qui croyait surprendre les Américains, voyant leurs troupes en état de défense, se retira sans coup férir.

jours de danse soient un peu loin de moi, dit-elle, je me
ferai un plaisir de prendre part à la joie publique. »

Les officiers étrangers étaient impatients de voir la mère de
leur général. Ils avaient entendu parler vaguement du caractère peu commun de cette femme ; et, jugeant d'après ce qu'ils
avaient vu en Europe, ils s'attendaient à la voir paraître avec
la pompe qui accompagne les dames d'un haut rang dans
l'ancien monde. Grande fut leur surprise quand mistriss
Washington se présenta dans la salle du bal, appuyée sur le
bras de son fils, et portant le costume simple, mais élégant,
des Virginiennes d'autrefois. Son air, quoique imposant, était
plein de bienveillance. Elle reçut les compliments de tout le
monde sans le moindre signe de vanité, et, après avoir joui
quelque temps du plaisir des autres, elle observa qu'il était
l'heure où les personnes âgées doivent se coucher, et se retira
donnant le bras à Washington.

On était dans l'admiration de voir tant de simplicité dans
une personne à qui tout semblait devoir inspirer une sorte
d'orgueil. Les officiers français surtout se prosternaient devant cette force de caractère qui la rendait supérieure à sa
propre grandeur. Ils disaient avec naïveté n'avoir rien vu de
semblable en Europe, et on les entendit déclarer que si telles
étaient les mères en Amérique, ce pays pouvait s'attendre à
d'illustres enfants.

Ce fut à cette fête que, pour la dernière fois de sa vie, le
général Washington dansa un menuet avec mistriss Willis. Le
menuet était fort en vogue à cette époque ; il était très-propre
à faire briller la belle figure et la taille élégante du général.
Aussi les braves Français qui étaient présents affirmèrent-ils
qu'on ne dansait pas mieux à Paris.

Avant son départ pour l'Europe, en 1784, le marquis de
la Fayette se rendit à Frédéricksburg pour voir la mère de son
général et lui demander sa bénédiction.

Conduit par un des petits-fils de mistriss Washington, ils
approchaient de la maison, lorsque le jeune homme s'écria :

« Voici ma grand'maman, » et le marquis aperçut la mère de son honorable ami qui travaillait à son jardin. Quelques éloges que la Fayette en eût entendu faire, cette entrevue ajouta encore à son estime pour elle, et il demeura persuadé que les dames romaines pouvaient avoir des émules dans les temps modernes.

Le marquis parla des heureux effets de la Révolution, du glorieux avenir qui s'offrait à l'Amérique régénérée, annonça son prochain départ pour la France, paya à la mère son tribut d'amour et d'admiration pour le fils, et conclut en lui demandant sa bénédiction. Il obtint de l'octogénaire la faveur qu'il demandait; mais mistriss Washington ne répondit que par ces paroles aux louanges qu'il avait prodiguées à son fils : « Je ne suis pas surprise de ce que Georges a fait; car il a toujours été un *très-bon garçon (very good boy).* »

Immédiatement après l'organisation du gouvernement actuel, et avant de se retirer sur New-York, le président de la république se rendit auprès de sa mère. « Le peuple, lui dit-il, vient de m'élever à la dignité de premier magistrat des États-Unis; mais avant d'en commencer les fonctions, je suis venu pour vous faire mes adieux. Dès que les lois du gouvernement me laisseront quelque relâche, je reviendrai dans la Virginie. » — « Et tu ne me verras plus, interrompit-elle; mon grand âge et la maladie cruelle dont je suis affectée m'annoncent une mort prochaine; mais va, mon cher Georges, accomplir les hautes destinées auxquelles Dieu semble t'avoir appelé; que la grâce du ciel ne t'abandonne jamais, je te donne ma bénédiction. » Le président était profondément ému, sa tête était renversée sur l'épaule de sa mère, dont le faible bras entourait son cou; il versait d'abondantes larmes; mille souvenirs se présentaient à son esprit; il se rappelait avec amour les soins qu'elle avait pris de sa jeunesse, et, s'il songeait à l'avenir, tout semblait lui annoncer une séparation éternelle.

Ses pressentiments n'étaient que trop fondés. Sa respectable mère mourut à l'âge de quatre-vingt-cinq ans, avec le sentiment d'une vie bien employée et l'espoir d'en trouver la récompense.

Mistriss Washington avait une taille moyenne et bien proportionnée. La sœur du général était une très-belle femme et ressemblait beaucoup à son frère; lorsqu'elle s'amusait à se vêtir d'un manteau et à se couvrir la tête d'un chapeau militaire, on la prenait facilement pour ce grand homme.

Dans ses derniers jours, mistriss Washington parla souvent de son *bon fils*, jamais du libérateur de la patrie. Était-ce insensibilité, était-ce défaut d'ambition? ni l'un ni l'autre. Lacédémonienne par son caractère, elle lui avait enseigné la vertu; sa gloire n'en était qu'une conséquence.

UNE MORT VOLONTAIRE [1]

Virgile a réservé dans ses enfers une place à ces morts infortunés que nous appelons *suicides*, meurtriers d'eux-mêmes. Il les montre séparés des autres ombres, tristes et

[1] *Revue de Paris.* Juin 1830. — « Certes, dit en parlant de ce morceau M. Sainte-Beuve dans sa belle étude sur Carrel des *Causeries du lundi*, si jamais une lecture peut dégoûter du suicide une âme mâle et ferme, c'est la lecture de cet article de Carrel. Hélas! ce qu'il dit là contre le suicide, ne pourrait-on pas, en partie, le dire aussi contre le duel, qui n'est souvent qu'une autre forme de suicide, comme cela fut trop vrai de celui qui écrit et de son cas suprême?

« Dans ces pages de Carrel sur une *Mort volontaire*, il a passé comme un frisson d'épouvante. C'est un bel article, sombre, fier, tendre sans faiblesse, moral sans déclamation, et comme avait seul le droit de l'écrire un homme qui avait sondé la vie et vu plus d'une fois en face la mort. »

livrés à l'éternel et inutile regret d'une vie dont ils eurent le malheur de vouloir se délivrer : c'est là leur supplice.....

> . . . . . Quàm vellent æthere in alto
> Nunc et pauperiem et duros perferre labores !
> Fata obstant. . . . .

On voit dans cette triste et touchante image le sentiment judicieux de l'antiquité sur la mort volontaire. L'homme qui avait mis fin à ses jours semblait avoir été chercher en échange de la vie quelque chose de plus dur à supporter que la vie, ou de plus triste au moins à se figurer qu'elle. On le plaignait d'avoir fait un mauvais choix. Cela n'empêchait point que Caton, Brutus, Cassius, Aria, Pœtus, se dérobant par la mort à la servitude ou à l'infamie, ne fussent admirés; mais il y avait un privilége pour certaines situations et pour certaines âmes. On distinguait entre ne pouvoir survivre à la liberté de sa patrie et succomber à ses propres disgrâces. On concevait une hauteur de vertu plus qu'humaine qui se devait de ne jamais habiter avec la tyrannie; passé cela, il n'y avait plus qu'une seule cause à la mort volontaire, la cause que la triste humanité portera toujours avec elle, le désespoir résultant des malheurs privés. On n'avait que de la compassion pour cette sorte de suicide.

Au temps où nous vivons, il n'y a et ne peut y avoir d'autre mort volontaire que celle-là, et nous avons aussi de la pitié, une vive pitié pour elle. Une philosophie, une religion, presque également exigeantes, la condamnent; nos mœurs la conçoivent, la comportent à peu près comme le duel, et sans en souffrir davantage. C'est un mal dépendant de mille maux et correctif de quelques-uns dans un état de société dont il est sage de se contenter, comme du moins mauvais qui puisse être.

A quoi bon discuter si la vie est ou n'est pas à nous, et s'il nous est permis de nous en défaire quand il ne nous plaît plus de la conserver? Il n'y a point d'orgueil humain dans le suicide, pas la moindre pensée de révolte contre le ciel. C'est l'acte d'un découragement incurable; l'évasion tristement délibérée d'un malheureux homme qui a senti faillir son courage ou ses forces; c'est l'issue d'une lutte presque toujours bien longue entre une destinée souffrante et le plus puissant de tous les instincts, celui qui attache à la vie. Quand une dernière goutte a fait déborder cette coupe de douleur qui s'était insensiblement remplie pendant des années et que la catastrophe arrive, les vrais sages ne demandent point si la victime a bien ou mal décidé en principe, mais si elle était tombée en effet dans une situation à ne plus rien pouvoir tirer de la vie, ni consolations ni ressources.

Laissons le droit, quel qu'il soit, dans une matière où aucune justice humaine ne saurait le faire respecter. C'est un fait qu'il dépend de nous de quitter la vie et de descendre chez les morts.

> Mille chemins ouverts y conduisent toujours,

a dit le poëte.

Chose étrange que le favori de la création soit le seul être qui se tue; que seul il ait la conscience de son existence, et seul aussi la faculté d'en sortir quand elle lui est à charge! L'homme, pas plus que le dernier des animaux, ne saurait rien changer au mécanisme de ses organes. Il ne commande point à la circulation, à la respiration, à la nutrition de s'arrêter en lui ou de se reprendre à son bon plaisir. Tout cela s'accomplit sans lui. Il ne lui a point été donné de pouvoir conduire ou refaire à son gré les diverses lois en vertu desquelles il existe physiquement; son intelligence, toute supérieure qu'elle puisse être à d'aveugles fonctions vitales, n'en est qu'usufruitière, et non pas modératrice; mais il est arbitre de la durée de ce bel ensemble. Il peut en finir quand il lui plaît avec la cause supérieure et inconnue qui préside en lui à ce fait merveilleux qu'on appelle la vie; il ne saurait

faire tomber avant le temps marqué par sa constitution particulière un poil de sa chevelure ou de sa barbe, et il sera
tout entier tombé en pourriture et mangé aux vers dans six
semaines s'il est pris aujourd'hui d'un besoin de destruction
de soi, dont peut-être le moindre incident heureux et inattendu le ferait revenir demain. Ceux qui voient arriver cela
tous les jours trouvent tout simple qu'on puisse se tuer et
qu'on ne puisse changer à volonté son embonpoint en maigreur et sa maigreur en embonpoint : mais cela n'en est pas
moins un sujet infini d'étonnement et de méditation.

Tout homme a donc, sauf le jugement d'en haut, la triste
faculté de se tuer, et trouvera toujours qu'il en a le droit
quand la vie lui fera plus de peur que la mort. L'abus, il est
rarement à craindre. L'instinct qui attache à la terre tous les
êtres répandus à sa surface suffit bien pour empêcher les
destructions trop promptes ou sans causes suffisantes. Il n'y a
point de croyance morale ou religieuse qui luttàt contre le
désespoir et la nécessité de finir aussi énergiquement que cet
amour de la vie avec lequel nous sommes tous nés. Celui qui
se tue sans éprouver ce combat est malade, insensé ou ma-
niaque; mais nul homme en jouissance de santé et de raison
ne prend, à proprement parler, la vie en haine et ne trouve
la mort plus riante, parce qu'il a perdu les moyens de vivre
heureux ou le courage de travailler à le devenir. On flotte
pendant des mois, des années, entre l'espoir d'un meilleur
sort et la difficulté de vaincre l'horreur qu'inspire la destruction de soi. A la moindre lueur de succès, à la plus faible
espérance d'un retour de fortune, on se reprend à la vie avec
une énergie qu'on dirait invincible. L'expédient le plus misérable, s'il promet d'écarter d'un jour la détermination fatale,
est saisi avec une imprévoyance et une joie d'enfant. Ce n'est
que quand l'esprit s'est épuisé à chercher inutilement de nouvelles diversions, à inventer des moyens de salut, et que
l'espérance, toujours trompée, ne sait plus à quelles illusions
s'abuser encore, que l'irrévocable, l'irrémissible nécessité de

subir son sort arrive enfin. Alors un peu de dignité se retrouve. Cet homme abandonné, qui n'avait plus ni force ni raison à opposer à ses chagrins ou à ses penchants pernicieux, seul avec lui, à cette heure suprême, s'examine en juge inexorable, se condamne à mort, et sans désemparer s'exécute. Certes, cela n'est point méprisable.... L'âme la plus commune a là quelques instants d'un sublime et effrayant empire sur elle-même; car tout homme a vécu, a aimé, a connu quelque bien sur la terre, et tout au moins a joui d'un beau ciel, a eu des sens, des passions qui lui laissent à regretter..... Qu'est-ce donc quand c'est un homme élevé qui se donne la mort ! quand cet homme a le sentiment de son rang dans l'univers comme créature; quand il est jeune encore, qu'il a connu tout le prix de la vie, qu'il en peut mesurer la perte et que ses croyances lui montrent plus encore à compromettre?

Peut-être une situation si cruelle vaut la peine qu'on essaye de se la représenter. — Qui de nous n'a pas songé une fois à l'instant inappréciable qui marquera pour lui, un peu plus tôt, un peu plus tard, le passage du connu à l'inconnu, de la réalité quelquefois triste à un état dont il n'aura plus conscience et qui sera le vide, le rien, cette chose déconcertante pour la raison, qu'on appelle d'un mot confus le néant? J'ai pu conduire par la pensée ma vie jusqu'à cet instant rapide comme l'éclair où la vue des objets, le mouvement, la voix, le sentiment m'échapperont, et où les dernières forces de mon esprit se réuniront pour former l'idée je meurs; mais la minute, la seconde qui suivra immédiatement, j'ai toujours eu pour elle une indéfinissable horreur; mon imagination s'est toujours refusée à en deviner quelque chose. Les profondeurs de l'enfer sont mille fois moins effrayantes à mesurer que cette universelle incertitude :

> . . . . . To die, — to sleep. . . . .
> To sleep ! perchance to dream.

J'ai vu chez tous les hommes, quelle que fût la force de
leur caractère ou de leurs croyances, cette même impossibilité
d'aller au delà de leur dernière impression terrestre, et la tête
s'y perdre, comme si, en arrivant à ce terme, on était suspendu
au-dessus d'un précipice de dix mille pieds. On chasse cette
effrayante vue pour aller se battre en duel, livrer l'assaut à
une redoute, ou affronter une mer orageuse ; on semble même
faire fi de la vie ; on se trouve un visage assuré, content, se-
rein ; mais c'est que l'imagination montre le succès plutôt que
la mort, c'est que l'esprit s'exerce bien moins sur le danger
que sur les moyens d'en sortir. Ce n'est que dans la mort volontaire qu'on est vraiment face à face avec l'impression anticipée de sa propre destruction. Rien ici qui voile l'abîme ;
nul moyen de détourner les yeux. Le passage n'est point facilité par l'affaiblissement des organes, comme le plus souvent dans la mort naturelle ; ni par l'exaltation de quelque
passion ou l'abrutissement, comme dans les autres morts violentes. Loin de là, il faut que l'esprit soit présent et fasse lui-
même l'office d'exécuteur. L'infortuné plein de vie et de raison qui, le pistolet appliqué contre la tête, pense encore, veut
encore, sait qu'il ne va plus ni penser ni vouloir aussitôt que
du doigt il aura touché la détente fatale. Il appelle toute sa
résolution au secours de ce faible et suprême effort qui ne suf-
firait pas à écraser le moindre insecte. Sans doute il tremble,
il s'y reprend à plusieurs fois ; enfin le mouvement échappe…
il s'est élancé dans l'incompréhensible infini, et l'on ne trouvera plus de lui que le cadavre d'un supplicié.

Voilà pourtant comme meurent tous les jours des hommes
que nous avons aimés, avec lesquels nous avons vécu, et de
qui l'on entend dire légèrement : « Il s'est brûlé la cervelle, »
comme s'il en coûtait si peu de se décharger une arme à feu
dans la tête ! Eh bien ! il n'y a certainement point de supplice
humain comparable en horreur à la violence qu'ont eue à se
faire eux-mêmes ces fugitifs infortunés… Parmi les catastrophes de ce genre qu'on a pu citer depuis trois mois, et qui

malheureusement se sont trouvées nombreuses, il y en a eu
une si généralement sentie, si vivement déplorée, et qui a
atteint un homme d'une nature et d'une situation si particulières, que non-seulement le silence n'est point commandé sur
elle comme il l'est ordinairement par l'intérêt des familles,
mais que c'est plutôt un devoir à remplir que d'en consigner
quelque part les détails. Cette mort, c'est celle de l'infortuné
Sautelet. Quiconque s'est mêlé de littérature depuis six ans a
connu cet excellent jeune homme. Tous ceux qui ont vécu
dans son intimité, avec lesquels il s'est entretenu de ses chagrins, de ses projets, de ses idées, et le nombre en est grand,
car il avait le cœur aussi mobile, aussi désireux de nouveaux
liens, que bon, attaché et aimant, aussi facile à découvrir ses
plus secrètes impressions, qu'empressé et habile à se faire
confier celles des autres ; tous ceux-là, dis-je, imagineront
facilement si aucune des tortures morales qui peuvent accompagner la mort volontaire lui a été épargnée. Il aimait la vie,
il en savait le prix ; il avait reçu de la nature une de ces orga-
nisations distinguées qui semblent appelées à jouir de tout
avec un je ne sais quoi d'exquis qui n'est pas fait pour le
commun des hommes. Les habitudes de sa personne donnaient
à qui ne connaissait pas ses chagrins intérieurs l'idée d'une
existence douce, molle, aisée, méditative à la fois et sensuelle.
Jeune, il s'était enfoncé avec passion dans les études philosophiques, et s'y était fort distingué. Au bout de quelques
années, les formes avaient paru le fatiguer de la science ; il
s'était mis à chercher le monde, et ce qui l'avait dominé depuis lors, c'était le besoin de faire l'expérience de tout dans
la vie, une inconcevable curiosité pour toutes sortes d'esprits
et de caractères, un goût singulier à montrer en lui l'homme
intérieur, et à fouiller chez les autres pour le trouver. Toute
conversation avec lui tournait vite en épanchement, et quelquefois dès la première ou la seconde vue. Doué au plus haut
degré de la faculté d'analyser promptement et finement tout
ce qu'il éprouvait, il se divulguait on ne peut plus volontiers.

Il aimait à parler de ce qu'il y avait de bon et de mauvais en lui, à s'avouer faible, indolent, capricieux, dépourvu de suite, incapable de s'attacher à une besogne. Toute sa prétention était qu'on lui accordât quelque chose d'élevé, de sensible, de fin, d'intelligent, qui n'était pas à sa place dans la situation où le sort l'avait mis, et qui l'eût rendu singulièrement propre à manier les hommes quels qu'ils fussent, et à les attirer à lui sans effort. On cédait à la bonhomie charmante avec laquelle il s'exposait ainsi, et on se laissait aller avec lui à des assauts de liberté d'esprit au bout desquels on s'étonnait d'avoir à lui demander le secret sur des aveux d'amour-propre ou de conscience, sur des peines de cœur, des soucis de position qu'on avait soigneusement enfermés en soi et cachés à tout le monde. Il était ainsi sur le pied de l'intimité avec nombre de personnes qui n'avaient d'intime ami que lui, et dont il avait surpris le secret en les payant du sien, qu'il semblait toujours laisser échapper pour la première fois. Il savait l'histoire cachée, le roman de chacun. Il se tenait soigneusement au courant des incidents, des progrès, des retours, ne revoyant souvent les gens qu'à de longs intervalles et lorsqu'il pouvait y avoir du nouveau de son côté ou du leur. Il fallait absolument qu'il dît toutes ses impressions et qu'il recueillît celles des autres. Il était parvenu, dans cette singulière façon d'occuper sa vie, à être un homme très-affairé, pliant sous le poids des relations confidentielles, négociant au besoin pour l'un, intriguant, s'il le fallait, pour l'autre ; sortant de chez lui le matin et rentrant tard, étonné de n'avoir fait autre chose que causer. Il mettait, à soutenir ce rôle si facile à user et à discréditer, un art de paraître toujours neuf, toujours ingénu, toujours attrayant et digne de confiance, qui, appliqué d'une manière plus sérieuse, eût montré en lui l'homme véritablement supérieur.

Ce ne sont pas là encore, bien s'en faut, tous les traits d'un des caractères les plus singuliers de ce temps, et qui certes a bien mérité de laisser une trace après lui ; je ne m'arrête qu'à ceux qui contrastent d'une manière plus cruelle avec cette tragique mort à laquelle on ne voulait pas croire quand de bien loin encore l'infortuné l'annonçait. Tous les amis de Sautelet savaient que sa jeunesse avait été extrêmement malheureuse. Il en racontait des choses qui le rendaient croyable quand il disait avoir plus d'une fois songé au suicide avant sa dix-huitième année ; il assurait y avoir rêvé depuis encore à chacune de ses traverses ; enfin il jurait que son pressentiment invincible avait toujours été qu'il finirait ainsi. On le plaisantait presque sur ces présages ; on lui disait qu'il aimait trop la vie pour avoir de ces pensées funestes ; que surtout il manquait de l'énergie nécessaire pour accomplir un projet de mort volontaire, en supposant qu'il le conçût jamais. Il se rendait de bonne grâce à l'opinion qu'on avait de lui, et consentait même à rire de ce qu'il y avait d'un peu étrange à voir venir une telle proposition d'un visage comme le sien. Cependant, depuis dix-huit mois environ, ses traits, d'une beauté régulière et douce, s'étaient chargés d'une teinte de mélancolie toujours plus sombre. Depuis six mois peut-être, il lui arrivait beaucoup moins de mêler à ses entretiens ces idées de suicide sur lesquelles on l'avait toujours trouvé trop léger, trop glissant pour en être sérieusement frappé. Sans doute sa résolution était déjà fort avancée ; il évitait ce qui eût pu la trahir, et travaillait en même temps à s'y soustraire ; mais, hélas ! trop tard et quand ses efforts ne pouvaient plus qu'être inutiles... On ne le savait pas.

Le jour qui précéda la nuit fatale il avait vu tous ceux de ses amis auxquels il croyait devoir un adieu particulier. Il était parfois abattu et préoccupé ; ce jour-là il le parut peut-être moins qu'à l'ordinaire.

La nécessité l'avait endurci à un point dont on ne l'eût pas cru capable. Il ne fléchit un instant qu'à la vue d'un tout jeune enfant qui lui tenait de près, et qu'il aimait tendrement. Il ne put caresser pour la dernière fois l'innocente créature à peine entrée dans la vie, sans que le cœur lui manquât, lui qui aussi touchait aux portes de la vie, mais condamné à en sortir dans la nuit même. Une domestique fut le seul témoin des sanglots qui vinrent le suffoquer ; mais il se déroba, et le lendemain il était trop tard quand la scène fut rapportée. Rentré chez lui, il ne manifesta aucun trouble, sa présence d'esprit était parfaite. Il s'occupa de minutieux détails de composition et d'impression pour le numéro du *National* qui devait paraître le lendemain, et que déjà il n'était plus destiné à lire [1]. Vers une heure il s'enferma, et là commencèrent les longues agonies de son âme. Il avait de dernières volontés à prescrire, des instructions à laisser, des adieux à faire, et malheureusement plus d'un pardon à accorder et à demander pour lui-même. Il écrivit quinze lettres ; la dernière à cinq heures du matin. Celle-ci, adressée à une famille qui n'était pas la sienne, mais qui lui en avait tenu lieu pendant les malheurs d'une jeunesse quelquefois pauvre et abandonnée, commençait par ces mots, qu'on ne saurait lire sans attendrissement : « La nuit est bien avancée, et je n'ai plus guère de présence d'esprit pour vous entretenir de la résolution que j'ai prise. Si ma nature faible, indolente, avait pu être changée, elle l'aurait été par vous tous... J'ai été incorrigible... » Hélas ! il n'y avait rien que de très-réparable dans ce mal, qui lui avait paru ne pouvoir être effacé que par la mort ; mais le courage lui avait manqué pour user de toutes ses ressources. Il ne se sentait pas capable des efforts de constance et de travail qui l'eussent infailliblement rendu à la

---

[1] La catastrophe dont il est parlé ici eut lieu dans la nuit du 12 au 13 mai 1830. Le dernier numéro du *National*, signé A. SAUTELÈT, propriétaire gérant (le 131ᵐᵉ de la première année ; on sait que le premier numéro parut le 5 janvier 1830), porte la date du 13 mai. Le lendemain, 14 mai, le *National* était signé : « A. THIERS, rédacteur en chef, signant provisoirement le journal, en remplacement de M. Sautelet, décédé. » Le *National* ne parlait point dans ce numéro du suicide de son gérant ; on y lisait seulement : « On a appelé aujourd'hui à la sixième Chambre, jugeant correctionnellement, l'affaire du *National* ; mais le gérant, M. Sautelet, étant mort hier, la cause a été renvoyée à huitaine, pour produire l'acte de décès. »

sécurité, au bonheur ; et c'était là ce qu'il appelait être incorrigible... Suivant toute apparence, il ne vécut pas longtemps, après cette cruelle et trop irrévocable condamnation de l'emploi de sa vie. On n'entendit point l'arme à feu. Le théâtre de la catastrophe était une petite chambre située à l'extrémité la plus reculée d'un appartement très-vaste. Ce ne fut qu'à l'heure où l'on entrait habituellement chez lui dans la matinée, qu'on le trouva baigné dans son sang et déjà refroidi.

Si l'homme qui a résolu sa propre destruction pouvait savoir quel spectacle il laissera après lui, je ne dis pas à ses amis, mais à des curieux, à des allants et venants, à des hommes de police ; s'il savait les conversations qui se tiendront, pendant une douzaine d'heures, auprès de lui roide, étendu, souillé, méconnaissable, peut-être il reculerait d'horreur, ou, du moins, sa dernière prière serait qu'on voilât ses restes à tous les regards, surtout à ceux qui aimèrent en lui une créature élevée et faite pour passer de la vie à la mort sans déchirements de ses traits, sans dispersion de ses plus nobles parties. Je ne manquerai point ici à un pieux devoir envers un homme si digne d'égards et de regrets, bien que l'impression que m'a laissée le suicide consommé pût servir à d'autres si j'essayais de la reproduire. J'ose dire qu'après cette vue, un homme qui aurait eu quelquefois de funestes pensées contre lui-même ne se tuerait point et croirait que c'est toujours un devoir de vivre, un opprobre d'aller à la terre dans cet état épouvantable. Il n'est donné qu'à la main hideuse du bourreau de flétrir ainsi la création dans son œuvre la plus parfaite.

Et pourtant il y a dans le suicide d'un homme qu'on aimait quelque chose dont la pensée est plus insupportable que la vue même d'un cadavre privé de la noble empreinte de l'humanité. C'est une image bien affreuse que celle qui a frappé plusieurs des amis du malheureux Sautelet, au moment où ils entraient chez lui, ne s'attendant à rien de tel ; mais l'idée de ce qu'il a pu souffrir dans les préparatifs de sa mort est encore plus affreuse. Quand on a bien connu cet excellent et faible jeune homme, on se le figure hésitant jusqu'à sa dernière minute, demandant grâce encore à sa destinée, même après avoir écrit quinze fois qu'il s'est condamné et qu'il ne peut plus vivre. Sans doute il a pleuré amèrement et longtemps sur le bord de ce lit où il s'est frappé. Peut-être il s'est agenouillé pour prier Dieu, car il y croyait; il disait que la création serait une absurdité sans la vie future. Ses mains auront chargé les armes, sans qu'il leur commandât presque, et, pendant ce temps, il appelait ses amis, sa mère, quelque objet d'affection plus cher encore au secours de son âme défaillante. Il était là, s'asseyant, se levant avec anxiété, prêtant l'oreille au moindre bruit qui eût pu suspendre sa résolution ou la précipiter. Une fenêtre légèrement entr'ouverte près de son lit a montré qu'après avoir éteint sa lumière et s'être plongé dans l'obscurité, il avait fait effort pour apercevoir un peu du jour qui naissait et qui ne devait plus éclairer que son cadavre... Enfin il a senti qu'il était seul, bien seul, abandonné de tout sur la terre; qu'il n'y avait plus autour de lui que les fantômes créés par ses derniers souvenirs. Il a cherché un reste de force et d'attention pour ne se pas manquer, et sa main a été sûre...

Mais ce n'est pas encore tout que les souffrances morales de la lutte décisive; on sera plus épouvanté encore si l'on remonte de phase en phase cette incurable maladie de désespoir à laquelle il fallait que notre infortuné Sautelet succombât si jeune. Il y a donc eu un jour, trois mois, six mois (qui sait?), avant la catastrophe, où s'est révélé à lui tout le péril de sa situation, et où, pour la première fois, à tort ou à raison, il a songé à la mort, comme moyen... Il y a eu successivement d'autres moments solennels où il a vu échouer une première combinaison de salut, puis une seconde, une troisième, une quatrième... Il y a eu un jour où il a fallu qu'il se déclarât à lui-même que tout espoir était perdu; qu'il n'avait plus devant lui qu'une, deux, trois semaines de vie; et peut-être, accablé, fatigué d'assauts, il s'est encore reposé sur ces trois

semaines comme sur un siècle. Mais enfin est venu un moment où, sans toucher précisément au terme, il a fallu qu'il
désignât à peu près irrévocablement le jour et l'heure fixes
où il finirait. Peut-être s'est-il manqué de parole à lui-même
une fois, deux fois, sur cette détermination terrible... et pendant ces jours, ces semaines, ces mois, qu'il était toujours
tournant autour de la tombe entr'ouverte, il lui fallait vivre
comme nous! Il semblait prendre à nos espérances politiques,
à nos discussions littéraires, le même intérêt que nous! Il
s'asseyait encore avec un air de plaisir à un bon repas; il se
parait pour aller à une réunion, à un spectacle! Il se rencon-
trait dans nos entretiens mille choses qui devaient déchirer
l'âme d'un mourant; et il ne laissait point échapper l'affreux
secret!

Voilà donc ce que c'est que le suicide! Y a-t-il une mort
plus misérable? Et c'est là ce que des sophistes appellent déserter un poste, violer un dépôt confié par le ciel... Hélas! on
n'a pas cessé d'aimer la vie quand on la quitte; mais on est
à bout de moyens pour y trouver encore bonheur et considération.

Il faut compléter cet article, écrit dans la première quinzaine de juin 1830, par les quelques lignes suivantes, écrites
par la même plume dans le *National* du 16 mai, lignes qui
contiennent comme le germe d'UNE MORT VOLONTAIRE.

OBSÈQUES DE M. SAUTELET.

15 mai 1830.

Aujourd'hui, à neuf heures du matin, les restes mortels
de notre malheureux ami M. Sautelet ont été rendus à la
terre.

Le deuil était conduit par M. Chignard, ancien avocat de la
ville de Paris, beau-frère du défunt. Plus de trois cents per-

sonnes, parmi lesquelles on distinguait des députés, des hommes de lettres, des artistes, et entre autres MM. Béranger, Cousin, Dubois, Isambert, Delécluse, Manuel jeune, Scheffer, Jouffroy, de Rémusat, Lebrun, Bérard, Georges Lafayette, Mérimée, Vitet, Cauchois-Lemaire, Dunoyer, Comte, Ballanche, Armand Bertin, Tissot, etc., etc., suivaient à pied le convoi, et un grand nombre de voitures de deuil marchaient à la file. On s'étonnait, à la vue de ce nombreux concours, qu'un si jeune homme eût déjà pu devenir l'objet d'une considération si générale. La position politique qu'il avait prise depuis six mois comme représentant d'une feuille quotidienne n'était pour rien dans les devoirs qu'on venait rendre à sa mémoire. L'étrange et déplorable nature de sa mort n'avait point non plus grossi le cortége en y amenant de simples curieux. La seule amitié, et l'amitié la plus affligée, avait fait les frais de la triste cérémonie et lui donnait un degré de pompe qui se voit rarement, même à la suite des hommes qui ont assez vécu pour jouer quelque rôle dans le monde. M. Sautelet était le compagnon d'études d'une foule d'hommes qui commencent à marquer aujourd'hui dans toutes les carrières, et, dans cette multitude de directions différentes, pas un ne s'était séparé de lui. Répandu de bonne heure dans le monde, il avait inspiré partout, sans efforts, la bienveillance à la fois douce et vive que lui-même portait dans toute sa personne. Depuis six ans enfin qu'il s'était fait libraire, il n'avait presque pas eu une relation d'affaires qui ne fût devenue bientôt une relation d'amitié. C'était l'un des jeunes gens de Paris les plus connus, les plus recherchés, les plus aimés. Il atteignait à peine trente ans.

Le convoi s'est rendu directement de la rue Neuve-Saint-Marc au cimetière Montmartre. Le cercueil, descendu dans la fosse, a été aussitôt recouvert, et un gémissement de tous les assistants a été le seul adieu fait à ces restes infortunés. On s'était, suivant la coutume, formé en cercle autour de la tombe, et l'on attendait, comme si la douleur commune eût

voulu quelque chose de plus que le lugubre bruit de la pelle
des fossoyeurs. Tous les yeux s'étaient tournés vers M. Cousin, et peut-être l'éloquent professeur allait-il céder à cette
muette et unanime invitation ; mais, en ce moment, il s'est
souvenu que Sautelet avait été l'un de ses élèves les plus distingués, on peut dire même un de ses disciples chéris, et ce
souvenir et l'idée de cette mort cruelle ont étouffé la parole
prête à sortir de sa bouche. Personne après lui ne s'est senti
le courage de venir demander à l'ombre d'un malheureux
jeune homme pourquoi la vie lui fut si amère et quelle fatalité lui a fait fuir sitôt les consolations d'une amitié qui n'eût
demandé que de savoir ses chagrins. On s'est dispersé, emportant une douleur au-dessous de laquelle seraient restés
peut-être tous les discours.

La génération à laquelle appartenait notre malheureux ami
n'a point connu les douleurs ni l'éclat de ces grandes convulsions politiques dont le souvenir fournit tous les jours sur la
tombe des hommes d'une autre époque de si faciles lieux
communs oratoires. Mais, à la suite de ces orages, qui ne
peuvent se rencontrer que de loin en loin, notre génération
a été plus qu'une autre en butte aux difficultés de la vie individuelle, aux troubles et aux catastrophes domestiques, circonstances faites pour intéresser partout ailleurs que sur le
bord d'une tombe.

Peut-être l'ami que nous regrettons a-t-il été de très-bonne
heure l'une des plus touchantes et des plus pitoyables victimes
de ces obscures tribulations qui peuvent accabler une destinée à peine formée ; on n'a que trop lieu de le croire. Mais il
faut laisser étendu sur sa tombe un voile qu'il n'a pas voulu
déchirer. Ce que l'on peut rapporter de sa courte vie, c'est
ce que tant de personnes qui le pleurent aujourd'hui en ont
connu. Combien de nous, hommes de son âge, se souviennent
de l'avoir vu, jeune encore, abandonné à lui-même, au sortir
de la vie d'étudiant, qu'il avait menée tristement, entrer dans
le monde avec une figure charmante, le goût de toutes les

choses élevées, la facilité de mœurs la plus heureuse, l'esprit le plus ouvert, avec des manières réservées qui sentaient la défiance de soi, un laisser-aller naturel qui exprimait la confiance et qui l'inspirait à la première vue! Accueilli comme très-peu de jeunes gens l'étaient, tout lui souriait alors, et pourtant il avait déjà l'invincible pressentiment d'une mort funeste. Ce pressentiment devint, à la longue, une disposition habituelle d'esprit qu'il ne craignait plus de montrer, et que chaque contrariété nouvelle fortifiait malheureusement en lui.

Depuis plusieurs années, il avait fondé un commerce qu'il avait su rendre brillant en n'y consacrant qu'une très-petite partie de son temps. On avait pu croire qu'il avait donné enfin à sa vie un intérêt capable de la lui faire aimer. Il avait montré une capacité peu commune en affaires, la sagacité et la décision d'esprit d'un véritable spéculateur; il avait su se placer au-dessus de sa besogne, et pourtant n'en mépriser aucun détail, rester homme du monde en faisant son état, travailler en marchand et ne pas descendre d'une certaine hauteur intellectuelle à laquelle ses excellentes études et la portée naturelle de son esprit l'avaient placé. Il était dans cette situation lorsqu'il se joignit à nous, et nos lecteurs n'ont point oublié avec quelle fermeté pleine de mesure et quel sentiment parfait de ses convenances personnelles il s'était dernièrement présenté pour soutenir devant les tribunaux celles de nos opinions qui lui avaient valu une condamnation qu'il était au moment de subir.

Voilà l'homme que nous avons perdu. Faut-il dire qu'il a conduit son dessein avec une résolution, une présence d'esprit, un calme désespérant; que c'est après avoir employé une nuit entière à mettre ordre à ses affaires et à écrire à ses amis qu'il s'est frappé; qu'enfin, par la plus déplorable des fatalités, il a échappé, le soir même de la catastrophe, à une conversation cherchée par celui de ses amis qui avait le plus d'intérêt à l'observer, conversation qui devait infailliblement l'amener à une confidence et sauver ses jours? Tous il nous a fallu nous rappeler de ces cruels indices qui n'acquièrent de valeur que quand il n'est plus temps... Que se sera-t-il passé dans cette âme formée aux leçons de Cousin, et qui croyait à sa propre immortalité, qui tous les jours avec nous se consolait à y croire? Entre la dernière lettre, écrite à cinq heures et demie du matin, et le coup fatal, quelques minutes se sont passées encore. Qui nous dira les terribles délibérations auxquelles ce peu de minutes a été employé? Du moins, l'infortuné n'a point eu à essuyer de convulsions physiques : sa mort a été aussi prompte que la fatale explosion.

COLLABORATION DE CARREL

AU NATIONAL

———

Bien qu'on ait dit avec raison que le *National* avait été l'œuvre capitale de Carrel, et que c'était là qu'il avait révélé ses plus hautes facultés, fidèles à notre plan de ne reproduire que ceux de ses articles écrits hors des préoccupations de la polémique courante, nous nous sommes bornés, comme on le verra, à quelques morceaux d'élite, souvent très-courts, mais d'un intérêt littéraire ou historique que tout le monde appréciera. Ces morceaux, que nous mettions, comme on dit, de côté, après les avoir lus, pour les conserver et les relire, donnent plus particulièrement la mesure de la hauteur d'esprit de l'écrivain. Dès le premier numéro du *National* (3 janvier 1830), à l'occasion des funérailles d'Alphonse Rabbe, Carrel se montra éloquent en quelques lignes sans prétention, très-remarquables et très-remarquées, écrites au retour de la cérémonie. Sa polémique, sans doute, est du même style avant et après 1830 ; mais, encore une fois, nous n'avons pas voulu en donner ici la réimpression : plusieurs volumes y suffiraient à peine. Nous nous sommes contentés d'un choix d'articles du caractère particulier qui convient à ce recueil, quels qu'aient été l'objet et les circonstances qui les ont inspiré à des intervalles souvent éloignés ; c'est tout ce que nous avons voulu et pu faire ici.

———

3 janvier 1830.

Les funérailles de M. Alphonse Rabbe ont eu lieu aujourd'hui à trois heures. Des écrivains, des membres du barreau de Paris, des artistes formaient le convoi. Cet écrivain, si supérieur à sa réputation pour tous ceux qui l'ont connu ; cet homme, si intéressant par les circonstances qui condamnaient à l'obscurité ce qu'il y avait de véritablement rare en lui, a succombé hier matin à une maladie qui durait depuis quatre mois. Il était âgé de quarante-trois ans. Il était entré dans le monde à la suite de brillantes études, avec un esprit remuant, un caractère intrépide, des passions vives; une belle figure, de l'esprit, du cœur, un geste mâle et parlant, une éloquence noble, hardie, animée, entraînante. Il avait à peine vingt-six ans lorsque l'avenir que lui promettaient tant d'avantages naturels se ferma pour lui sans retour. Il fut atteint d'une horrible maladie dont il ne sortit, au bout de deux ans, que défiguré, mutilé, rendu presque méconnaissable. Ainsi affligé, il lui fallut vivre, après avoir vainement désiré et plusieurs fois tenté de mourir; mais vivre retiré et presque caché, lui dont le besoin le plus impérieux était de communiquer avec les hommes, et d'en être écouté, aimé, applaudi! La maladie avait encore eu pour effet de ruiner entièrement sa fortune; il lui fallait écrire pour exister. Vivant en grande partie séparé des affaires courantes, sans intérêt et presque sans espoir personnel dans nos luttes, il ne fit guère en politique que d'éloquents hors-d'œuvres. Il écrivit deux livres d'histoire, des abrégés, des résumés, genre qui ne convenait à aucun talent moins qu'au sien. Ce ne furent que des compilations faites avec hâte et fatigue, et dans lesquelles étaient jetées des pages éloquentes, expression de ses misanthropiques douleurs. Comme tous les hommes dévoués à un extrême malheur, il voyait, il enviait malgré lui des heureux dans tous ceux que le sort avait moins maltraités que lui. Il avait vu successivement tous les hommes de son âge s'avancer en réputation, en situation, en bien-être; suivant les progrès naturels de la vie; et lui, immobile dans la sienne, volontairement exilé des sociétés où le talent est deviné, encouragé, poussé, récompensé, il se regardait trop facilement comme délaissé par ceux qu'à la longue il lui fallait perdre de vue. On pouvait déplorer en lui cette disposition injuste et trop cruellement expliquée par une solitude flétrie et souffrante.

Mais, bon, aimant, généreux, il était toujours prêt à recommencer la vie, à se reprendre à toutes sortes d'illusions avec le premier jeune homme que le hasard lui faisait rencontrer et qui annonçait quelque avenir. Combien d'écrivains, aujourd'hui aimés du public, peuvent se souvenir d'avoir reçu de notre infortuné Rabbe les premiers applaudissements qui leur aient fait sentir leur vocation ! Combien il en est dont le nom a paru, pour la première fois, dans quelqu'une de ces chaudes et vives recommandations auxquelles sa plume était toujours préparée. Il avait renoncé pour son compte à sa réputation, dont il lui était si douloureux de se sentir digne. La plus douce récompense du talent, celle qui se recueille au sein d'un monde brillant, et que, dans son langage figuré, il appelait *la gloire argent comptant*, devant toujours lui manquer, il n'y avait point de prix équivalent à ses yeux. Il eût fallu, pour obtenir de plus tardifs et peut-être de plus solides applaudissements, qu'il fît violence à sa nature, qu'il changeât la direction de ses facultés, qu'il se renfermât dans la méditation, lui qui était un homme d'expansion, de dehors et de premier mouvement. Ce pouvoir, dont si peu d'hommes sont capables, ne lui avait pas été donné. « Je ne suis, disait-il peu de jours avant de mourir, je ne suis depuis bien des années qu'un surnuméraire dans la vie, qu'un débris d'homme ; je partirai sans avoir rien fait. Heureux si quelques amis ont su ce que je pouvais faire ! » Mais, pour tous ceux qui l'ont fréquenté, pour tous ceux qui l'ont entendu, ne fût-ce qu'une fois, il n'y eut jamais de débris plus noble et plus regrettable. Quand il parlait de lui, de sa vie, quand il peignait ses impressions, ses souffrances, quand il racontait ce qu'il avait appris ou vu, il était admirable. Alors, son langage si abondant et si riche, sa diction si virile et si noblement accentuée, sa pantomime si spontanée, si heureuse, tout, jusqu'à sa physionomie dévastée, était expression, mouvement, peinture, entraînement. Il était rare qu'on ne lui dît point : « Mais écrivez ce que vous venez de dire, peignez-vous

20.

vous-même, vous serez le plus singulier et le plus remuant des écrivains de ce temps. »

L'agonie de quatre jours qui a terminé sa vie ne lui a laissé aucun moment dont ses amis aient pu profiter pour savoir s'il avait destiné quelque écrit à paraître après lui; mais on connaissait de lui quelques morceaux inédits dans lesquels il se retrouvera tout entier, et dont on ne peut que désirer vivement la publication.

GEORGE IV.

(Premier article[1].)

30 juin 1830).

Le dernier roi d'Angleterre, George IV, fils aîné de George III, naquit à Londres le 12 août 1762. Il eut à sa naissance le titre de duc de Cornouailles; celui de prince de Galles ne lui fut conféré que cinq jours après, et par lettres patentes. Il était à peine âgé de quatre ans lorsque l'attention de toute l'Angleterre fut portée sur lui par la maladie qui faillit emporter George III, vers la cinquième année de son règne. Cette maladie n'était pas sans rapport avec celle qui, vingt ans après, commença l'affliction de la longue vieillesse de George III, et elle effraya beaucoup plus alors parce qu'il y aurait eu une minorité de quatorze ans au lieu d'une régence exercée par l'héritier de la couronne. C'était aussi l'époque si difficile qui vit éclater la rupture entre l'Angleterre et ses colonies. George III se rétablit, mais en demeurant sujet à des accidents qui tenaient sur lui dans une crainte continuelle, et qui faisaient qu'on ne perdait point de vue le jeune prince de Galles. Sans doute aucun biographe de George IV n'oubliera

---

[1] La mort de George IV, arrivée le 26 juin 1830, donna lieu aux articles qu'on va lire sur l'un des plus curieux règnes de l'histoire contemporaine.

de dire qu'à quatre ans il fut reçu chevalier de la Jarretière,
et prouva, par sa contenance, qu'il sentait toute l'importance
de sa dignité nouvelle. On lit partout aussi qu'à trois ans il
reçut de la société des Vieux-Bretons, dont il était protecteur
comme prince de Galles, une députation à laquelle il sut faire
de lui-même une réponse charmante. Les recueils fashiona-
bles connus sous le nom de *Public Characters* sont pleins
de jolies anecdotes sur l'enfance de George IV. Nous coupe-
rons court à cette matière en disant qu'il y a peu de princes
dont la précocité ait été autant vantée, et que probablement
il ne l'a pas moins mérité qu'un autre.

L'éducation de George III avait été fort négligée; il en souf-
frait, ce qui fit qu'il déploya dans celle de son premier fils
une sévérité excessive et peu éclairée. Le jeune prince fut
d'assez bonne heure condamné à une réclusion presque mo-
nastique. Plusieurs hommes de la première noblesse d'Angleterre se succédèrent près de lui dans la haute charge de
gouverneur, sans pouvoir y tenir, parce que la surintendance
que voulait conserver le roi les réduisait au rôle d'institu-
teurs subalternes. Le docteur Markham, en qualité de sous-
gouverneur, fut la personne qui eut dans l'éducation du
prince la part la plus directe et la plus constante, toutefois à
la condition de se conformer aux idées peu larges du roi en
tout ce qui était religion et morale. Le docteur ne fut guère
libre de choisir qu'entre telle ou telle méthode d'enseignement littéraire; mais on assure qu'à cette époque sa capacité
était au-dessus de tout contrôle, et que son royal élève lui
dut une de ces fortes instructions classiques que la noblesse
anglaise aime tant à déployer en citations dans ses luttes parlementaires. A dix ans, le prince était fort avancé dans les
études; les littératures grecque et latine lui étaient très-fami-
lières; il avait des connaissances géographiques assez étendues; son goût pour les arts était extrêmement vif, mais il ne
lui était pas permis de s'y livrer autant qu'il l'eût voulu. Déjà,
dit-on, il était fort difficile à contenir dans les habitudes

claustrales auxquelles le condamnaient les préjugés de son père. Il était impatient des contrariétés dont on entourait sa jeunesse, et savait en montrer son ressentiment d'une manière quelquefois très-vive. On en cite un trait assez curieux et qui semble d'un autre caractère que celui qu'il a montré toute sa vie. Les injures publiées par le fameux Wilkes, dans le journal le *North-Briton*, contre George III, étaient encore dans toute leur nouveauté, lorsqu'un jour le prince, ayant essuyé quelque désagrément par les ordres de son père, alla écrire sur la porte du cabinet du roi : *Wilkes and North-Briton for ever !* On n'eut pas de peine à découvrir l'auteur de cette audacieuse inscription ; le bon George, après s'être montré d'abord fort piqué, finit par rire de l'invention et la pardonna.

Le temps vint où il ne fut plus possible de tenir le prince éloigné d'un monde où la hardiesse naturelle et les grâces de son esprit, un corps superbe, le visage d'homme le plus noble, et une singulière élégance répandue dans toute sa personne, l'appelaient à produire une sensation égale à celle de sa haute naissance. En 1783, il atteignait sa majorité, c'est-à-dire sa vingt et unième année ; il avait droit à un apanage : il allait venir prendre siége à la Chambre haute ; rien au monde ne pouvait plus l'empêcher de se lancer au milieu des séductions d'un monde empressé de lui faire fête et de se parer pour le recevoir. Il devenait aussi un personnage et le maître de former les liaisons politiques qui lui offraient le plus d'attrait. En ce moment, qu'il avait cru ne voir jamais venir pour son fils, George III put reconnaître que le souvenir de ses leçons ne tiendrait guère, et que la contrainte imposée jusqu'au dernier jour n'aurait fait que rendre l'explosion plus terrible. Du moins il espéra conjurer le mal en faisant en sorte que le prince eût le moins possible les moyens de s'y livrer. La Chambre allait, suivant la coutume, assigner un revenu à l'héritier de la couronne, devenu majeur. Le roi fit dire par le chancelier de l'Échiquier (c'était William Pitt, alors à peine

entrant au ministère) qu'il ne voulait point que l'établissement de son fils imposât de nouvelles charges à la nation, et
qu'il y saurait pourvoir en détachant annuellement de sa liste
civile cinquante mille livres. La proposition de George fut
accueillie par la majorité du parlement comme d'un bon roi
et d'un bon père ; mais l'opposition, conduite alors par la fameuse coalition de Fox et de North, et qui devait saisir l'occasion d'attirer à elle l'héritier de la couronne, fit valoir que
cinquante mille livres ne pouvaient suffire au prince pour
maintenir la dignité de son rang. L'opposition avait raison,
et George III lui-même avait joui, comme prince de Galles,
de cent mille livres, au lieu de cinquante. Mais il était fort
difficile de persuader à la majorité du parlement qu'elle dût
obliger le roi à consentir à une augmentation de sa liste civile, qu'il ne voulait pas. La puérile combinaison de George III
réussit donc. Le prince lui-même, voyant la discussion s'é-
chauffer à son sujet entre l'opposition et les serviteurs de son
père, déclara qu'il voulait se contenter du revenu que le roi
jugeait devoir lui suffire.

La Chambre haute ne reconnaît pas formellement la dignité de prince de Galles : ce fut sous son titre de duc de
Cornouailles que le fils, désormais affranchi, de George III,
vint siéger parmi les pairs du royaume. Il ne tarda pas à
trouver l'occasion de parler. Il fut court, comme toutes les
fois qu'il lui est arrivé depuis d'exprimer une opinion dans
la noble enceinte ; mais on admira beaucoup en lui une facilité, une grâce et une propriété d'expressions fort rares ;
un débit peu capable de s'élever jusqu'aux mouvements de
l'éloquence, mais d'une aisance, d'une simplicité pleine de
bon goût, avec un accent qui savait prendre au besoin de la
majesté, et un son de voix qui flattait singulièrement à entendre. On sait les liaisons fameuses qui s'établirent entre le
prince, à son entrée dans le monde, et les premiers hommes
politiques de ce temps, Fox, Sheridan, Burke ; l'intérêt seul
ne les forma point, l'esprit y eut la plus grande part. Le

prince se trouva être un homme aussi distingué en son genre, comblé d'autant de dons naturels, et aussi digne d'être recherché que chacun de ses illustres amis. Nul d'eux, peut-être, ne le jugea inférieur à ce que lui-même croyait être; mais ce fut le secret d'un petit cercle d'hommes. Le public, à portée seulement de voir l'extérieur des choses, put croire que le prince ne ressemblait à ses amis que par les vices mêlés aux grandes facultés de quelques-uns d'eux.

Pendant les deux ou trois premières années qui suivirent la majorité du prince, on n'entendit parler que de ses énormes dépenses en équipages, en chevaux, en parties de plaisir, en constructions de luxe. La vie retirée et toute domestique de George III avait habitué l'Angleterre, depuis vingt-cinq ans, à des mœurs royales si réglées, si simples, que les désordres du prince semblaient quelque chose d'inouï et presque de monstrueux. Il était exclu de quelques-unes des résidences royales, et vivait en fils de famille dérangé, partageant son temps et ses plaisirs entre des sociétés de natures fort différentes, choisies dans ce qu'il y avait de plus haut, comme dans ce qu'il y avait de plus bas, et cela presque indifféremment. Tantôt il était avec ses grands amis de l'opposition; il les quittait pour de jeunes extravagants à débauches élégantes et à noms tarés, quelquefois pour des femmes plus que galantes, ou pour des professeurs de pugilat, des boxeurs. La puissance de sa constitution lui commandait tous les exercices et lui permettait tous les excès. Il lui arrivait souvent de se trouver incognito ou dans des lieux publics, ou chez de simples artisans. Un jour, on le reconnut dans une taverne, où il était assis parmi une multitude de personnes, et le lendemain la taverne avait ces mots pour enseigne: « Un tel, brasseur de Son Altesse Royale le prince de Galles. » Un ca-carrossier de Londres fit sa fortune, parce qu'on sut que le prince y allait familièrement commander ses équipages et faire faire sous ses yeux les choses telles qu'il les voulait. Tous ceux qui se piquaient de suivre la mode voulurent être

fournis par cet homme, et, à l'exemple du prince de Galles,
présider à la confection des harnais de leurs chevaux. L'intime
ami de Fox était en même temps le modèle des dandys de
Londres et l'excuse de tous les jeunes gens perdus d'incon-
duite et de dettes.

Vers l'année 1786, un engagement sérieux apporta, sinon
une fin, au moins un grand changement aux habitudes dis-
sipatrices du prince. Il était alors âgé de vingt-quatre ans; on
assura qu'il venait d'épouser secrètement mistriss Fitz-Herbert, jeune Irlandaise d'une naissance distinguée, d'une
beauté fort remarquable, et qui était née dans la religion catholique. Le prince n'avait eu jusque-là qu'un seul attachement de quelque durée; il aimait passionnément mistress
Robinson, auteur de la *Sylphide*, et c'est ce passager amour
qui a fourni le roman connu en Angleterre sous le nom de
Lettres et Aventures de Florizel et Perdita. Mistress Robinson
avait été abandonnée pour des femmes qui, dit-on, ne la valaient point; mais mistress Fitz-Herbert parut avoir tout à fait
captivé le prince. Les nouveaux goûts que lui inspira cette
union et l'accumulation effrayante de ses dettes l'ayant fait
songer sérieusement à mettre ordre à ses affaires, il essaya
de se rapprocher du roi et de le toucher sur sa situation. Le
roi fut inflexible, et le prince se vit obligé de prendre avec
ses créanciers des arrangements fort gênants. Sur son revenu de cinquante mille livres, il convint de leur en abandonner quarante chaque année, et avec les dix mille livres res-
tant, il entreprit de vivre dans la retraite; il congédia toute sa
maison, vendit ses équipages, ses bijoux, sa vaisselle, et s'enferma, continuant seulement à voir ses amis politiques.

Mais cette belle résolution ne dura qu'un an. Au bout de
ce temps, le mécontentement du roi n'était pas désarmé,
comme avait pu l'espérer le prince, et M. Pitt apprit que
l'opposition se proposait de faire au parlement une motion
sur l'état des affaires de l'héritier présomptif. Il y eut à ce sujet,
entre le ministre et plusieurs membres des deux Chambres, des

conférences fort animées. La question de savoir si le prince avait en effet contracté une union secrète avec mistress Fitz-Herbert y fut chaudement débattue. Le prince, n'ayant pas encore vingt-cinq ans, n'avait pu se marier sans le consentement du roi son père, ou, à son défaut, sans l'autorisation du Parlement; de plus, si mistress Fitz-Herbert était catholique, le prince n'avait pu l'épouser sans violer l'acte qui avait installé la maison protestante de Brunswick sur le trône d'Angleterre. Pitt menaçait de dénoncer tout ce mystère aux chambres, si l'on persistait à vouloir s'adresser à elles pour rétablir les affaires du prince. Fox et ses amis, de leur côté, juraient sur leur honneur que le prince n'était point marié, et que personne plus que lui ne désirait une enquête sur les bruits odieux qui avaient couru. Malgré ces vives assurances, Pitt soutint ce qui était sa conviction, et proposa seulement, par égard pour le prince, de se charger d'arranger les choses à l'amiable, si l'on voulait s'en remettre à lui seul. On le prit au mot, et en effet il fit voter, par le Parlement, un revenu de cent mille livres pour le prince, et une somme à part pour le payement de ses dettes les plus pressantes. Le roi consentit à tout.

Ce fut peu après ce rétablissement des affaires du prince de Galles que George III fut, pour la première fois, atteint de la maladie mentale qui donna lieu à la mémorable affaire du bill de régence. Il y a trop à apprendre pour nous dans ces discussions, pour que nous n'en fassions pas l'objet d'un article spécial. C'est moins de la personne de George IV que nous voulons occuper nos lecteurs, que des grandes questions constitutionnelles qui se sont agitées autour de lui, dans la situation extraordinaire où le mit, pendant vingt ans, le triste sort d'un père qui ne pouvait ni mourir ni régner. L'espoir d'être instructifs nous fait passer par-dessus la crainte d'être longs.

GEORGE IV.

(Deuxième article.)

2 juillet 1830.

Au mois d'octobre de l'année 1788, George III donna des signes d'aliénation incontestables. Le parlement était prorogé au 20 novembre suivant; cette époque arriva sans qu'il se fût opéré aucun changement dans l'état du roi. Le premier ministre, M. Pitt, fit écrire aux pairs et aux membres des communes que le roi était tombé dans une situation à ne pouvoir ni ouvrir une session, ni proroger de nouveau le parlement, et qu'il paraissait convenable que les chambres, sans attendre la formalité ordinaire de la convocation royale, puisqu'elle était devenue impossible, se réunissent pour aviser à ce qui était à faire. On se rendit à l'invitation de M. Pitt. Le premier ministre notifia lui-même à la chambre des communes l'état de la santé du roi; la même communication fut faite à la chambre haute par le lord chancelier. M. Pitt avait déjà un plan de conduite arrêté : il s'agissait pour lui de faire adopter une combinaison telle que le pouvoir lui restât, quelque durée qu'eût l'incapacité du roi; mais il ne se dissimulait pas l'extrême difficulté du succès. La situation était toute nouvelle dans les fastes constitutionnels de l'Angleterre, et l'opposition, ayant à sa tête le prince de Galles, dont elle allait tout naturellement faire valoir les prétentions à l'exercice temporaire du pouvoir exécutif, avait de grandes chances pour revenir aux affaires. Fox, qui depuis deux sessions était moins assidu à la Chambre, revenait en toute hâte d'Italie, appelé par ses amis. Lord North dirigeait une nouvelle coalition, qui voulait porter immédiatement et sans condition le prince de Galles à la régence, et dans laquelle le prince de Galles eût fait choix de nouveaux ministres. Tout annonçait

21

une lutte terrible, comme il n'y en avait pas eu depuis la mémorable année 1784.

L'intérêt de M. Pitt était de gagner du temps. Les médecins assuraient que le roi devait recouvrer la raison; ils ne précisaient aucune époque, mais cela pouvait arriver, disaient-ils, à tout instant. M. Pitt proposa aux chambres de s'ajourner, puisqu'il était impossible que la session fût ouverte régulièrement, et qu'un court délai pouvait amener le rétablissement du roi. Les Chambres se séparèrent. Quinze jours après, elles se réunirent de nouveau; l'état du roi n'était pas changé. M. Pitt présenta un rapport du conseil privé, constatant cette situation malheureuse, et dit que, par respect pour l'auguste malade, il lui paraissait que les chambres devaient s'en tenir à la déclaration du conseil, et ne pas exiger des éclaircissements sur lesquels il serait impossible de s'étendre sans manquer à de hautes convenances. Fox, Burke et leurs amis répondirent que la déclaration du conseil n'était point pour le parlement une information suffisante quand il s'agissait d'un événement aussi grave, et qu'il fallait qu'au moins des commissions choisies entendissent le témoignage des médecins. M. Pitt ne demandait pas mieux que de passer par des formalités qui pouvaient le tirer d'embarras, en donnant du temps à la maladie du roi; un comité de vingt et une personnes par chaque chambre conféra avec les médecins; l'opposition était entrée pour un tiers environ dans la composition de ces comités; leur rapport fut conforme à celui du conseil privé.

Le fait étant maintenant bien constaté, M. Pitt, à son tour, demanda la formation d'un comité pour compulser les journaux du parlement et y chercher des précédents. « Il n'y a point de prédécents, dit M. Fox, qui puissent s'appliquer à la situation actuelle, et tout le monde le sait bien; il est donc inutile de perdre le temps en recherches. L'incapacité actuelle du roi est malheureusement un fait aussi certain qu'il est nouveau dans l'histoire. Nous avons à créer nous-mêmes un précédent. Or, dans le cas où nous sommes, il existe une personne qui fait une différence totale avec tout ce qui se présente dans notre histoire, et qui, par analogie avec le droit qu'elle a de succéder un jour à Sa Majesté, me paraît avoir seule le droit d'exercer le pouvoir exécutif quand Sa Majesté n'est pas en état d'en remplir les devoirs : j'ai nommé le prince de Galles. »

A ces mots M. Pitt se leva comme indigné, mais parfaitement maître de lui. Il dit que l'opinion qui venait d'être émise était pour lui un nouveau motif de demander qu'un comité fût chargé d'examiner les précédents; que le travail de ce comité prouverait pour le moins qu'affirmer le droit du prince de Galles, comme cela venait d'être fait, c'est-à-dire comme un droit de naissance inhérent à lui et indépendant de la volonté des deux Chambres du Parlement, ce n'était rien moins qu'une trahison envers la Constitution ; que, pour lui, son opinion était qu'en cas d'interruption dans l'exercice personnel de l'autorité royale, il n'appartenait qu'aux deux autres branches de la législature de pourvoir comme elles l'entendraient, et au nom de la nation qu'elles représentaient, à l'exercice temporaire de l'autorité royale; que l'héritier présomptif pouvait bien être choisi par les Chambres, mais qu'à moins de cela il n'avait pas plus de droit à gouverner que tout autre sujet anglais. Il ajouta que de la question en discussion on venait d'en faire naître une plus importante, et que, pour tout Anglais qui entendrait parler de la séance de ce jour, il s'agissait de savoir si l'on ressusciterait, en faveur du prince de Galles, ces vieilles idées de droit divin et de pouvoir infaillible des princes, si justement tombées dans le mépris depuis un siècle.

Fox et ses amis ne virent pas sans un grand dépit leur formidable adversaire leur enlever, dans cette circonstance, l'honneur d'exprimer l'opinion la plus conforme aux sentiments anglais et à l'esprit de la Constitution. Fox essaya de rétablir sa proposition dans des termes moins absolus et plus respectueux pour l'autorité du parlement. Il tâcha de concilier le droit que le prince tenait, suivant lui, de sa naissance, avec le droit d'intervention que pouvaient avoir les deux Chambres. Il présenta la doctrine mixte que c'était bien au Parlement d'établir un régent, mais que ce régent ne pouvait être que l'héritier présomptif. Pitt le battit facilement en lui objectant que c'était un droit illusoire que celui de choisir, quand le choix ne pouvait tomber que sur une personne, et il demeura, quant à lui, inébranlable dans sa proposition, que les deux Chambres pouvaient choisir qui elles voulaient, et que le prince n'avait pas plus que tout autre le droit d'être choisi. « Mais s'il en est ainsi, lui dit Burke, si vous niez le droit que le prince tient de sa naissance, tout le monde peut être régent; et vous, par exemple, vous vous porteriez donc comme compétiteur du prince? » — « A l'époque où notre Constitution fut établie sur ses fondements actuels, répondit M. Pitt, il y a cent ans, lorsque M. Somers et d'autres grands hommes déclarèrent que personne ne pouvait tirer son droit à la couronne que du consentement des deux Chambres du parlement, quelqu'un demanda-t-il si M. Somers était compétiteur du prince d'Orange? »

La Chambre, ramenée par ce mot aux glorieux principes de la révolution de 1688, vota, à une grande majorité, qu'il y aurait un comité pour examiner les précédents. Un semblable comité fut nommé dans la Chambre haute. Le ministre, en réduisant la question à des termes abstraits et en forçant les partisans du droit du prince de Galles à se déclarer contre le droit en vertu duquel le Parlement avait transféré la couronne de Jacques II à Guillaume et Marie, s'était donné un si grand avantage, que le prince de Galles et les autres membres de la famille royale se crurent dans la nécessité de désavouer presque les orateurs de l'opposition, pour ne pas s'exposer à l'impopularité que ceux-ci avaient encourue dans la discussion. Le duc d'York déclara à la Chambre haute que le prince de Galles n'avait nullement élevé les prétentions devenues l'objet d'un si vif débat; que son frère avait été, dans sa jeunesse, trop imbu des principes sacrés en vertu desquels la maison de Brunswick occupait le trône de l'Angleterre, pour désirer jamais l'exercice d'un pouvoir qu'il ne tiendrait pas de la volonté du peuple, exprimée par ses représentants. Le duc de Glocester parla dans le même sens.

Le jour où les travaux des nouveaux comités durent être soumis au Parlement, M. Pïtt, qui avait présidé le comité de la Chambre basse, proposa trois résolutions :

La première, « qu'il y avait interruption de l'autorité royale. » Elle passa sans discussion.

La seconde, « que c'était le droit des deux Chambres du parlement de pourvoir aux moyens de suppléer au défaut d'exercice personnel de l'autorité royale pendant la maladie du roi, » Ici l'opposition éclata. Fox demanda ce que c'était que cette théorie nouvelle qui distinguait entre la couronne et la puissance exécutive, qui déclarait l'une héréditaire et l'autre élective. Pitt répondit que c'était la théorie même du gouvernement anglais, non pas tracée par lui, mais par les hommes qui avaient présidé à la révolution, et qui, les premiers, avaient eu à pourvoir à l'incapacité momentanée de la troisième branche de la législature ; que c'était là le véritable précédent à invoquer, et que les deux Chambres demeuraient seules dépositaires de l'autorité, par l'affliction du roi, comme elles l'avaient été cent ans auparavant par la fuite d'un prince catholique. Il ajouta que c'était là l'inappréciable avantage de la Constitution anglaise ; que, dans tout autre pays, un malheur semblable eût brisé tous les liens du corps politique ; qu'en Angleterre ce n'était qu'une occasion d'appliquer le principe qui attribue la souveraineté aux deux premières branches de la législature, quand la troisième vient à manquer. Ces raisons entraînèrent la majorité ; la seconde résolution passa.

La troisième résolution n'était plus que la conséquence des deux premières : elle était ainsi conçue : « Il est nécessaire que le lord chancelier soit revêtu, par les deux Chambres, du pouvoir nécessaire pour apposer le sceau royal à l'acte qui convoquera le Parlement dans la forme ordinaire, et au bill qui doit limiter l'autorité du futur régent. »

Cette troisième résolution passa à la même majorité, mais ici l'opposition se releva un peu. Elle eut à faire valoir que, tout en paraissant vouloir l'application rigoureuse dês principes de la constitution, on pouvait se ménager des moyens cachés d'agir contre la liberté constitutionnelle ; qu'il était dangereux que la faculté de consentir au nom du roi, et d'apposer le grand sceau, comme par ordre du roi, fût conférée à une personne, quelle qu'elle fût ; que, d'ailleurs, cette faculté de consentir n'emportant point la faculté de refuser, n'était qu'une ridicule fiction. Mais il y a des circonstances où l'on fait bien quand on fait comme on peut, et mieux valait un parlement légalisé par l'apposition matérielle du sceau royal lui-même, que la suspension du gouvernement par la volonté d'un prince qui n'eût été que roi temporaire.

M. Pitt, ayant réussi dans tout ce qu'il avait proposé au parlement, crut devoir écrire au prince de Galles pour lui annoncer que, l'intention des chambres étant de lui conférer la régence, il était résolu à proposer les restrictions suivantes : « Que la maison du roi serait placée dans la dépendance immédiate de la reine ; — que le prince ne pourrait ni engager, ni abandonner la propriété personnelle du roi ; — qu'il ne pourrait accorder ni pensions ni charges, ni nommer personne à aucun office quelconque, jusqu'à ce que le bon plaisir du roi pût être connu ; enfin, qu'il ne nommerait point de nouveaux pairs. »

La réponse du prince exprimait la plus grande soumission quant aux décisions prises par le parlement, mais un blâme assez amer des vues dans lesquelles ces décisions avaient été sollicitées par M. Pitt. « Le prince, disait-elle, s'abstient de faire aucune remarque sur l'aperçu du plan qui lui est soumis ; il suppose qu'il a été combiné avec assez de soin pour ne pas être exposé à la possibilité d'un argument capable de

changer les dispositions de ceux qui l'ont fait. » Pour tout ce
qui était encore à discuter, le prince s'en remettait à la justice
et aux intentions loyales du parlement à son égard ; il finis-
sait en se déclarant déterminé, par son dévouement au roi et
aux intérêts nationaux, à accepter la régence, quelques restrictions qu'on y apportât ; mais il avait cru aussi de son
devoir de montrer qu'il n'approuvait point ces restrictions.

Muni de cette promesse du consentement du prince, M. Pitt
présenta aux chambres le bill des restrictions. Ce bill, combattu avec la dernière énergie, surtout dans la chambre haute,
où il fut l'objet d'une protestation signée de tous les princes
du sang et d'une quarantaine de lords, venait à peine de passer, quand on apprit le rétablissement inespéré du roi ; et ainsi
se termina l'une des plus mémorables luttes parlementaires
dont les annales constitutionnelles de l'Angleterre fassent men-
tion. Assurément, Pitt avait eu son intérêt de ministre, d'homme
habitué au pouvoir et qui voulait rester maître, à soutenir
qu'en cas d'incapacité de la personne royale, il appartenait
aux deux chambres de disposer du pouvoir exécutif ; mais ici
son intérêt était d'accord avec son grand esprit. L'opposition
avait eu aussi ses intérêts d'ambition à soutenir une doctrine
plus favorable au droit héréditaire des princes ; il y avait eu
renversement des habitudes politiques des deux partis. Mais
peu importe de quel côté et de quelles considérations particulières le bien peut venir ! Pitt avait fait triompher les vrais
principes, et c'est pour cela que l'Angleterre lui a gardé un
pieux souvenir.

Quant au prince de Galles, sa conduite dans cette mémorable affaire est ce que nous la verrons pendant toute sa vie : sacrifice de ses sentiments personnels à la nécessité de faire ce
qui, à tort ou à raison, était voulu par le pays, c'est-à-dire
par la majorité des chambres. C'est cette résignation, non point
basse ni lâche, mais raisonnée et intelligente, cet art de céder noblement et à temps à tout ce qui lui a paru le vœu national, qui a fait de lui le modèle des rois constitutionnels.

C'est sous ce point de vue que nous aurons à le montrer dans un dernier article.

GEORGE IV.

(Troisième article.)

5 juillet 1830.

Rendu, par le rétablissement du roi, à la vie privée et aux inextricables difficultés dont il l'avait semée par ses désordres, le prince de Galles continua à offrir un point de ralliement aux ennemis de l'administration de Pitt. Mais la révolution française arriva. L'immense question soulevée par elle en Europe amena dans l'opposition anglaise une sorte de schisme. Avant même que Pitt eût ouvertement déclaré la guerre aux principes français, Burke, Windham et quelques-uns des principaux membres de la minorité dans la Chambre haute, se séparèrent avec éclat de Fox, de Sheridan, de lord Grey, illustres et constants amis de notre révolution. Cette scission avait lieu en 1792. Le prince de Galles parut d'abord un peu embarrassé d'opter entre les deux fractions du parti whig. D'une part étaient Fox, Sheridan, les hommes qu'il aimait le mieux; mais les convenances de sa haute position l'attiraient du côté des whigs dissidents. Le renvoi de notre ambassadeur leva son hésitation; il crut devoir désormais l'influence de son rang et de sa personne à un système que l'Angleterre embrassait avec toute la chaleur de ses passions nationales, et qui paraissait être de nécessité celui des monarchies libres comme celui des monarchies absolues. Ses relations avec M. Fox cessèrent; il ne vit plus aucune personne de ce parti, si ce n'est peut-être de loin en loin Sheridan, mais pour des objets étrangers aux affaires publiques.

Deux ans après, en 1795, lorsque le prince fut obligé par

l'état, plus que jamais embarrassé de ses affaires, à consentir
à son funeste mariage avec la princesse Caroline de Brunswick,
les whigs lui rendirent abandon pour abandon. On lui avait
promis, s'il se résignait à cette union, qui contrariait toutes
ses habitudes, et surtout ses engagements avec mistress Fitz-
Herbert, d'obtenir que le Parlement payât ses dettes et lui
assignât une augmentation de revenu. Cette fois, ce fut le
roi qui sollicita le Parlement, et Pitt qui pallia les prodigali-
tés du prince. C'était, dit le ministre, la dernière fois qu'on
faisait à la Chambre une demande de ce genre en faveur de
l'héritier présomptif, et son mariage était la garantie certaine
des réformes auxquelles il s'était déterminé lui-même. Il ne s'a-
gissait pas de moins que d'un revenu de cent vingt-cinq mille
livres, et d'un fonds à part qui devait être employé, sous la
direction de commissaires nommés par le Parlement, à l'extinction graduelle des dettes du prince. On ne fut pas peu étonné
d'entendre M. Grey s'élever contre l'appropriation de ces
fonds, même à des conditions si peu flatteuses pour le prince,
et dire que le refus de le tirer de la gêne pécuniaire où il
était serait sans doute une mortification pour lui, mais aussi
une leçon de prudence pour l'avenir. M. Fox ne fut pas si dur
dans l'expression ; mais il rappela qu'en 1787 on avait déjà
promis, au nom du prince, qu'il ne se trouverait plus en pareille nécessité. Le seul Sheridan, fidèle au souvenir d'une
amitié qui avait été confidente et témoin de bien des écarts,
Sheridan, destiné à mourir dans la plus cruelle détresse, fit
entendre des paroles d'indulgence et intercéda pour le royal
dissipateur avec une générosité qu'on interpréta mal dans
son parti et qui lui fit tort. On doit à la vérité d'ajouter que
les whigs, en se montrant incrédules à la conversion du
prince, malgré son mariage et ses trente-trois ans, n'avaient
pas été précisément injustes envers lui ; car, de 1795 à 1810,
il fallut deux fois encore payer ses dettes.

Au commencement de 1801, George III eut un retour de
sa maladie et se rétablit en vingt-huit jours. Il retomba de

nouveau en 1804, et l'avis des médecins fut encore qu'il n'y avait pas lieu à déclarer la suspension de l'autorité royale. Cependant le sceau fut apposé par commission à plusieurs bills qui avaient passé déjà dans les deux Chambres. Si, dans ces deux circonstances, on se remua pour le prince comme on l'avait pu faire en 1788, il ne témoigna, lui, nulle impatience d'échanger sa situation d'héritier présomptif exclu des affaires contre celle de régent; et c'est justice à lui rendre, qu'en aucun temps, même au plus fort de ses démêlés avec le roi son père, il n'a paru envier une autorité toujours sévère et quelquefois injuste à son égard. Les princes ses frères étaient incontestablement traités avec plus de faveur et de considération que lui; il ne lui arriva qu'une seule fois de s'en plaindre.

C'était après la rupture de la paix d'Amiens, en 1803. L'Angleterre se croyait menacée d'une invasion par Bonaparte, et toutes les classes de la nation, exaspérées au dernier point, se préparaient à la bien recevoir. Le prince de Galles écrivit au roi pour lui demander un commandement, ou du moins un emploi actif dans l'armée. « Ce sont, lui dit-il, les branches cadettes de votre famille qui, jusqu'ici, ont été appelées à l'honneur de servir l'Angleterre dans ses dangers... moi seul j'ai été oublié. Si je me soumettais en silence à cette exception humiliante, je croirais l'avoir méritée. » Le roi répondit qu'il ne pouvait blâmer une plainte partie de motifs honorables; qu'il avait eu plus d'une occasion de s'expliquer avec d'autres personnes sur les raisons qui le faisaient agir ainsi, et qu'il avait espéré n'avoir plus à y revenir; qu'il ne croyait pas qu'on pût l'accuser d'injustice envers aucun de ses enfants; que si l'implacable ennemi de l'Angleterre osait se présenter sur ses côtes, tout Anglais, à commencer par le roi, serait soldat, et que le prince, à la tête de son régiment, pourrait payer sa dette à son pays... Tout le monde sait comment Bonaparte fut détourné de l'invasion qu'il méditait : ainsi les occasions de gloire furent refusées au prince. On a lieu de croire qu'il s'en consola, bien qu'il fût homme à faire son devoir comme un autre au jour du danger.

On sait qu'en 1802, à la paix générale, Pitt avait quitté le ministère, sous prétexte du refus du roi de consentir à l'émancipation de l'Irlande, et qu'en 1804, après la rupture de cette même paix, il avait été chargé par George III de composer un nouveau ministère dans le système qui lui conviendrait, pourvu que la question catholique et M. Fox en fussent exclus. Pitt ne fit que reparaître; il mourut en 1805. Après lui, l'impossibilité de composer, pendant la guerre contre la France, un ministère capable de subsister avec M. Fox pour adversaire, décida George III à donner commission à M. Grenville de former un ministère dont M. Fox ferait partie. Fox fut naturellement l'homme principal, le véritable chef de ce ministère. Il y avait vingt-deux ans qu'il était sorti des affaires.

Burke était mort depuis longtemps, et la question quant à la révolution française ne se trouvait plus dans les doctrines qui avaient pu effrayer certains whigs, mais dans la puissance et le génie entreprenant de Bonaparte. Les deux fractions de l'ancien parti whig s'étaient donc rapprochées, et la présence de M. Fox dans un ministère était une victoire pour tout ce qui restait de la fameuse opposition de 1783. Aucune démarche publique du prince de Galles ne prouva qu'il considérât l'existence d'un ministère whig comme étant pour lui personnellement une satisfaction; cependant on ne le crut pas indifférent aux succès politiques de ses anciens amis. D'ailleurs, s'il avait dû, comme prince, ne pas courir avec eux les chances de l'impopularité dans une question de politique extérieure, il avait toujours montré les mêmes sentiments qu'eux sur les objets qui pouvaient intéresser la liberté intérieure du pays. Les mêmes exclusions qui avaient pesé sur eux avaient pesé sur lui. Aux yeux de la nation, il n'avait pas cessé d'être whig, et le ministère Grenville était un ministère dans le sens du prince de Galles. Mais le succès du prince, si c'en fut un pour lui que l'élévation des whigs, dura peu ; Fox fut enlevé presque aussi rapidement que Pitt, et George III, imperturbable dans son parti pris de donner le pouvoir au système qui restait le plus fort, rappela les amis et les élèves de Pitt, Perceval, Castlereagh, Canning, lord Hawkesbury. Après Fox, c'étaient les premiers hommes de l'Angleterre.

Ce nouveau ministère, formé en 1807, modifié fréquemment depuis, mais toujours conduit par M. Perceval et dans le système Pitt, gouvernait encore en 1811, lorsque se termina pour le prince de Galles l'exclusion à laquelle, depuis son entrée dans le monde, il avait été condamné par les défiances de son royal père. Il avait quarante-neuf ans. George III, tombé dans l'état profond de démence dont il ne sortit que par la mort, fut incapable d'ouvrir la session de 1811 ; c'était la cinquantième depuis le commencement de son règne. On attendit sans effet quinze jours. Le Parlement s'assembla de lui-même, comme en 1788. Les résolutions que Pitt avait obtenues alors furent autant de précédents pour la situation actuelle. M. Perceval suivit à peu près la marche tracée par son illustre maître et devancier. Il écrivit aussi au prince de Galles pour lui donner connaissance des restrictions qu'il se proposait de faire entrer dans le bill de régence. Elles étaient moins rigoureuses, et surtout n'enlevaient pas au prince la faculté de modifier à son gré l'administration. Le prince répondit en se référant à la lettre qu'il avait écrite autrefois à M. Pitt. Les membres de la famille royale firent comme ils avaient fait en 1788, ils protestèrent contre les restrictions. Le bill était fondé sur la même fiction qu'en 1788, *sur le consentement présumé du roi vivant, mais incapable d'agir ou de décider par lui-même.* Les restrictions ne devaient durer que jusqu'à l'année 1812 ; six semaines après la convocation du Parlement, elles cessaient de droit, à moins qu'un nouvel acte ne les prolongeât.

On s'attendait à un grand changement dans l'administration ; on désignait les lords Grey et Grenville comme chargés de ramener les whigs au ministère. Il n'en fut rien. Le régent écrivit à M. Perceval pour l'assurer que son système serait maintenu; qu'il le regardait comme l'expression de la volonté du roi, et que, dans l'espoir continuel où il était du rétablissement de son père, il lui devait cette marque de respect, de ne toucher en rien à ce qui était son ouvrage. Il est certain qu'on ne désespérait pas cette première année de la guérison du roi, et qu'il eût été impolitique au régent d'essayer des changements qu'il n'eût pas été en état de maintenir. Il se serait trouvé peu d'hommes aussi parmi les whigs qui voulussent s'exposer aux chances de ces soudains retours de la raison du roi, auxquels on était fait depuis vingt ans.

L'année suivante, les circonstances n'étaient plus les mêmes. L'état du roi paraissait ne plus pouvoir éprouver aucun changement. A l'expiration des restrictions portées par le bill de régence, restrictions qui furent remplacées par d'autres plus douces, le prince adressa au duc d'York, son frère, une lettre dans laquelle il témoignait sa satisfaction de la conduite du ministère, et exprimait le désir que des hommes tels que les lords Grey et Grenville voulussent faire partie de l'administration. Les anciens partis de Pitt et de Fox eussent été ainsi fondus ensemble. Lord Grey déclara qu'il lui était impossible de se rapprocher d'une administration dont les opinions différaient des siennes en plusieurs points très-essentiels, et qu'il spécifia. Lord Grenville fit connaître aussi les raisons qui l'empêchaient de se rendre au vœu du prince régent. La combinaison fut abandonnée.

Cependant le ministère Perceval était lui-même livré à des divisions profondes. Le marquis de Wellesley voulait rivaliser d'influence avec M. Perceval, et chacun de ces deux hommes d'État avait un parti dans l'administration. Le prince de Galles se décida pour M. Perceval; le marquis de Wellesley dut se retirer et céder à lord Castlereagh le portefeuille des affaires étrangères. On eut un ministère plus que jamais déterminé à continuer, à l'égard de la France et du continent, la politique de Pitt. Il n'y eut plus d'accès possible pour les whigs.

C'est ici que prennent place les reproches si amèrement adressés au prince sur l'abandon prétendu de ses anciens amis et des principes qu'il avait jusque-là professés. Nous, écrivains français, nous ne pouvons point assurément nous rappeler sans peine que ce fut cette alliance étroite entre le régent d'Angleterre et les hommes auxquels Pitt avait légué sa haine contre Bonaparte, représentant couronné de la Révolution française, qui précipita nos derniers malheurs, qui nous arracha le Portugal et l'Espagne, nous provoqua à la guerre de Russie, et puis acharna toute l'Europe après les débris de nos malheureuses armées en 1813 et 1814. Mais il faut être de son pays. Il fallait qu'un prince anglais, si porté qu'il fût par la droiture naturelle de son esprit à approuver les principes de notre Révolution, fût Anglais. Le prince de Galles avait trouvé, en 1811, l'Angleterre engagée dans une lutte de laquelle il fallait absolument qu'elle sortît victorieuse, ou c'en était fait d'elle. Les décrets de Berlin avaient détruit son commerce. L'honneur de ses armes était compromis dans la Péninsule ; ses trésors avaient été versés dans tous les cabinets de l'Europe pour alimenter la guerre. La paix sans la victoire eût entraîné sa ruine, et les whigs avaient le tort ou le malheur de vouloir la paix. Ils l'avaient voulue inutilement en 1795 ; ils l'avaient arrachée à Pitt en 1802 ; ils avaient travaillé à la maintenir contre le vœu de toute l'Angleterre en 1804. Sous le court ministère de Fox, ils s'étaient mis dans la triste nécessité de protester contre le succès des armes anglaises en Espagne et par toutes les mers. Aujourd'hui ils parlaient paix encore ; ils faisaient de la paix l'une des principales conditions de leur entrée au pouvoir. Peut-être eussent-ils admirablement fait les affaires de la civilisation et du genre humain, si la France et l'Angleterre, ces grandes et éternelles rivales, eussent pu n'être pas jalouses l'une de l'autre ; mais, tant qu'elles se haïssaient, les whigs ne pouvaient présider aux destinées de leur pays. Au contraire, les hommes de l'école

de Pitt, car ce n'étaient pas les torys, avaient fait de la guerre
contre la France leur affaire personnelle ; ils la poursuivaient
avec une énergie, une passion, une indifférence sur le choix
des moyens, dont nous n'avons pas, nous, à leur savoir gré,
mais qui convenaient aux intérêts, aux préjugés, aux ressentiments de l'Angleterre. Ils avaient eu, depuis quelques années, de beaux succès; c'était à eux de continuer la lutte, et
le prince de Galles fut de cette opinion comme Anglais. Il les
a laissés maîtres jusqu'au moment où l'Europe ne s'est plus
sentie de l'ébranlement causé par la Révolution française, et
où chaque nation a pu détourner ses yeux de ce grand événement et les reporter sur elle-même.

La conduite que George IV a tenue depuis, comme régent
et comme roi, dans les affaires intérieures de l'Angleterre, est
toujours partie du même principe : obéissance à l'intérêt anglais. De tous les ministères qui se sont succédé depuis celui de
Castlereagh, le dernier des cabinets héritiers nécessaires de la
politique de Pitt, il n'y en a pas eu un qui ait été composé suivant les affections personnelles de George IV. Ce n'est pas qu'il
n'ait point su s'élever à la hauteur de ses royales prérogatives ;
mais il en a réduit l'exercice à ce qu'il doit être dans les monarchies limitées : juger de la force relative des partis ; voir
clairement le rapport existant entre chacun d'eux, et le sentiment du pays ; comparer les capacités placées à la tête des uns
et des autres ; opter pour celles qui peuvent faire les affaires
du pays dans une situation donnée, et qui n'est pas toujours
la même. C'est ainsi que lord Liverpool a succédé à lord
Castlereagh, M. Canning à lord Liverpool, et lord Wellington
à M. Canning. George IV n'aimait pas M. Canning, qui dans
le procès de la reine s'était prononcé contre lui avec très-peu
de ménagement. Il en voulait à lord Wellington des embarras suscités par lui au gouvernement de M. Canning. Cependant il prit, en 1825, M. Canning, parce que cet homme
d'État était véritablement alors à la tête du gouvernement
anglais. Il prit, en 1827, lord Wellington, parce que c'était

alors le seul homme capable de continuer les affaires entamées par M. Canning, et d'obtenir pour elles le consentement
d'une aristocratie rebelle à Canning.

Il nous resterait beaucoup à ajouter si nous voulions présenter une biographie complète de George IV; mais tel n'a
point été notre objet. Nous avons cru qu'il pourrait être utile
d'exposer quelques-unes des transactions politiques du règne
qui vient de se terminer en Angleterre, comme faites pour intéresser dans un pays où tous les problèmes du gouvernement
représentatif n'ont pas été posés, où les vrais principes sont
connus, mais livrés encore aux tâtonnements de la pratique.
Tout le reste était d'un intérêt plus ou moins étranger à notre
pays, et peut-être nous sommes-nous trop étendu sur une
matière qui déjà appartient plus aux études de l'historien
qu'aux considérations journalières de la politique.

Ces pages sur George IV, nous n'avons pas besoin de le faire remarquer, sont d'un véritable historien, déjà mûr pour quelque grande
œuvre, comme celle qu'il avait conçue quand la mort l'a surpris, et
qu'il allait publier sous ce titre : *Histoire des Expéditions et du Gouvernement de Napoléon Bonaparte.* Mais il eut rarement occasion,
dans le *National* même, d'en écrire de semblables. Elles supposent
un effort d'étude et une tranquillité d'esprit qu'on n'a guère dans les
charges à fond de train, comme on dit, et dans les marches et contremarches haletantes de la polémique journalière. Après 1830, lorsqu'il
eut pris la rédaction en chef du *National*, et presque jusqu'à sa mort,
Carrel se voua tout entier à cette polémique avec un talent dont notre
génération a gardé à bon droit un vif et glorieux souvenir; mais c'est
là, nous le répétons, tout ce qui en peut trouver place ici. Nous n'aurons garde toutefois d'omettre dans ce volume trois articles d'une
grande valeur, des derniers temps de sa vie ; savoir : un court et vif portrait de Zumalacarreguy (moins d'une colonne), un article sur Sieyes,
très-long et très-étudié, écrit cependant le lendemain même de la
mort de l'ancien conventionnel ; et enfin ce qui fut à son insu comme

le testament politique et littéraire de Carrel, dans une simple annonce de la traduction du *Paradis perdu* de Milton par M. de Chateaubriand.

« De tous les articles de Carrel, a dit M. Sainte-Beuve en parlant du premier sur Zumalacarreguy, c'est peut-être le plus brillant, celui où il se révèle le mieux dans cette portion de sa nature qui n'a pas réussi. En peignant ce Vendéen d'au delà des Pyrénées, ce capitaine improvisé, d'un grand caractère naturel, d'un ascendant irrésistible, et créateur de tous les éléments qui avaient concouru à lui faire une renommée, Carrel se surprend (chose singulière !) à dessiner comme un profil de lui-même, et à nous retracer avec amour l'idéal de l'homme auquel il aurait le mieux aimé ressembler. Si j'osais traduire cette impression dans une langue toute littéraire et pour des littérateurs, je dirais : Zumalacarreguy; c'est son André Chénier.

« Il y a dans ce portrait ce qui se rencontre rarement chez Carrel, un éclair lumineux qui tranche sur un fond de misanthropie, et le rayon de soleil.

« Et quand on songe que Zumalacarreguy était un chef carliste espagnol, on y voit par un exemple sensible à quel point, dans l'estime de Carrel, le caractère de l'homme passait avant les opinions mêmes et le drapeau. »

ZUMALACARREGUY.

28 juin 1835.

La nouvelle de la mort de Zumalacarreguy, affichée aujourd'hui à la Bourse, y a produit une sensation vive, mais qui s'est manifestée plutôt par les conversations que par le mouvement des fonds.

Zumalacarreguy fut nommé pour la première fois il n'y a pas deux ans, et sa mort est un grand événement politique ; s'il meurt jeune, il laisse après lui deux années de sa vie bien employées.

Il est des temps où, avec de médiocres facultés, on peut devenir rapidement fameux ; nous sommes, au contraire, à une de ces époques où tout conspire contre le développement des

22.

grands caractères, et où le travail des sociétés n'amène à la surface que des natures dégradées. C'est une double gloire que de se faire un grand nom à travers ces jours d'avilissement universel.

Quelque resserré qu'ait été le théâtre sur lequel s'est présenté Zumalacarreguy, et' bien qu'il n'ait commandé que de petites armées et livré que de petits combats, l'histoire ne pourra pas lui ravir le titre de héros que va lui décerner l'opinion qu'il a servie, et dont il était à la fois la tête et l'épée.

Zumalacarreguy était le créateur de tous les éléments qui ont concouru à lui faire une réputation; il avait fait son armée, son parti, et jusqu'à l'ombre de roi qu'il s'était donné pour maître. Sa guerre était dirigée par des principes tellement à lui, qu'on n'a pas pu soumettre ses opérations aux règles ordinaires; et ceux qui, de loin, auraient voulu les juger, n'ont pu admirer que l'infaillibilité de leurs résultats.

On savait à peine d'où venait Zumalacarreguy; on savait moins encore jusqu'où il pouvait s'élever; il annonçait des forces à parcourir une carrière sans bornes. S'il eût été possible de terminer à l'amiable la guerre civile, il eût été le premier homme de l'Espagne réconciliée.

La mort semble le partage naturel et désirable des réputations qui ont atteint leur période de décadence; elle grandit celles qui sont arrêtées dans leur mouvement ascendant. L'imagination se charge d'achever la statue qui n'était qu'ébauchée, et lui prête des proportions gigantesques. Depuis 1815, nos révolutions avortées, nos luttes obscures, n'avaient dans aucun parti, dans aucun pays, placé aucun homme aussi haut que le généralissime des provinces basques.

Les hommes rares, ce ne sont pas ceux qui, avec beaucoup de millions, beaucoup de gendarmes, beaucoup de corruption, trouvent moyen à grand'peine de maintenir, par le massacre et l'injustice, une autorité usurpée et contestée; ce sont ceux qui, par un ascendant irrésistible, s'imposent à tout ce

qui les entoure, et sont obéis et suivis en vertu de la seule action qu'exerce leur personne.

Zumalacarreguy a été un de ces hommes séduisants; il a
commandé et il a été reconnu; il a eu pour lui l'acclamation
populaire, et les supériorités du rang se sont éclipsées; il n'a
rencontré que des seconds et pas de rivaux, et il ne faut pas
s'étonner s'il a inspiré de la sympathie même à ses adversaires.
Quand un homme a mérité d'être envié à son parti par ceux
qui le combattaient, il a touché à la véritable gloire, et sa
mort est un deuil jusque dans les rangs où son nom portait
la terreur. Nous avons plus d'une fois entendu des patriotes
espagnols, humiliés des malheurs que le cabinet de Madrid
attirait sur leurs armes, s'enorgueillir de Zumalacarreguy,
qui, libre dans ses inspirations et dans son courage, relevait
l'Espagne aux yeux de l'Europe.

SIEYES.

21 juin 1836.

M. Sieyes, ancien membre de l'Assemblée constituante et
de la Convention, directeur et consul de la République, comte
et pair de l'Empire, membre de l'Institut, est mort hier
matin.

Sieyes, né à Fréjus le 3 mars 1748, était en 1784 chanoine
chancelier de l'église de Chartres et vicaire général de ce dio-
cèse. Il fut nommé, en 1787, membre de l'assemblée provin-
ciale d'Orléans. Lorsqu'il fut question d'assembler les États-
Généraux, Sieyes, convaincu que les états de 1614 n'avaient
produit aucun résultat, publia ses *Vues sur les moyens d'exécution dont les représentants de la France pourront disposer
en 1789*. Cet ouvrage fut publié trois mois après son *Essai sur
les priviléges* et après sa fameuse brochure : *Qu'est-ce que le
tiers-état? Tout. — Qu'a-t-il été jusqu'à présent dans l'ordre*

politique? Rien. — Que veut-il? Devenir quelque chose. Ce pamphlet, distribué à trente mille exemplaires, fut l'évangile de l'opinion publique dans toutes les questions mises à l'ordre du jour par les événements de 1788 et 1789.

Les électeurs du tiers-état de Paris ayant décidé, pendant le cours des nominations aux États-Généraux, qu'il ne serait nommé par eux ni nobles ni prêtres, rapportèrent cet arrêté lorsqu'ils eurent fait choix de dix-neuf députés sur vingt, et Sieyes fut le vingtième.

Arrivé aux États-Généraux, Sieyes prit part à la vérification des pouvoirs et proposa de sommer les deux classes privilégiées de se réunir au tiers-état, de leur déclarer qu'en cas de refus l'assemblée se constituerait sans elles, et de voter une adresse au roi pour expliquer les motifs de cette mesure. Dès cette époque, le parti de la Révolution se divisa en deux écoles : l'école anglaise, à la tête de laquelle étaient Necker, Malouet, Mounier, et l'école démocratique, révolutionnaire, que dirigeait Sieyes. La constitution d'Angleterre ne lui paraissait qu'une charlatanerie faite pour en imposer au peuple. Il faisait peu de cas des modifications de ce système, des ménagements réciproques et de l'équilibre des trois pouvoirs. Toute influence de la couronne était, à ses yeux, de la vénalité, toute opposition n'était qu'un manége d'antichambre. La seule chose qu'il aimât en Angleterre, c'était le jugement par jury.

Ardent et actif dans son parti, Sieyes faisait plus faire qu'il ne faisait lui-même. Il rédigeait le plan du combat et restait dans sa tente le jour de la bataille. Stanislas Girardin disait de lui : « Il est à un parti ce que la taupe est au gazon, il le laboure et le soulève. » C'était un homme abstrait, peu liant, peu ouvert, avec qui l'on ne se familiarisait pas aisément, et qui disait son avis, mais sans entrer en discussion. Si l'on objectait, il ne répondait point. Il avait refait son éducation. Il ne lui restait rien de son séminaire théologique et de la Sorbonne. A Chartres, il avait vécu presque en reclus, n'aimant pas la société de province, et ne se gênant pour personne. Il lisait peu et méditait beaucoup ; les ouvrages qu'il avait le plus aimés étaient le *Contrat social* de Rousseau, les écrits de Condillac, et le *Traité sur la richesse des nations* d'Adam Smith. Il avait beaucoup écrit, mais il ne pouvait souffrir le travail de la révision, et ne se croyait pas ce qu'on appelle le talent d'écrire. Il aurait voulu trouver quelqu'un qui fût capable de rédiger ses manuscrits et d'habiller ses pensées.

La menace adressée aux deux ordres n'ayant produit que la défection de quelques membres du bas clergé, Sieyes proposa au tiers de se former en *assemblée des représentants connus et vérifiés de la nation*. Il n'osa pas tout d'un coup jeter en avant l'expression décisive d'*Assemblée Nationale* ; il proposa cette phrase ambiguë qui emportait la même idée, mais qui ne l'exprimait pas. Ce ne fut qu'à la fin d'un débat de deux ou trois jours qu'il franchit la difficulté et fit faire cette motion par un député obscur nommé Legrand.

Dans cette discussion, Mirabeau, partisan des deux chambres, combattit vivement le projet de Sieyes, et proposa le nom de *représentants du peuple français*. Mirabeau était soutenu par l'école anglaise ; il essaya de relever, par une définition du mot peuple, que l'on comparait tantôt à la *plebs*, tantôt au *populus* des Romains, son influence un instant compromise par le rôle qu'il avait joué dans cette discussion ; mais il fut obligé de céder à la logique de Sieyes, qui, encouragé par l'assentiment presque général, prit plusieurs fois la parole, tout en déclarant que, se reconnaissant peu d'aptitude à parler en public, il s'abstiendrait dorénavant de paraître à la tribune. L'Assemblée procéda à l'appel nominal. Cet appel se prolongea jusque dans la nuit : c'était la revue des deux partis. On avait peine à contenir l'enthousiasme des tribunes ; enfin, la proposition de Sieyes passa à la majorité de quatre cent quatre-vingt-onze voix contre quatre-vingt-dix. Le lendemain, à son entrée dans la salle, l'Assemblée tout entière se leva spontanément, et les applaudissements retentirent de toutes parts.

A cette époque, quelques troubles s'étant élevés aux environs de Paris, Sieyes indiqua la garde nationale pour défendre la liberté et maintenir la paix publique. On connaît la réponse de Mirabeau à M. de Dreux-Brézé à l'occasion de la séance royale du 23 juin 1789; le mot de Sieyes à l'Assemblée n'a pas·moins de célébrité : « Eh! messieurs, ne sentez-vous pas que vous êtes aujourd'hui ce que vous étiez hier? » Le discours où se trouve cette phrase a été recueilli dans une brochure intitulée : *Lettre sur la séance royale du 23 juin 1789.*

Le comité de constitution, dont il fut élu membre, lui demanda une *Déclaration des droits,* qu'il présenta quatre jours après, en y joignant un travail auquel il attachait beaucoup d'importance, sous le titre de : *Préliminaires de la constitution française, suivis d'une reconnaissance et exposition des droits de l'Homme et du Citoyen.*

Sieyes et Mirabeau n'assistaient pas à la fameuse nuit du 4 août, ils en désapprouvaient l'entraînement. Mirabeau disait : « Voilà bien nos Français! ils sont un mois à disputer sur des syllabes, et, dans une nuit, ils renversent tout l'ancien ordre de la monarchie.» Sieyes retrouva des sympathies de prêtre pour défendre les dîmes, et s'écria au milieu de la discussion: « Ils veulent être libres et ne savent pas être justes. » Mirabeau murmurait sur son banc: « Sieyes a déchaîné le taureau, et il ne veut pas qu'il frappe de la corne. »

Sieyes fit, le 19 septembre 1789, le rapport du projet présenté par Thouret sur l'établissement des assemblées administratives, des nouvelles municipalités et de la représentation proportionnelle. C'est sur sa proposition que fut décrétée la division de la France en départements.

Mirabeau avait déjà saisi plus d'une fois l'occasion de combattre les projets de Sieyes; tout en redoutant ce qu'il appelait son implacable vanité, il ne le ménageait pas dans le cercle de ses intimes, et, parmi les surnoms qu'il se plaisait à donner aux hommes influents de l'époque, il avait choisi pour Sieyes celui de *Mahomet.* Enfin, dans la discussion sur le droit

de paix et de guerre, Mirabeau fit tous ses efforts pour que
Sieyes fût amené à·prendre part au débat. Voici un fragment
de ce discours, qui, malgré ses formes louangeuses, avait
d'autant plus l'air d'une perfidie, que Mirabeau avait dit, en
parlant de Sieyes : « Je lui ferai une renommée qu'il ne pourra
porter. »

« Je ne cacherai pas mon profond regret que l'homme qui
a posé les bases de la constitution et qui a le plus contribué
à votre ouvrage, que l'homme qui a révélé au monde les véritables principes du gouvernement représentatif, se condam-
nant lui-même à un silence que je déplore, que je trouve
coupable, à quelque point que ses immenses services aient été
méconnus ; que l'abbé Sieyes, je lui demande pardon si je le
nomme, ne vienne pas poser lui-même dans sa constitution un
des plus grands ressorts de l'ordre social. J'en ai d'autant
plus de douleur, qu'écrasé d'un travail trop au-dessus de mes
forces intellectuelles, sans cesse ravi au recueillement et à la
méditation, qui sont les premières puissances de l'homme, je
n'avais pas porté mon esprit sur cette question, accoutumé
que j'étais de me reposer sur ce grand penseur de l'achève-
ment de son ouvrage. Je l'ai pressé, conjuré, supplié, au nom
de l'amitié dont il m'honore, au nom de l'amour de la patrie,
ce sentiment bien autrement énergique et sacré, de nous do-
ter de ses idées ; de ne pas laisser cette lacune dans la constitution. Il m'a refusé, je vous le dénonce. Je vous conjure, vous
aussi, d'obtenir son avis, qui ne doit pas être un secret ; d'arracher enfin au découragement un homme dont je regarde le
silence et l'inaction comme une calamité publique. »

Ce silence qu'il s'était imposé, Sieyes le rompit en présentant, le 20 janvier 1790, *un projet de loi contre les délits qui
peuvent se commettre par la voie de l'impression et par la
publication des écrits et des gravures.* Il disait, dans le préambule de ce projet :

« Le public s'exprime mal lorsqu'il demande une loi pour
accorder ou autoriser la liberté de la presse. Ce n'est pas en

vertu d'une loi que les citoyens pensent, parlent, écrivent et publient leurs pensées; c'est en vertu de leurs droits naturels, droits que les hommes ont apportés dans l'association, et pour le maintien desquels ils ont établi la loi elle-même et tous les moyens publics qui la servent. La loi n'est pas un maître qui accorderait gratuitement des bienfaits. La loi n'est là que pour empêcher la liberté de s'égarer. Elle est seulement une institution protectrice formée par cette même liberté antérieure à tout. »

A l'anniversaire de la constitution des États-Généraux, Sieyes fut nommé président de l'Assemblée. Les électeurs voulaient porter Sieyes à l'évêché de Paris; mais il s'en défendit, et l'on prit son refus pour une protestation contre l'institution civile du nouveau clergé. Sieyes avait été l'un des fondateurs du club des Bretons, appelé depuis club des Jacobins. Dans la scission du côté gauche, Sieyes se rangea du côté de Mirabeau, de Lafayette et de l'évêque d'Autun, qui voulaient fortifier la royauté, tandis que Barnave, Lameth, Duport, poursuivaient les conséquences de la Révolution. Les députés stationnaires formèrent la Société patriotique de 89, en opposition à celle des Jacobins, dont cependant ils suivaient encore de temps en temps les séances. Enfin, bientôt les Lameth, les Barnave et les Duport passèrent du côté de la cour, et fondèrent, avec Sieyes, Chapelier, Talleyrand, Rabaut Saint-Étienne, le club des Feuillants, rival décidé des Jacobins, où brillaient alors d'Orléans, Rœderer, Grégoire, Pétion, Robespierre, et, enfin, M. de Chartres.

Sieyes partageait encore, après la fuite de Varennes, les illusions de ses amis sur la possibilité de la monarchie. On venait de répandre le prospectus d'un journal républicain dans lequel on lisait cette phrase relative au roi : « Nous ne le connaissons plus que comme un individu dans la foule, comme M. Louis de Bourbon. » On jouait sur les théâtres la *Journée de Varennes ou le Maître de poste de Sainte-Menehould*, et Sieyes croyait encore utile de faire une profession de foi monarchique. « Ce n'est, écrivait-il au *Moniteur*, ni pour cares-

ser d'anciennes habitudes ni par un sentiment superstitieux
de royalisme que je préfère la monarchie ; je la préfère, parce
qu'il m'est démontré qu'il y a plus de liberté pour le citoyen
dans la monarchie que dans la République. » Mais Sieyes ne
disait pas en même temps ce qu'il fallait faire pour relever la
royauté avilie, et concilier la monarchie avec la Révolution.
C'était alors, comme depuis, toute la question.

Après l'Assemblée constituante et pendant l'Assemblée législative, Sieyes se retira à la campagne et resta étranger aux
affaires publiques. Nommé à la Convention par trois départements, l'Orne, la Sarthe et la Gironde, Sieyes ne prit aucune
part à la lutte des Montagnards et des Girondins. Comme son
collègue Cambacérès, il siégeait dans la plaine, et il se déro-
bait autant que possible aux séances orageuses. Il vota la mort
du roi. Il ne courut aucun danger pendant la Terreur. Étranger à tous les partis qui se combattaient dans la Convention,
il leur commandait une sorte de respect par le souvenir de ses
travaux et des anciens services qu'il avait rendus à la Révolution. On prétendait qu'il exerçait une influence secrète sur le
comité de salut public, parce que alors, comme à toutes les
époques de la Révolution, il se montrait peu et s'enveloppait
dans la réserve d'une conduite mystérieuse. Il exerçait beaucoup moins d'influence que d'autres représentants qui n'a-
vaient pas sa capacité ni surtout sa prudence.

Après le 9 thermidor, Sieyes fut nommé de la commission des
Onze, établie pour faire les lois organiques de la Constitution
de 93. Il était déjà membre du comité du salut public. La Convention ayant ordonné que les représentants à la fois membres
des comités du gouvernement et de la commission des Onze
fissent leur option, Sieyes opta pour le comité du salut public.
Il était, dans l'opinion de la France et de l'Europe, l'homme
le plus capable de constituer une nation ; on le regardait
comme le premier architecte politique.

Sieyes avait moins conservé cette réputation par ses faits et
ses discours, que par son inaction et son silence. Ce n'était

pas chez lui seulement un calcul : son tempérament l'éloignait du mouvement et du bruit; son caractère le rendait incapable de discussion. Il était organisé pour la pensée et la théorie plus que pour l'action et la pratique. La nature ne l'avait pas fait pour être orateur; il ne parut pas souvent à la tribune. Dans les comités, il prenait rarement séance avec ses collègues; pendant les délibérations, il se promenait en long et en large; et, lorsqu'on le pressait de donner son avis, il le donnait en s'éloignant, comme s'il eût voulu signifier par là qu'il n'y avait rien à en retrancher ni à y opposer. Il avait refusé la présidence de la Convention, ce qui fit dire : « C'eût été un bon négociant, il aurait tiré volontiers des lettres de change et n'en aurait jamais accepté. »

La discussion de la commission des Onze était déjà avancée lorsque Sieyes apporta son projet, qui renversait de fond en comble celui de la commission. Les principales dispositions de ce projet se sont retrouvées depuis dans la Constitution de l'an VIII. Sieyes avait d'abord refusé de prendre part aux travaux de la commission; la Convention en avait déjà adopté une partie. Sieyes avait imaginé, sous le nom de jury constitutionnaire (c'était le Sénat conservateur de l'an VIII), un corps de censeurs qui, supérieurs à tous les pouvoirs, devait préserver la Constitution de toute atteinte et y proposer des réformes. Cette institution fut la seule de son projet prise en considération par la commission, mais elle fut rejetée à la presque unanimité par la Convention.

Sieyes n'accepta pas sa première nomination au Directoire, où il avait été porté par le parti conventionnel, et il écrivit qu'il refusait parce que, d'après sa conviction intime, il n'était nullement propre aux fonctions du Directoire exécutif.

Le 8 floréal an V il fut assassiné chez lui par l'abbé Poulle, son compatriote, et reçut à bout portant deux balles mâchées : l'une lui traversa et fracassa le bras, et l'autre lui effleura la poitrine. L'assassin se mit à la fenêtre, et cria à la foule qu'il avait commencé sur un des plus forts, et qu'il fallait suivre

son exemple sur les autres. L'abbé Poulle fut livré à la justice. Pendant le procès, Sieyes disait à son portier : « Si **Poulle**
revient, vous lui direz que je n'y suis pas. » L'instruction
prouva que cet assassinat n'avait rien de politique. Poulle
avait été prêtre, moine, soldat; il était réduit à la plus affreuse misère. Il se présenta chez Sieyes pour lui demander
de l'argent; mal accueilli, il se vengea par un assassinat. Il
fut condamné à vingt ans de fer et à six heures d'exposition.

Sieyes, qui n'avait pris aucune part au 18 fructidor, joua
cependant un rôle dans la réaction qui suivit ce coup d'État.
Il fut un des auteurs du projet de proscription des nobles,
présenté par Boulay de la Meurthe. Sieyes disait à ceux de ses
collègues qui trouvaient la mesure trop violente : « Vous m'a-
vez demandé un habit neuf, je vous l'ai donné; s'il vous paraît trop long, raccourcissez-le; s'il vous semble trop large,
rétrécissez-le; mais je n'y changerai rien. »

En 1798, Sieyes fut nommé ministre plénipotentiaire de la
République auprès du roi de Prusse. L'objet de cette mission
était de contre-balancer celle du prince de Repnin, envoyé
pour ramener la Prusse dans l'alliance de l'Autriche, de la
Russie et de l'Angleterre. La nomination de Sieyes fit une
grande sensation en Allemagne; on disait qu'il passerait d'a-
bord à Rastadt, où il était attendu pour fixer les bases de la
Constitution germanique. Déjà Bonaparte avait voulu l'avoir
à l'armée d'Italie, pour organiser les républiques de sa conquête. Le roi de Prusse avait d'abord montré quelque répugnance à recevoir un conventionnel votant; mais la République ne laissait pas discuter par l'étranger le choix de ses
représentants. Sieyes fut bien reçu, en dépit des fanfaronnades
du prince de Repnin et du vieux maréchal de Mollendorf. On
a prétendu que, pendant son séjour à Berlin, Sieyes avait obtenu du cabinet prussien que le ministre de Prusse à Constantinople fît passer à Bonaparte, en Égypte, un mémoire dans
lequel on le prévenait de l'état déplorable où était la France,
état auquel, lui disait-on, lui seul pouvait porter remède en

s'emparant du gouvernement. Nous croyons le fait de cette correspondance tout aussi. peu exact que le prétendu projet de mettre sur le trône en France un prince de la maison d'Angleterre, attribué récemment à Sieyes par M. de Fitz-James. Nommé membre du Directoire le 27 floréal an VII, Sieyes revint à Paris. Il prononça, à l'occasion du glorieux anniversaire du 10 août, un discours où l'on remarquait cette phrase : « La royauté ne se relèvera jamais; on ne verra plus ces hommes qui se disaient délégués du ciel pour opprimer avec plus de sécurité la terre, et qui ne voyaient dans la France que leur patrimoine, dans les Français que leurs sujets, et dans les lois que leur bon plaisir. »

Quand Bonaparte revint d'Égypte, Sieyes s'alarma d'abord des relations que le jeune général entretenait avec tous les partis et surtout avec celui du Manége. Bonaparte se plaignait de l'éloignement de Sieyes et de sa roideur. Des entremetteurs officieux, tels que Talleyrand, Rœderer, cherchèrent à les rapprocher. Lucien, par l'intermédiaire de son ami Chazal, ménagea une entrevue entre ces deux puissances qui s'observaient. Bonaparte fit la première visite et prodigua les avances au directeur. « Avez-vous pu croire, lui dit-il, que je marcherais avec les terroristes et sans un homme comme vous, nécessaire à une organisation sociale? On ne peut rester dans cette triste situation. Tout s'écroule; il faut pourvoir au salut de la république; quelles sont vos idées? — Elles ne sont pas rédigées. Du reste, je les ai en partie proposées à la Convention lors de la discussion sur la Constitution de l'an III, elles sont imprimées dans le *Moniteur*. — Je les lirai; nous en causerons. » Bonaparte disait de cette première entrevue : « Nous avons joué au tabouret comme de vieilles duchesses. »

Les conférences durèrent entre eux et avec les faiseurs du 18 brumaire. Sieyes développa ses vues; Bonaparte parut les approuver et le pressa de les rédiger par écrit. « Faites votre Constitution, et je me charge de la faire exécuter. » Bonaparte ajoutait que l'auteur de cette Constitution serait naturellement appelé à jouer un des premiers rôles dans le nouvel ordre des choses. Sieyes répéta que, par caractère, il n'était propre ni à l'action ni à l'exécution; qu'il proposerait ses idées, qu'on les discuterait; que ses goûts paisibles, et surtout sa qualité de prêtre, ne lui laissaient d'autre ambition que celle d'être placé de manière à observer le jeu des institutions constitutionnelles.

Sieyes ralliait autour de lui tous ceux qui voulaient une nouvelle constitution; mais la sienne n'était point encore écrite. La rédaction entraînait de nouveaux délais, cette discussion pouvait amener des mésintelligences. La fortune de Bonaparte ne pouvait se plier aux lenteurs de la pensée de Sieyes. En attendant que la constitution fût prête, on convint d'adopter une dictature provisoire dont Sieyes ferait partie et qui, une fois établie, rédigerait le pacte social. Des représentants qui n'avaient été qu'en partie initiés dans le secret, exprimèrent leur regret de ce qu'on ne stipulait pas au moins comme base fondamentale le maintien de la constitution de l'an III, à laquelle ils se croyaient liés par leurs serments. Ils s'étaient imaginé qu'il ne s'agissait que de recomposer un directoire pour Sieyes et Bonaparte.

Sieyes ne monta pas à cheval pour aller à Saint-Cloud, faire, avec Bonaparte, le siége du conseil des Cinq-Cents, mais il redoutait l'issue de cette expédition, comme tous les hommes qui avaient la pratique des assemblées, et il avait proposé, par mesure de précaution, d'arrêter ou de consigner chez eux une vingtaine de représentants. On prétend que Sieyes, apprenant que le conseil des Cinq-Cents voulait mettre Bonaparte hors la loi, s'écria : « Eh bien! qu'il les mette hors la salle! » Sieyes, dit-on, répondit à un de ses amis, qui lui reprochait la part qu'il avait prise à ce coup d'État : « J'ai fait le 18 brumaire, mais je n'ai pas fait le 19. » Cependant, Sieyes croyait encore à la puissance des constitutions, et se félicitait de pouvoir enfin donner à la France l'organisation qu'il avait longtemps méditée.

23.

Dès la première séance de la commission chargée de rédiger la Constitution, Bonaparte dit : « On a beaucoup parlé des idées du citoyen Sieyes ; je désirerais les entendre de lui-même, dans toute leur pureté. » Sieyes les exposa, les développa avec le talent d'un homme pénétré de son sujet et produisit une impression profonde. Sieyes voulait ôter au peuple les élections directes et le réduire à nommer des candidats parmi lesquels un sénat élirait les membres du corps législatif et du tribunat, et le gouvernement nommerait tous les fonctionnaires judiciaires et administratifs. Bonaparte était contre les élections directes et il approuvait les listes de notabilité. A cette occasion, madame de Staël a dit : « Sieyes perdit la liberté en substituant quoi que ce fût à l'élection populaire, non qu'il voulût établir la tyrannie en France ; on lui doit la justice qu'il n'y prit jamais part ; d'ailleurs un homme d'autant d'esprit ne pouvait aimer l'autorité d'un seul, si ce seul n'était pas lui-même. Mais, par sa métaphysique, il embrouilla la question la plus simple, celle de l'élection. »

Bonaparte, qui, dès l'an V, voulait un corps législatif sans voix et sans oreilles, eut grand soin de faire disparaître de l'organisation des corps représentatifs proposés par Sieyes toutes les dispositions qui pouvaient gêner ou tempérer l'autorité du pouvoir exécutif. Mais ce n'était pas là la base de la *pyramide* de Sieyes, car c'est ainsi qu'il figurait sa constitution : la pointe, c'était le gouvernement. Il proposa un grand électeur à vie, choisi par le Sénat conservateur, ayant un revenu de six millions, une garde de trois mille hommes, et habitant le palais de Versailles. Les ambassadeurs étrangers étaient accrédités auprès de lui. Les actes du gouvernement, les lois, la justice, étaient rendus en son nom. Il était le seul représentant de la gloire, de la puissance et de la dignité nationale. Il nommait deux consuls, un de la guerre, un de la paix ; mais là se bornait toute son influence sur les affaires. Il pouvait, il est vrai, destituer les consuls et les changer ; mais le Sénat pouvait aussi *absorber le grand électeur*. Bonaparte

combattit cette institution par des objections sérieuses, et lui
porta un dernier coup en s'écriant : « Croyez-vous que la
nation verrait avec plaisir un cochon à l'engrais dépenser six
millions par an à Versailles sans rien faire? »

On prétendit que Sieyes s'était réservé les fonctions de
grand électeur. Son système parut une nouveauté bizarre.
Au fond, le grand électeur n'était ni plus ni moins que ce
que devait être un roi dans une monarchie constitutionnelle.
Du reste, il est difficile de croire qu'un homme tel que lui se
fût imaginé que la France pût être gouvernée par un prêtre,
et surtout que Bonaparte eût consenti à lui obéir [1].

Sieyes fut *absorbé* par le Sénat, sans avoir été grand électeur. Il ne joua aucun rôle sous l'Empire. Lorsque, dans les
premiers jours d'avril 1814, le Sénat proclama une nouvelle
constitution et le rappel des Bourbons, Sieyes ne parut pas
aux séances et envoya son adhésion aux actes du Sénat, le
4 avril, motivant son absence sur une indisposition. On songea à lui dans les rapprochements qui eurent lieu pendant
la première Restauration entre les bonapartistes et les répu-

---

[1] On trouve dans les *Mémoires* de Louis-Jérôme Gohier, président du Directoire au 18 brumaire (t. II, p. 42 et suivantes), de curieux détails sur
cette étrange invention de Sieyes, et sur sa prétention évidente au grand
électorat. « Pour mieux pénétrer ses projets ultérieurs, dit Gohier, Bonaparte avait laissé un libre cours à la discussion ; mais, voyant que son second
consul se laissait déjà complimenter sur son élévation au grand électorat,
qu'avant même qu'il fût décidé s'il y aurait un grand électeur, on agitait la
question de savoir si ce grand électeur serait à vie comme les membres du
jury constitutionnaire, ou seulement à long terme ; qu'on s'occupait moins
des dangers d'avoir un grand électeur tel que Sieyes que d'en perpétuer l'é-
lection, Bonaparte ne crut pas devoir garder plus longtemps le silence : « On
« a reconnu enfin, dit-il entre autres choses, qu'à la tête d'une grande répu-
« blique il faut un suprême et unique magistrat, dont les attributions ne peu-
« vent être trop étendues ; mais, à côté de ce chef unique d'un gouverne-
« ment fort en moyens de toute espèce, on propose de placer un GRAND
« ÉLECTEUR, non pour élire, mais pour exercer sa puissance sur les élections
« faites! Si j'en ai bien compris toute l'étendue, ce fonctionnaire hétéroclite
« pourrait d'un mot désorganiser toutes les administrations, tout paralyser ;

blicains. Sieyes fut nommé, après le 20 mars, à la Chambre des pairs, où il siégea jusqu'au second retour des Bourbons. Proscrit par la loi d'amnistie, il se réfugia en Belgique, et, depuis cette époque, il est resté complétement étranger à la politique. Revenu en France après la Révolution de 1830, Sieyes n'est pas rentré à la Chambre des pairs, comme tous les pairs nommés en 1815 par Napoléon ; il partagea l'honneur de cette exclusion avec un de ses collègues de la Convention. Le gouvernement du 7 août ne s'est souvenu de Sieyes que pour le faire figurer dans la classe des sciences morales et politiques de l'Institut, dont il avait été un des fondateurs. Sieyes est mort dans sa quatre-vingt-huitième année, et ses héritiers ont décidé que sa dépouille mortelle ne serait pas présentée à l'église. Sieyes n'avait pas été sécularisé comme l'évêque d'Autun ; mais, en entrant dans la carrière politique, il avait, volontairement et sans scandale, renoncé aux fonctions du sacerdoce.

LE PARADIS PERDU,

Traduction de M. de Chateaubriand.

23 juin 1836.

La traduction du *Paradis perdu* de Milton, par M. de Chateaubriand, paraît aujourd'hui chez le libraire Gosselin ; elle

« il pourrait enlever, suivant son bon plaisir, un premier magistrat à son
« tribunal ; aux principales autorités, les chefs établis pour les diriger ; aux
« armées, les généraux à qui le commandement en serait déféré ; il pourrait
« précipiter même le chef de l'État dans un collége électoral, où il ne lui
« resterait que le triste pouvoir de concourir à la nomination de celui qui le
« remplacerait. J'ignore si l'ostracisme de Sieyes peut convenir à plusieurs
« d'entre vous ; mais, quelque bénin qu'il soit, je déclare, moi, que je ne
« veux point d'un *grand électeur* qui ait une arme aussi dangereuse entre les
« mains. JE N'ENTENDS PAS QU'A QUELQUE TITRE QUE CE SOIT, M. L'ABBÉ PUISSE
« JAMAIS UN JOUR M'ABSORBER... »

est précédée d'une Vie de Milton, d'un Essai sur la littérature anglaise et de Considérations sur le génie des hommes, des temps et des révolutions. La place que tient Milton dans la littérature anglaise, le rôle qu'il a joué dans une révolution où, par la nature de ses opinions, il apparut comme un précurseur des idées et des besoins révolutionnaires de nos jours, conduisaient naturellement l'illustre traducteur à mêler dans ses considérations beaucoup d'hommes, beaucoup d'objets que peut-être on ne se serait pas attendu à rencontrer dans un même livre. La traduction proprement dite du *Paradis perdu* forme deux volumes. La Vie de Milton, les Considérations et Notes forment deux autres volumes. C'est le produit d'un travail d'à peine dix-huit mois. A l'âge où tous les hommes se reposent, M. de Chateaubriand est encore le plus infatigable, le plus studieux, le plus fécond des écrivains. Il est non-seulement l'égal de lui-même, mais il semble qu'à mesure qu'il avance dans la vie et parcourt de nouvelles vicissitudes, son imagination se rafraîchisse au vent de toutes les fortunes ; il a beau se dire désenchanté des hommes et des choses, toutes ses observations, toutes ses impressions, ses plaintes mêmes, revêtent, comme malgré lui, cette pompe d'expressions, cette richesse de comparaisons et d'images qui jettent un si grand charme sur les écrits de toute sa vie. La vieillesse, mot dont M. de Chateaubriand se sert beaucoup en parlant de lui, mais heureusement sans beaucoup effrayer les admirateurs de son génie, la vieillesse chez M. de Chateaubriand est vigoureuse comme l'âge mûr, bondissante comme la jeunesse ; ses inspirations n'ont rien perdu de leur suavité, de leur grâce première, et peut-être ont-elles acquis, dans ces dernières années, je ne sais quoi de plus viril, de plus profond et de plus austère. C'était, qu'il nous soit permis de le dire, le dernier progrès auquel dût atteindre le génie de M. de Chateaubriand. On dirait que les spectacles auxquels il nous a été donné d'assister depuis six ans ont jeté dans l'âme du chantre des *Martyrs* et mêlé aux dons qui constituent sa puissante originalité.

quelque chose de cette souveraine amertume qui fit l'éloquence
de Tacite au temps de la décrépitude romaine. Écoutons ces
dernières pages du nouvel écrit de M. de Chateaubriand :

« Regardez derrière vous ; demandez-vous que sont devenus
ces siècles éclatants et tumultueux où vécurent Shakspeare
et Milton, Henri VIII et Élisabeth, Cromwell et Guillaume,
Pitt et Burke : tout cela est fini ; supériorités et médiocrités,
haines et amours, félicités et misères, oppresseurs et opprimés,
bourreaux et victimes, rois et peuples, tout dort dans le même
silence et dans la même poussière. Et cependant de quoi nous
sommes-nous occupés? de la partie la plus vivante de la nature humaine, du génie, qui reste à peine comme une ombre
des vieux jours au milieu de nous, mais qui ne vit plus pour
lui-même, et ignore s'il a jamais été.

« Combien de fois l'Angleterre, dans ce tableau de dix siècles, a-t-elle été détruite sous nos yeux ! A travers combien de
révolutions n'avons-nous point passé pour arriver au bord
d'une révolution plus grande, plus profonde, et qui envelop-
pera la postérité! J'ai vu ces fameux parlements britanniques
dans toute leur puissance : que deviendront-ils? J'ai vu l'Angleterre dans ses anciennes mœurs et son ancienne prospérité:
partout la petite église solitaire avec sa tour, le cimetière de campagne de Gray, des chemins étroits et sablés, des vallons remplis
de vaches, des bruyères marbrées de moutons, des parcs, des
châteaux, des villes, peu de grands bois, peu d'oiseaux, le vent
de la mer. Ce n'étaient pas là ces champs de l'Andalousie où
je trouvais les vieux chrétiens et les jeunes amours parmi les
débris voluptueux du palais des Maures, au milieu des aloès et
des palmiers ; ce n'était pas là cette campagne romaine, dont
le charme irrésistible me rappelait sans cesse ; ces flots et ce
soleil n'étaient pas ceux qui baignent et éclairent le promon-
toire sur lequel Platon enseignait ses disciples, ce Sunium où
j'entendis chanter le grillon qui demandait en vain à Minerve
le foyer des prêtres de son temple ; mais enfin, telle qu'elle
était, cette Angleterre, entourée de ses navires, couverte de

ses troupeaux et professant le culte de ses grands hommes, était charmante.

« Aujourd'hui ses vallées sont obscurcies par les fumées des forges et des manufactures, ses chemins changés en ornières de fer, et sur ces chemins, au lieu de Milton, de Shakspeare, on voit passer des chaudières errantes. Déjà ces pépinières de la science où grandirent les palmes de la gloire, Oxford et Cambridge, qui seront bientôt dépouillées, prennent un air désert : leurs colléges et leurs chapelles gothiques, démi-abandonnées, affligent les regards ; dans leurs cloîtres poudreux, auprès des pierres sépulcrales du moyen âge, reposent oubliées les annales de marbre de ces peuples de la Grèce qui ne sont plus ; ruines qui gardent des ruines.

« La société, telle qu'elle est aujourd'hui, n'existera pas : à mesure que l'instruction descend dans les classes inférieures, celles-ci découvrent la plaie secrète qui ronge l'ordre social depuis le commencement du monde ; plaie qui est la cause de tous les malaises et de toutes les agitations populaires. La trop grande inégalité des conditions et des fortunes a pu se supporter tant qu'elle a été cachée d'un côté par l'ignorance, de l'autre par l'organisation factice de la cité ; mais aussitôt que cette inégalité est généralement aperçue, le coup mortel est porté.

« Recomposez, si vous le pouvez, les fictions aristocratiques ; essayez de persuader au pauvre, quand il saura lire, au pauvre à qui la parole est portée chaque jour par la presse, de ville en ville, de village en village ; essayez de persuader à ce pauvre, possédant les mêmes lumières et la même intelligence que vous, qu'il doit se soumettre à toutes les privations, tandis que tel homme, son voisin, a, sans travail, mille fois le superflu de la vie ; vos efforts seront inutiles ; ne demandez point à la foule des vertus au delà de la nature.

« Le développement matériel de la société accroîtra le développement des esprits. Lorsque la vapeur sera perfectionnée, lorsque, unie aux télégraphes et aux chemins de fer, elle aura fait disparaître les distances, ce ne seront pas seulement les marchandises qui voyageront d'un bout du globe à l'autre avec la rapidité de l'éclair, mais encore les idées. Quand les barrières fiscales et commerciales auront été abolies entre les divers États, comme elles le sont déjà entre les provinces d'un même État; quand le salaire, qui n'est que l'esclavage prolongé, se sera émancipé à l'aide de l'égalité établie entre le producteur et le consommateur; quand les divers pays, prenant les mœurs les uns des autres, abandonnant les préjugés nationaux, les vieilles idées de suprématie ou de conquête, tendront à l'unité des peuples; par quel moyen ferez-vous rétrograder la société vers des principes épuisés? Bonaparte lui-même ne l'a pu : l'égalité et la liberté, auxquelles il opposa la barre inflexible de son génie, ont repris leurs cours et emportent ses œuvres.

. . . .

« Il n'y avait qu'une seule monarchie en Europe, la monarchie française; toutes les autres en étaient filles; toutes s'en iront avec leur mère. Les rois, jusqu'ici, à leur insu, avaient vécu derrière cette monarchie de mille ans à l'abri d'une race incorporée, pour ainsi dire, avec les siècles. Quand le souffle de la Révolution eut jeté à bas cette race, Bonaparte vint; il soutint les princes chancelants sur des trônes par lui abattus et relevés. Bonaparte passé, les monarques restants vivent tapis dans les ruines du Colysée napoléonien, comme les ermites à qui l'on fait l'aumône dans le Colysée de Rome; mais bientôt ces ruines mêmes leur manqueront.

« Mais quand atteindra-t-on à ce qui doit rester? Quand la société, composée jadis d'agrégations et de familles concentriques, depuis le foyer du laboureur jusqu'au foyer du roi, se recomposera-t-elle dans un système inconnu, dans un système plus rapproché de la nature, d'après des idées et à l'aide de moyens qui sont à naître? Dieu le sait. Qui peut calculer la résistance des passions, le froissement des vanités, les perturbations, les accidents de l'histoire? Une guerre survenue, l'apparition à la tête d'un État d'un homme d'esprit ou d'un homme stupide, le plus petit événement, peuvent refouler, suspendre ou hâter la marche des nations. Plus d'une fois la mort engourdira des races pleines de feu, versera le silence sur des événements prêts à s'accomplir, comme un peu de neige, tombée pendant la nuit, fait cesser les bruits d'une grande cité.

« Le manque d'énergie, à l'époque où nous vivons, l'absence des capacités, la nullité ou la dégradation des caractères trop souvent étrangers à l'honneur et voués à l'intérêt; l'extinction du sens moral et religieux; l'indifférence pour le bien et le mal, pour le vice et la vertu; le culte du crime; l'insouciance ou l'apathie avec lesquelles nous assistons à des événements qui jadis auraient remué le monde; la privation des conditions de vie qui semblent nécessaires à l'ordre social : toutes ces choses pourraient faire croire que le dénoûment approche, que la toile va se lever, qu'un autre spectacle va paraître : nullement. D'autres hommes ne sont pas cachés derrière les hommes actuels; ce qui frappe nos yeux n'est pas une exception, c'est l'état commun des mœurs, des idées et des passions; c'est la grande et universelle maladie d'un monde qui se dissout. Si tout changeait demain, avec la proclamation d'autres principes, nous ne verrions que ce que nous voyons : rêveries dans les uns, fureurs dans les autres, également impuissantes, également infécondes.

« Que quelques hommes indépendants réclament et se jettent à l'écart pour laisser s'écouler un fleuve de misères; ah! ils auront passé avant elles! Que de jeunes générations, remplies d'illusions, bravent le flot corrompu des lâchetés; qu'elles marchent tête baissée vers un avenir pur qu'elles croiront saisir et qui fuira incessamment; rien de plus digne de leur courageuse innocence. Trouvant dans leur dévouement la récompense de leur sacrifice, arrivées de chimère en chimère au bord de la fosse, elles consigneront le poids des années déçues à d'autres générations abusées, qui le porteront jusqu'aux tombeaux voisins, et ainsi de suite.

« Un avenir sera, un avenir puissant, libre dans toute la plénitude de l'égalité évangélique ; mais il est loin encore, loin au delà de tout horizon visible ; on n'y parviendra que par cette espérance infatigable, incorruptible au malheur, dont les ailes croissent et grandissent à mesure que tout semble la tromper, par cette espérance plus forte, plus longue que le temps, et que le chrétien seul possède. Avant de toucher au but, avant d'atteindre l'unité des peuples, la démocratie naturelle, il faudra traverser la décomposition sociale, temps d'anarchie, de sang peut-être, d'infirmités certainement : cette décomposition est commencée ; elle n'est pas prête à reproduire, de ses germes non encore assez fermentés, le monde nouveau.

« En finissant, revenons par un dernier mot au premier titre de cet ouvrage, et redescendons à l'humble rang de traducteur. Quand on a vu comme moi Washington et Bonaparte ; à leur niveau, dans un autre ordre de puissance, Pitt et Mirabeau ; parmi les hauts révolutionnaires, Robespierre et Danton ; parmi les masses plébéiennes, l'homme du peuple marchant aux exterminations de la frontière, le paysan vendéen s'enfermant dans les flammes de ses récoltes, que reste-t-il à regarder derrière la grande tombe de Sainte-Hélène ?

« Pourquoi ai-je survécu au siècle et aux hommes auxquels j'appartenais par la date de l'heure où ma mère m'infligea la vie ? Pourquoi n'ai-je pas disparu avec mes contemporains, les derniers d'une race épuisée ? Pourquoi suis-je demeuré seul à chercher leurs os dans les ténèbres et la poussière d'un monde écroulé ? J'avais tout à gagner à ne pas traîner sur la terre. Je n'aurais pas été obligé de commencer et de suspendre ensuite mes justices d'outre-tombe pour écrire ces Essais afin de conserver mon indépendance d'homme.

« Lorsqu'au commencement de ma vie l'Angleterre m'offrit un refuge, je traduisis quelques vers de Milton pour subvenir au besoin de l'exil; aujourd'hui, rentré dans ma patrie, approchant de la fin de ma carrière, j'ai encore recours au poëte d'Éden. Le chantre du *Paradis perdu* ne fut cependant pas plus riche que moi : assis entre ses filles, privé de la clarté du ciel, mais éclairé du flambeau de son génie, il leur dictait ses vers. Je n'ai point de filles; je puis contempler l'astre du jour; mais je ne puis dire comme l'aveugle d'Albion :

> ..... How glorious once above thy sphear !
> « Soleil ! j'eusse autrefois éclipsé ta lumière ! »

« Milton servit Cromwell; j'ai combattu Napoléon. Il attaqua les rois; je les ai défendus. Il n'espéra point en leur pardon; je n'ai pas compté sur leur reconnaissance. Maintenant que dans nos deux pays la monarchie penche vers sa fin, Milton et moi n'avons plus rien de politique à démêler ensemble. Je viens me rasseoir à la table de mon hôte; il m'aura nourri jeune et vieux. Il est plus noble et plus sûr de recourir à la gloire qu'à la puissance. »

Et nous, nous félicitons M. de Chateaubriand de cette destinée qui l'a conduit commé par la main à travers tant d'idées et de situations différentes, qui, le faisant errer sur toutes les plages du monde, lui a montré l'humanité à tous ses degrés de civilisation, et qui le ramène plein de jours encore, le front rayonnant des grandes et poétiques sensations, des riches expériences du voyage, à la même table et au même foyer qui virent les premières jouissances, les premiers labeurs de sa pénible et glorieuse carrière. Il n'a été donné qu'à un bien petit nombre d'écrivains, après avoir touché dans le cœur d'une longue vie à tout ce qui est objet de science et de discussion parmi les hommes, d'avoir le temps et le droit d'attacher à leur œuvre une conclusion. Nous avons le dernier mot de M. de Chateaubriand, et ce dernier mot, ce n'est ni la monarchie, ni l'aristocratie, ni la Charte, ni même le gouvernement représentatif, c'est quelque chose de plus digne des efforts et des sacrifices de la génération vivante, c'est la révolution sociale. La tâche est si grande, que l'imagination la plus hardie s'en effraye, et nous ne sommes pas étonné de l'espèce d'incrédulité que rencontrent dans M. de Chateaubriand ses propres prédictions. La révolution que M. de Chateaubriand aperçoit dans un avenir très-reculé est moins éloignée du gouvernement bourgeois de ce temps-ci que ce gouvernement lui-même ne l'est des pompes aristocratiques et du bon plaisir royal du vieux Versailles. C'est ce qui doit nous donner courage, à nous fils des destructeurs de la monarchie des quatorze siècles.

EXTRAIT

DU DOSSIER D'UN PRÉVENU

DE COMPLICITÉ MORALE

DANS L'ATTENTAT DU 28 JUILLET [1].

Nous terminerons ce volume par l'important document qu'on va lire, qui résume, en quelques pages excellentes, toutes les idées économiques de Carrel, qui sont celles de la pure tradition révolutionnaire de 1789. Le préambule de Carrel lui-même apprendra au lecteur à quelle occasion cet écrit, non destiné à la publicité, fut composé, et quelles circonstances en amenèrent la publication.

Parmi les papiers saisis chez moi, le 29 juillet dernier, et qui ont été portés à la commission d'instruction de la Cour des pairs, comme pouvant fournir des lumières sur l'attentat du 28, se trouvait le travail inédit que je livre ici à la publicité.

Voici, en deux mots, à quelle occasion ce travail a été fait.

Il existait, il y a deux ans, à Paris et dans toute la France, des associations dont l'objet avoué était de réunir des souscriptions pour soutenir la presse républicaine, fonder de nouveaux journaux sur les points importants où il n'en existait pas, et acquitter les amendes auxquelles les feuilles engagées dans la lutte auraient été condamnées.

[1] Brochure in-8° de 595 pages, publiée chez Paulin, 1835.

Les associations de commune défense de la liberté de la presse étaient représentées à Paris par un comité central qui encaissait les souscriptions, en répartissait le produit, et correspondait avec tous les journaux de département voués à la discussion républicaine.

La loi contre le principe des associations n'était pas rendue : ainsi l'existence du comité parisien de défense de la liberté de la presse était un fait connu de l'autorité ; les réunions du comité étaient presque publiques. Il tenait registre de ses délibérations, et, le plus souvent même, les rendait publiques au moyen d'un bulletin imprimé envoyé sous bande, par la poste, à toutes les associations correspondantes.

L'Association de commune défense de la liberté de la presse, anéantie comme toutes les autres par la loi de 1834, est une de celles que l'acte d'accusation du procès d'avril a incriminées dans les *faits généraux* comme ayant provoqué aux insurrections de Paris, de Lyon et de Saint-Étienne. Cependant la Société de défense commune de la liberté de la presse ne conspirait pas, elle se bornait à la discussion et aux mesures nécessaires pour soutenir la presse contre la guerre systématique que le gouvernement lui avait déclarée.

Dans les derniers mois de l'année 1833 parut un exposé très-étendu des principes de la Société des droits de l'homme, écrit remarquable et hardi qui ne contenait probablement pas toutes les pensées coupables qu'on y a vues depuis, car il ne fut pas poursuivi devant le jury, et il n'a été incriminé que plus d'un an après sa publication, dans cet immense acte d'accusation du procès d'avril, qui a été dirigé contre l'esprit et les résultats de la Révolution de juillet bien plus que contre les insurrections républicaines.

Le comité qui représentait l'Association des droits de l'homme, et qui a joui aussi d'une existence légale jusqu'à la promulgation des lois contre-révolutionnaires de 1834, adressa, dans le mois de novembre 1833, son exposé de principes au comité central de l'Association pour la commune défense de la liberté de la presse, en le priant d'y adhérer par une déclaration publique.

Je ne prenais que fort rarement part aux réunions et aux travaux du comité de défense de la liberté de la presse. J'acceptai cependant la tâche assez difficile d'exprimer, dans un rapport sur la déclaration de principes de la Société des droits de l'homme, les sentiments qu'avait fait naître en moi cette publication, et que j'avais lieu de croire partagés par le plus grand nombre des membres du comité.

Le travail que je fis à cet effet, et qui est resté depuis dans mes papiers, parce que je ne crus pas devoir le publier alors, est précisément une des pièces qui ont été saisies chez moi le 29 juillet dernier ; dois-je penser que c'est après l'avoir lue qu'on m'a retenu huit jours en état d'arrestation, et interrogé deux fois *sur la participation morale* que j'aurais eue à l'attentat du 28 juillet?

Comme il est bon qu'on sache sur quelles garanties repose parmi nous la liberté individuelle, et sur quels prétextes nos aventuriers de cabinet peuvent essayer de faire disparaître, dans les moments de trouble, les hommes qui ont eu le malheur de les humilier, je vais donner ici la liste très-exacte des papiers qui ont été enlevés de mon domicile, et qui devaient établir ma complicité dans l'attentat du boulevard du Temple.

Le dossier qui m'a été restitué il y a peu de jours, après un examen qui n'a pas duré moins d'une quinzaine, se composait des pièces suivantes :

Plusieurs lettres d'invitation à dîner, billets et compliments d'amis ;

Une lettre écrite de Londres par M. A. Thibaudeau, et destinée à être publiée le lendemain dans le *National* ;

Un feuilleton sur l'Académie des sciences ;

Un travail sur l'histoire du jury anglais comme juge des délits de presse ;

Des nouvelles du Portugal ;

Cinquante notes sur les traités passés entre la Porte et toutes les puissances de l'Europe pour les permis de navigation dans la mer Noire ;

Une notice sur M. Garat ;

Un article vieux de six ans sur le charlatanisme philanthropique ;

Un extrait des Mémoires de Napoléon sur l'organisation des armées permanentes en temps de paix ;

Une lettre récente de M. Romiguières, procureur général près la cour royale de Toulouse, mon défenseur en 1824 devant les conseils de guerre de la Restauration ;

Un fragment de l'Histoire des Pays-Bas sous la domination autrichienne ;

Un article sur l'Histoire pittoresque de la Convention, de M. Léonard Gallois ;

Une invitation à aller prendre des bains de Vals ;

Un travail sur l'état du paupérisme et de la mendicité en Angleterre ;

Plusieurs articles de M. Trélat sur le régime des prisons en France. (J'ai bien peur que la découverte dans mes papiers de ces articles de M. Trélat, destinés à être publiés dans le *National*, n'ait déterminé la translation à Clairvaux de ce courageux citoyen.)

Divers travaux sur des questions d'organisation sociale, indiqués comme devant être rendus à leurs auteurs ;

Un article sur le tableau des *Pêcheurs* de Léopold Robert, écrit par une dame ;

Des notes pour une biographie d'Alphonse Rabbe, mort en 1830 ;

Différents mémoires envoyés par des avocats de département sur l'incompétence de la Cour des pairs dans le procès d'avril ;

Enfin le Rapport présenté par moi, en décembre 1835, à 'Association de la commune défense de la liberté de la presse.

Voilà tout ce qu'avait produit une recherche faite dans mes papiers le 29 juillet, depuis trois heures du matin jusqu'à sept heures, tant à mon domicile particulier que dans les bureaux du *National*. Supposerai-je qu'on ait seulement parcouru ces papiers en prononçant que je devais être retenu en prison sur de si graves indices? Non, je ne le crois pas, bien qu'un grand ministre, qui m'a jadis honoré d'un peu de protection, ait eu le bon goût de se faire présenter mon dossier, et d'y chercher de sa main amie la trace de mes relations avec Fieschi. Pendant ce temps, les journaux des départements, payés par ce même ministre, imprimaient qu'on se hâtait beaucoup de protester contre mon arrestation, et qu'il fallait voir si les papiers saisis chez moi ne la justifieraient pas.

Je ne saurais, pour le moment, tirer meilleure vengeance de ces honnêtes procédés qu'en publiant la pièce dont j'ai fait connaître l'origine.

Mon motif n'est cependant pas tout personnel.

Le mot d'ordre est aujourd'hui d'attribuer à l'usage qui a été fait du droit de discussion, depuis cinq ans, l'état d'anarchie dans lequel nous sommes tombés. La presse a, dit-on, poussé les insurgés de novembre, d'avril et de juin ; elle a fini par armer le bras des assassins.

La pièce que je me détermine à publier, après quelques hésitations dont je dirai tout à l'heure les motifs, répond à ces accusations par lesquelles les hommes du système réacteur croient pouvoir se dispenser de tout devoir de fidélité à leurs anciens engagements politiques. Il est si commode de renvoyer le tort de son abjuration à des adversaires qui auraient compromis la liberté en s'en servant mal, et le droit de discussion en le rendant le plus grand ennemi du repos des sociétés !

Le rapport présenté à la Société de Défense de la Liberté de la Presse sur l'exposé de principes de la Société des Droits de l'Homme est, suivant moi, un document de quelque importance. Je l'adresse aux hommes qui vont voter des lois contre le droit de discussion en se persuadant, sur la parole des ministres de la réaction, que la presse quotidienne n'a encore exprimé que la moindre partie des pensées coupables et subversives qui vivent dans l'âme de ses écrivains, et qu'il n'y a jamais eu ni bonne foi, ni désir consciencieux de s'éclairer dans l'usage qui a été fait de la 'discussion par les adversaires du principe monarchique.

Je n'appartiens à aucun corps politique, à aucune académie; mais je doute que, parmi toutes les réunions ou associations officielles qui font partie de l'organisation monarchique établie en France, il en soit une qui m'inspirât le respect que supposent l'étendue, et, j'ose dire, le ton du morceau que je composai, il y a deux ans, pour acquitter envers la Société de défense de la liberté de la presse ma dette de sociétaire. On jugera si c'est ainsi que s'entretiennent entre eux des anarchistes, des hommes préoccupés uniquement de leurs projets d'ambition, et toujours disposés à précipiter dans les révolutions la civilisation et le repos de leur pays.

Si quelque chose étonne les adversaires de bonne foi, qui chercheront dans cet écrit les arrière-pensées de la presse républicaine, les grands secrets qu'on devait ne se communiquer qu'à huis clos et en fuyant l'œil de l'autorité, ce sera peut-être la différence qui existe entre la vivacité de notre polémique journalière et le calme de nos discussions intérieures. Dans nos journaux nous discutons rarement, nous disputons toujours; nous luttons malgré nous contre des hommes qui veulent nous détruire, que nous n'espérons pas persuader et qui ne peuvent nous rendre aucune justice sans se nuire à eux-mêmes, sans compromettre les positions qu'ils occupent; tandis que, dans les réunions recueillies, dans les conversations fraternelles qu'on s'est complu à peindre au public comme des conciliabules terroristes, nous ne disputions pas, nous discutions, c'est-à-dire que nous nous soumettions les uns aux autres nos doutes; que nous nous rapprochions avec l'espoir de nous éclairer mutuellement, et de rassurer

nos consciences sur la responsabilité morale qui nous appartenait dans ces luttes où nous figurions comme combattants,
et dont il était impossible de prévoir l'issue.

Si le travail que je me décide à publier est demeuré jusqu'à
présent inédit, ce n'est pas qu'il ne fût l'expression la plus
générale des sentiments qui existaient dans l'Association pour
la commune défense de la liberté de la presse, c'est que je ne
l'avais pas destiné à la publicité, c'est que je ne voulais pas
qu'il devînt pour la presse ministérielle un texte à opposer à
telle autre publication républicaine dont il aurait paru la ré-
futation ; c'est aussi, je l'avouerai, que je sentais parfaitement
la faiblesse de cet écrit, qui témoigne plutôt des hésitations
consciencieuses de son auteur sur les points les plus importants de notre passé et de notre avenir révolutionnaire que de
cette fixité de vues et de projets qu'on est en général porté à
nous demander. Le public est très-exigeant envers ceux
qu'on lui donne pour hommes de parti. Il veut des affirma-
tions et non pas des doutes ; des solutions hardies, des systèmes décidés, et non pas l'aveu des fluctuations du jugement et
de la conscience.

Ce dernier caractère est celui de l'écrit que je viens de relire au bout de deux ans, non sans quelque satisfaction,
puisque j'y retrouve mes intentions, toujours les mêmes malgré les violences de gouvernement qui sont intervenues depuis, et qui ne m'ont pas épargné plus qu'un autre.

Les scrupules qui, il y a deux ans, m'empêchèrent de consentir à ce que ce rapport fût publié sous mon nom, suivant
le désir de mes coassociés et des auteurs mêmes du Manifeste
de la Société des Droits de l'Homme, ont fait place à un sentiment très-différent. Je ne crains plus, pour l'ensemble de
l'opinion républicaine, qu'on s'empare de cet écrit afin
d'opposer dans les feuilles ministérielles école à école ; car,
probablement, en nous interdisant la discussion républicaine, on s'interdira aussi les provocations à notre égard ; je
ne me demande plus s'il ne sera pas fâcheux pour les hommes

qui partagent entièrement mes opinions, et pour moi en particulier, que le public connaisse les tâtonnements de nos esprits et voie sur quelques points nos doutes, je dirai hardiment notre ignorance.

Qu'on donne à ces tâtonnements le nom qu'on voudra, on ne leur ôtera pas leur caractère sérieux, probe, et véridique. Tout homme juste qui lira cet écrit conviendra que les opinions auxquelles il a été adressé ne faisaient pas abus du droit de discussion ; qu'elles n'étaient pas de si sauvages ennemies de la civilisation et de l'ordre social ; qu'elles cherchaient sincèrement la vérité, et qu'elles avaient peut-être un peu de ce qu'il faut pour y arriver, si l'on ne se fût pas étudié à les aigrir, à les précipiter dans les voies extrêmes par des calomnies et des persécutions atroces.

Il est une question que peut-être je dois prévoir.

On demandera si cet écrit a été présenté à l'Association pour la défense de la liberté de la presse absolument tel que je l'imprime.

Les circonstances, très-différentes aujourd'hui de ce qu'elles étaient à l'époque où cet écrit fut composé, suffiraient sans doute pour m'autoriser à être un peu moins hardi qu'il y a deux ans : j'indiquerais alors toutes les suppressions devenues nécessaires ; mais j'ai été assez heureux pour n'en avoir pas à faire. Je ne me serais pas cru permis en honneur, bien que ce travail soit ma propriété, d'en modifier l'esprit, sur les points mêmes où mes opinions auraient pu être changées par le temps, l'étude et la réflexion.

RAPPORT

SUR LE

MANIFESTE DE LA SOCIÉTÉ DES DROITS DE L'HOMME

LU A LA SOCIÉTÉ DE DÉFENSE COMMUNE DE LA LIBERTÉ DE LA PRESSE
LE 8 DÉCEMBRE 1833.

Messieurs,

Le comité central de la Société des Droits de l'Homme et du Citoyen vous a adressé une déclaration de principes, dont il a été beaucoup et très-diversement parlé depuis deux mois. Cette pièce était accompagnée d'une lettre par laquelle vous étiez invités à adhérer à l'ensemble des doctrines de la Société des Droits de l'Homme.

L'objet de votre association ne vous permettait pas d'accorder cette adhésion. Vous n'êtes pas les représentants de tel ou tel système républicain, mais seulement les défenseurs du droit qu'ont toutes les opinions républicaines de se produire par la discussion.

. Votre première pensée, en vous réunissant et en appelant les patriotes des départements à joindre leurs efforts aux vôtres, fut de vous constituer les appuis de ce principe à jamais sacré parmi nous : que tout homme a le droit de publier ses opinions, quelles qu'elles soient ; d'attaquer par la discussion les systèmes accrédités et les institutions établies ; de proposer toutes les innovations et réformes que sa conscience lui indique comme devant tourner au bien de ses concitoyens.

Si, récemment, vous avez changé ce titre qui vous désignait si bien comme défenseurs de toutes les opinions patriotes, et si vous vous êtes proclamés *Association républicaine pour la liberté de la presse*, ce n'est pas que vous distinguiez entre la liberté de vos opinions et celle des opinions qui en diffèrent; c'est que vous avez vu que hors de l'opinion républicaine il y avait malheureusement tiédeur pour des libertés dont on craint de se servir; c'est que vous vous devez tout entiers à votre opinion quand on la persécute par privilége. Désormais, donc, vous portez exclusivement secours aux doctrines progressives qui cherchent le bien du pays en dehors des conditions de la monarchie.

A ce titre, le Manifeste de la Société des Droits de l'Homme devenait un lien entre cette Société et vous. Si le comité central des Droits de l'Homme a pensé qu'un écrit destiné à provoquer la discussion le mettait naturellement en rapport avec vous, vous ne pouviez manquer, de votre côté, de prendre un haut intérêt à une publication dont tous les partis se sont émus, qui pose de grandes questions, représente une masse considérable d'opinions démocratiques, et invite à des discussions fraternelles d'autres opinions républicaines plus rapprochées des principes regardés à tort ou à raison comme conservateurs des intérêts actuels des classes moyennes. Vous avez voulu, messieurs, répondre à l'appel de la Société des Droits de l'Homme, et remplir votre propre mission en nous demandant un rapport sur la déclaration qui vous avait été adressée.

Toutes les opinions républicaines partent du même principe, usent de la même logique, et sont solidaires entre elles, quelque éloignées que soient les unes des autres les conséquences auxquelles chacune d'elles s'arrête. Ainsi, le Manifeste obtiendra, comme œuvre de discussion, droit de cité parmi nous, bien qu'il pousse les idées de réforme au delà de tout ce qui a été exprimé dans le sein de notre association. L'anathème lancé contre ces doctrines par des gens qui peumettent les appels quotidiens à la légitimité et à l'étranger ne vous intimidera pas. Hommes de discussion et de publicité, vous ne connaissez point de théories qu'on puisse repousser *à priori* comme indignes. Cette déclaration de principes aurait même d'autant plus de droits à votre examen, qu'elle a soulevé plus de passions intolérantes.

« Laissez-vous emprisonner, laissez-vous pendre, a dit notre maître Paul-Louis Courier, mais publiez votre pensée. Ce n'est pas un droit, c'est un devoir. La vérité est toute à tous. Ce que vous connaissez utile, bon à savoir pour un chacun, vous ne le pouvez taire en conscience ; et comme il n'y a point d'homme qui ne croie ses idées utiles, il n'y en a point qui ne soit tenu de les communiquer et répandre par tous les moyens à lui possibles. Parler est bien, écrire est mieux, imprimer est excellente chose, et la meilleure qui se puisse faire ; car si votre pensée est bonne, on en profite ; mauvaise, on la corrige et l'on profite encore. Mais l'abus !... Sottise que ce mot. Ceux qui l'ont inventé, ce sont ceux qui vraiment abusent de la presse, en trompant, calomniant et empêchant de répondre. » Ces vigoureuses paroles de Paul-Louis Courier, sont le programme d'une société telle. que la vôtre. Vous ne repoussez donc aucune doctrine progressive ; loin de là, vous les encouragez toutes.

Ceux qui aiment les tâches toutes faites auraient voulu peut-être qu'on n'ajoutât pas aux difficultés de la réforme politique, en jetant dans la discussion des théories de réforme sociale. Mais la liberté appelle chacun à apporter le tribut de ses lumières et de ses inspirations, dût cette sainte concurrence susciter quelquefois au progrès lui-même des difficultés inattendues. Si réellement une révolution dans l'ordre politique ne pouvait être heureuse et assurée qu'en s'appuyant sur de profondes réformes sociales, ne serait-ce pas nous rendre service que de nous indiquer jusqu'où peuvent être poussées certaines exigences ? Ce n'est pas nous retarder, quoi qu'en puissent dire quelques-uns de nos amis ; c'est nous éclairer; c'est nous forcer à mesurer l'étendue de notre responsabilité. Nous ne voulons pas la république en passant, mais la république définitive. Nous avons donc besoin de connaître d'avance les intérêts, les tendances, les passions même et les ressentiments de toutes les parties qui composent la majorité nationale. Si l'on nous révèle des besoins et des prétentions que nous ne connaissions pas et avec lesquels il faudrait compter tôt ou tard, humilions notre orgueil ; nous nous étions crus sans doute, avant le temps, maîtres d'une besogne qui passait encore notre science et nos forces.

Pour des esprits habitués depuis dix-huit ans à retourner dans tous les sens un très-petit nombre d'idées progressives, et à les ajuster tant bien que mal aux préjugés et aux intérêts stationnaires de cent ou cent cinquante mille privilégiés, il est un peu nouveau, nous l'avouons, de s'entendre demander la représentation universelle du pays, l'égalité absolue des droits politiques, la subsistance de tous les membres du corps social assurée aux dépens de ceux qui ont le superflu, la dispense de toute contribution en faveur de ceux qui n'ont que le nécessaire, la limitation du droit de propriété à une certaine portion garantie par la loi, la destruction de toute industrie qui préjudicie à l'existence du pauvre, la progression et non plus la proportion de l'impôt. Il est surtout quelque peu effrayant de s'entendre renvoyer, pour le développement de ces propositions, à l'autorité du représentant Robespierre; car on se souvient beaucoup moins aujourd'hui de Robespierre théoricien, que de Robespierre chef de ce triumvirat de terreur qui fut vaincu au 9 thermidor.

Une phrase du Manifeste nous apprend que ce ne sont pas les membres du comité actuel qui ont eu la pensée d'invoquer la déclaration des droits de Maximilien Robespierre, comme résumant les prétentions de la démocratie de 1833. Cette phrase est ainsi conçue :

« Dès son origine, et avant la formation du comité central actuel, la Société des Droits de l'Homme adopta, comme expres-

sion de ses principes, la déclaration présentée à la Convention
nationale par Maximilien Robespierre. »

Bien que, dans le paragraphe suivant, le comité actuel
ajoute qu'il s'associe de nouveau à cette déclaration, « non
comme à la meilleure possible, mais comme à la meilleure
connue, » nous ne considérerons pas l'invocation de l'autorité et du nom du représentant Robespierre comme le fait du
comité qui a contre-signé le Manifeste. Nous insistons sur cette
circonstance, parce qu'elle nous servira à expliquer un emprunt qui a donné matière à tant de déclamations monarchi-
ques contre l'ensemble du parti républicain.

L'Association des Droits de l'Homme est incontestablement
une image et un produit naturel de cette démocratie parisienne qui ne jouit pas de la représentation politique et qui
vit de son travail journalier ; population au-dessous de laquelle il existe encore aujourd'hui, d'après un état officiel
tout récent, cent quatre-vingt-dix mille habitants de tout âge
et de tout sexe, réduits aux soulagements de la charité publique. Cette partie laborieuse et agissante de la population
de Paris, classée entre l'aisance et la misère, est nécessairement traitée avec dureté par un gouvernement qui la redoute ;
elle est froissée par un système d'impôts dirigé contre elle et
qui semble combiné de façon à la contenir en l'appauvrissant.
Pour se rendre compte des sentiments qu'a pu développer
dans cette population de travailleurs intelligents le spectacle
de la déception contre laquelle nous luttons depuis trois ans,
il est bon de se rappeler la succession de passions et d'idées
par laquelle la démocratie française a déjà passé de 1789 à
1815 ; histoire un peu longue, mais nécessaire, et qui, nous
l'espérons, ne vous paraîtra pas déplacée. Nous établirons,
par elle, quelles sont les traditions révolutionnaires qui peuvent vivre aujourd'hui dans la partie politiquement active de
la population de Paris. Nous verrons jusqu'à quel point il
peut être concevable que les projets de réforme sociale dont
Robespierre entretint la Convention quelque temps avant

25.

le 9 thermidor aient trouvé crédit parmi nos prolétaires de 1853, affiliés dans la Société des Droits de l'Homme.

En étudiant l'histoire de la Révolution depuis l'appel fait à la nation par la royauté de 1789 jusqu'à l'attentat du 18 brumaire, on est frappé de deux faits principaux : le premier, c'est que la révolution contre l'ancien régime ne pouvait pas s'accomplir sans le secours de la démocratie ; le second, c'est qu'il y avait malentendu entre la bourgeoisie et le peuple sur la portée révolutionnaire des principes invoqués contre la royauté absolue.

Lorsque les états-généraux s'assemblèrent, la nation était distribuée officiellement en trois ordres : clergé, noblesse, tiers-état. Mais cette distribution n'était plus en harmonie avec les faits. La nation se divisait réellement en privilégiés de naissance ou nobles ; en privilégiés parvenus, élevés par voie de concurrence, c'étaient les bourgeois ; et enfin en prolétaires ou manouvriers des villes et des campagnes, c'était l'immense majorité nationale.

L'abbé Sieyes eut parfaitement raison quand il écrivit : « Le tiers-état est tout ; les deux premiers ordres ne sont rien. » En effet, le clergé n'était plus une force, du moment qu'il ne trouvait plus dans les préjugés nationaux le moyen de défendre ses grands biens contre la cour, la noblesse, la bourgeoisie, le peuple, qui voulaient et pouvaient s'en emparer.

La noblesse était déchue ; depuis un siècle et demi, elle ne croyait plus à elle-même : elle était si persuadée du ridicule de son propre rôle, qu'elle abdiqua d'enthousiasme, dans la nuit du 4 août, toutes ses distinctions. En voyant la noblesse venir se fondre dans le tiers-état et s'en faire une gloire aux yeux de la philosophie, on pouvait prononcer hardiment que, depuis bien longtemps, cette noblesse n'était plus que nominale.

Le pouvoir royal absolu, le pouvoir d'un seul homme sur

les biens et la vie de vingt-cinq millions d'hommes; le pouvoir des prêtres sur les consciences; la supériorité des nobles
sur les Français non titrés, tout cela était mort dans les idées
avant 1789. Bien que le dix-huitième siècle eût remué sans
les approfondir, et surtout sans les résoudre, toutes les idées
de réforme sociale qui nous occupent aujourd'hui, cependant
le travail révolutionnaire médité par la Constituante était dirigé uniquement contre le pouvoir absolu et les distinctions
cléricales et aristocratiques, qui semblaient résumer tous les
abus du même régime.

Comme le tiers-état était tout, ainsi que l'avait proclamé l'abbé
Sieyes, c'était dans le sein même du tiers-état que la véritable
révolution était à faire. Le tiers-état ne le soupçonnait pas. Le
bourgeois et le prolétaire avaient proclamé ensemble, à la vue
de la Bastille dominant leurs têtes, que tous les hommes naissent libres; ils avaient dit, en haine d'une noblesse frivole et
infatuée, que tous les hommes sont égaux en vertu d'un droit
naturel.

En apprenant que la couronne voulait, par la force, empêcher les députés du tiers-état de se réunir, ils s'étaient écriés
en commun que la nation était souveraine; qu'il n'appartenait
qu'à elle de faire la loi; que le roi ne pouvait être que l'exécuteur de la volonté de tous, le premier magistrat, le premier
serviteur du peuple.

En entendant révéler le déficit par M. Necker, le bourgeois
et le prolétaire avaient proclamé qu'il n'appartenait qu'aux
représentants de la nation d'administrer la fortune publique;
d'asseoir, de classer, de voter l'impôt et d'en surveiller l'emploi. En se voyant opposer les baïonnettes des Suisses et les
sabres des cavaliers étrangers à la solde de la cour, le bourgeois et le prolétaire avaient senti le besoin d'exiger que l'armée fût nationale; que sa partie active ne servît que contre
l'ennemi du dehors; que sa partie non mobile fût, sous le
nom de garde civique, exclusivement chargée du maintien de
l'ordre public.

En rencontrant sur leur chemin les procédures du Châtelet et des chambres étoilées de la monarchie, le bourgeois et le prolétaire avaient publié la nécessité d'un pouvoir judiciaire national et indépendant : le principe du jugement des citoyens par leurs pairs avait pris ainsi naissance dans les esprits.

En luttant enfin, sur toute la surface de la France, contre les déprédations des intendants, commissaires et commandants militaires pour le roi, le bourgeois et le prolétaire avaient désiré se réserver, en dehors du contrôle exercé par les représentants généraux de la nation, un contrôle local remis à des magistrats électifs et révocables.

Voilà toute la révolution de 1789, telle qu'on la trouve dans la constitution publiée en 1791. Dans tout cela le bourgeois avait parlé et le prolétaire applaudi. On était nécessairement d'accord tant que l'égalité n'était réclamée que du bourgeois au noble, et non du prolétaire au bourgeois; tant que les droits politiques servaient à détruire l'aristocratie de naissance, et non à constituer et défendre l'aristocratie de fortune contre le prolétaire. On devait s'apercevoir bientôt du malentendu.

A l'ancien état de choses, aux inégalités, aux disparates de l'ancien système aristocratique, se substituait donc une manière d'être uniforme, dans laquelle se retrouvaient :

La royauté, à l'état de pouvoir exécutif inviolable et salarié;

L'ancien ordre du clergé, avec une mission toute spirituelle, protégée et rétribuée par l'État;

L'ordre noble, à titre de grand propriétaire, destitué d'anciens privilèges réprouvés par l'opinion, mais admissible, concurremment avec le prêtre salarié et le bourgeois émancipé, à la représentation du pays et à toutes les fonctions du gouvernement, tant général que local, au choix du pays comme au choix du pouvoir exécutif.

On peut dire que dans cette transformation, le clergé, la

royauté, la noblesse, avaient plus gagné que perdu. En
échange de priviléges insoutenables, ils avaient acquis des
garanties politiques. C'étaient des vaincus qui, en paraissant
se fondre dans les cadres de l'armée victorieuse, avaient conservé tous les moyens d'en saisir le commandement. Ceux
qui, en qualité de privilégiés, n'eussent pas été supportés,
retrouvaient, à titre d'égaux de leurs anciens subordonnés,
un moment leurs vainqueurs, la faculté de prétendre aux
bénéfices du nouvel ordre politique. Dans tout cela, il n'y
avait rien qui ne fût conforme à l'esprit de la Révolution
de 1789.

Il s'agit de savoir si cet état de choses qui suffisait à la
bourgeoisie faisait le compte de l'insurrection démocratique,
sans laquelle le pouvoir royal et les ordres privilégiés n'eussent jamais été vaincus.

Les conditions de liberté, d'égalité, de concurrence universelle, établies par la Constitution de 91, pouvaient satisfaire
la bourgeoisie, mais non pas la démocratie. C'est pourquoi la
Constitution de 91 était déjà impopulaire quand elle fut publiée. Toutes les discussions qui avaient précédé la rédaction
de ce premier acte constitutionnel avaient irrité violemment
la masse des prolétaires français, et il n'avait pas manqué
d'orateurs et d'écrivains improvisés pour expliquer au peuple
qu'il avait fait un marché de dupes; qu'il s'était battu, qu'il
avait versé son sang et pris la Bastille pour donner à ses ennemis des droits politiques au moyen desquels ceux-ci l'en-
chaînaient de nouveau, le réduisaient, suivant le langage
même de la Constitution, à l'état de *nature passive*; que s'appeler pauvres sous ce nouveau gouvernement, c'était absolument la même chose que s'appeler roturiers, vilains et vassaux
sous l'ancien; qu'il fallait fonder l'égalité positive, l'égalité
dans la société; que l'égalité politique était une nouveauté au
profit exclusif des riches bourgeois; que ceux-là seulement
trouvaient dans leur éducation, leur notabilité, leur crédit,
les moyens de soutenir la concurrence contre les anciens pri-

vilégiés, transformés en *citoyens actifs*, en électeurs et en éligibles.

La démocratie avait gagné certainement par la destruction des jurandes, des corporations, des maîtrises; par l'abolition des institutions féodales qui concentraient la propriété dans un petit nombre de mains. Mais la démocratie ne pouvait pas goûter ces biens dans un temps de révolution qui avait détruit les existences de cour, les habitudes de luxe, frappé de mort un grand nombre d'industries et suspendu le travail dans la plupart de celles qui n'avaient pas pour objet de fournir à la révolution les moyens de lutter contre l'Europe. Il y avait donc quelque chose de très-fondé dans le langage qu'on tenait au prolétaire et dans la réaction qui s'opérait en lui contre les changements qu'il avait embrassés avec passion en 1789.

Nécessairement aussi, quand le tiers-état s'était levé en masse contre les ordres privilégiés, et que les mots de liberté, d'égalité, de bonheur commun, avaient été prononcés pour la première fois, on s'était bien gardé d'entrer en explication avec le peuple sur la signification et l'étendue de ces mots. Chacun avait pu les interpréter avec les arrière-pensées de sa situation.

Le noble, en abdiquant ses priviléges et recevant en échange des droits de citoyen, avait pu se dire : « Si mon voisin, homme de robe ou marchand enrichi, se met sur les rangs pour me disputer un poste électif, mon château vaudra bien sa terre, ma capacité vaudra bien la sienne, et j'aurai de plus que lui la connaissance des intérêts de la haute politique : c'est encore moi qui commanderai les armées, qui serai ambassadeur et premier ministre. » Ce n'étaient pas un Lafayette, un Larochefoucauld-Liancourt, un d'Argenson, qui avaient eu de ces arrière-pensées; mais il y avait à côté d'eux, parmi les notabilités révolutionnaires de l'époque, des Talleyrand, des Montmorency, des Vaublanc, des Lameth, des Pastoret, nous dirions un Mirabeau, si Mirabeau avait pu vendre à la monarchie autre chose que ses passions, et si son génie n'était pas resté une gloire nationale.

Le bourgeois, avec de l'éducation, et même sans fortune, avait pensé peut-être : « Je soutiendrai la concurrence politique du noble et du gros rentier. Je n'ai pas d'avances, mais je trouverai du crédit, des gens qui me prêteront sur mon intelligence et mes chances d'avancement. Je reprocherai au noble son ancienne insolence, au gros rentier l'usure qui l'a enrichi ; j'aurai les suffrages du peuple, parce que je suis du peuple et que seul je puis lui parler le langage qu'il aime. » Ce n'étaient pas les bourgeois de l'espèce de Bailly, de Pétion, de Roland qui faisaient de ces calculs ; mais que de noms tristes à rappeler, que de noms fameux à la Constituante, à la Législative, à la Convention, nous montreraient la part de l'égoïsme bourgeois et de l'esprit d'intrigue dans les événements de cette première époque !

Quant au prolétaire, flétri par la Constitution du nom de *citoyen inactif*, n'ayant ni crédit qui pût lui permettre d'emprunter pour s'établir, ou pour jouir au delà de son gain journalier, ni éducation pour rivaliser avec le bourgeois et le noble, ni chance prochaine d'inspirer au corps législatif des lois qui ménageassent le pauvre et chargeassent le riche, il devait porter ses espérances hors des principes et des données de la Constitution de 1791 ; il devait sourire à l'idée d'un gouvernement qui ôterait aux classes déjà riches la faculté de le devenir davantage ; il devait désirer un ordre de choses qui donnât gratuitement l'éducation à ses enfants et les fît intellectuellement les égaux du noble et du bourgeois sortis des mains du précepteur.

Ainsi, en 1789, le tiers-état tout entier demandait la liberté religieuse contre le clergé, la liberté civile contre la royauté et la noblesse, la liberté de la presse et le gouvernement représentatif contre le pouvoir absolu, l'égalité politique et civile contre tous les privilégiés du vieil ordre politique et social. Mais, en 1791, à l'époque où la Constitution, rédigée sur ces principes, fut proclamée, il n'y avait plus que la bourgeoisie qui tînt pour les principes de 89 et qui y trouvât son compte. Le peuple était déçu dans ses espérances, et ne voyait plus dans toutes les théories des hommes à constitution et à équilibre de pouvoirs qu'un mensonge; et voici comment il raisonnait :

« Que nous importe, disait-il, la liberté de la presse? Les anciens privilégiés s'en serviront du même droit que nous, et avec plus de succès que nous. Que nous importe la représentation nationale, puisque les aristocrates, en se déguisant, y arrivent, et que nous en sommes exclus? Que nous sert d'être la nation souveraine, puisque nous sommes en même temps la nation passive, la nation qui paye, travaille, souffre et obéit? Il y a autant de pauvres qu'avant la Révolution, et il n'y a pas moins de riches. Pour goûter les avantages de toutes ces libertés qu'on prétend nous avoir données, il faut être riche; c'est une représentation contre nous et non pas pour nous. »

Tel était le langage du pauvre sous la Constituante et même sous la Convention. Aussi la majorité de la Convention n'était-elle pas plus populaire en 1793 que la majorité de la Constituante en 1791 ; car la Convention, quoi qu'on en dise, représentait en majorité des intérêts bourgeois, et se ralliait, comme on le vit en l'an III, aux mêmes principes de liberté civile, politique, religieuse, aux mêmes conditions d'égalité et de concurrence sociale que la Constituante. Les idées et les intérêts de la démocratie n'avaient encore trouvé d'organes et de représentants que dans la presse, les clubs et la Commune de Paris, lorsque Robespierre et Saint-Just présentèrent à la Convention leurs doctrines d'égalité absolue et leurs accusations mal dissimulées contre les principes de liberté de 1789.

Robespierre et Saint-Just ont été depuis expliqués et sans doute exagérés par l'école de Babeuf. Cette école repoussait le système de liberté qui eût permis à tout homme de se procurer, par le libre développement de ses facultés, des jouissances refusées à ses concitoyens, *à ses frères*, lorsqu'ils étaient moins habiles, moins accrédités, moins chanceux que lui. L'école de Babeuf ne voyait pas dans la société une collection d'individus libres de travailler chacun à son bonheur particulier comme il pouvait l'entendre, mais une famille composée de frères, et dans laquelle tous devaient travailler à l'entretien et au bonheur de tous, de manière qu'il en résultât pour chacun une part égale de jouissances, quelles que fussent les différences de capacité, d'activité et de disposition au travail. L'école de Babeuf appelait notre système de liberté, qui permet à chacun de s'élever en proportion de ses facultés et de ses efforts, un système d'égoïsme, et son système à elle, c'était la fraternité, c'était le renoncement à toute liberté, à tout sentiment individuel au profit d'une individualité sociale plus jalouse et plus exigeante qu'aucun despotisme connu. Ainsi se traduisait, dans un temps où la violence était le moyen de tous les partis, la légitime et vague prétention populaire de 89, le désir naturel à tous d'obtenir les jouissances d'une civilisation que tous avaient contribué à former depuis des siècles, les uns en s'épuisant à produire, les autres en remplissant leur rôle de consommateurs insatiables.

Mais pouvait-on procurer à la démocratie, par les voies de liberté ouvertes en 1789, un état de choses qui l'associât réellement à toutes les jouissances de la civilisation qu'elle voyait se déployer sous ses yeux au profit des seuls riches? Les termes de la question révolutionnaire étaient ainsi changés. La guerre contre un certain ordre de privilégiés était finie; il n'y avait plus à contester que le titre du riche, son privilége de jouir seul en présence du grand nombre qui travaille et souffre. Il faut considérer qu'en 1793, à l'époque où Robespierre présenta sa déclaration des droits, la démocratie tout entière était sous les armes à la frontière et dans Paris; que nul ne devinait l'issue de la lutte engagée entre la levée en masse et la coalition. Il était permis peut-être aux hommes entrés les derniers dans la lutte, et qui portaient non-seule-

ment leur propre fardeau, mais celui de tous leurs prédécesseurs vaincus, morts ou fugitifs, de se demander si la civilisation, telle que nous l'avait léguée une monarchie corrompue, si
l'état de société qui avait vu se déployer ces horribles luttes,
n'étaient pas seuls coupables de tant de crimes et de malheurs, auxquels les générations de la fin du dix-huitième
siècle avaient été dévouées.

La réponse trouvée à cette redoutable question par Saint-
Just et Robespierre fut, sincèrement, nous le croyons, que la
civilisation des siècles précédents était fausse et dépravante ;
que l'état de société, sous des dehors brillants, était barbare
et imperfectible ; que la liberté laissée à chaque individu,
dans un tel état de société et de civilisation, de tout innover,
de tout entreprendre pour augmenter la somme de ses jouissances privées, était une conquête funeste, un fatal véhicule
donné à toutes les passions qui jetaient l'humanité hors de
la vertu, sa loi de nature.

Ces idées n'étaient que celles de la sombre philosophie de
Rousseau, appliquées au milieu de la plus terrible convulsion qu'une société eût jamais éprouvée. Aujourd'hui que
cette société a fait voir, par quarante ans d'épreuves, qu'elle
est susceptible de progrès indéfinis, non-seulement dans l'ordre matériel, mais dans l'ordre moral ; aujourd'hui qu'on ne
connaît plus que de nom tant de vices que les hommes de
93 avaient vus s'ébattre dans les saturnales de l'ancienne monarchie, nous avons peine à concevoir ce mélange de passions terroristes et de sentiments évangéliques dans les mêmes
âmes : à deux jours de distance, dans le même homme, la pa-
raphrase du vicaire savoyard, et le préambule de la loi des
suspects : tout cela cependant n'est pas hors de la nature de
l'homme, puisque tout cela s'est vu. Il peut être bien de s'en
indigner ; mieux vaut le comprendre, cela rassure pour l'avenir. Robespierre, donc, en voulait à la société, qu'il avait vue
en disciple de Rousseau, à une civilisation dont il n'était pas
peut-être capable de goûter les jouissances, et qui ne l'avait

pas distingué du vulgaire des déclamateurs; il en voulait à cette liberté qu'il avait contribué à conquérir sur les privilégiés de l'ancienne monarchie, et qui, à ses yeux, ne pouvait plus que faire obstacle à l'établissement démocratique. Voilà dans quelles idées fut conçue la déclaration de principes dont la Société des Droits de l'Homme s'est emparée.

Il semble naturel que ce système se soit présenté à l'esprit d'hommes qui portaient la responsabilité du supplice des Girondins, des Cordeliers, des Hébertistes, et qui, en se substituant à tous leurs rivaux, s'étaient donné l'effrayante tâche de sauver et de clore l'œuvre commune. Il n'y avait alors que trois manières d'envisager la fin de cette grande convulsion sociale : ou bien la levée en masse serait battue à la frontière, la France serait envahie, l'ancien gouvernement serait rétabli avec toutes ses impuretés, tous ses abus, et en même temps ses conditions d'ordre ; ou bien la levée en masse serait victorieuse à la frontière, et on satisferait à l'intérieur toutes ses exigences; ou bien, enfin, après avoir vaincu l'Europe par la levée en masse, on essayerait de licencier cette démocratie en armes, on l'obligerait à rentrer dans ses ateliers, et à y attendre, du progrès naturel des choses, l'amélioration de son sort.

Que ce soit un éloge ou un blâme pour la Convention et les comités de gouvernement, il est certain que leur majorité ne songea jamais sérieusement, même en face de Robespierre et de Saint-Just, à procurer une satisfaction immédiate à la démocratie. La majorité de la Convention et des comités ne représentait pas la démocratie parisienne, mais la nation tout entière. L'instinct de la majorité de la Convention était de préserver la société et la civilisation, en sacrifiant même, s'il le fallait, les intérêts de la démocratie urbaine, représentée, depuis trois ans, par les sections armées et les faubourgs de Paris. On a vu, après le 9 thermidor, la Convention et les comités réagir en ce sens, chasser le peuple des sections, y ramener la bourgeoisie, et pousser la jeunesse dorée, revêtue des insignes de la chouannerie, contre les faubourgs de Paris. Il semblait qu'il fallût détruire à tout prix ces foyers de passions démocratiques, pour rendre à la civilisation révolutionnaire la marche qui lui avait été imprimée en 1789.

Qu'on ne se fasse donc pas illusion sur le caractère de la déclaration des droits rappelée par le Manifeste de la Société des Droits de l'Homme. Cette déclaration était dirigée contre la société, contre la civilisation, contre le principe de liberté conquis en 1789, et cela était conséquent avec l'effrayante responsabilité qu'avaient acceptée Robespierre et Saint-Just. Pouvaient-ils, en effet, assurer au prolétaire émancipé les jouissances que l'ancien état de civilisation, combiné avec la dévorante activité du principe de liberté de 89, procurait à tout homme qui, par génie ou par corruption, savait devenir riche? Pouvait-on, pour nous servir d'images un peu vulgaires, promettre à tout le monde un carrosse, un château, une maison de ville et une loge à l'Opéra? Non, sans doute. Il fallait donc déterminer une moyenne de jouissance qu'il ne fût permis à personne de dépasser, et à laquelle tout le monde pût atteindre; il fallait combler les vallées et raser les montagnes, faire disparaître à la fois l'opulence et la misère: tout cela ne se pouvait ni du jour au lendemain, ni par la société, ni par la civilisation, ni par la liberté, telles qu'elles existaient.

Pour réaliser immédiatement ces vœux philanthropiques, vœux émis dans les deux siècles précédents par Fénelon, Rousseau et Mably, on eût vainement demandé à la France une nouvelle assemblée extraordinaire; car, dans l'état d'infériorité intellectuelle où était la démocratie, cette assemblée n'eût pas été certainement plus radicale que la Convention. Or la Convention a montré, dans ses déclarations de droits de 1793 et de l'an III, qu'elle n'entendait pas sacrifier à un but de fraternité encore mal défini les biens positifs que l'état de société, de civilisation et de liberté, fondé sur le principe de

libre concurrence, malgré tous ses abus, assurait à la France.
Il appartient aux progrès mêmes de la civilisation et de la
liberté d'amener entre les hommes cette mutualité d'affection
et d'assistance si justement désirée par les philosophes du
dix-septième et du dix-huitième siècle, et si perversement
interprétée par les hommes que dénonça Robespierre lui-
même, comme voulant perdre la Révolution en l'exagérant.
Le sentiment de mutuelle affection appelé fraternité, ce sentiment qui n'est que le principe même de civilisation et de sociabilité élevé à sa plus haute puissance, n'existait certainement
pas à une époque où l'on s'entre-tuait révolutionnairement. La
morale ne veut sans doute pas qu'on laisse mourir son frère
de faim et de maladie, en se livrant au plaisir et faisant bonne
chère; mais la même morale défend premièrement à un frère
de tuer son frère sur une différence d'intérêt ou d'opinion.
Établir la fraternité par la proscription de quiconque aura été
signalé comme égoïste; poursuivre par l'extermination un
but d'humanité, c'est un contre-sens moral qui peut être
expliqué dans Robespierre et Saint-Just par une position
inouïe; mais toute chose qui s'explique n'est pas pour cela
supportable.

Robespierre et Saint-Just, seuls organes à la Convention
de cette école républicaine dite de la fraternité, qui a trouvé
plus tard dans Babeuf et ses amis des interprètes plus audacieux et moins habiles, ne pouvaient pas espérer que la France
de 1793 leur donnât, par quelque système d'élection que ce
fût, une assemblée plus révolutionnaire que la Convention,
et ils avaient jugé eux-mêmes que la Constitution toute démocratique de 93, réussît-on à l'appliquer, laisserait encore à
toutes les inégalités sociales des chances trop certaines de reprendre le dessus et de mettre la démocratie hors des affaires. Pour Robespierre et Saint-Just, il s'agissait donc d'établir dictatorialement, sous la protection de la levée en masse
et de la démocratie parisienne encore en armes, et avec l'appui
d'une minorité conventionnelle, des résultats que le jeu na-

turel de la liberté leur paraissait ne jamais devoir amener. On eût, suivant l'expression de l'un d'eux, décrété les vertus aussi facilement que le maximum.

Ainsi, on aurait dit avec Robespierre : « Nous voulons substituer dans notre pays la morale à l'égoïsme, la probité à l'honneur, les principes aux usages, les devoirs aux bienséances, l'empire de la raison à la tyrannie de la mode, le mépris du vice au mépris du malheur, la fierté à l'insolence, la grandeur d'âme à la vanité, l'amour de la gloire à l'amour de l'argent, les bonnes gens à la bonne compagnie, le mérite à l'intrigue, le génie au bel esprit, la vérité à l'éclat, la grandeur de l'homme à la petitesse des grands, un peuple magnanime, puissant, heureux, à un peuple aimable, frivole et misérable. »

Ce ne sont pas là des antithèses de rhéteur ; c'est le programme aussi heureusement que nettement esquissé de la régénération morale de la société, telle que la concevait Robespierre en méditant son maître Rousseau. Les progrès que, depuis trente-huit ans, ont faits nos mœurs publiques, en dépit de l'usurpation militaire et de la contre-révolution, nous apprennent comment on arrivera à substituer toutes ces vertus sociales d'un peuple libre aux qualités frivoles d'un peuple esclave. Une partie de ces changements s'est déjà opérée par un progrès inaperçu. Mais comment pouvaient-ils se réaliser, en 1793, du jour au lendemain et par voie de dictature ?

Deux hommes ont parlé après Robespierre.

« L'opulence, a dit Saint-Just, est dans les mains d'un assez grand nombre d'ennemis de la Révolution. Les besoins mettent le peuple qui travaille dans la dépendance de ses ennemis. *Concevez-vous qu'un empire puisse exister, si les rapports civils aboutissent à ceux qui sont contraires à la forme du gouvernement ?* Si vous donnez des terres à tous les malheureux, si vous les ôtez à tous les scélérats, je reconnais que vous avez fait une révolution. »

Babeuf s'est manifesté plus clairément encore dans son projet d'insurrection de 1796. On y lit :

« Art. 2. Le but de l'insurrection est l'établissement de l'égalité et du bonheur commun.

« Art. 17. Tous les biens des émigrés, des conspirateurs et des ennemis du peuple, seront distribués, sans délai, aux défenseurs de la patrie et aux malheureux.

« Art. 19. Le soin de terminer la révolution sera confié à une assemblée nationale composée d'un démocrate par département. »

Nous sommes loin de prétendre que la violence inintelligente des moyens conseillés par Saint-Just et par Babeuf puisse être considérée comme traduisant la pensée de Robespierre. Lui concevait vaguement une dictature plus éclairée que ne l'était le commun de la démocratie, et décrétant révolutionnairement le système administratif et financier indiqué par sa déclaration des droits, système inverse de celui sous lequel nous vivons, qui eût fait de la pauvreté un privilége et de la richesse une cause d'indignité politique. Le jeu de l'impôt, dit progressif, aurait traité la richesse comme une sorte de vol fait à la propriété commune. Cet impôt eût atteint la richesse en la frappant d'une sorte de peine pécuniaire, de plus en plus rigoureuse à mesure que le vol commis sur la communauté eût paru plus considérable ou plus effronté. Robespierre espérait sans doute qu'ainsi, et assez rapidement, les riches obligés à renoncer à toutes les jouissances du luxe, à toutes les dépenses immodérées, se feraient vertu de la nécessité, contracteraient des habitudes modestes et des mœurs en harmonie avec l'égalité positive; que, d'un autre côté, le peuple jouissant, dans sa carrière laborieuse, des dispenses consacrées par l'impôt, assisté par le gouvernement, qui lui donnerait l'éducation et la commandite du travail, renoncerait à la grossièreté et aux vices qui naissent de la misère. Ainsi le peuple serait amené assez rapidement à soutenir le voisinage de l'ancien riche et à apprécier à son tour toutes les jouissances d'une civilisation plus compatible avec les bonnes mœurs.

Nous ne croyons pas à la méchanceté gratuite des hommes; et, après avoir étudié les derniers discours de Robespierre avec l'attention qu'ils méritent de quiconque veut parler de la Révolution en connaissance de cause, nous demeurons persuadés que Robespierre s'était cru la puissance personnelle nécessaire pour réaliser dictatorialement le système indiqué par sa déclaration des droits; qu'il espérait purifier la terreur même en la faisant aboutir à la régénération morale du riche et du pauvre. C'était un rêve philanthropique, dira-t-on, bien difficile à concevoir dans un tel homme; mais Robespierre n'est pas mort cependant sans avoir donné à la postérité des gages de la terrible sincérité de son rôle. Il faut convenir qu'il avait fait contre les corrompus de la Montagne, contre les anarchistes de la Commune, contre les furieux d'athéisme, un essai fort audacieux de ses forces; en un mot, qu'il avait toujours été à la tête et non à la suite de son parti. Celui qui avait entraîné tout Paris, le Paris à bout de déraison, de profanation et de cynisme, à la fête de l'Être suprême et à la restauration du dogme de l'immortalité de l'âme, pouvait se croire capable d'obtenir bien d'autres retours des esprits sur eux-mêmes. Peu d'hommes ont eu dans leur orgueil de pareilles excuses. Le révolutionnaire qui s'était trouvé assez irréprochable dans sa vie privée pour demeurer populaire en étouffant le dévergondage du sans-culottisme, pouvait être de bonne foi en se croyant, sur son effrayante époque, l'ascendant nécessaire pour amener dictatorialement la régénération morale du riche et du pauvre. Mais, pour un pareil but, quels moyens!

Hâtons-nous de le dire, ce but de la régénération morale du riche et du pauvre est celui auquel tend aujourd'hui la société par les voies de la liberté, quelque contrariée qu'elle soit dans son développement par la résistance du principe monarchique; nous en attestons le haut intérêt, l'évidente sympathie avec lesquels tous les organes de la publicité, ceux même qui représentent des débris d'idées aristocratiques, se livrent à la discussion de toutes ces vues économiques qui tendent à effacer entre la richesse et la pauvreté, entre la propriété et la non-propriété, l'inégalité de fait, consacrée par le monopole politique. A cet égard, les idées sont d'un demi-siècle en avant du gouvernement. Il serait très-difficile de trouver des gens qui osassent nier la nécessité de changer la répartition actuelle des charges publiques, et d'associer l'ouvrier au bienfait du crédit, bienfait dont jouissent les autres classes de la société, et dont la privation constitue, pour le travailleur à la journée, l'impossibilité d'améliorer sa situation par les moyens qui appartiennent au travail non journalier.

Qu'aujourd'hui, dans cette France célèbre, qui a brisé dix coalitions par la valeur et l'intelligence de sa démocratie, le travailleur à la journée rencontre pour tout établissement de crédit le Mont-de-Piété, pour toute retraite l'hôpital, pour toute chance de fortune la loterie, pour tout encouragement à sa moralité la caisse d'épargne, c'est une honte à la nation éclairée qui le souffre. Il n'y a plus d'inégalité aujourd'hui entre tous les hommes qui travaillent, que par l'aptitude ou l'inaptitude à jouir du crédit. C'est cette différence qui doit disparaître. Les esprits éclairés, les âmes généreuses, les amis de la liberté, qui croient que la liberté n'eût jamais existé en France sans le dévouement des classes populaires, se portent de toutes parts à la découverte du meilleur mode de commandite pour le travailleur à la journée. C'est là la traduction positive du principe d'égalité de 89, et les choses ont pris d'elles-mêmes cette voie comme les esprits. Qui peut douter, en effet, que, depuis 89, la moyenne d'aisance ne se soit considérablement augmentée, et que les extrémités d'opulence et de pauvreté n'aient été réduites dans la même proportion?

Ce travail d'une société condamnée par Saint-Just et Robespierre, et attaquée de vive force par Babeuf et son école, ce travail invisible et constant de la société, doit trouver dans le système administratif et représentatif du pays des conditions qui le favorisent au lieu de le combattre. C'est là, sans doute, la révolution que demandent les républicains du Manifeste ; révolution juste et à laquelle tend la démocratie de 1855, avec un sentiment encore un peu confus de son droit et une assez grande incertitude sur le choix des moyens qui le feront prévaloir. Or, on le tromperait, ce peuple si digne d'entendre la vérité et d'être conduit par elle, si on lui donnait à croire que la déclaration des droits de Maximilien Robespierre a résolu le problème. Cette déclaration n'avoue qu'à moitié son moyen, et ce moyen, dans les circonstances où la déclaration fut présentée, ne pouvait être autre chose que l'usurpation de la souveraineté nationale et la substitution à cette souveraineté d'une dictature propriétaire du sol français, dictature de minorité, arbitre de la liberté, de la vie, des biens et des facultés de tous les Français. A la majorité de la Convention, qui ne voulait pas pousser plus loin la réforme sociale ; à la France qui n'eût pas donné, à cette époque, une assemblée plus radicale ou plus éclairée que la Convention, Robespierre ne pouvait substituer que le parti qui l'a soutenu jusqu'au 9 thermidor et regretté après cette journée. Ce parti était minorité dans la Convention comme dans la nation ; il le serait aujourd'hui encore s'il se présentait avec les mêmes moyens, et, certes, on ne veut pas plus, dans le sein de la Société des Droits de l'Homme que parmi nous, une dictature de minorité.

Il faut donc se rattacher à notre principe de liberté et de représentation nationale de 89, comme à un point de départ à jamais consacré et inattaquable. Les vœux généraux de bonheur commun empruntés à la déclaration des droits de Maximilien Robespierre sont légitimes ; mais la réalisation de ces vœux ne peut être atteinte que par les légitimes voies qu'une représentation réelle du pays, débattant contradictoirement les intérêts de tous, est seule en possession de fournir. Il faut

que notre démocratie de 1833 s'avoue à elle-même qu'elle
n'est plus la démocratie de 89, qu'elle a grandi en intelligence, en courage, en connaissance des choses et en aptitudes
de toute espèce. La différence de sa conduite dans les deux
révolutions de 1789 et de 1830 est la mesure du progrès qui
s'est opéré en elle. La lutte, qu'elle ne pouvait pas soutenir,
il y a quarante ans, contre la supériorité intellectuelle du riche, elle est en état de l'accepter aujourd'hui ; et ce n'est plus
pour elle que le suffrage universel serait un leurre. Disons
donc que si les hommes qui ont trouvé dans leur dévouement
le droit de se constituer, par l'association, les représentants
du peuple parisien, disons que si la Société des Droits de
l'Homme a tiré de l'oubli la déclaration de Maximilien Robespierre, c'est qu'elle n'a trouvé que là, parmi toutes les déclarations de principes de la même époque, l'indication du
but auquel doivent tendre les progrès de la France de 1830 ;
c'est que cette déclaration est la seule qui expose une combinaison de moyens administratifs et financiers qui ait pu lui
paraître propre à réaliser ce but révolutionnaire.

Expliquer comment les fondateurs de la Société des Droits
de l'Homme ont été conduits à s'emparer d'une théorie méditée et formulée par Robespierre, c'est répondre à cette calomnie monarchique qui montre les républicains de 1833 évo-
quant à plaisir une renommée de sang pour la tourner en
menace contre les adversaires actuels ou à venir du mouvement révolutionnaire. Nous sommes peu touchés des déclamations contre les emportements de 1793, quand ces déclamations partent des mêmes bouches qui ont appelé l'ennemi
en 1814 et 1815, ou qui ont salué de leurs cris la légitimité
deux fois restaurée sur des cadavres français. Mais il serait
déplorable qu'on se familiarisât avec l'idée du retour de ces
emportements : il faut se prouver à soi-même qu'ils ne reviendront pas. Si jamais la généreuse démocratie des barri-
cades avait à lutter contre l'Europe et à se défendre en même

temps contre des ennemis intérieurs, elle vaincrait ces derniers, comme en vendémiaire, comme en juillet, les armes à
la main ; elle accorderait à tous les mécontents le droit de
conspirer dans leur chambre et ne les extorminerait que
quand ils oseraient descendre en place publique ; car tout
homme blessé dans ses intérêts et ses opinions par une révolution se fait difficilement au régime qu'elle crée. Ce n'est
pas une raison pour tuer préventivement tous ceux qui sont
dans ce cas ; c'est, au contraire, une raison pour ne les frapper que répressivement, par la guerre, à coup sûr et en masse,
quand ils sont assez imprudents pour passer de la répugnance
à l'insurrection. La mitraille de vendémiaire a sauvé la révolution en 1795, et ne lui sera jamais imputée à crime. L'é-
chafaud dressé pour prévenir les complots en 1793 a frappé
au hasard et érigé en martyrs de la liberté tous ceux des ennemis de la révolution envers lesquels il a été dérogé aux
saintes formes de la justice.

Ces exemples sont compris aujourd'hui, et il nous est démontré, malgré toutes les accusations contraires, que l'Association des Droits de l'Homme n'a voulu interroger dans Robespierre que le législateur. Si l'on eût voulu des provocations toutes faites à une nouvelle terreur, ce n'était pas le cas
de citer une déclaration de droits purement spéculative ; n
eût réimprimé les feuilles d'Hébert et de Marat ; là du moins
on eût trouvé d'assez fameux appels à l'effusion du sang. Mais
notre peuple aujourd'hui est trop loin des mœurs brutales
qu'il avait reçues de la monarchie des quatorze siècles pour
qu'on essaye jamais de lui persuader, ce qu'on fit en 1789,
que deux cent mille têtes coupées, celles, par exemple, de
tous les électeurs du monopole, changeassent du tout au tout
sa situation. Le peuple comprend que ce n'est pas aux électeurs, mais à la loi du monopole, qu'il faut couper la tête, et
que ces électeurs rentreront dans la masse nationale et s'y
confondront du moment que la loi ne consacrera plus en leur
faveur une représentation privilégiée.

La déclaration des droits de Maximilien Robespierre est si peu identifiée avec le système de terreur qui rallia la majorité de la Convention, depuis le mois de mars 1792 jusqu'au mois de juillet 1795, qu'elle a été repoussée par la majorité de la Convention, non-seulement comme une vaine dispute d'école, mais COMME DANGEREUSE, qui le croirait? EN CE QU'ELLE SEMBLAIT CONSACRER, AU PROFIT DE LA CONTRE-RÉVOLUTION, LE PRINCIPE DE LA RÉSISTANCE A L'ARBITRAIRE. La terreur n'a jamais été au service des idées de réforme sociale énoncées dans la déclaration des droits de Maximilien Robespierre. La terreur n'a défendu que des intérêts de nationalité contre des menaces d'invasion et de partage, des intérêts de classe moyenne contre des intérêts d'aristocratie et d'émigration, des intérêts de propriété fondés sur l'acquisition des biens nationaux contre d'autres intérêts de propriété spoliés par la Constituante et la Législative, avant qu'il fût question de la Convention. La terreur a défendu le principe du gouvernement représentatif sans roi, contre celui d'une royauté sans gouvernement représentatif. Voilà les dieux dont les autels ont été ensanglantés en 1793 et 1794. Le principe républicain ou antihéréditaire, l'intérêt bourgeois ou antinobiliaire, l'intérêt agioteur ou antiémigrant, engagé dans les biens nationaux, enfin l'intérêt de la grande universalité française, menacé par les coalitions étrangères; tout cela a été préservé, bien ou mal, par le gouvernement terroriste, et tout cela a vécu dans la Constitution de l'an III, testament de la majorité conventionnelle.

Quant à la réforme sociale continuée contre la bourgeoisie au nom des classes inférieures, Robespierre et Saint-Just n'ont fait que l'annoncer dans leurs discours et leurs écrits; elle n'a jamais eu de commencement d'exécution; elle est pure des excès de 93, puisqu'ils ne furent pas commis pour elle; elle fut hors de cause dans toutes les luttes de la Révolution. Robespierre et Saint-Just, incontestablement plus moraux que ceux de leurs collègues du Comité de salut public avec lesquels ils se trouvèrent en lutte au 9 thermidor, mêlèrent ces idées d'avenir à la part, d'ailleurs si grande, qu'ils prirent aux mesures de défense contre l'étranger ; mais les mesures de terreur elles-mêmes ne défendaient pas les principes de 89, combattus par l'Europe, compromis que les fautes de tous les partis modérés ou exagérés, et trahis pendant le combat par tous ceux qui, dans le principe, avaient voulu une révolution sans la payer. La réforme sociale indiquée dans les derniers discours de Robespierre était moins une complication de la terreur qu'une issue bien ou mal imaginée pour sortir de cet affreux régime. C'est une cause qui, depuis le 9 thermidor jusqu'à nos jours, a pu compter beaucoup de martyrs, mais qui n'a pas fait une victime. On pourrait lui reprocher la tentative de Babeuf, si cette tentative vraiment insensée n'eût été si cruellement expiée et si elle eût coûté la vie à d'autres qu'à ses auteurs.

Ne nous chargeons donc pas volontairement de la responsabilité d'excès qui appartiennent à d'autres intérêts, à d'autres hommes, à d'autres passions, mais rallions-nous consciencieusement au grand but de fraternité que proclama la Révolution française, chose triste à dire ! au milieu de cette vaste effusion de sang à laquelle toute la génération contemporaine de 1793 s'était habituée et comme acclimatée ! Tienne qui voudra au nom de Robespierre, pour notre compte nous n'y tenons pas ; mais ce nom ne saurait faire tort à la vérité pour s'être rencontré avec elle, et si quelques hommes éprouvaient la crainte de penser une fois en leur vie comme a pu penser Robespierre, nous leur dirions qu'une si bonne et si belle cause, qu'un principe d'humanité si juste et si fécond ne peuvent pas s'être exclusivement personnifiés dans un tel homme ; que, de même que la croyance à un être suprême et à l'immortalité de l'âme n'a rien perdu à être restaurée par Robespierre dans notre morale publique, de même aussi un principe de pure philanthropie n'a pu être souillé de sang par une simple date ; nous leur dirions qu'avant Robespierre des âmes élevées, de nobles intelligences, un Lafayette, un

Bailly, un Condorcet, un Turgot, un Malesherbes, avaient proclamé aussi la nécessité d'une réforme qui tirât le prolétariat de son abaissement et de ses douleurs. Mais l'action ayant dévoré ou dispersé ces hommes dans la première période révolutionnaire, il ne leur fut pas donné, comme à ceux de la seconde époque, d'aborder la question dans cette opportunité effrayante qu'elle tira de la crise même de 93, et que trente-huit ans de progrès sans convulsions lui ont restituée sous de meilleurs auspices.

Ainsi donc, qu'on parte de Turgot, de Necker, de Malesherbes, de Lafayette, de Condorcet ou de Robespierre, on est sûr de marcher au même but, l'amélioration du sort des classes inférieures; mais avec Robespierre on court risque d'être accusé de vouloir amener le bien par le mal, c'est-à-dire par la dictature d'une minorité; avec Condorcet, Turgot et Lafayette, on montre qu'on veut arriver au bien par la justice, c'est-à-dire par la liberté, par les procédés du gouvernement représentatif vrai, par la majorité nationale provoquée à la discussion et persuadée. Nous savons que la Restauration et le gouvernement doctrinaire, par leur représentation de mensonge, ont jeté du discrédit sur ce qu'on nomme les idées de constitutionalisme. Le gouvernement doctrinaire en particulier a compromis jusqu'au langage de la liberté en le faisant servir à ses déceptions; mais le gouvernement doctrinaire a compromis aussi, comme emblème d'émancipation européenne, le drapeau tricolore; il eût fait des aigles impériales un symbole d'avilissement national s'il lui eût été donné de les attacher à ses drapeaux. Et cependant, qui doute qu'avec d'autres hommes le drapeau tricolore et l'aigle de Wagram ne renouvelassent tous leurs miracles? Il en est de même de la liberté : ce n'est pas aux tristes opérations des assemblées du monopole qu'il faut demander la mesure de ce que ferait une représentation républicaine pour changer le sort du prolétaire.

Dans une représentation véritable du pays, il n'est pas d'intérêt qui puisse être exclu; il n'est pas de système qui ne puisse être produit, et le système conçu par le comité d'Association des Droits de l'Homme subirait comme tout autre, dans une représentation ainsi organisée, l'épreuve d'un examen décisif. Nous ne doutons pas que les partisans de ce système ne le soutinssent par de très-bonnes raisons; mais, parmi les hommes aussi dévoués qu'eux aux intérêts des classes populaires, ils rencontreraient certainement des contradicteurs nombreux. On leur dirait qu'en voulant détruire l'inégalité constituée au profit du riche, il faut craindre de fonder l'inégalité au profit du pauvre. Or, nous pensons que si l'homme placé au-dessous de la ligne qui séparerait le riche du pauvre (démarcation fort difficile à établir) était dispensé de contribuer aux charges publiques; que si son mobilier, son coin de terre, son humble demeure, étaient francs de contribution, tandis que ces choses seraient taxées chez le riche; que si, de plus, le riche, en payant la part du pauvre, était obligé de lui assurer la pension alimentaire pour le faire arriver à la moyenne de bien-être déterminée par la loi; que si enfin, après avoir payé la part de contribution du pauvre et la sienne, après avoir donné de son superflu pour compléter le nécessaire du pauvre, le riche se voyait condamné, pour tout ce qu'il posséderait de surplus, à une amende de plus en plus rigoureuse, suivant que cet excédant serait plus considérable; il nous semble, disons-nous, que le riche serait dévoué à un véritable régime d'avanies. Dès le troisième ou quatrième retour d'un pareil impôt, il n'y aurait plus de riches avoués, et l'on aurait dépravé le pauvre en l'habituant à faire état de son indigence. Tout le monde aurait intérêt à être pauvre ou à le paraître, à dénaturer sa fortune, à la soustraire à l'inquisition des répartiteurs, et c'est par là surtout qu'on reconnaîtrait bientôt que l'injuste est fort souvent l'impraticable.

L'impôt qui atteint le pauvre dans le nécessaire et tarit la source de ses facultés productives est sans doute ce qu'il y a de plus inhumain. Il ne peut être défendu par cette triste allégation qu'il est impossible de faire autrement; car on peut faire autrement tant qu'il existe des classes assez ménagées par les faveurs d'un régime de prohibition, de primes et de monopole agricole ou industriel, pour jouir du superflu jusqu'à la fatigue et l'ennui d'elles-mêmes. Voilà ce qui suggérait naturellement la pensée de l'impôt progressif; mais cet impôt, combiné comme il l'est par la déclaration de droits de Robespierre avec diverses exceptions en faveur du pauvre, attaque le riche, non comme le favori du monopole, mais comme riche, dans la pensée non avouée de le détruire, quelle que soit l'origine de sa richesse. Cette vue est fausse : on semble considérer la richesse générale du pays comme la provision de vivres d'un navire en mer, provision qui, une fois embarquée, ne s'augmenterait plus, et le pauvre paraîtrait, dans ce système, n'être réduit à la moitié ou au tiers de sa ration que parce que le riche mangerait deux ou trois fois plus que la sienne.

De là l'idée toute populaire de vouloir réduire le riche à la simple ration, c'est-à-dire de faire qu'il ne soit plus riche. Or, on est riche fripon, mais on est aussi riche honnête homme; on est riche oisif, mais on est aussi riche laborieux; on est riche par héritage, mais on l'est aussi parce qu'on a su exploiter une grande découverte dans les arts, un perfectionnement dans l'industrie; on devient riche parce qu'on est très-habile chirurgien, ou grand jurisconsulte, ou artiste du premier ordre; on est riche parce qu'on a rendu à son pays de grands services dans le gouvernement et dans les armées. La richesse personnelle n'est donc pas un tort nécessaire fait à l'humanité, et souvent elle est le prix des services qu'on lui a rendus. L'impôt progressif, impôt de jalousie et non d'équité, ne distinguerait pas entre la richesse héritée et la richesse péniblement et honorablement acquise, entre la richesse oisive et la richesse laborieuse. L'impôt progressif punirait toute richesse sans distinction, et cela dans la fausse donnée

que tout riche dévore la substance d'un certain nombre de
pauvres. Cela est vrai de certains riches, de tous ceux, par
exemple, dont la fortune est produite par le jeu combiné des
primes de sortie accordées à leurs produits et des prohibitions
dirigées contre tous les produits étrangers de même nature.
Les primes qui engraissent ces privilégiés sont directement
prélevées sur le nécessaire du pauvre par les droits de consommation : les prohibitions qui les aident à vendre cinq et
six fois au-dessus de leur valeur réelle les objets que la concurrence étrangère mettrait à la portée de tous sont une in-
terdiction jetée sur les besoins, souvent les plus impérieux, du
pauvre ; car l'homme ne vit pas seulement de pain, mais de
ce qui constitue le bon vêtement et la salubrité du gîte. Cette
classe de riches, qui ne serait pas riche sans le monopole, il
n'y a qu'un moyen de l'atteindre avec efficacité : ce n'est pas
la pompe aspirante de l'impôt progressif, c'est la destruction
des primes et prohibitions. Avec le privilége disparaîtra le
privilégié, et la richesse légitime subsistera comme la récompense due à quiconque contribue par son travail, ses qualités
d'ordre, son talent, ses facultés en tout genre, à ajouter à la
gloire de sa patrie et à tirer du sol national de nouveaux
moyens de sustenter la population qui s'y multiplie sans
cesse.

Entre ce système et celui qui consisterait à déclarer l'État
seul riche, seul propriétaire, seul producteur, seul consommateur, seul régulateur de l'activité nationale, seul inventeur,
seul créateur dans les arts, dans l'industrie, dans le mouvement général de la civilisation ; entre ces deux systèmes, disons-
nous, l'impôt progressif ne tiendrait qu'un milieu hypocrite :
il aurait pour objet de détruire toute espèce de richesse en
dissimulant ce but. Pourquoi n'avouerait-on pas ce but si on
l'avait conçu ? c'est un système comme un autre, mais il le
faut complet et conséquent. Si vous ne voulez plus la richesse
individuelle, vous êtes forcé de vouloir la richesse unique et
exclusive de l'État. Alors c'est l'État qui perçoit et qui donne,

qui produit et qui consomme, qui possède et qui distribue. Vous n'ignorez pas que ces doctrines d'absolue communauté sont déjà celles d'une école républicaine, qui, tout récemment aussi, a lancé son manifeste, manifeste beaucoup moins remarqué que celui de la Société des Droits de l'Homme, parce qu'il s'est placé dans un avenir bien plus éloigné encore du véritable état des choses. L'école dont il est ici question ne déguise point son objet, qui est d'abolir la richesse individuelle. Aussi a-t-elle laissé de côté l'impôt progressif, parce qu'en détruisant la richesse là où elle est, il n'indique pas où elle doit être et à qui il appartient d'être exclusivement riche dans l'intérêt de tous[1].

L'impôt progressif sur les riches entra en l'an Ier dans les voies et moyens du budget de la Convention. Le gouvernement voulut faire rentrer un milliard d'assignats pris sur les riches, qu'on regardait en masse comme plus ou moins ennemis de la Révolution. On avait évalué à 1,000 fr. par an le revenu nécessaire de chaque individu. Une famille de cinq personnes, qui avait 5,000 livres de revenu, était dans les limites du nécessaire. Si cette famille avait 15,000 livres de revenu, elle était réputée jouir de 10,000 livres de superflu. Les 10,000 livres étaient taxées à raison de 10 p. 100, ce qui réduisait le revenu total à 14,000 livres, au lieu de 15. Tout ce qui était au delà de ces 15,000 livres, réduites à 14, était enlevé par l'impôt. Ainsi 20,000 livres de revenu pour cinq personnes donnaient à l'impôt 20 moins 14, ou 6,000 livres ; 40,000 livres donnaient 40 moins 14, ou 26. Une famille de cinq personnes pouvait vivre certainement avec un revenu de 20,000 ou de 40,000 livres réduit à 14,000 ; mais si ce revenu eût été grevé d'engagements pour moitié, comme cela n'est pas rare, un prétendu riche à 40,000 livres, après avoir donné 26,000 livres à l'impôt, et en avoir consacré 14 à son

---

[1] Il s'agit ici d'un projet de constitution qui venait d'être lancé par des disciples de la réforme de Babeuf.

arriéré, aurait manqué de 6.000 livres à ses engagements et aurait dû s'endetter de 14,000 livres pour vivre cette année, lui et les siens. Toutefois, cet essai d'impôt progressif rapporta, en 1793, à peu près ce qu'on en avait attendu, et c'est probablement là ce qui persuada qu'on pouvait l'employer habituellement. Mais on voit que les mêmes fortunes n'auraient pas pu se prêter deux ans de suite au même effort; et d'ailleurs on ne parvint alors à recouvrer cet impôt, ou plutôt cet emprunt forcé, qu'en imprimant la terreur à quiconque tromperait les répartiteurs ou se déroberait à leurs estimations : cette manière d'assurer la perception d'un impôt ne serait aujourd'hui du goût de personne. Le peuple faisait alors gratuitement l'office d'une armée de collecteurs ; ce qui, dans des circonstances aussi malheureuses que celles de l'an II, pouvait être une triste nécessité; mais un pareil mode de répartition et de recouvrement ne se concilierait guère avec le principe d'un gouvernement normal fondé sur le consentement de la majorité. Or, ce n'est pas un gouvernement révolutionnaire, indéfiniment révolutionnaire et de transition, c'est un gouvernement normal et définitif que veut avec nous le comité de la Société des Droits de l'Homme.

Nous venons de citer un exemple de l'application de l'impôt progressif dans un temps fort difficile ; mais il est bon qu'on sache que la Convention, ou plutôt les hommes compétents qui lui inspiraient confiance dans ces matières, n'ont jamais admis la possibilité d'appliquer l'impôt progressif dans une situation régulière. Lorsque le préambule de la Constitution de 93 fut discuté à la Convention, c'était à l'époque même où Robespierre présenta sa déclaration des droits; un membre proposa de décréter que l'impôt serait progressif, et que les citoyens reconnus au-dessous du nécessaire seraient exempts de toute contribution. La motion fut écartée par la même majorité qui avait fait rejeter la déclaration des droits de Robespierre : on se rendit à cette observation de Cambon, la grande autorité financière de l'époque, qu'il ne fallait pas

lier le corps législatif en administration et en finance par des
principes absolus et des théories le plus souvent impraticables. Il ajouta quelques mots sur l'inconvénient de dispenser
de l'impôt de prétendus nécessiteux, et d'autres membres
soutinrent après lui que le plus noble attribut d'un citoyen,
quelle que fût sa situation, c'était de contribuer pour sa part,
et dans la proportion de ses ressources, aux charges publiques. On sera étonné peut-être des paroles que fit entendre
Robespierre à cette occasion. Elles prouvent ou que Robespierre ne possédait que des idées fort peu arrêtées sur les
matières d'administration et de revenu public, ou que l'ensemble de ses opinions n'aurait pas été assez complétement étudié
par ceux qui ont cru les trouver résumées dans la déclaration
des droits de 1793.

« J'ai partagé un moment, dit Robespierre, l'erreur qu'on
vient d'émettre ; je crois même l'avoir écrite quelque part : mais
j'en reviens aux principes, et je suis éclairé par le bon sens
du peuple, qui sent que l'espèce de faveur qu'on lui présente
est une injure. En effet, si vous décrétez constitutionnellement que la misère excepte de l'honorable obligation de
contribuer aux besoins de la patrie, vous décrétez l'avilissement de la partie la plus pure de la nation, vous décrétez
l'aristocratie des richesses, et bientôt il s'établirait une classe
d'ilotes, et l'égalité et la liberté périraient pour jamais. N'ôtez point aux citoyens ce qui leur est le plus nécessaire, la
satisfaction de présenter à la République le denier de la veuve.»
Il y a loin de ce langage de Robespierre à quelques-unes des
théories qui pourraient prendre leur point de départ dans la
déclaration invoquée par la Société des Droits de l'Homme.
Nous n'abuserons pas de la citation ; nous en tirerons seulement la preuve qu'on s'est réglé beaucoup, en 1793, sur la
nécessité, et peu sur les théories absolues.

Les essais financiers qu'on a tentés sous la Convention ne
pourraient donc tout au plus faire autorité que pour des circonstances entièrement semblables. C'étaient des expédients

de détresse, et non des règles de conduite et d'équité pour une situation ordinaire. Le gouvernement alors opérait sur une nation ruinée, ou du moins chez laquelle la plupart des objets que l'impôt atteint dans notre système actuel de finances ne produisaient plus ou avaient été affranchis par l'état de révolution. Ainsi tous les impôts de consommation étaient écartés comme ne pouvant être supportés par un peuple affamé, ou qui se battait en masse, sans habits et sans pain, à la frontière. Des trois grands impôts directs, établis par la Constituante, le foncier, le mobilier et l'impôt des patentes, le premier avait été converti en emprunt forcé et progressif sur les riches, le second et le troisième étaient abandonnés par l'impossibilité d'appliquer des méthodes de recensement et de perception encore très-vicieuses.

C'est depuis lors seulement, il faut noter cette époque, que des données certaines ont commencé à être obtenues sur les forces contributives de la propriété foncière, mobilière et industrielle; c'est depuis lors que la France a été cadastrée et que le perfectionnement de toutes les méthodes descriptives a fait connaître avec exactitude, par année, par trimestre, par mois, tous les mouvements et mutations qui surviennent dans la distribution des trois branches principales de la propriété individuelle; c'est depuis lors aussi que la centralisation financière s'est établie; que l'État s'est substitué comme fermier général de l'impôt, ayant seul le bénéfice du mouvement des fonds, à ces compagnies et entreprises financières qui livraient encore en l'an VII à la spéculation privée le produit des diverses contributions, et laissaient souvent le Trésor à sec quand les caisses de l'agiotage étaient combles; c'est depuis lors enfin qu'a été mis en action le mode expéditif et peu coûteux qui préside aujourd'hui à la comptabilité de nos recettes et dépenses. Vous savez que ce système soumet les deux grandes fonctions des finances publiques, le recouvrement des deniers et le payement des services, à une surveillance et à des garanties tellement rigoureuses, qu'il est toujours pos-

sible de constater, jour par jour, sur la surface entière de
l'empire, la situation de chaque contribuable par rapport au
percepteur, et celle de chaque receveur par rapport à l'État.

La Convention ne possédait pas tous ces moyens d'administration, et cependant, condamnée qu'elle était à opposer la
terreur au mauvais vouloir des redevables et à la conjuration
effrontée de l'agiotage, c'est elle qui a posé les premières bases
de ce grand système de vérification financière qu'on nous envie
en Europe, que tous les gouvernements successifs ont contribué à perfectionner depuis trente ans, et qui a fourni tant de
ressources à ces gouvernements contre la liberté elle-même.
Pourquoi la liberté ne profiterait-elle pas à son tour de toutes
ces créations, qu'elle a rendues possibles en faisant table rase
là où régnaient tous les désordres du vieux système provin-
cial et monarchique? Ce sont les hommes de la Révolution
qui ont posé les premiers en principe le despotisme de l'unité,
et qui ont doté la France de ces rigoureuses et savantes méthodes dont l'application à la comptabilité des finances a
donné, au bout de trente ans, la régularité et la simplicité
qu'on remarque aujourd'hui dans cette branche de l'économie publique. Ne répudions pas ces avantages pour aller nous
reporter à l'enfance des essais administratifs et à la difficile
époque de la Convention. L'état actuel des choses est l'œuvre
des hommes de la Révolution; ils ont poursuivi cette œuvre
sans relâche, tantôt en administrant eux-mêmes, comme sous
le Consulat et l'Empire; tantôt en faisant au gouvernement,
comme sous la Restauration, une guerre de publicité et de
surveillance, et l'obligeant à trouver dans une économie et
une simplification administrative de plus en plus stricte les
moyens de désarmer le contrôle parlementaire. La France ne
se retrouvera donc jamais dans les embarras financiers de
1793, car on ne lui ôtera pas ce qu'elle sait, ce qu'elle a appris à ses dépens. Son expérience est la plus légitime de ses
conquêtes, et aucune situation ne peut l'empêcher de la
mettre à profit.

On aurait donc tort de se prendre à l'avance de désespoir, de se voir partout et toujours poursuivi par les nécessités de 93, de se croire héréditairement dévoué aux extrémités de cette cruelle époque, ou de pâlir sur elle en lui demandant des exemples et des conseils pour des épreuves qu'on n'est pas destiné à subir, et ici se présentent des considérations d'un autre ordre.

Les discussions financières auxquelles nous avons assisté depuis trois ans nous ont appris que le gouvernement de la minorité représentée employait le tiers de son budget à se défendre contre les non représentés. Supprimez le monopole, et vous gagnez sur lui tout ce qu'il emploie à payer sa royauté héréditaire, sa police, ses corruptions de toute nature, ses quatre cent mille hommes inutiles à la gloire du pays. Un autre gouvernement de monopole qui naîtrait au profit de telle ou telle prétention, élevée par une fraction de la démocratie, serait certainement condamné à se défendre par les moyens qu'emploie le privilége monarchique, et probablement aussi, en détournant une partie de la fortune publique pour des services de pure tyrannie, il se verrait dans l'impossibilité de servir la masse nationale. Mais le système de majorité républicaine auquel nous tendons serait plus riche de tout ce qu'il rendrait à la liberté des opinions et à la représentation sincère des intérêts même les plus opposés. La liberté, la représentation générale du pays, voilà la mine d'or de la révolution de 1830.

Si nous n'avons pas dit un mot des dangers dont la propriété territoriale pouvait être menacée par le système de la Société des Droits de l'Homme, c'est que nous ne croyons pas plus à la loi agraire que Robespierre n'y croyait lui-même en présentant à la Convention sa déclaration des droits. Robespierre ne proposait pas de détruire la propriété, mais de l'équilibrer, d'en changer la distribution par un système d'impôts qui limiterait chez le riche la faculté d'acquérir, et favo-

riserait chez le pauvre la tendance à devenir propriétaire.
Babeuf lui-même, si insensés que fussent ses projets, n'imagi-
nait pas de saisir un beau matin le sol français et la propriété
bâtie, et de distribuer le tout en vingt-cinq millions de
parts égales. Or n'est-ce pas là ceq u'on entend par la loi
agraire ? Babeuf promettait au faubourg Saint-Marceau les
hôtels des faubourgs Saint-Germain et Saint-Honoré ; c'était
une sorte de transfusion de population d'un quartier de Paris
dans un autre, le tout sous l'invocation de la Constitution de
93, laquelle consacrait formellement le principe que nul ne
peut, sans indemnité préalable, être dépossédé pour cause
d'utilité publique. Le programme de révolution *pour le bien
commun* lancé par Babeuf contre le Directoire était la tentative désespérée d'hommes qui voulaient faire une fin de
martyrs. Cette conjuration éclata en effet au moment où reten-
tissaient les prodiges d'Arcole et de Mantoue. Jamais il n'y
avait eu moins de chances pour emporter d'assaut les garanties civiles de la propriété.

Aussi l'éternel *qui vive* monarchique contre la loi agraire,
qui arrive et va faire invasion, n'est-il, comme Robespierre
lui-même l'a dit, qu'une calomnie de fripons pour épouvanter
les imbéciles, calomnie qu'un des ministres de la royauté du
7 août, le chef même de l'école doctrinaire, a livrée au mépris
qu'elle mérite, lorsqu'il a dit à la tribune : « La propriété
est, de tous les principes de l'ordre social, celui qui a le
moins besoin d'être défendu. Je n'ai pas peur pour elle ;
je crois que la propriété est bonne pour se défendre, et
qu'elle n'a rien à craindre des plus hardis arguments de la
logique. »

Et, en effet, si toutes les constitutions portent des garanties
en faveur de la propriété, remarquons que ces garanties ne
sont pas stipulées en faveur du principe de propriété individuelle contre les doctrines de communauté de biens, mais en
faveur de cette nature de propriété contre les confiscations de
détail auxquelles les gouvernements pourraient se livrer. Ou-

vrez les écrits qui ont préparé la Révolution, vous y verrez demander unanimement des garanties en faveur de la propriété; mais contre quel ennemi? tantôt contre l'absolutisme royal, tantôt contre l'avidité des grandes familles aristocratiques, jamais contre les idées de communauté de biens, ou, si l'on veut, de loi agraire, qui cependant remplissaient les écrits des philosophes de l'école de Mably. C'est qu'en effet la propriété individuelle n'avait rien à redouter de la théorie. Les disciples de Mably n'effrayaient personne en disant des choses que l'on pourrait répéter aujourd'hui sans aucun danger pour la propriété, et, par exemple, que le progrès de la sociabilité en France doit amener un état de choses où les terres et la propriété bâtie appartiendront à tout le monde et ne seront plus à personne. Permis aux générations à venir de fonder cette parfaite communauté de toutes choses, si elles le jugent convenable; mais, en attendant la réalisation d'un tel progrès, possible ou non, on ne veut pas qu'un gouvernement puisse vous chercher querelle pour avoir un prétexte de confisquer vos biens. Les écoles philosophiques les plus hardies n'ont pas à leur disposition les moyens d'exproprier dix millions de propriétaires fonciers, et tout gouvernement disposerait de la force matérielle nécessaire pour dépouiller tantôt un citoyen, tantôt une classe d'ennemis politiques, si les garanties légales ne l'arrêtaient.

La propriété générale, la propriété représentée par les cotes de dix millions de propriétaires, grands, moyens, petits et même indigents, est donc au-dessus de toute atteinte. C'est un fait plus fort que tout gouvernement, même militaire et despotique; c'est un fait que la République elle-même, fondée sur l'universalité du suffrage, ne saurait détruire que du consentement de dix millions de citoyens payant la contribution foncière; et il y a d'autres classes de propriétaires, comme il y a diverses espèces de propriété après celle du sol. Ainsi donc, les discussions sur le droit originel de propriété, et sur la question de savoir si la propriété individuelle dérive du droit de nature ou du droit social, pourraient bien inquiéter quelques propriétaires privilégiés, tels que les membres des familles royales, comme elles menaçaient, il y a quarante ans, la propriété cléricale et aristocratique; mais la propriété générale n'a rien à en craindre : la propriété générale est un fait garanti contre les atteintes des gouvernements et des partis, par la puissance et le nombre des intérêts liés à sa conservation.

Non-seulement la propriété générale n'est pas plus menacée aujourd'hui qu'il y a quarante ans, mais on pourrait dire qu'elle l'est moins, parce que la Révolution a doublé le nombre des propriétaires, en même temps que le progrès agricole et industriel triplait le revenu de la surface entière du sol. La vraie tendance de l'époque actuelle, c'est la division de plus en plus grande de la propriété; c'est la suppression de tous les monopoles qui créent, au profit d'une minorité privilégiée, une richesse prélevée sur le bien-être de tous. Plus nous irons en nous abandonnant au mouvement naturel des choses, plus le monopole se restreindra, plus la propriété générale se fortifiera en descendant vers la classe inférieure, plus l'universalité des propriétaires français, grands et petits, sera assurée que les écoles philosophiques et les partis niveleurs ne peuvent rien contre elle que de son consentement. Si donc la propriété devenait jamais commune en France, de particulière qu'elle est, c'est qu'on aurait persuadé, démontré à la majorité propriétaire qu'elle a intérêt à s'abdiquer dans un ordre de choses où la propriété ne serait plus individuelle, mais commune.

S'il est vrai de dire que la propriété générale, telle que la majorité des esprits la conçoit en France, n'a rien à redouter de l'irruption et des victoires passagères des partis, il est nécessaire d'ajouter aussi que la nation, réellement et dûment représentée, ne saurait être combattue dans ses développements par telle ou telle définition du principe de propriété qu'il plairait aux législateurs contemporains d'introduire dans leurs codes. La nation fait les définitions dans un temps, et les change dans un autre quand elles se trouvent fausses en présence de faits nouveaux et imprévus. C'est ainsi que la Constituante faisait dériver, en 1789, la propriété individuelle d'un droit supérieur à toute volonté de gouvernement, et que, dans l'année suivante, elle déclarait la nation française propriétaire souveraine du sol, libre en cette qualité de reprendre ou de laisser au clergé et aux corps religieux les biens qu'ils tenaient de la crédulité publique et privée. Dans le premier cas, la Constituante n'avait en vue que de prévenir les usurpations du pouvoir royal sur la propriété; dans le second, elle se proposait d'atteindre la propriété aristocratique, la propriété de droit féodal, qui n'était qu'une usurpation sur la liberté, les personnes et la propriété des non privilégiés.

Le principe proclamé alors par la Constituante fut le même qui servit à punir l'émigration armée contre le sol; c'est celui qu'on retrouve en proportion réduite dans la dernière loi d'expropriation pour cause d'utilité publique. Mais la justice, qui a d'éternelles lois, ne veut pas que la nation dans sa souveraineté, même la plus illimitée, puisse commettre un acte injuste, et ce serait un acte injuste que d'exproprier un citoyen, hors le cas d'émigration armée, sans indemnité préalable. La nation, dûment représentée, a un droit illimité de propriété sur toute l'étendue du sol; mais ce droit est soumis à une condition préalable, l'indemnité due au propriétaire dépossédé de la propriété. Voilà les bases actuelles de la propriété constituée, bases trop larges pour ne pas suffire à la plus vaste carrière de progrès social, bases trop équitables pour pouvoir alarmer aucun intérêt légitime.

Tout ce que nous venons de dire de la propriété viagère s'applique à la propriété héréditaire. Il n'est pas d'école réformatrice qui ne doive être satisfaite de la précise définition du droit héréditaire de propriété, telle qu'on la trouve dans l'immortel testament de Mirabeau, le discours *sur l'égalité des partages dans les successions*, lu après sa mort à la Constituante par l'évêque d'Autun. Et, comme le principe de Mirabeau, savoir, *que l'État seul peut donner l'investiture à l'héritier et attacher des conditions à cette investiture*, est passé dans notre Code civil, sous ce rapport encore nous ne voyons pas ce qui arrêterait une représentation véritable du pays dans la fixation des conditions de l'investiture, suivant le progrès des temps et le succès des doctrines réformatrices dans les esprits.

Au reste, si la propriété s'est trouvée mêlée, depuis trois ans, à nos contestations politiques, ce n'est pas par les attaques des républicains de 1830, mais bien par l'effet du système qui a été suivi depuis ce que l'on est convenu d'appeler le rétablissement de l'ordre, c'est-à-dire depuis l'usurpation du 18 brumaire. C'est alors, en effet, qu'on a irrévocablement renoncé à égaliser les charges publiques entre toutes les classes de citoyens, pour accepter comme un fait, comme une nécessité indestructible, les inégalités existantes, et asseoir l'impôt en conséquence. Les idées de réforme et de perfectionnement social ayant fait place alors à l'esprit soi-disant pratique et gouvernemental, on a cru voir les choses telles qu'elles étaient en consacrant le partage de la nation en classes destinées à jouir des avantages de la civilisation et en classes dévouées à n'en connaître que les misères. On a dit : Les gens riches et aisés sont avec nous, et doivent être ménagés par l'impôt ; les classes qui vivent du travail à la journée sont contre nous, et doivent être impitoyablement atteintes dans le nécessaire pour être arrachées à l'activité et au goût de la vie publique. Dans le même temps on songeait à refaire des dynasties, des princes, des aristocraties : il fallait rendre à tout cela l'entourage d'un peuple grossier et misérable, d'un peuple serf, non plus de la glèbe, mais des droits-réunis, et il est digne de remarque que cette création des droits-réunis et l'établissement impérial sont deux inventions de la même année, conçues dans le même esprit : cela va sans dire.

C'est ici la séparation définitive de l'impôt en deux branches : l'une directe, atteignant modérément la richesse et l'aisance; l'autre indirecte et destinée à pressurer ce que l'on n'appelle plus le peuple, mais la multitude. La Constituante était partie du principe opposé : faire porter à la richesse et à l'aisance la plus grande part possible de la charge commune, et ménager le nécessaire du travailleur à la journée. Mais, depuis 1804 jusqu'en 1815, l'impôt établi dans la donnée aristocratique n'admet de dégrèvement qu'en faveur de la propriété, de la richesse mobilière et de l'industrie patentée. Tout ce qui est travail à la journée est au contraire accablé de plus en plus par l'impôt de consommation. Les financiers de l'Empire ont admis en principe que la puissance contributive du pays est dans les sueurs de la masse ouvrière, comme la force militaire est dans le sang du peuple conscrit, prodigué sur les champs de bataille pour des intérêts trop souvent dynastiques. L'homme qui transporte d'un bout de l'Europe à l'autre des armées de cinq cent mille hommes, en disant que la victoire est aux gros bataillons, justifie à ses propres yeux l'extension continuelle de l'impôt de consommation, en disant que la richesse de l'Empire est dans le travail forcé du grand nombre, et non point dans l'aisance de la minorité; que c'est pure niaiserie de vouloir donner à ce peuple des idées qui lui feraient trouver sa condition plus dure, et qu'après tout, les rangs de l'armée sont une carrière ouverte à l'élite de la démocratie. Vous savez combien de haines ce système inhumain avait soulevées contre l'Empire, et combien la Restauration profita de la popularité de ce cri : « Plus de droits-réunis ! »

Sous la Restauration nous avons vu cependant se continuer et se perfectionner la même politique, parce que la société était représentée aristocratiquement. Au-dessus d'une certaine ligne qui sépare l'état de gêne de l'aisance, on voyait les contribuables armés de droits politiques et disputant au gouvernement l'influence législative. Au-dessous de cette ligne, on ne voyait plus des hommes ni des citoyens, mais un je ne sais quoi de brut, d'agissant et d'insensible, appelé la matière contributive, matière première sur laquelle le génie de l'agiotage opère ses miracles. Aussi, qu'ont produit toutes les investigations financières de 1815 à 1830, tant dans les chambres que dans les conseils généraux ? Les divers impôts directs ont été étudiés dans tous leurs rapports avec la population riche, aisée, moyenne et représentée, qu'ils atteignent, et d'année en année des dégrèvements constants ont rendu ces impôts plus supportables à la classe moyenne. On a constamment réduit l'impôt foncier, et les riches seuls ont profité de cette réduction, car cet impôt n'est pas proportionnel : il est arbitrairement réparti, et, sur les dix millions de propriétaires fonciers, il y en a neuf et demi qui n'ont jamais eu voix dans les petites représentations locales appelées à répartir les charges et les dégrèvements. Quant aux diverses branches de l'impôt indirect, on les a étudiées aussi ; mais, comme *la matière contributive* atteinte par l'impôt indirect n'était pas représentée dans le corps législatif, toutes les études ont eu pour effet, non d'adoucir la rigueur de l'impôt de consommation pour ceux qui l'acquittent par un prélèvement fait sur l'appétit, la soif et le repos de chaque jour, mais de rendre, au contraire, la mine plus productive.

Et voyez l'admirable raisonnement! Si le progrès de la population amenait chaque année une plus-value de l'impôt indirect, cette plus-value ne signifiait pas pour les financiers de la Restauration qu'un plus grand nombre de malheureux fussent nés et eussent subi la capitation ; cela voulait dire que le peuple s'était enrichi, puisqu'il avait payé au delà des prévisions de l'année. Or ce surplus, qu'en faisait-on ? On l'appliquait, comme une sorte d'offrande volontaire de la démocratie, au dégrèvement des impôts de la classe moyenne. Quelque profitable que ce système ait été à la classe moyenne, nous ne le lui reprochons pas ; elle était représentée, elle a usé de ses droits politiques pour améliorer sa propre position ;

elle ne s'est pas crue la tutrice obligée des classes moins éclairées qu'elle ; elle a accepté un bien-être fondé sur la misère du plus grand nombre : cela n'est malheureusement que trop naturel ; mais c'est pour que la classe inférieure puisse aussi faire elle-même ses propres affaires que nous demandons pour elle des droits politiques. Ainsi donc, ce n'est pas le peuple qui, jusqu'en 1830, a profité du perfectionnement des méthodes d'administration, de perception, de comptabilité ; ce n'est pas pour lui qu'on a étudié les effets de l'impôt bien ou mal assis. La cause seule du contribuable représenté a été plaidée, et sa situation seule est aujourd'hui bien connue. L'homme du peuple n'a jamais été considéré, depuis 1814, comme individualité contributive, mais comme partie insensible d'un grand tout appelé la multitude, et qui doit périr, s'il le faut, pour réaliser certaines combinaisons du génie financier, comme la multitude, dans une armée, doit se faire tuer pour accomplir les conceptions du génie de la guerre.

Ne semble-t-il pas enfin que, depuis dix-huit ans, on ait fait une loi au parti révolutionnaire d'attaquer la propriété dans plusieurs de ses conditions, quand on a voulu se défendre par la propriété contre le progrès bien inoffensif assurément des idées libérales ? N'a-t-on pas essayé de mettre les principes de la révolution à jamais hors des affaires, en élevant contre eux le cens de 1,000 francs, le double vote, les majorats, le droit d'aînesse, l'hérédité législative, l'indemnité de l'émigration ? Il a bien fallu riposter aux efforts que faisait la Restauration pour rétablir l'immobilité de la propriété ; on a dû opposer aux idées contre-révolutionnaires de concentration et d'inégalité les idées révolutionnaires de divisibilité et d'égalisation.

Dans l'ordre financier comme dans l'ordre politique, la Restauration ne s'est-elle pas donné pour auxiliaires les égoïsmes de grande et de moyenne propriété ? N'a-t-elle pas, comme nous venons de le dire, constamment dégrevé l'impôt foncier pour ajouter à la charge toujours croissante de l'impôt indi-

rect, ce bât jeté sur le dos du peuple par les financiers impé-
riaux, à une époque où le peuple passait pour avoir donné
sa démission et s'être résigné à son ancienne condition de
gent corvéable, taillable à merci et miséricorde ? Le peuple a
montré en juillet comment il savait jeter son bât. Il a reconquis ses droits à l'importance individuelle comme contribuable et comme citoyen, et si, depuis, il s'est réuni en associations et s'est avisé d'examiner les titres de ses oppresseurs ;
s'il n'a pas mis dans cet examen toute la sagesse, toute la modération, toute la science possible ; c'est un peu la faute de
ceux qui, après lui avoir refusé l'éducation, l'ont provoqué
en Juillet à se donner ce qu'ils appellent un gouvernement
de son choix : mot de déception, mais qui proclame un droit
dont nous saurons faire une réalité.

Pour nous résumer, le manifeste de la Société des Droits de
l'Homme, comme produit du sentiment populaire qui cherche
à s'initier par l'étude et la discussion à l'exercice éclairé du
droit de suffrage, méritait, au plus degré, l'accueil et l'attention des défenseurs du droit de discussion. Il aurait pu servir
de texte à des considérations beaucoup plus étendues. Si nous
nous sommes appesantis sur quelques-unes des questions qu'il
soulève, nous en avons négligé beaucoup d'autres. Notre objet
était d'insister sur les points par lesquels toutes les opinions
républicaines se touchent, et de montrer aussi en quoi la publication du comité de la Société des Droits de l'Homme ne
saurait passer pour l'expression commune et générale du sentiment républicain.

Vous avez vu qu'au fond il n'y a pas un vœu populaire exprimé par le Manifeste de la Société des Droits de l'Homme
qui ne se rencontre avec nos propres inspirations, et, nous
nous plaisons à le dire, avec celles de la majorité éclairée du
pays. Nous vous avons montré, dans le Manifeste des Droits
de l'Homme, un produit spontané des traditions et des sentiments qui vivent dans la démocratie parisienne. Nous avons

dit pourquoi, depuis 89, cette partie de la population semblait plus intéressée à la réforme sociale qu'aux réformes
politiques, et celles-ci pourtant sont le seul moyen logique,
régulier, sûr et légitime, de décider les améliorations sociales.
Nous vous avons dit pourquoi, dans ses défiances malheu-
sement trop justifiées contre les idées de constitutionalisme,
l'Association des Droits de l'Homme était allée chercher son
modèle d'ordre et de réforme sociale dans les souvenirs et
les travaux d'une époque où toutes ces questions ont été abor-
dées avec la hardiesse que commandait l'état de crise. Nous
avons cru comprendre pourquoi les écrits de Robespierre
avaient obtenu, sur les plus anciens fondateurs de l'Association, plus de crédit qu'aucune autre conception du même
temps. Nous nous sommes efforcés d'établir que la déclaration
de Robespierre ne répondait pas au sentiment que nous ai-
mons à croire le plus généralement dominant dans cette Société : le respect de la souveraineté nationale, la haine de toute
usurpation qui prétendrait décider par la minorité ce que la
majorité seule a le droit de résoudre.

Après avoir établi que la réforme proposée par Robespierre
ne pouvait s'accomplir que dictatorialement et contre l'esprit
de notre société et de notre civilisation nationale, nous n'a-
vons pas voulu qu'on pût accuser nos concitoyens du comité
des Droits de l'Homme d'avoir voulu ressusciter, en adoptant
le nom de Robespierre, une menace terroriste contre les opinions qui nous combattent, et nous avons été conduits à
établir, par les dates et par les faits, que les idées de réforme développées par le Manifeste ne sont nullement liées,
théoriquement du moins, au système de la terreur, et que
ce serait bien gratuitement, de gaieté de cœur, qu'on atti-
rerait à soi l'odieux qui appartient à d'autres intérêts et d'autres temps.

Répondant à ceux qui voudraient voir dans le nom de Robespierre la condamnation des vérités morales et des vues philanthropiques professées par cet homme à quelques égards

inexplicable, nous avons rappelé que les doctrines qu'on voudrait personnifier dans Robespierre pouvaient trouver, dans quelques-uns des philosophes du dix-huitième siècle et des réformateurs de 1789, des autorités plus rassurantes pour notre temps, et que toute la différence entre la philanthropie de 89 et celle de 95, c'est que la première avait spéculé avec calme, loin de faits effrayants avec lesquels la seconde s'était trouvée fatalement aux prises. Qu'on renoue d'ailleurs la chaîne des temps aux hommes de l'une ou de l'autre époque, c'est, nous l'avons dit, le même but, le même vœu, la même fin : la répartition plus égale de la propriété, le triomphe plus complet du principe d'égalité politique, la régénération morale du riche et du pauvre ; la réforme sociale pour but, et la réforme politique pour moyen.

Ces beaux résultats, dignes d'occuper tout votre dévouement, toutes vos méditations, toute votre activité, nous avons cru que le gouvernement représentatif vrai, fondé sur le suffrage de tous, devait les assurer désormais rapidement, parce que le peuple est en masse plus intelligent qu'il y a quarante ans, et peut soutenir dans les voies électorales la concurrence des classes riches ; la propriété, même dans sa constitution actuelle, ne pouvant faire obstacle à aucun changement déclaré praticable et reconnu bon par la majorité.

Nous désirons que, de cet examen sincère des doctrines du Manifeste et de notre franche déclaration des principes qui chez nous en diffèrent, résulte pour nos amis et pour nos ennemis la preuve que la discussion rapproche les divers éléments du parti républicain, loin de leur révéler ces incompatibilités sur lesquelles spéculent les derniers partisans de la dernière des monarchies connues et du dernier monopole possible.

Les divergences d'opinion sur les points délicats d'économie politi-que traités dans ce remarquable rapport, qui le séparaient dès lors de cette portion de son parti, d'où, depuis, est sortie l'école socialiste, fai-saient le tourment de Carrel, et lui semblaient une grave complica-tion dans l'œuvre commune à poursuivre, quelque effort qu'il fit pour se la dissimuler à lui-même. Nous trouvons dans l'article sur Carrel des *Causeries du lundi* de M. Sainte-Beuve un passage qui jette quelque jour sur les perplexités de son esprit, et, on peut le dire, de son cœur en cette délicate matière.

« Durant les années 1831-1852, dit M. Sainte-Beuve, Carrel s'était fait une belle existence, et la première dans la presse de l'opposition ; il jouissait à cet égard par le talent, par le succès dans l'opinion, par l'ascendant marqué qu'il prenait chaque jour, et par la contradiction même qui allait à sa nature amie de la lutte. Les procès qui avaient été suscités au journal et que lui avait attirés plus d'une audace provo-quante, avaient tourné heureusement ; et devant le jury, Carrel, se possédant et se modérant au besoin, obtenait des acquittements qui embarrassaient fort ses adversaires. Il s'est peint lui-même au vrai dans une lettre familière de ce temps, et qu'il écrivait à un de ses plus anciens amis, M. Gauja, alors préfet de l'Ariége. Ce dernier, en lui envoyant une marque de souvenir, avait touché quelques mots de cette modération que Carrel avait montrée devant le jury, et avait semblé par là désirer qu'il l'observât encore ailleurs :

« Ai-je tort, ai-je raison ? lui écrivait Carrel (17 avril 1832). Comme toute ma vie, j'obéis à mes passions et me livre du meilleur cœur du monde à tout ce qu'on en peut penser. Mais vous êtes certainement le seul préfet de France pour qui je ne sois pas un homme à pendre. C'est que vous connaissez le fond de l'homme mieux que personne. Nous avons vécu ensemble à cœur découvert. Il ne me serait pas plus facile de me faire à vous meilleur que je ne suis, qu'à un autre de vous persuader que je suis mauvais au delà de ce qu'en effet je puis l'être.

« J'ai été sensible surtout à l'impression qu'a faite sur vous, ma défense en cour d'assises. La modération, après tout, était ici chose de tact et de goût ; elle m'a bien servi ; et toutes fois que vous me verrez paraître en mon nom, ne craignez pas que j'exagère. Si j'étais député, je ne parlerais pas à la tribune comme j'écris dans un journal ; mais il faut écrire dans un journal autrement que lorsqu'on parle en public. Quand on fait de la politique dans un journal, c'est comme si l'on criait au milieu d'une foule ; l'individualité est absorbée, et les ménagements qui donnent un certain relief d'habileté à l'individu qui se présente et parle en son nom éteindraient sa voix quand il parle au nom de tous et parmi tous. Je ne sais pas si j'exprime bien ce que je veux dire. En deux mots je désirerais vous faire comprendre pourquoi le *National*, qui est en très-grande partie mon œuvre, n'a pas cette modération dans le ton et les formes, que vous avez louée dans ma défense.

« Je ne vous parle point politique, non que je craigne pour les lettres qui vous sont adressées les visites du cabinet noir, mais c'est que nous nous connaissons trop pour que j'aie quelque chose à vous apprendre sur mes sentiments ou quelque curiosité à montrer sur les vôtres. Vous avez pris des engagements, et les suivez en homme d'honneur ; moi, je n'ai pas pris d'engagements et ne m'en fais aucun mérite. Les choses ont tourné comme cela, et j'use de ma liberté jusqu'au caprice. Le fait est, et c'est là seulement ce qui vous intéressera, que je ne m'en trouve pas mal. Le *National* est une bonne situation et me permet une vie aussi large que celle que j'aurais pu me procurer en acceptant une fonction publique. J'ai joué gros jeu. J'ai risqué de compromettre une propriété assez considérable et qui n'était pas seulement mienne. J'ai gagné la partie, et désormais mon indépendance est assurée. Ce n'est pas la faim qui me fait crier ; au contraire, j'aurais peut-être quelque avantage à me modérer maintenant que le *National* a un public qui veut bien voir et penser par lui. »

« Voilà l'homme au naturel, et qui se déclare à nous à l'heure la plus favorable de cette situation de journaliste, où il n'était dans sa vocation qu'à demi.

« Cependant les difficultés allaient augmenter pour lui. Le gouvernement de Juillet, entré dans les voies de Casimir Périer, pouvait se ralentir de temps en temps, mais il ne devait plus reculer. Les conspirations de parti, les insurrections et les émeutes allaient provoquer des sévérités et des répressions dont Carrel, placé à l'avant-garde dans l'ordre de la presse, devait supporter le poids. Habile et prudent jusque dans ses colères, plus consommé qu'on ne le croirait dans l'art de se servir de la légalité et d'atteindre jusqu'à l'extrême limite sans l'outre-passer, il crut qu'il pourrait toujours gagner ses procès, et il se trompa. Pour couper court, je dirai qu'il y eut, selon moi, un moment décisif que Carrel manqua, et où il aurait dû comprendre que la partie, telle qu'il l'avait engagée et qu'il l'aurait voulu prolonger, était sans issue. Le 2 février 1833, il eut un duel avec M. Roux-Laborie au sujet de l'arrestation de la duchesse de Berry en Vendée, et des malheureux propos de presse qui s'en étaient suivis ; les deux adversaires, après une conduite des plus honorables, furent blessés. A cette occasion, Carrel, qu'on crut durant quelques jours dangereusement atteint, fut l'objet de témoignages publics unanimes, et de la part même du parti légitimiste adversaire, et de la part de tout ce qu'on appelait le juste-milieu (y compris le Palais-Royal), sans parler des opposants de toutes les nuances. Témoin de cette affluence publique qui dura plusieurs jours et qui ne se ralentit que lorsqu'on sut le blessé hors de danger, il m'a toujours semblé que Carrel, au lendemain de sa guérison, avait un autre rôle à prendre que celui de la veille, un rôle dans lequel il aurait tenu compte de l'importance même que les honnêtes gens de tout bord attachaient à sa conservation. Je ne dis pas qu'il se fût rallié, je ne dis pas qu'il eût désarmé ; et je sais que, lorsqu'on écrit chaque jour et au jour le jour, les ménagements et les moyens termes sont presque impossibles à tenir. Pourtant, s'il y a eu pour lui une heure où il put prendre acte d'un fait public pour ôter à son opposition ce qu'elle avait de trop personnel et de trop direct, de trop semblable à un duel continu, et pour lui donner une base sur laquelle il pût durer, ce fut ce jour-là. J'ai dit qu'il manqua l'occasion ; il n'interpréta point en ce sens public une démonstration générale si honorable pour lui ; il craignit de paraître déclamatoire, en datant hautement de ce point de départ nouveau dans sa reprise de plume au journal. Il fit donc un petit voyage pour se distraire et achever de se guérir, puis il rentra dans la polémique comme devant.

« Pour exprimer l'idée qu'il se faisait de son rôle dans la presse et la ligne originale de conduite qu'il aurait voulu se tracer à ce moment, je citerai encore un fragment d'une de ses lettres adressée à l'un de ses collaborateurs d'alors (M. Sainte-Beuve lui-même), qui avait parlé de lui dans la *Revue des Deux-Mondes :*

« Je vous sais, disait-il, un gré infini d'avoir deviné et si bien exprimé ma double prétention d'être un homme politique en dehors de la hiérarchie, malgré la hiérarchie, et un journaliste de quelque influence sans être homme de lettres, ni savant, ni historien breveté, ni quoi que ce soit qui tienne à quelque chose. Vous avez fait de moi une espèce de partisan politique et littéraire, faisant la guerre en conscience pour le compte de ses opinions qui se trouvent celles du grand nombre, sans prendre ni recevoir de mot d'ordre d'aucune autorité organisée ; ennemi du pouvoir, sans engagement avec l'opposition légale, ni même avec les affiliations populaires. Ce rôle est, en effet, celui que j'ai tâché de me faire, et je ne le croyais pas encore assez nettement dessiné pour qu'un autre que moi pût me l'attribuer. Je vous remercie sans façon aucune de m'avoir pris comme je m'efforce d'être [1]... » (Lettre du 25 février 1833.)

« Dans l'état des partis, poursuit M. Sainte-Beuve, ce rôle personnel et d'isolement armé n'était pas longtemps possible. Carrel, en effet, n'avait pas seulement à combattre le gouver-

---

[1] On retrouvera plus loin ce fragment, cité ici par M. de Sainte-Beuve, dans la lettre tout entière de Carrel, dont il a bien voulu nous laisser prendre copie pour ce volume. Nous avons cru devoir l'y conserver en son lieu pour laisser à l'ensemble de cette lettre son double caractère, et, pour ainsi parler, sa franche et austère familiarité et son harmonie.

nement qui était en face de lui, il avait à côté et en arrière à tenir tête aux ardents et aux brouillons, dont il disait : « Leurs qualités ne servent que dans les cas tout à fait extraordinaires;... leurs inconvénients sont de tous les jours. » Complétement étranger (est-il besoin de le dire?) à tous les genres d'attentats, étranger même aux insurrections, ne les apprenant guère qu'en même temps que le public, il se trouvait traité comme complice, impliqué dans les suites; et, en témoignant chaque fois son indignation de ce qu'il appelait un outrage, il ne faisait rien pour se mettre hors de cause dans l'avenir. Le lendemain de chaque défaite du parti, il se croyait obligé, par point d'honneur, de venir ramasser les blessés et de couvrir la retraite des violents. Mais lui, tant qu'il le pouvait, il était pour la politique de discussion, pour la politique civilisée; il tendait à y revenir dès qu'il y avait jour, et, dans une lettre écrite dans l'intimité à l'un de ses collaborateurs et correspondants qui était alors en Angleterre (M. Adolphe Thibaudeau), il disait en 1835 :

« Je vous fais mon compliment bien sincère sur vos dernières lettres ; elles sont beaucoup plus remarquables que celles que vous écriviez il y a bientôt deux ans. On voit que vous avez depuis lors beaucoup écrit et beaucoup étudié. Ce que vous nous envoyez est moins révolutionnaire et bien plus politique. Vous êtes dans la route que suivront, je l'espère, tous les bons esprits. Le temps de la politique brutale est passé, avec les défaites de la force brutale qui nous a plus ou moins poussés en 1831 et 1832, et à laquelle nous avons payé tribut *par esprit de chevalerie*. Je sens plus que personne que, depuis le licenciement de la force brutale, notre politique n'a plus l'importance qu'elle avait lorsqu'elle n'exprimait que l'emportement, les passions et l'audace du parti ; nous dépendons encore du procès d'avril ; quand il sera terminé, nous aurons un système de guerre tout nouveau à suivre... »

« Mais l'attentat de Fieschi éclatait quelques mois après; les lois de septembre s'ensuivaient, et la nouvelle ligne de politique projetée par Carrel s'ajournait indéfiniment.

« *L'esprit de chevalerie*, n'oubliez jamais ce mot-là en ju-

geant l'homme, ç'a été le principe de son erreur. Il disait, en
riant, du spirituel M. Fiévée, ce vieux royaliste et clichien,
devenu son collaborateur républicain, et un collaborateur des
plus actifs et des plus fervents : « Il a un avantage sur nous,
il n'a jamais peur d'être plat. » Lui, Carrel, il péchait par
l'excès contraire, il avait toujours peur de ne pas être assez
brave, assez valeureux, assez fidèle à des engagements même
qu'il n'avait pas pris. La dernière fois que je le vis, c'était en
1834 ; après avoir touché quelques-uns des inconvénients
croissants de sa situation, avoir exprimé son regret de ne pouvoir revenir aux grandes études d'histoire, il ajouta ces seuls
mots : « Vous êtes bien heureux, vous ! Vous n'êtes pas engagé. »

« Il dut souffrir beaucoup dans les trois dernières années
de sa vie. Il ne partageait point les idées des diverses fractions
socialistes du parti républicain, et il se voyait obligé de
compter avec ces idées qu'il appréciait si sévèrement... »

Nous n'insisterons pas plus longtemps sur ces difficultés politiques qui
troublaient si cruellement Carrel dans sa foi, et dont il cherchait avec
courage et sincérité la solution pacifique. Mais il fallait constater le
désaccord, pour montrer tout Carrel. C'était là, après tout, un noble
tourment, et nous sommes heureux de pouvoir publier ici deux lettres
inédites de lui, que nous devons à une bienveillante communication
de M. Sainte-Beuve, où cette honorable préoccupation est accusée,
dans la première par un mot jeté en passant, et dans la seconde, vers
la fin, d'une manière plus vive.

PREMIÈRE LETTRE [1].

N'est-il pas bien téméraire à moi, mon cher Sainte-Beuve,
d'aller vous prendre là où vous êtes pour vous parler de poli-

[1] Sans date ; mais écrite quelques jours après sa blessure dans son duel
avec M. Roux-Laborie.

tique, et vous demander, en faveur du *National*, quelques parcelles d'un temps que vous employez bien mieux, je n'en doute pas, en travaux de votre choix. Obligé de faire une absence, j'ai besoin de compter qu'indulgent à ma prière, vous n'abandonnerez pas tout à fait notre camarade C..., qui, dans sa défiance de lui-même, a besoin d'être assisté. Je vous recommande aussi ces opinions qui sont les vôtres, et qui, plus que jamais, ont besoin d'être soutenues contre les exigences les plus opposées. Je ne vais pas seulement me promener, je vais réfléchir à tout cela, et j'espère que mes méditations errantes ne seront pas sans profit pour moi.

Permettez-moi de compter sur vous, mon cher Sainte-Beuve, et de me dire votre ami.

A. CARREL.

P. S. Le président Jackson vient de nous faire un bien beau message, qui mériterait bien de vous quelques phrases colorées et profondes, mais je n'ose vous presser.

DEUXIÈME LETTRE.

Lundi, 25 février 1833.

Je ne saurais trop vous remercier, mon cher Sainte-Beuve, des excellentes choses que vous nous donnez. Votre grand article sur Jefferson est digne du premier. Ce sont deux morceaux achevés. J'y ai retrouvé toutes les impressions qu'avait fait naître en moi la lecture des *Mélanges* de notre grand philosophe pratique, et certainement je n'aurais pas été assez heureux pour pouvoir rendre ces impressions dans un langage coloré et exact comme le vôtre. J'espère que vous n'en resterez pas là, et que vous me tiendrez parole au moins pour un article sur l'Irlande, et pour un sur Béranger, qui compte sur vous.

J'avais reçu, la dernière fois que je vous ai vu, le numéro

de la *Revue des Deux Mondes* [1], dans lequel vous m'avez consacré deux très-belles et beaucoup trop belles pages, mais je n'avais pas encore lu ce morceau, dont la bienveillance m'a confondu, et que j'ai su depuis devoir à votre indulgente amitié, ce que j'aurais pu soupçonner à la lecture. Je n'ose pas me croire digne de tout ce que vous avez bien voulu dire de moi ; mais s'il est des éloges que j'aimerais surtout à mériter, ce seraient certainement ceux-là. Je vous sais un gré infini d'avoir deviné et si bien exprimé ma double prétention d'être un homme politique en dehors de la hiérarchie, malgré la hiérarchie, et un journaliste de quelque influence sans être homme de lettres, ni savant, ni historien breveté, ni quoi que ce soit qui tienne à quelque chose. Vous avez fait de moi une espèce de partisan politique et littéraire, faisant la guerre en conscience pour le compte de ses opinions, qui se trouvent celles du grand nombre, sans prendre ni recevoir de mot d'ordre d'aucune autorité organisée ; ennemi de pouvoir, sans engagements avec l'opposition légale, ni même avec les affiliations populaires. Ce rôle est, en effet, celui que j'ai tâché de me faire, et je ne le croyais pas encore assez nettement dessiné pour qu'un autre que moi pût me l'attribuer. Je vous remercie, sans façon aucune, de m'avoir pris comme je m'efforce d'être, et il me reste à mériter ce que vous avez ajouté d'excessivement bienveillant à ces quelques traits dont j'accepte, comme vous voyez, avec une vanité très-rare, l'intention ressemblante.

Il me semble, mon cher Sainte-Beuve, à lire vos articles si distingués sur Jefferson, que nous nous entendons on ne peut mieux, et que votre cause est absolument la mienne. J'oserai donc vous dire que, dans l'état d'abandon où est cette cause, vous lui devez un peu de votre temps, de votre talent et de vos études. Lisez, dans le supplément du *National* d'aujourd'hui, le discours prononcé par un membre de la Société des Amis

[1] Du 15 février 1833.

du Peuple [1]. Je ne sais où nous mèneraient de pareilles idées si nous ne nous livrions nous-mêmes, pendant qu'il en est temps, à la recherche de vérités un peu plus praticables. Il faut donc que nous nous entendions pour préparer cet avenir dont la responsabilité pèse déjà sur nous.

Adieu et tout à vous.

A. CARREL.

[1] M. Desjardins, sur l'impôt progressif.

APPENDICE.

DUEL ET MORT DE CARREL.

Extrait du *National* du 26 juillet 1856.

25 juillet 1836.

L'explication directe qui avait eu lieu entre M. Carrel et
M. de Girardin ne laissait malheureusement rien à faire aux
témoins de M. Carrel pour amener une conciliation. Arrivé sur
le terrain, M. Carrel s'avança vers M. de Girardin, et lui dit:

— Eh bien! monsieur, vous m'avez menacé d'une biographie; la chance des armes peut tourner contre moi; cette biographie, vous la ferez alors, monsieur; mais, dans ma vie
privée et dans ma vie politique, si vous la faites loyalement,
vous ne trouverez rien qui ne soit honorable, n'est-ce pas,
monsieur?

— Oui, monsieur, répondit M. de Girardin.

Il avait été décidé par les témoins que les combattants seraient placés à quarante pas, et qu'ils pourraient faire dix
pas chacun. M. Carrel franchit la distance d'un pas ferme et
rapide. Parvenu à sa limite et levant son pistolet, il tira sur
M. de Girardin, qui n'avait encore fait que trois pas environ
en ajustant. La détonation des deux armes fut presque si-
multanée; cependant M. Carrel avait tiré le premier. M. de
Girardin s'écria : « Je suis touché à la cuisse! » et fit feu.

« Et moi à l'aine ! » dit M. Carrel, après avoir essuyé le feu de son adversaire. Il eut encore la force d'aller s'asseoir sur un tertre, au bord de l'allée. Ses témoins et son ami, le docteur Marx, coururent à lui ; M. Persat fondait en larmes.

— Ne pleurez pas, mon bon Persat, lui dit M. Carrel ; voilà une balle qui vous acquitte, faisant allusion au procès du *National*, qui devait avoir lieu le lendemain.

Après lui avoir donné les premiers soins, ses amis le prirent dans leurs bras pour le porter à saint-Mandé, chez M. Peyra, son camarade de l'École-Militaire. En passant auprès de M. de Girardin, M. Carrel voulut s'arrêter :

— Souffrez-vous, monsieur de Girardin ?

— Je désire que vous ne souffriez pas plus que moi.

— Adieu, monsieur ; je ne vous en veux pas.

Près de la porte du bois, on rencontra un vieux militaire. M. Carrel lui dit :

— Vous avez servi : avez-vous été quelquefois blessé au ventre ?

— Non, monsieur, seulement au bras et à la jambe ; mais j'ai vu plusieurs camarades blessés au ventre qui en sont revenus.

— Triste blessure que celle-là !

M. Peyra accourait au-devant de son ancien camarade.

— Ah ! voilà Peyra ! Vous le voyez, les vieux amis se rencontrent toujours, même quand ils ont suivi des lignes différentes. Maintenant que je connais votre maison, j'y reviendrai.

On se disposait à le porter dans la chambre de M. Peyra ; mais il voulut monter l'escalier, soutenu par ses amis.

M. Carrel, placé sur le lit, était calme, quoiqu'il commençât déjà à beaucoup souffrir dans l'abdomen, dans les épaules, et surtout dans l'épaule droite ; il avait l'esprit aussi tranquille et aussi présent que s'il se fût étendu uniquement pour se reposer sur ce lit d'où il ne devait plus se relever. Ce n'est pas qu'il se fît illusion sur la gravité de sa blessure ; car, dès ce moment, il demanda qu'on le transportât directement au cimetière, sans le présenter à l'église. « Point de prêtre, point d'église! » Telle fut sa recommandation brève et absolue. Peu de temps après, songeant à la cause de son combat et de sa blessure, il dit : « Le porte-drapeau du régiment est toujours le plus exposé; du reste, j'ai fait mon devoir! »

Lorsqu'on se fut assuré que la vessie n'était pas atteinte, on lui fit remarquer cette circonstance favorable. « Oui, dit-il, c'est la péritonite que j'ai à craindre. »

Toute la première journée se passa ainsi, sans qu'aucun accident se fût développé encore, mais dans une vive anxiété sur ceux qu'on avait tout lieu de craindre. La nuit fut agitée, sans sommeil, et très-douloureuse; cependant, dans la matinée, le pouls avait encore sa force, et le nombre des pulsations s'élevait à peine à quatre-vingts. Mais, vers onze heures du matin, l'aspect changea tout à coup : un léger froid aux pieds se fit sentir; le pouls s'accéléra. A midi, le nombre des battements était de plus de cent; à une heure, de cent vingt; à trois heures, de cent trente. En même temps que le pouls s'accélérait ainsi, il devenait faible et petit; le ventre était douloureux dans toute son étendue. Cependant on pouvait le presser vers le flanc gauche; mais cela était absolument impossible dans le flanc droit, où le plus léger attouchement causait une douleur intolérable. Au milieu du progrès rapide et irrésistible des accidents, on eut recours trois fois en quelques heures à la saignée.

Vers la fin de cette journée si cruelle, M. Carrel eut de courts assoupissements de quelques minutes, et, en sortant, il prononçait quelques paroles sans suite; mais il s'en apercevait aussitôt, et, voulant caractériser cette rêvasserie, il disait: *Velut ægri somnia.*

A onze heures du soir, le mal redoubla de violence. Un frisson très-fort s'empara du malade, et les vomissements commencèrent; le pouls ne tarda pas à s'effacer complétement, et alors vint l'agonie.

Vers trois heures, la tête de M. Carrel commença à s'embarrasser. Sa voix, sans cesser d'être ferme et nette, prit une intonation plus grave, plus creuse, plus sourde ; sa vue s'affaiblit, et bientôt disparut entièrement. Il n'eut pas conscience de ce dernier accident. Il se persuadait qu'il était dans l'obscurité, et, plusieurs fois, il demanda instamment qu'on apportât de la lumière pour pouvoir reconnaître les amis qui entouraient son lit et qu'il appelait successivement, en ajoutant presque toujours quelques mots d'affectueuse bonté sur les qualités par lesquelles chacun d'eux semblait être distingué dans son souvenir et son amitié. Ses deux bras, jetés en dehors du lit, cherchaient sans cesse à saisir la main de ceux qui étaient les plus rapprochés, et, dès que l'un était forcé de s'éloigner ou pour cacher l'explosion de son émotion ou pour quelque soin, on le voyait promener avec vivacité son bras autour de lui, jusqu'à ce qu'il pût saisir une autre main.

Le délire dans lequel il est tombé, à dater de ce moment, fut un spectacle dont aucune parole ne peut rendre la douloureuse angoisse. Ses amis, rassemblés autour de son lit, à ce moment suprême, recueillaient avidement les derniers éclairs de cette grande âme ; les uns, le visage inondé de larmes, étouffant à peine leurs sanglots ; les autres, imposant silence à leurs émotions ; tous, attentifs à ses moindres gestes et à ses paroles. Cette scène était d'une lugubre et saisissante solennité, c'était la lutte d'une intelligence saine et robuste contre l'affaiblissement produit par la maladie et le traitement ; il résistait au désordre de ses idées, qu'il sentait tristement et contre lequel s'indignait sa puissante volonté. Plusieurs fois, après avoir parlé longtemps avec force et dans le langage élevé dont il s'est toujours servi jusque dans les plus violents accès de souffrance, mais sur des sujets sans analogie avec sa situation, et qu'il sentait lui-même être hors de propos, il s'est écrié : « Ces malheureux médecins m'ont ôté tant de sang que j'en perds la raison ! »

Son délire eut d'ailleurs jusqu'au dernier moment le même

caractère : il n'y avait, ni dans ses idées, ni dans ses paroles, aucune incohérence ; seulement sa pensée était devenue mobile et se portait rapidement sur des objets sans rapport avec sa situation ; mais il les saisissait avec une netteté parfaite et les traitait complétement, sans s'égarer, avec ce style simple, énergique et coloré qui caractérisait son talent. Tout ce qu'il a dit dans ces derniers moments ressemblait à des fragments de dictée sur des sujets de politique, d'histoire ou de polémique ; fragments sans liaison entre eux, mais qui, pris séparément, offraient un sens complet et renfermaient souvent des traits admirables ; il n'était pas interrompu par le désordre de sa tête, mais seulement par les accès de la souffrance atroce qui s'acharnait à la prompte destruction de cette puissante organisation.

C'était au milieu de ces accès qu'il demandait avec persistance, avec angoisse, mais toujours avec une douceur déchirante, un bain qu'il se figurait devoir calmer les douleurs dont il était torturé. Cette préoccupation, qui ne l'a pas quitté un instant et que quelques-uns de ses amis étaient tentés de regarder comme une précieuse inspiration de son lucide instinct, n'était qu'une suite de ses habitudes hygiéniques et de la confiance qu'il avait prise dans ce moyen calmant, comme Napoléon, comme d'autres hommes de pensée active et nerveuse.

Son imagination le transprotait presque continuellement en Espagne. Il fit d'abord, tout d'une haleine et sans s'interrompre, une magnifique description des faubourgs de Madrid, qu'il comparait aux faubourgs de Paris, marquant en quelques phrases colorées la différence de physionomie des deux capitales. Voici à peu près les paroles que ses amis peuvent se rappeler, en comparant religieusement tous leurs souvenirs, et sans insister sur l'exactitude des descriptions topographiques, que M. Carrel n'avait pu prendre que dans ses lectures, car il n'était jamais allé à Madrid :

« Les faubourgs de Madrid, habités en général par l'aristocratie espagnole, sont formés de palais splendides qui contrastent avec le cloaque de rues sales et étroites dont le centre de la ville est composé ; à Paris, le quartier splendide est au centre, le cloaque est aux extrémités. Comment le peuple le plus vif et le plus élégant de la terre peut-il se résigner à ces demeures ignobles et infectes? — Les Espagnols, malgré la différence des rangs, ont toujours respecté la dignité du peuple. C'est ce sentiment qui leur a fait faire de grandes choses. » Il se tut un instant et poursuivit : « Dans mon pays, on m'a fait porter toutes les haines qui s'attachent au parti et aux opinions dont je suis un des plus dévoués défenseurs; on s'est attaché à toutes mes actions pour les calomnier; on a torturé le sens de toutes mes paroles; on a pénétré jusque dans ma vie privée... on m'a poursuivi jusque dans les détours d'une légalité mensongère; on m'a acculé dans une impasse... La France peut-être se souviendra de moi... »

Un instant après, il se souvint d'un de ses anciens amis, le commandant Maillet, mort en Morée, il y a trois ans : « Le commandant Maillet, tué en duel d'un coup d'épée dans la poitrine... non dans l'œil... Il est mort sur le coup. » Il ajouta ces mots d'une voix fortement accentuée : « Maillet était un brave ! »

Dans un instant où il paraissait accablé ou assoupi, il prononça d'une voix indistincte les noms de Foy, de Manuel et de Benjamin Constant.

Comme il revenait à tout instant à l'idée de prendre un bain, chacun de ses amis cherchait à lui expliquer les causes pour lesquelles ce bain se faisait attendre : l'éloignement de tout établissement, l'heure où l'on était, la difficulté des préparatifs et du transport. Il échappa à l'un deux quelques raisons qui lui semblèrent alléguées seulement pour le tranquilliser; il en parut blessé et se plaignit avec douceur, mais avec un accent profondément douloureux, d'être pris pour un enfant. Il appela avec vivacité M. Dumont, puis M. Ambert et M. Persat, les priant de ne pas le quitter et de lui parler sérieusement, se plaignant à eux de ses souffrances et du retard qu'on apportait à les soulager par un bain, qui, disait-il, l'aurait sauvé si on eût cédé assez tôt à ses instances. Dix minutes avant sa mort, il indiquait encore dans le plus grand détail les précautions à prendre pour la préparation de ce bain. Cédant à une volonté si persistante, à la satisfaction de laquelle les médecins ne voyaient plus d'ailleurs aucun inconvénient, on fit apporter un bain.

M. Carrel était depuis plus d'un quart d'heure dans un état d'immobilité et de silence, et son dernier moment semblait arrivé, quand un de ses amis lui dit que le bain était venu ; il s'écria : « Voilà le bain ! allons ! » Il rejeta vivement les couvertures du lit, et se leva sur son séant d'un seul bond.

Ses amis eurent de la peine à obtenir qu'il attendît que le bain fût complet. Comme ils le retenaient, il s'écriait : « Allons ! allons ! » Enfin il fut placé dans le bain ; mais il y était à peine entré, que survint une suffocation. Replacé sur son lit, il sentit que la vie lui échappait ; il fit d'évidents efforts pour prononcer quelques paroles que ses lèvres articulaient sans produire aucun son : « France ! République ! Ami ! Liberté ! »

Après quelques convulsions légères de l'estomac et de la gorge, il expira.

OUVERTURE DU CORPS D'ARMAND CARREL, FAITE A SAINT-MANDÉ LE 25 JUILLET 1836, A CINQ HEURES DU MATIN, VINGT-QUATRE HEURES APRÈS LA MORT, SURVENUE QUARANTE-CINQ HEURES APRÈS L'ACCIDENT.

La figure est calme.

Les membres sont dans un état de roideur et de tension prononcées.

Le ventre est distendu, et la peau de ses parois est d'une couleur verdâtre.

La partie inférieure de la poitrine, du côté droit, offre la cicatrice du coup d'épée qu'Armand Carrel avait reçu le 2 février 1833.

A la partie inférieure et droite du ventre se trouve l'ouverture d'entrée de la balle, qui a passé obliquement à travers ses parois, à deux pouces au-dessus du pubis droit, à six lignes de la ligne médiane, en se dirigeant obliquement de droite à gauche, de dehors en dedans, et de haut en bas; aucune branche artérielle remarquable n'a été divisée.

A l'ouverture de l'abdomen, il s'est échappé une certaine quantité de gaz fétides avec un peu de sifflement, et il s'est écoulé un liquide mélangé de sang, de matières purulentes et de mucosités intestinales.

Le même liquide remplit l'excavation du petit bassin, colore toutes les circonvolutions intestinales, et se trouve de nouveau accumulé à la partie postérieure de l'hypocondre droit. La quantité du liquide épanché peut être évaluée de dix-huit à vingt onces.

Les circonvolutions intestinales sont réunies par une sécrétion albumineuse de formation récente.

On retrouve la balle libre au fond de l'excavation du petit bassin. Le projectile, cannelé par le canon du pistolet, est aplati par l'os contre lequel il a frappé.

Le grand épiploon présente une perforation d'environ quatre lignes de diamètre, située précisément au bord inférieur du côlon transverse, lequel, au niveau de cette perte de substance, offre lui-même une perforation de trois lignes de diamètre; par cette ouverture s'écoulent des mucosités renfermées dans l'intestin. Au niveau de cette lésion, l'épiploon présente des adhérences récentes avec les parties voisines, et se trouve soulevé par une collection purulente dans laquelle on aperçoit deux portions de linge provenant du caleçon. L'épiploon est lui-même enflammé et en suppuration dans une étendue de quatre à cinq pouces.

La branche principale de l'artère épiploïque qui contourne

le côlon est couverte par des caillots sanguins autour de cette ouverture.

Le péritoine qui tapisse l'excavation du bassin est perforé comme par les emporte-pièces, immédiatement au-dessus du trou sous-pubien gauche. Le pubis, au niveau de cette perforation, est dénudé dans l'étendue de trois à quatre lignes. Il est évident que c'est là le point où la balle s'est arrêtée pour retomber dans le petit bassin. Une quantité assez considérable de sang est infiltrée dans le tissu cellulaire sous-péritonéal de la moitié gauche de l'excavation du petit bassin.

On a retrouvé dans l'hypocondre droit, sur la poitrine, la cicatrice de l'ancien coup d'épée. On a retrouvé également dans cette région quelques adhérences anciennes sur le péritoine qui recouvre le foie; vers son bord libre se voit une petite étoile blanchâtre qui parait être le résultat de la cicatrice d'une plaie faite à cette membrane.

Les autres organes sont dans leur état normal.

D'après les symptômes qui ont suivi l'accident, et aussi d'après l'examen du cadavre et des lésions observées, les médecins soussignés déclarent que la mort a été produite : 1° par une inflammation suraiguë du péritoine, déterminée elle-même par la perforation de l'intestin ; 2° par l'épanchement des matières stercorales et muqueuses qui en a été la suite ; 3° par l'épanchement sanguin résultant de l'ouverture de l'artère épiploïque ; 4° enfin, par la présence des corps étrangers perdus dans la cavité de l'abdomen.

D'où ils concluent que la blessure d'Armand Carrel était nécessairement mortelle.

Saint-Mandé, 25 juillet 1836.

Jules CLOQUET, MARX, DUMONT, CAMPAIGNAC, SCOU-
TETTEN, THIERRY, GERVAIS (de Caen), BOUILLAUD,
SÉDILLOT, GOUBAUX, DELARANES, PIGNÉ, BARDINET,
RAGOU, CARDINAL.

Immédiatement après l'autopsie, le corps de Carrel a été
enseveli et mis dans le cercueil par ses amis.

Extrait du *National* de la même date.

« Le public avait été prévenu que les funérailles de M. Armand Carrel auraient lieu à Saint-Mandé, à quatre heures.
Dès trois heures, une foule innombrable couvrait toute l'avenue du Bel-Air, au point que les voitures ne pouvaient plus y
circuler. Un silence respectueux régnait dans toute cette foule,
mais surtout aux environs de la maison mortuaire. La mère
de M. Peyra étant malade au lit dans cette maison, et les sentiments de reconnaissance pour les soins touchants rendus à
M. Carrel par son ami, M. Peyra, ajoutaient aux motifs de
tristesse qui commandaient ce silence.

« A cinq heures le cortége s'est mis en marche. Les compositeurs du *National,* attachés à M. Carrel par sympathie
politique et par une juste admiration, ont voulu porter eux-
mêmes le cercueil jusqu'à sa dernière demeure. A la tête du
cortége, on distinguait le vénérable père de M. Carrel, soutenu
par un de ses fils. A côté de lui, marchaient M. Béranger, arrivé
de Fontainebleau pour rendre les derniers honneurs au jeune
et illustre écrivain, et M. de Chateaubriand, qui, dans la
même intention, avait retardé son voyage. Les députés de l'opposition présents à Paris : MM. Arago, Laffitte, Cormenin, Garnier-Pagès, Mathieu et Bousquet, ainsi que de nombreux représentants la presse de Paris, assistaient à cette triste cérémonie.
Ils étaient suivis d'un cortége qu'on peut évaluer à plus de dix
mille personnes. L'absence totale d'agents de la police et de
la force armée laissait à la cérémonie funéraire tout son caractère de simplicité, et rendait plus belle la démonstration
éminemment populaire qui s'est manifestée avec tant de spontanéité. M. le maire de Saint-Mandé et un de ses adjoints ont
suffi pour maintenir l'ordre le plus parfait par le respect dû à

leurs insignes d'officiers municipaux, et encore plus à leur
caractère personnel.

« Le cimetière de Saint-Mandé n'aurait pu contenir ce nombreux cortége, qui a dû s'arrêter. à l'entrée. C'est là qu'auprès
du cercueil de M. Carrel, et au milieu des assistants, qui
donnaient des signes de la plus vive émotion, les derniers
adieux ont été prononcés.

« M. Arnold Scheffer, lié avec M. Carrel d'une amitié qui
datait de seize années, s'est avancé le premier et a prononcé
le discours suivant :

« Messieurs, la tombe va se fermer sur Armand Carrel, que
« vous connaissez tous comme écrivain et comme homme pu-
« blic. Votre présence ici et votre douleur attestent que vous
« saviez apprécier son génie ; car l'étendue de jugement et de
« capacité portée aussi loin que chez Armand Carrel, c'est du
« génie. Mais, tous, vous ne l'avez pas connu dans la vie privée :
« c'est à ceux-là d'entre vous qu'il faut apprendre que M. Ar-
« mand Carrel était l'homme le plus généreux et le plus ai-
« mable. Jamais une infortune ne s'adressa inutilement à sa
« générosité, et il avait le don si rare de deviner quand un
« ami pouvait avoir besoin de lui. Il possédait une autre qua-
« lité, rare chez tous les hommes, mais principalement chez
« les hommes supérieurs, c'est qu'il pardonnait et oubliait
« les torts que ses amis pouvaient avoir envers lui pour ne se
« souvenir que des services qu'ils avaient pu lui rendre. Ces
« qualités du cœur nous attachaient à sa personne autant que
« sa supériorité intellectuelle. Oui, cher Carrel, ta mémoire
« nous sera à jamais présente ! Si l'histoire pouvait oublier ta
« courte mais brillante carrière comme homme public, au
« moins tu vivras dans le cœur de ceux qui t'ont connu. Que
« les nobles idées dont tu fus l'interprète triomphent, ou qu'el-
« les soient étouffées sous la violence des uns et la lâcheté des
« autres, nous te regretterons. et dans la prospérité et dans
« l'adversité, comme notre flambeau le plus sûr, comme notre
« garde la plus intelligente, et comme notre champion le plus

« courageux. Adieu, Carrel ; tes amis te pleureront : aucun
« plus que moi ! »

« M. Martin Maillefer a pris ensuite la parole en ces termes :

« La douleur publique et universelle qui environne cette
« tombe est le seul éloge digne d'Armand Carrel. Que pour-
« rait ajouter une bouche amie au tribut unanime d'admira-
« tion et de regret que ses adversaires mêmes offrent à la
« mémoire de cette éminente victime? Que signifie une voix
« de plus ou de moins dans un concert de millions de voix ?

« Et pourtant je sens qu'un devoir impérieux et triste me
« commande de saluer cette grande ombre au nom d'une
« classe particulière de patriotes et d'opprimés. Depuis plus
« de quinze ans, compagnon de Carrel dans toutes nos vicis-
« situdes de luttes et d'exil, de triomphe et de captivité, d'es-
« pérances et de désappointements, j'ose me croire des titres
« suffisants pour déposer au bord de cette fosse les doulou-
« reux hommages des proscrits de la Restauration, des com-
« battants de Juillet, de nos frères du Mont-Saint-Michel, de
« Clairvaux et de Doullens.

« Baune, Lagrange, Beaumont, Kersausie et tant d'autres
« ne me désavoueront pas, ô notre illustre ami ! Ils me remer-
« cieront d'avoir évoqué sur votre tombe le souvenir de leurs
« cachots. Qu'il me soit aussi permis de glorifier la mémoire
« de celui de tous les écrivains français qui a le plus honoré
« et agrandi l'épineuse mission du journaliste.

« Armand Carrel était du petit nombre de ces esprits d'élite
« qui savent se faire jour à travers tous les obstacles, et briller
« dans les carrières les plus diverses. Né vingt ou trente ans
« plus tôt, Carrel compterait parmi nos grands capitaines ou
« nos plus hautes illustrations parlementaires. Réduit à la
« simple action de la pensée, Carrel a fait de la plume une
« arme plus tranchante que l'épée, plus puissante que les fou-
« dres de la tribune. Il y a du génie napoléonien dans la ma-
« nière dont le rédacteur du *National* a conçu et pratiqué le
« journalisme.

« Pourquoi faut-il que cette carrière si belle, si audacieuse
« et si rapidement parvenue à une glorieuse maturité, ait été
« aussi courte que celle de Byron et d'autres grands hommes
« enlevés à la terre, suivant l'expression d'un ancien, par la
« jalousie du ciel !

« Adieu, Carrel ! adieu, homme bon, intrépide et su-
« blime !. Adieu, au nom de tout ce qu'il y a de plus saint
« dans ce monde : la liberté, le malheur et l'amitié ! »

« M. Thibaudeau, avec une émotion qui a été partagée par
tous les assistants, a prononcé les paroles suivantes :

« Il ne m'appartient pas de rendre au caractère politique
« de Carrel l'hommage qui lui est dû. Le plus bel éloge de ce
« noble caractère, c'est la douleur publique. Le nom de Car-
« rel vivra tant qu'il y aura en France quelque sentiment
« d'honneur, de courage, quelque amour de la liberté.

« C'était lui qui m'avait ouvert cette carrière politique où
« il me soutenait, me dirigeait, par ses conseils, par ses
« exemples, par son amitié. S'il y a eu en moi quelque chose
« de bon, de digne de lui. ce n'était qu'un reflet de son âme.
« Après lui, sans lui, je ne suis plus rien. Carrel !... mon
« ami !... »

« Ici la voix de M. Thibaudeau a été interrompue par ses
sanglots ; il a voulu se jeter sur le cercueil de son ami, mais
il a retrouvé encore quelque énergie pour s'écrier :

« Tu nous disais dans tes derniers adieux : « La France se
« souviendra de moi ! »

« Oui, vous ne l'oublierez pas ; vous vous souviendrez de
« ses exemples et de ses principes ; et, si ces principes n'ont
« pu triompher par son bras, ils triompheront par son sou-
« venir ! »

« MM. de Chateaubriand et Arago avaient laissé espérer aux
amis de M. Carrel qu'ils prendraient la parole ; mais la douleur dont les avait frappés la terrible catastrophe qui termine
prématurément une si belle et si grande carrière ne leur a pas
permis de répondre à cet espoir.

« Le cercueil a été repris, M. Béranger tenant un des coins
du drap mortuaire, dont les autres coins étaient portés par
MM. Persat et Ambert, et par M. Gardet, compositeur au *National*, qui avait été désigné par ses camarades pour les représenter.

« L'ordre le plus parfait a régné dans le cimetière, et c'est
au milieu des témoignages de la plus profonde douleur que
la dépouille de notre ami a été déposée dans la terre, qui jamais n'a reçu dans son sein des restes plus chers aux amis
de la liberté. »

« Une indisposition, jointe à la vive douleur qu'il éprouve,
a empêché M. Thibaudeau père d'assister aux funérailles de
M. Carrel, pour lequel il avait la plus vive affection. »

« Comme on ne voyait à la cérémonie d'aujourd'hui aucun
des parents du général La Fayette, on se doutait que tous
étaient absents de Paris. Une lettre, que nous recevons ce soir
d'un des membres de cette honorable famille, nous apprend
que cette conjecture était fondée, et que la première nouvelle
de la blessure de M. Carrel a causé à la Grange les mêmes inquiétudes et les mêmes sympathies que cette fatale nouvelle
a fait naître dans toute la France chez les amis de la liberté. »

Le *National* fait suivre ce récit des hommages accordés à la mémoire de Carrel par tous les organes de la presse : le *Temps*, le *Courrier français*, le *Siècle*, le *Messager*, le *Bon sens*, le *Corsaire*, l'*Impartial*, le *Journal du commerce*, la *Paix*, l'*Écho français*, la *Quotidienne*, la *Gazette de France*, le *Journal des Débats*.

Nous citons comme les plus caractéristiques les articles du *Bon sens*, du *Journal du commerce*, du *Temps*, de la *Quotidienne*, de la *Gazette de France* et du *Journal des Débats*.

BON SENS.

« Un vif sentiment de tout ce qui est grand, beau et honnête, une volonté ferme et digne, une âme haute, un mâle courage, un des plus nobles cœurs qui aient battu dans une poitrine de patriote, une pensée élevée, un talent nerveux, un coup d'œil rapide et sûr, poussant droit et de prime abord le dilemme au fond des questions sociales et politiques ; des convictions loyales et inébranlables, nées du pur et savant amour de la liberté et des droits du pays ; une main hardie, tenant à la fois le marteau qui démolit et le compas qui réédifie ; l'admirable puissance du tribun et du législateur réunie en un seul homme ; l'irrésistible attrait de toutes chaudes sympathies ; trente-cinq ans d'une grande et belle vie passés à rendre illustre, par l'honneur et la nationalité (seule illustration véritable), un nom d'homme du peuple... tout cela n'est plus à cette heure ! Tout cela ne vit plus que dans les souvenirs et l'admiration de l'amitié et de la reconnaissance du peuple, des amis et des adversaires politiques eux-mêmes ! Tout cela est mort ! tout cela a été tué !...

« C'est à nous surtout qu'il appartient de pleurer éternellement la mort de ce citoyen encore fort et jeune, et déjà si grand entre tout ce qui est jeune, fort et grand !...

« Carrel avait vécu, sans rien perdre de sa mâle vertu,

dans un temps de corruption et de lâcheté. Il s'était fortifié par la lutte, ce qui est le propre des hommes d'élite ; et l'expérience, si cruellement acquise depuis six ans, de la fragilité des opinions et de la vénalité des consciences, n'avait fait que l'affermir davantage dans sa foi. Ainsi, au milieu des ruines de toutes sortes entassées par six années de combat, il était resté inébranlable et debout.

« Grand comme écrivain, comme homme politique, comme homme privé, il avait imposé à tous les partis le respect de son talent et de ses hautes qualités. L'expression de son mépris était le plus rude châtiment qu'eussent à craindre certaines défections consacrées honteusement par le succès. Le contrôle qu'il devait exercer sur chaque acte public entrait dans les prévisions du pouvoir, et pesait quelquefois dans la balance des délibérations les plus solennelles.

« Dans l'incertitude qui travaille les esprits, dans ce malaise général que la crainte d'un avenir ignoré condamne à la résignation et au silence, le nom d'Armand Carrel défendait aux uns le découragement et rassurait les autres contre de vagues frayeurs. Les intelligences mûres le choisissaient volontiers pour guide ; les imaginations ardentes l'eussent accepté pour modérateur ; car il avait à la fois ce qui inspire l'enthousiasme et ce qui attire la confiance : des entraînements chevaleresques et une raison sûre, une intelligence ferme et une âme héroïque.

« Ce qu'il faut pleurer amèrement dans l'événement cruel qui va mettre la France en deuil, ce n'est pas seulement le grand citoyen qui est mort, c'est le pays, qui avait encore besoin de lui, et qui l'a perdu. »

JOURNAL DU COMMERCE.

« M. Carrel avait beaucoup vécu en si peu d'années, et quelle longue et brillante carrière il avait encore devant lui ! Est-ce ainsi qu'il devait mourir ? Le bruit de sa mort s'est répandu dès le matin dans Paris, et partout la triste nouvelle a

excité de profonds regrets ; partout, même dans les rangs de
ses ennemis politiques, parmi ceux du moins qui ont quelque
intelligence des partis, et qui savent tout ce qu'il y a de ressources et de sécurité dans le cœur et dans la raison d'un
noble adversaire. Un journal ajoute que la mort de Carrel a
été affichée hier dans plusieurs quartiers. »

LE TEMPS.

« Rarement la mort d'un homme politique a préoccupé à
un aussi haut point les esprits que l'a fait aujourd'hui la mort
de M. Carrel. D'où venait cette sorte d'anxiété universelle
avec laquelle étaient attendus les bulletins de sa santé? Comment sa perte a-t-elle causé une si réelle douleur, malgré sa
position de chef de parti et la nuance tranchée de ses opinions?
C'est que ce n'était pas seulement un écrivain distingué, une
haute intelligence, une loyauté éprouvée, une rare probité et
un noble courage ; c'était encore quelque chose de peu commun à l'époque où nous sommes : c'était un caractère. »

QUOTIDIENNE.

« C'est avec sincérité que nous apportons le tribut de nos
regrets sur la tombe de cet écrivain, qui, au milieu de l'abaissement des esprits et de l'avilissement des caractères, est resté
toujours ferme et courageux. Aucune sympathie politique ne
nous rapprochait de M. Armand Carrel ; mais nous avions
pour lui la haute estime que s'accordent toujours les hommes
de probité et d'honneur de tous les partis. Nous admirions
son beau talent, et jamais nous n'avons méconnu ce qu'il y
avait de large et d'élevé dans ses vues, même quand elles nous
paraissaient ne reposer que sur des erreurs.

« La mémoire de M. Armand Carrel sera précieusement
conservée par ses amis, par le parti dont il était un des orga-

nes les plus habiles, et aussi par tous ceux qui aiment dans leurs adversaires le talent et la dignité. »

GAZETTE DE FRANCE.

« Le sort de M. Carrel excite un intérêt universel. Il n'est personne qui ne regrette que son bouillant courage l'ait conduit à cette fatale destinée. Son dernier mot, en passant devant son adversaire blessé, quand lui-même était en proie aux plus grandes douleurs, peint toute la bonté de son âme : « Souffrez-vous beaucoup, monsieur? »

« Dans les armées, M. Carrel eût été un héros; dans les assemblées politiques, il aurait joué le rôle le plus brillant : chrétien, il eût été un saint. Il eût poussé la vertu aussi loin qu'il a poussé le préjugé. Il faut accuser un siècle qui, par ses funestes doctrines, a privé la France d'un de ses plus nobles enfants, en lui persuadant qu'on pouvait disposer de soi-même et sortir de la vie sans la permission de la Providence. »

JOURNAL DES DÉBATS.

« Toutes les dissidences d'opinions s'effacent devant la fin si cruelle de M. Carrel, pour ne laisser voir que l'homme d'un rare talent et d'un noble caractère, enlevé si jeune à ses amis, à son pays, et aux lettres qu'il honorait.

« Si, dans la vivacité d'une polémique ardente, M. Carrel n'a pas toujours rendu justice à des convictions sincères et loyales comme les siennes, c'est une faiblesse qu'il faut oublier ; il n'en avait pas moins conquis l'estime générale. L'éclat de son talent rejaillissait sur la presse tout entière; sa mort est une perte et un deuil pour tout le monde.

« Dans des temps d'orages politiques comme les nôtres, on est encore trop heureux que les partis soient représentés par des hommes d'un esprit aussi éclairé, d'un cœur aussi généreux que M. Carrel. Loin de le craindre, on doit le souhaiter pour l'honneur du pays.

« M. Carrel a pu se tromper en politique ; il a eu ses passions, ses illusions, ses entraînements ; nous le croyons du moins. Mais ces erreurs sont de celles qui n'ôtent rien à la renommée, et le souvenir de M. Carrel n'en sera pas moins toujours honoré par ses adversaires comme par ses amis. »

FIN.

TABLE

COLLECTION FORMAT IN-18 ANGLAIS.

VOLUMES A 3 FR. 50 C.

BALBI (Adr.).. Eléments de Géographie, 8 cartes. 1 v.
BALZAC (H. de). Théâtre. 1 v.
— Contes drolatiques 1 v.
BASSANVILLE.. Voyage en Turquie 1 v.
BASTIAT. Harmon. économ. 1 v.
BEECHER STOWE. La Case de l'oncle Tom. 1 v.
BELLOY (de). Chevalier d'Aï. 1 v.
BÉRANGER. OEuvres complètes 2 v.
BILBOQUET. Mémoires. 3 v.
BLANQUI. Economie politiq. 2 v.
BREWER (Le D) Clef de la science. 1 v.
BYRON (Lord). OEuvres complèt., trad. B. Laroche. 4 v.
CARREL (Arm.). OEuvres littéraires (Notice par Charles Romey). 1 v.
CASTELLANE (C de). Souvenirs de la vie militaire en Afrique. 2 édit. 1 v.
CASTILLE (Hip.) Les Hommes et les Mœurs en France. 1 v.
CHAMPFLEURY. Contes domestiq. 1 v.
— C. de Printemps. 1 v.
— Contes d'Eté. 1 v.
— Contes d'Automne 1 v.
CLAIRVILLE. Chants et Poésies. 1 v.
CRÉTINEAU-JOLY. Scènes d'Italie et de Vendée. 1 v.
DANTE. La Divine Comédie, trad. Fiorentino. 1 v.
DUCAMP (Max.) Le Livre posthume 1 v.
— Le Nil (l'Egypte). 1 v.
DUMAS fils. La Dame aux perles 1 v.
DROZ (Joseph). L'Art d'être heureux. 7 édition. 1 v.
— Economie politique. 3 édition. 1 v.
EYMA. Femmes du N. M. 1 v.
— Deux Amériques. 1 v.
FERRY (Gabriel). Le Coureur des bois. 3 édition. 2 v.
— Costal l'Indien. 1 v.
— Nouv. mexicaines. 1 v.
FÉVAL (Paul). Les Parvenus. 1 v.
FRANKLIN. Mélanges de morale, d'économie, etc. 1 v.
GAUTIER (Th.). Un Trio de romans 1 v.
— Caprices et zigzags 1 v.
— Italia. 1 v.
GAUTIER, MAX. DUCAMP, etc. Salmis de nouvelles. 1 v.
GÉRARD DE NERVAL. Les Illuminés. 1 v.
— Les Filles du feu. 1 v.
— Lorely. 1 v.
GIRARDIN (E. de) Liberté du mariage 1 v.
GOZLAN (Léon). George III. 1 v.
— La Marquise de Belverano. 1 v.
— Mœurs théâtrales. 1 v.
— Neuf h. à minuit. 1 v.
— Contes et Nouvelles 1 v.
GRESSET. OEuvres, édit. ill. 1 v.
HEINE (Henri). Reisebilder. 1 v.
HILDRETH. L'Esclave blanc, trad. Wailly. 1 v.
HUGO (Victor). OEuvres complètes. Nouvelle édit., revue et augmentée.
— Notre-D. de Paris. 1 v.
— Théâtre. 2 v.
— Han d'Islande. Mélanges. 1 v.
— Orientales. Rayons et les Ombres. Voix intérieures. 1 v.
— Odes et ballades. Feuilles d'automn. Ch. du crépuscule. 1 v.
HOLLARD. De l'Homme et des Races humaines. 1 v.
HOMÈRE. L'Iliade et l'Odyssée, trad. Giguet. 1 v.
HOUSSAYE (A.). Portraits du 18 siècle. 5 édit. 2 v.
— Philosophes et Comédiennes. 4 édit. 2 v.
— Poésies complètes. 1 v.
— Belles de jour et Belles de nuit. 1 v.
KARR (Alph.). Les Guêpes. 4 v.
— La Famille Allain. Fa Dièze. 1 v.
— Feu Bressier. Hortense. 1 v.
— Contes et Nouvelles 1 v.
— Devant les tisons. 1 v.
— Clovis Gosselin. 1 v.
LAFARGE. Heures de prison. 1 v.
LAMARTINE. Méditations poétiques. 2 v.
— Harmonies. 1 v.
— Jocelyn. 1 v.
— Chute d'un Ange. 1 v.
— Recueillements. 1 v.
— Voyage en Orient. 2 v.
— Raphaël. 1 v.
LECLERCQ (Th.) Proverbes dramat. 4 v.
LURINE (Louis). Ici l'on aime. 1 v.
MERCIER. Tableau de Paris. 1 v.
MÉRY. Mélodies poétiques 1 v.
— Contes et nouvelles 1 v.
— Nouvelles nouvell. 1 v.
— La Turquie et l'Asie mineure. 1 v.
— Matinées du Louv. 1 v.
MORNAND. La Vie des eaux. 1 v.
MONSELET. M. de Cupidon. 1 v.
MONTAIGNE. Essais. 1 v.
MONTEIL (Al.).. Histoire des Français. 5 v.
MOLÉ-GENTILHOMME. Catherine II. 1 v.
MONTFORT (Cap.) Voyage en Chine, notice par G. Bell. 1 v.
MOREAU DE JONNES. Eléments de statistique. 1 v.
NODIER (CH.). Histoire du roi de Bohême et de ses sept châteaux. 1 v.
ORSAY (C d') L'Ombre du bonheur. 1 v.
OSSIAN. Poëmes gaéliques. 1 v.
PAULIN LIMAYRAC. Coups de plume sincères. 1 v.
PFEFFEL. Fables et Poésies. 1 v.
PITRE-CHEVALIER. Les Chroniques de la Fronde. 1 v.
REYBAUD (L.). Etudes sur les réformateurs. 2 v.
ROQUEPLAN. Vie parisienne. 1 v.
SAINT-FÉLIX. Les Nuits de Rome 1 v.
SAINT-FARGEAU Histoire littéraire. 1 v.
SAINTINE (X.-B.) Récits dans la tourelle. 1 v.
— Le Mutilé. — La Belle Cordière. 1 v.
SCUDO. Critique et littérature musicales. 1 v.
SECOND (Albéric). Contes sans prétention. 1 v.
SOLTYKOFF. Voyage dans l'Inde et en Perse. 1 v.
STAHL (P.-J.).. Bêtes et Gens, étud. 1 v.
SUDRE (Alfred). Histoire du communisme. 1 v.
TOPFFER (R.). Le Presbytère. 1 v.
— Nouvelles genevoises. — Rosa et Gertrude. 1 v.
— Menus propos. 1 v.
ZACCONE. Le Vieux Paris. 1 v.

VOLUMES A 2 FR.

DELESSERT. V. aux villes maud. 1 v.
FLORIAN. Fables. 1 v.
GENOUDE. La Sainte Bible. 2 v.
GUINOT. Soirées d'Avril. 1 v.
HORACE. Traduction Goupy. 1 v.
LA FONTAINE. Fables. 1 v.
LAMENNAIS. Les Evangiles. 1 v.
LEGOUVÉ. Mérite des femmes 1 v.
LEBLANC D'H. H. de l'islamisme. 1 v.
LERNE (E. de). Contes et Nouvelles 1 v.
MOLIÈRE. OEuvres complètes (2 vol. en 1). 2 v.
MOFRAS. Promen. en France et en Suisse. 1 v.
SAINT-AUGUSTIN Confessions. 1 v.
SOUVESTRE (E.). Au coin du feu. 1 v.
— Sous la Tonnelle. 1 v.
— Au bord du Lac. 1 v.
— Pendant la Moisson 1 v.
— Récits et Souvenirs 1 v.
— Mend. de S.-Roch. 1 v.
— Mât de Cocag. (3 f.) 1 v.
— L'Homme et l'Argent (3 fr.). 1 v.
SWIFT. Voy. de Gulliver. 1 v.
WEY. Bouquet de cerises. 1 v.
ZACCONE. Langage des fleurs, avec 18 grav. col. 1 v.

ŒUVRES COMPLÈTES DE G. SAND
Nouvelle édition, revue et augmentée.
A 2 FR. LE VOLUME.
En vente :

Piccinini, etc. 2 v.
La Dernière Aldini. } 1 v.
Simon. } 1 v.
Teverino. } 1 v.
Leone Leoni. }
Horace. 1 v.
Lucrezia Floriani. } 1 v.
Lavinia. }
Jacques. 1 v.
Le Château des Désertes. } 1 v.
Isidora. }
Valentine. } 1 v.
Cora. }
Le Meunier d'Angibault. 1 v.
Jeanne. 1 v.
Indiana. } 1 v.
Melchior. }
François le Champi. } 1 v.
Les Mosaïstes. }
La Mare au Diable. }
André. }
La Fauvette du Docteur. } 1 v.
Les Noces de campagne. }
La Petite Fadette. }
La Marquise. }
Mouny Robin. } 1 v.
Monsieur Rousset. }
Les Sauvages. }
Mauprat. } 1 v.
Métella. }
Compagnon du tour de France. 1 v.
Le Péché de monsieur Antoine. }
Pauline. } 2 v.
L'Orco. }

PARIS. — IMPRIMERIE SIMON RAÇON ET COMP., 1, RUE D'ERFURTH.

www.ingramcontent.com/pod-product-compliance
Ingram Content Group UK Ltd.
Pitfield, Milton Keynes, MK11 3LW, UK
UKHW020119130726
13696UKWH00001B/120

9 782013 484756